HISTOIRE DU CANADA

Du même auteur

Traduction française du *Dictionnaire biographique du Canada*, vol. X, Québec, Toronto, 1972.

(*et al.*), *Canada et Canadiens*, Pessac, Presses universitaires de Bordeaux, 1985 ; 3e éd. entièrement revue et corrigée, 1994.

(avec P. Guillaume), *Aspects de l'Ontario*, Bordeaux, Presses universitaires de Bordeaux, 1985.

(*et al.*), *Les Minorités et l'État*, Pessac/Laval, Presses universitaires de Bordeaux/Presses de l'université Laval, 1986.

(avec John Carlsen), *Culture et société au Canada en périodes de crise économique*, Ottawa, The Canadian Issues Series, vol. VII, 1987.

Anatomie de la presse ethnique canadienne, Pessac, Presses universitaires de Bordeaux, coll. « Maison des sciences de l'homme d'Aquitaine », n° 110, 1988.

(avec M.-P. Duhet), *Le Canada*, Nancy, Presses universitaires de Nancy, 1991.

(avec C. Remie), *Canada on the Threshold of the 21st Century; European Reflexions upon the Future of Canada*, Philadelphie, John Benjamins North American Inc., 1991.

(avec J. Cazemajou), *La Guerre du Vietnam et l'opinion publique américaine (1961-1973)*, Paris, Presses de la Sorbonne Nouvelle, 2e éd., 1992.

(avec F. Caccia), *Métamorphoses d'une utopie. Le pluralisme ethnoculturel en Amérique : un modèle pour l'Europe*, Paris/Montréal, Presses de la Sorbonne Nouvelle/Triptyque, 1992.

(avec S. Vauthier et H. Ventura), *Image et récit. Littérature(s) et arts visuels du Canada*, Paris, Presses de la Sorbonne Nouvelle, 1993.

L'Histoire des États-Unis, Paris, Puf, coll. « Quadrige », 1996 ; 6e éd. mise à jour, 2018.

(avec Anne-Victoire Charrin et Michèle Therrien), *Peuples des Grands Nords. Traditions et transitions*, Paris, Presses de la Sorbonne Nouvelle, 1998.

(dir.), *Violence et télévision. Autour de l'exemple canadien*, Paris, Presses de la Sorbonne Nouvelle, 1997.

(dir.), *Villes et politiques urbaines au Canada et aux États-Unis*, Paris, Presses de la Sorbonne Nouvelle, 1997.

(avec Jacques Leclaire), *Margaret Atwood: "The Handmaid's Tale", "Le Conte de la servante": The Power Game*, Paris, Presses de la Sorbonne Nouvelle, 1998.

(suite à la page 509)

JEAN-MICHEL LACROIX

HISTOIRE DU CANADA

Des origines à nos jours

Édition actualisée

TEXTO

Texto est une collection des éditions Tallandier

48, rue du Faubourg-Montmartre – 75009 Paris
www.tallandier.com

À Louis-Henri, Laure, Thomas et Mathys.
À Pierre-Philippe et Hector.

Préface

Le 13 juillet 1855, la corvette *La Capricieuse* accostait à Québec. Depuis que la France avait cédé le Canada à la Grande-Bretagne, en 1763, c'était la première fois qu'un bâtiment de la Marine française remontait le Saint-Laurent. Cet événement est souvent perçu comme le point de départ d'un renouveau des relations entre la France et le Canada.

À Québec et à Montréal, le commandant de *La Capricieuse*, Paul-Henry de Belvèze, reçut un accueil triomphal. En masse, les Canadiens français, près d'un siècle après la conquête britannique, manifestaient leur profond attachement à l'ancienne mère patrie. Cet enthousiasme était cependant loin d'être partagé de l'autre côté de l'Atlantique : il fallut attendre un certain temps avant de voir des Français s'intéresser véritablement au Canada.

Au fil des ans, toutefois, un nombre croissant de récits de voyages et d'études diverses fut publié en France à propos de l'ancienne colonie, de ses ressources et de son potentiel. Ce mouvement d'intérêt atteignit son point culminant à la fin du XIXe siècle et au début du XXe, au moment même où une vague d'émigration amenait près de 50 000 Français en territoire canadien, en particulier dans la Prairie. Parmi les auteurs de ces travaux, les « amis du Canada » en France rassemblaient surtout des représentants de la droite catholique qui mettaient en valeur les traits de l'ancienne France présents dans la colonie perdue. Au cours des années précédant la Grande Guerre, des personnalités comme André Siegfried et Gabriel Hanotaux amenèrent aussi des républicains à s'intéresser au Canada. L'ensemble de ces écrits donne une image plutôt positive du Canada, image ensuite renforcée avec la participation militaire du pays dans les deux guerres mondiales.

L'intérêt des auteurs et des intellectuels français pour ce pays d'outre-Atlantique prend toutefois une dimension nouvelle à partir des années 1970, avec le développement d'un champ d'enseignement et de recherche universitaires, les « études canadiennes ».

Dès le début, Jean-Michel Lacroix participe à son émergence. Tel un commandant de Belvèze moderne, il se donne pour mission de développer les échanges – non plus commerciaux, mais intellectuels et culturels – entre les deux pays. Ses travaux sur le Canada débordent bientôt le champ littéraire pour s'orienter vers la société dans son ensemble. Il est notamment fasciné par l'importance que l'immigration et le multiculturalisme occupent dans le Canada contemporain, à la fois comme phénomènes socioculturels et enjeux politiques. Dans la foulée, l'angliciste en lui se mue en civilisationniste, spécialité qui englobe l'étude de la culture, mais aussi celle de l'histoire, de la sociologie et de la politique. Rapidement, il s'affirme comme un canadianiste de renom, ce que viennent confirmer plusieurs distinctions qui lui sont attribuées par des établissements canadiens, notamment son élection comme membre étranger de l'Académie des arts, des lettres et des sciences humaines de la Société royale du Canada.

En France, nul n'était mieux préparé que lui à relever le défi d'écrire un nouvel ouvrage de synthèse sur l'évolution du Canada. Ce livre parcourt toutes les périodes de l'histoire du pays, depuis celle de ses premiers occupants jusqu'à la situation très contemporaine. Il tient compte des contraintes géographiques et des disparités territoriales. Il fait ressortir les transformations de la composition ethnoculturelle du pays, depuis les implantations autochtones initiales jusqu'à la diversité tous azimuts du Canada d'aujourd'hui. Il ne se limite pas au cadre politique, mais s'intéresse aussi aux phénomènes économiques et sociaux et au rôle des femmes.

Plus d'un siècle et demi après la venue à Québec de *La Capricieuse*, ce livre s'inscrit dans une lignée prestigieuse de travaux français sur le Canada. Il s'agit d'un essai de synthèse qui porte inévitablement la marque des choix et des coups de cœur de son auteur. Il fournit la perspective d'un Européen sur un pays nord-américain et saura à ce titre rejoindre les lecteurs français qui souhaitent mieux connaître ce pays fascinant qu'est le Canada.

Paul-André Linteau,
professeur d'histoire
à l'université du Québec à Montréal.

Introduction

Vouloir écrire une histoire générale ou « totale » du Canada, depuis les origines jusqu'à nos jours, relève de la gageure. Ce pari ambitieux n'est justifié que par le désir de répondre aux interrogations d'un public soucieux de mieux connaître ce pays et d'aller au-delà des stéréotypes. Le Canada intrigue par l'impossibilité d'achever pleinement sa construction nationale. Mais ce n'est pas une histoire nationale qui crée une unité nationale : c'est plutôt une unité nationale qui produit une histoire nationale. À défaut de satisfaire les pessimistes qui valorisent les échecs et les impasses par dépit, faute d'édifier un État nation – voire un État plurinational –, force est de constater que le Canada « tient ensemble », dans sa quête d'un triple ordre de gouvernement qui accommoderait la place des francophones et pas seulement des Québécois dans un pays à majorité anglophone tout en essayant, au terme d'un processus de reconnaissance, de redonner aux Amérindiens la place qu'ils auraient dû avoir compte tenu de leur antériorité. L'époque est dépassée où le pays avait pu se définir sur des critères ethniques au lieu de valoriser les valeurs communes qui permettent le « vouloir vivre ensemble ».

Longtemps, une double historiographie a fourni des clés de lecture parallèles. La période des premières explorations et des premiers contacts avec les Amérindiens, puis celle de la colonisation et des premiers établissements humains, ont opposé les Français et les Anglais. La survivance des Canadiens français après la guerre de la Conquête, malgré les tentatives d'assimilation de la part du vainqueur, a longtemps confirmé la pertinence du concept de « peuples fondateurs ». La dualité linguistique et culturelle demeure fondatrice du Canada et les « deux solitudes » ont développé, chacune de leur côté, des historiographies divergentes : les mêmes événements n'ont pas été interprétés de la même manière quand certains ont tout simplement été occultés, davantage sans doute par indifférence que par haine réciproque.

L'historiographie anglaise émerge avec la colonisation de l'Amérique par les Britanniques et privilégie l'Est du pays avant de se lancer dans la pénétration de l'Ouest. De la même façon, l'occupation d'une vaste partie de l'Amérique du Nord par les Français fait l'objet d'une historiographie parallèle. Au départ, l'histoire est essentiellement œuvre littéraire. L'absence d'écrits de la part d'Amérindiens à la culture orale contraint à se référer à un très vaste corpus de textes, de relations de voyage, de témoignages dont l'authenticité ou la fiabilité nécessite des vérifications soigneuses. L'établissement de ces textes donne lieu depuis quelques années à toute une série de travaux savants. Ce point commun met clairement en évidence que les premières descriptions du pays découvert font œuvre de propagande pour convaincre les métropoles rivales de s'investir dans le développement des colonies. Les conditions d'établissement, la rencontre avec les autochtones et les réalités économiques et commerciales conduisent à privilégier la géographie et le rapport au territoire. Cela n'est guère surprenant puisqu'il s'agit d'un Monde nouveau.

La Nouvelle-France mérite attention et la fin de la guerre de Sept Ans qui la rétrécit singulièrement puis le mode de gouvernance des Britanniques vainqueurs et leur tentative d'assimilation donnent lieu à des récits très divergents. La période qui s'étend de 1763 à 1867 donne une singulière acuité à la question de l'unité nationale, dont la construction est particulièrement difficile.

L'écriture de l'histoire se professionnalise ensuite avec la création d'institutions qui permettent une approche scientifique, qu'il s'agisse des Archives publiques (1872), de la Société royale du Canada (1882) ou de chaires d'histoire dans les universités tout au long de la fin du XIXe siècle. L'approche historique privilégie les biographies politiques qui célèbrent les grandes figures. Le débat va opposer les impérialistes, qui sont attachés au lien avec la Grande-Bretagne, aux continentalistes, alors qu'émerge la réflexion sur les relations du Canada avec les États-Unis. On serait tenté de dire que le Canada partage une partie de son histoire avec la Grande-Bretagne ou avec la France, tandis qu'il partage sa géographie avec le voisin du sud, même s'il est une Amérique différente.

Les deux guerres mondiales offrent aux historiens l'opportunité de débattre sur l'impact de ces conflits sur l'identité nationale. La recherche de l'unité nationale oppose le Canada et le Québec, caractérisés par deux nationalismes conflictuels. Longtemps l'historiographie anglaise a la saveur d'une histoire de vainqueurs tandis qu'en réaction, l'historiographie française pratique la résistance et célèbre la survivance.

Plusieurs écoles d'interprétation de l'histoire du Canada se succèdent – l'histoire environnementale (sous l'influence de Frederick Jackson Turner ou de Charles

Beard) qui insiste sur le caractère transatlantique de l'exploitation des produits de base essentiels (les *staple products* d'Harold Innis), ou bien l'école laurentienne qui privilégie l'axe du Saint-Laurent jusque vers les années 1960. Puis ce sont les recherches plus éclatées de l'histoire sociale – études sur la ville, les femmes, les genres, les ouvriers et la diversité culturelle entre autres, tous ces exclus ou ces oubliés qui ont fait l'histoire autant que les responsables politiques.

On constate que, de plus en plus, les deux historiographies évoluent. Des efforts notables ont été consentis par quelques historiens anglophones pour mieux comprendre la question du Québec tandis que les Québécois se polarisent de façon moins défensive sur la place qu'ils revendiquent dans l'ensemble nord-américain. Depuis une bonne quarantaine d'années, l'étude du Québec s'est enrichie d'une ouverture multidisciplinaire en faisant appel à la géographie, à l'économie, à la sociologie, à l'anthropologie, à la démographie historique ou aux relations internationales.

Il existe très peu de publications en France sur l'histoire d'un pays qui attire la sympathie mais qui demeure injustement méconnu. Cet ouvrage n'apporte pas une interprétation radicalement nouvelle de l'histoire du Canada et il n'est pas question de se livrer à des choix tendancieux ou partisans en matière d'historiographie.

Par commodité, le plan est chronologique, au risque de proposer un découpage historique qui, en soi, constitue déjà une interprétation. S'est également imposée à nous la nécessité des faits que l'on se contente de présenter, voire de commenter, mais jamais de juger. Même si l'histoire est plus qu'une succession d'événements, il est important de mettre en lumière quelques jalons décisifs dans l'évolution du Canada.

La synthèse paraît possible entre une histoire politique et les réalités économiques et sociales. Même au Canada, le débat fait périodiquement rage pour savoir quelle histoire enseigner. S'agit-il d'une entreprise de propagande, cherche-t-on à développer le patriotisme des citoyens ? L'historien est-il un guide ou s'agit-il plus simplement de comprendre le poids du passé pour donner un sens au présent et aborder l'avenir ?

Les enjeux de pouvoir et de domination, de rivalité et de survivance colorent inéluctablement les travaux des historiens nord-américains là où le regard d'un Européen peut offrir une distanciation plus sereine, sinon plus objective[1].

---

1. Nous avons conservé certaines transcriptions graphiques en usage au Canada, notamment pour les noms propres : Bas-Canada, Haut-Canada, Canada-Uni, Canada-Ouest, Canada-Est, Colombie-Britannique. Pour ce qui est d'Inuit, nous gardons ce terme sans « s » final puisqu'en inuktitut, Inuit (le peuple) est un collectif alors qu'Inuk désigne un individu. En revanche, pour respecter l'usage au Québec, nous accordons l'adjectif en genre et en nombre : les droits inuits, la littérature inuite.

CHAPITRE PREMIER

Espace et territoire

Avant de retracer les étapes historiques majeures du Canada, on ne saurait négliger l'importance des facteurs géographiques qui vont conditionner les mouvements de population, les développements économiques, les tentatives d'unité nationale. La nature, l'environnement, le territoire préexistent à l'établissement des premiers habitants dont ils déterminent les modes de vie et les conditions de leur implantation.

Même s'il n'explique pas tout, l'impact de l'environnement sur la structuration de l'identité canadienne et sur ses réalités humaines, politiques et économiques est indéniable. On entend souvent que la géographie a eu plus de poids que l'histoire pour façonner le pays. Un Premier ministre du Canada, W. L. Mackenzie King, a même déclaré : « Si peu de pays avaient trop d'histoire, le nôtre avait trop de géographie. » Les perceptions déformantes des réalités de l'espace physique établissent des visions stéréotypées et forgent des représentations particulières du territoire.

Notre imaginaire réduirait d'ailleurs volontiers le Canada aux arpents de neige de Voltaire, à la cabane au Canada de Maria Chapdelaine ou à l'hiver de Gilles Vigneault. La vision eurocentrique a réduit l'Amérindien au bon sauvage et le Canada, pour reprendre la formule de Michel Tournier, serait le « lointain merveilleux de la France », « cette France d'Extrême Occident ». Les Européens semblent avoir la nostalgie d'une Amérique primitive qui leur fait percevoir le Canada comme rêve plutôt que comme réalité : la géographie de l'âme se substitue à la géographie physique. Mais comme l'indique avec justesse la devise inscrite sur les paquets de sucre en poudre des restaurants qui reproduisent les armes des provinces canadiennes : « Explorez une partie du Canada et vous découvrirez une part de vous-même. »

Quelques données de géographie physique

La première surprise pour l'Européen, même averti, tient à l'immensité du pays. On change littéralement d'échelle lorsqu'on traverse l'Atlantique, mais la réalité nord-américaine du pays s'impose d'emblée. Il n'empêche que l'on oublierait vite que le Canada est plus vaste que les États-Unis, en raison de la surreprésentation du géant américain sur les plans politique, économique, militaire et culturel et de la sous-représentation du Canada sur le globe terrestre ou sur la mappemonde qui a éclairé dès l'enfance nos travaux d'écolier, avec cette impression bien connue d'un rétrécissement des terres plus on s'approche du pôle Nord.

De fait, le Canada est le deuxième pays au monde par sa superficie avec 9 984 000 kilomètres carrés, après la Russie (17 095 000 kilomètres carrés) mais avant les États-Unis (9 640 000 kilomètres carrés), la Chine (9 584 000 kilomètres carrés) et le Brésil (8 557 000 kilomètres carrés). C'est près de 15 fois la France et près de 28 fois l'Allemagne. C'est, d'est en ouest, cinq fuseaux

Carte générale du Canada

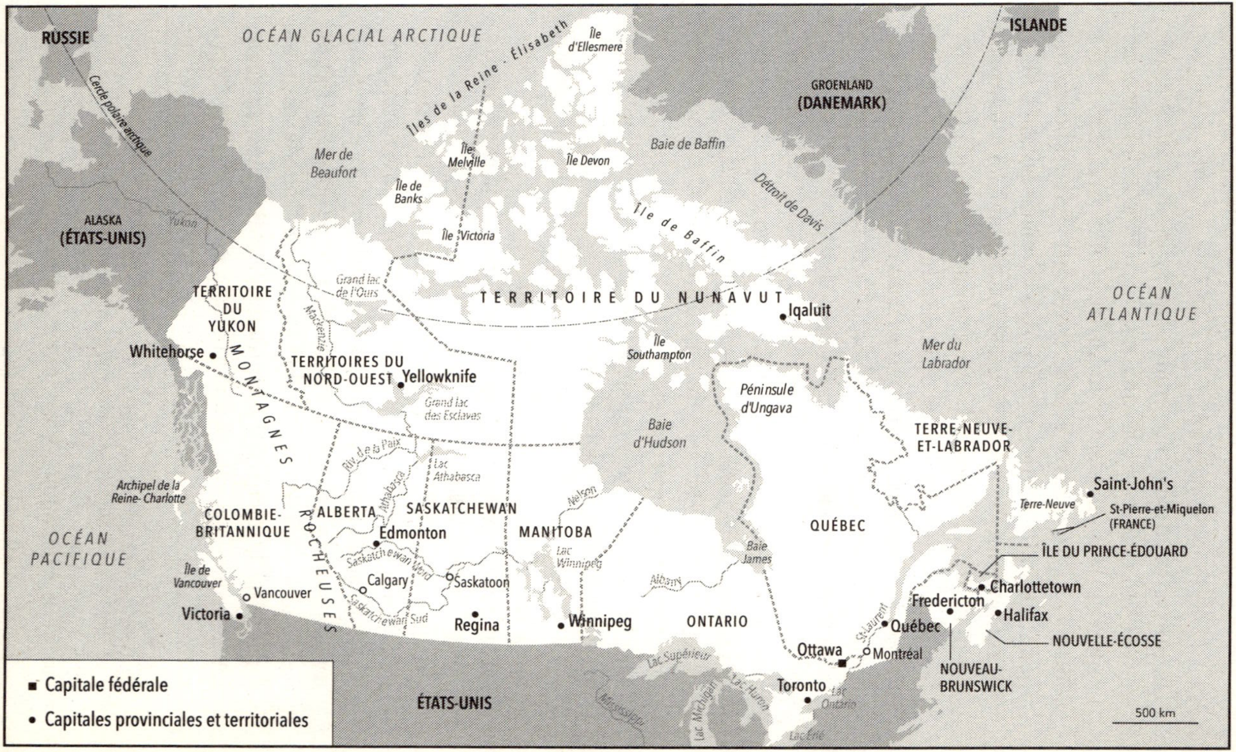

horaires et demi. La route transcanadienne mesure 7 775 kilomètres. Un peu plus de 7 000 kilomètres séparent Halifax de Whitehorse tandis que depuis St John's (Terre-Neuve) il faut parcourir 7 403 kilomètres pour atteindre Vancouver, 7 723 kilomètres pour aller à Yellowknife et 8 452 kilomètres jusqu'à Whitehorse. Long de 3 185 kilomètres, le fleuve Yukon qui traverse le Klondike (célèbre pour sa ruée vers l'or) puis l'Alaska avant de rejoindre le détroit de Béring a peu à envier au Saint-Laurent (3 600 kilomètres) ou au fleuve Mackenzie qui dépasse 4 000 kilomètres[1] et qui se jette dans la mer de Beaufort. L'axe du Saint-Laurent et des Grands Lacs a constitué la voie royale de la pénétration du continent nord-américain. Du nord au sud, 4 800 kilomètres séparent le lac Ontario du cap Columbia à la pointe de l'île Ellesmere située à environ 700 kilomètres du pôle Nord. Le centre géographique du pays est Arviat, dans les Territoires du Nord-Ouest.

La « vastitude[2] » du Canada fait que l'on a plus affaire à un continent qu'à un pays. À l'immensité s'ajoute l'extrême diversité des paysages, du climat et des habitants selon les régions. Montagnes aux pics élevés[3] voisinent avec de vastes plaines et, si le sol reste gelé sur près de la moitié de la superficie et si le pergélisol continu occupe le quart le plus septentrional du territoire, le climat est tempéré et maritime à Vancouver et les vignes s'épanouissent dans le sud de l'Ontario. Le Canada dispose du littoral le plus long du monde (240 000 kilomètres). Quant aux lacs, ils abondent : on en dénombre envi-

1. 4 241 kilomètres exactement.

2. Selon la formule de la romancière Gabrielle Roy.

3. Les Rocheuses frisent les 4 000 m d'altitude et le Mont Logan bat le record avec ses 6 050 m.

ron 2 millions, dont la moitié au Québec – un lac pour 15 habitants. Les cinq Grands Lacs ont la superficie de la Grande-Bretagne. Le territoire est assurément divers et contrasté, tout comme la population. Qu'y a-t-il de commun entre le paysan des confins des Appalaches, le montagnard des Rocheuses, le marin pêcheur de Terre-Neuve, le marin bûcheron de Colombie-Britannique, le cultivateur de la Beauce au Québec et le citadin de Montréal ou de Toronto ?

On ne peut comprendre le Canada que si l'on respecte l'orientation du nord au sud ou du sud au nord, suivant les lignes de force du relief et l'hydrographie, qu'il s'agisse des barrières montagneuses que constituent les Appalaches et les Rocheuses ou du Saint-Laurent, du Mackenzie ou des autres fleuves et cours d'eau. On retrouve la même réalité aux États-Unis, mais alors que le grand voisin est bordé de deux mers, le Canada ajoute au Pacifique et à l'Atlantique la dimension originale de l'Arctique.

Le Nord revêt ici une dimension mythique singulière. Il est clair que si la conquête de l'Ouest a représenté dans les deux sociétés d'Amérique du Nord la même réalité historique, la fermeture de la frontière n'a pas pris la même signification au Canada où il y a toujours la possibilité de repousser les limites, de poursuivre l'exploration, de découvrir de nouvelles ressources, en allant vers le Nord. Le Nord est associé dans l'imaginaire collectif au concept de *wilderness* qui est lié à l'idée d'un immense réservoir de potentialités. Louis-Edmond Hamelin a bâti son interprétation géographique du Canada sur la nordicité, sur ce Nord vu comme un espace boréal. Il y a plusieurs Nords : le Nord lacustre et forestier du Québec, le Nord tantôt brûlant tantôt gelé des Prairies, le Nord alpin des Rocheuses. Il y a surtout le Nord qui s'étend jusqu'à l'Arctique en partie inexploré et aussi vaste que divers. Le géographe L. E. Hamelin a distingué plusieurs zones en fonction de l'intensité nordique.

Gratifié de deux climats, arctique et subarctique, ce Nord vide et stérile paraît désert et inutile. Il est vrai que la durée du gel et de l'enneigement sont hautement répulsifs et ne facilitent pas l'installation d'établissements humains. Mais le Nord présente un intérêt politique de tout premier ordre : le bassin maritime commun à l'ex-URSS et à l'Amérique du Nord (États-Unis et Canada) est un lieu d'affrontement convoité sur le plan géostratégique. Espace aérien recherché, l'Océan glacial arctique, lieu d'expérimentations militaires susceptible depuis peu d'accueillir le bouclier antimissiles américain, comprend toute une batterie de radars et abrite des sous-marins à propulsion nucléaire.

Au sud, le pays est délimité sur plus de 5 000 kilomètres par une frontière conventionnelle, artificielle, associée au 49e parallèle, liée à une longue série de négociations et de compromis. Le traité Webster-Ashburton avait établi en 1842 la frontière entre le Maine et Lake of the Woods dans le Minnesota puis, en 1846, la Grande-Bretagne accepta de céder la partie sud de l'Oregon, c'est-à-dire la région délimitée par le 49e parallèle[1] qui forme aujourd'hui l'Oregon, l'État de Washington et l'Idaho. C'est ce traité qui prolonge le tracé de la frontière de Lake of the Woods jusqu'au Pacifique et qui attribue à l'Angleterre l'île de Vancouver ainsi que l'actuelle Colombie-Britannique. Mais ce qui importe le plus, c'est la proximité avec les États-Unis. Le voisin américain est aux portes du Canada

1. Cette latitude nous rappelle que Montréal est à la même latitude que Bordeaux ou Venise !

Régions géographiques du Canada

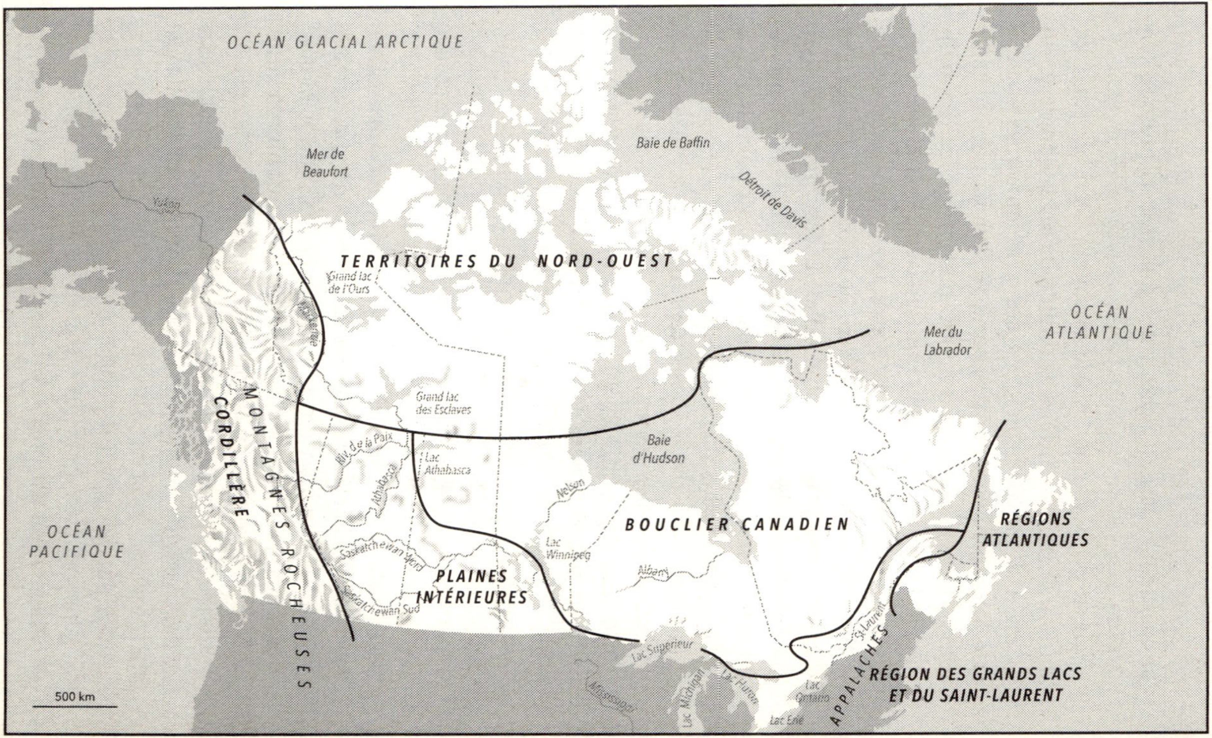

au sud mais aussi au nord, par le biais de sa présence en Alaska.

Dans un pays aussi vaste et divers, le découpage est toujours un peu artificiel et réducteur mais il correspond à une volonté pédagogique. Les critères varient selon que l'on se réfère aux réalités strictement physiques et géomorphologiques, ou que l'on intègre les réalités politiques. Le découpage pourrait aussi être établi selon des critères économiques et, à ce titre, on pourrait reprendre la thèse du *heartland* (l'Ontario et le sud du Québec, les régions historiques, les plus riches et les plus actives) et du *hinterland* (le reste du Canada, riche en ressources naturelles mais dépendant sur le plan économique et à la population plus dispersée).

Par souci de clarté, nous reprendrons la division en 6 régions ou plus exactement en 6 sous-ensembles qui constituent des unités spatiales immenses : les régions de l'Atlantique, les basses terres ou région des Grands Lacs et de la vallée du Saint-Laurent, le Bouclier canadien, les Plaines intérieures, la Cordillère et les Territoires du Nord-Ouest.

Les régions Atlantiques, à l'est, sont liées au système appalachien dont les principaux chaînons se situent aux États-Unis. Dans la partie canadienne, on trouve des hauts plateaux plutôt que des montagnes, alternant avec de profondes vallées. L'ensemble est plutôt monotone mais lagunes, promontoires et baies confèrent une variété pittoresque au littoral déchiqueté.

On trouve peu de grandes villes dans cet ensemble car la population est dispersée ; les ports et petits villages éparpillés le long du littoral périclitent et l'économie fondée sur les produits de la mer tend à se concentrer de plus en plus près des usines de transformation et de congélation du poisson. L'autre secteur des forêts et des mines a donné naissance à quelques villes mono-industrielles le long des côtes. Les sols acides sont peu propices à l'agriculture, sauf dans l'île du Prince-Édouard. Ces régions correspondent globalement à l'ensemble politique nommé provinces de l'Atlantique et comprennent les provinces maritimes (le Nouveau-Brunswick, la Nouvelle-Écosse avec l'île du Cap-Breton qui lui est rattachée, l'île du Prince-Édouard), l'île de Terre-Neuve et la péninsule de Gaspé.

Les basses terres ou région des Grands Lacs et de la vallée du Saint-Laurent sont clairement délimitées par des barrières naturelles : au sud, par les Grands Lacs, le Saint-Laurent et la frontière canado-américaine et, au nord, par le Bouclier canadien. Cette région géographique constitue un cœur bouillonnant d'activités (agriculture riche et industrie prospère) et comprend à elle seule plus de la moitié de la population canadienne. Elle ne recoupe pas les frontières politiques puisqu'elle englobe le sud de l'Ontario et du Québec – sauf à penser qu'au-delà des cultures distinctes de ses habitants, l'on y retrouve le noyau historique des origines. La population y est concentrée essentiellement autour des deux plus grandes villes du pays, Montréal et Toronto. Le fleuve Saint-Laurent, voie de pénétration des premiers colons européens, est demeuré une sorte de cordon ombilical. Il est le déversoir des Grands Lacs et, malgré les aménagements qui ont permis de régulariser son débit (notamment la maîtrise des rapides de Lachine en amont de Montréal), la navigation demeure soumise aux contraintes de l'hiver.

Le Bouclier canadien, avec ses roches cristallines précambriennes[1], constitue véritablement l'ossature ou le

1. Ce sont les roches dures les plus anciennes à la surface du globe.

socle du pays. Avec la baie d'Hudson en plein cœur, il comprend la quasi-totalité du Québec et de l'Ontario et une partie du Manitoba et de la Saskatchewan. Si cette région de forêts et de lacs attire de nombreux touristes, elle est peu attractive pour les établissements humains permanents, notamment en raison des rigueurs climatiques ; elle n'en constitue pas moins près de la moitié de la partie continentale du pays et cette pénéplaine aux sols morainiques pauvres contient d'immenses ressources naturelles (réserves minières, bois, hydroélectricité). Elle accueille des groupes autochtones puisqu'elle rejoint dans sa partie nord-ouest les Territoires du Nord-Ouest.

Les Plaines intérieures, limitées à l'ouest par les Rocheuses et à l'est par le Bouclier canadien, sont de vastes étendues de plaines et de plates-formes étagées. On les associe souvent en partie aux Prairies pour lesquelles L. E. Hamelin avait proposé le nom d'Alsama (à partir de la première syllabe de chacune des trois provinces, Alberta, Saskatchewan, Manitoba). Cette région, grenier à blé du Canada, est essentiellement productrice de céréales, mais cette vision rurale ne saurait occulter l'importance du pétrole et le développement urbain qu'il a pu générer.

La Cordillère comprend le Yukon et la Colombie-Britannique, si l'on veut à nouveau se référer aux réalités politiques. Il s'agit d'une région montagneuse au relief spectaculaire. La population est essentiellement regroupée au sud-ouest de la Colombie-Britannique dont la principale ville, Vancouver, est la troisième ville du Canada. La région vit de ses ressources naturelles, de l'exploitation minière, de l'exploitation forestière et de l'industrie de la pêche (notamment le saumon).

Les Territoires du Nord-Ouest recoupent une réalité géographique et surtout politique. Au-delà de la zone subarctique de la vallée du Mackenzie, il convient de prendre en compte les îles arctiques. Lieu refuge des autochtones, cette région se caractérise par la diversité de ses milieux naturels, l'abondance de sa faune, la richesse de ses ressources pour la plupart encore inexploitées et par une population dispersée. C'est l'empire du froid avec la banquise et les glaciers et le royaume de la toundra (zone des *barren grounds*) caractérisé par l'absence totale d'arbres en raison d'un sous-sol gelé en permanence. Depuis peu, l'intérêt pour cette région dépasse le seul attrait du Nord en raison de l'évolution politique du dossier inuit et de la dévolution consentie, depuis le 1er avril 1999, dans le cadre du Nunavut[1]. La présence de minerais et d'hydrocarbures s'ajoute aux activités traditionnelles de chasse et de pêche des Inuit (phoques, caribous, ours polaires). Des droits de propriété exclusive ont été reconnus aux Inuit sur plus de 300 000 kilomètres carrés, dont 38 000 assortis de droits miniers. Modernité et tradition constituent l'enjeu de cette expérience de gestion par un peu plus de 25 000 habitants (dont 80 à 85 % d'Inuit) d'un territoire de 2,2 millions de kilomètres carrés, soit le cinquième du Canada et les deux tiers de son littoral. Le Nunavut, c'est 2 fois l'Ontario et 1,25 fois le Québec. Même si la toundra paraît peu hospitalière, ne répétons pas l'erreur de Voltaire qui décrivait le Canada comme « un pays couvert de neiges et de glaces huit mois de l'année, habité par des barbares, des ours et des castors[2] » : ces espaces

1. La capitale Iqaluit avec ses 4 500 habitants est le siège de l'Assemblée législative.

2. Dans son *Essai sur les mœurs et l'esprit des nations* en 1753.

Le Nord

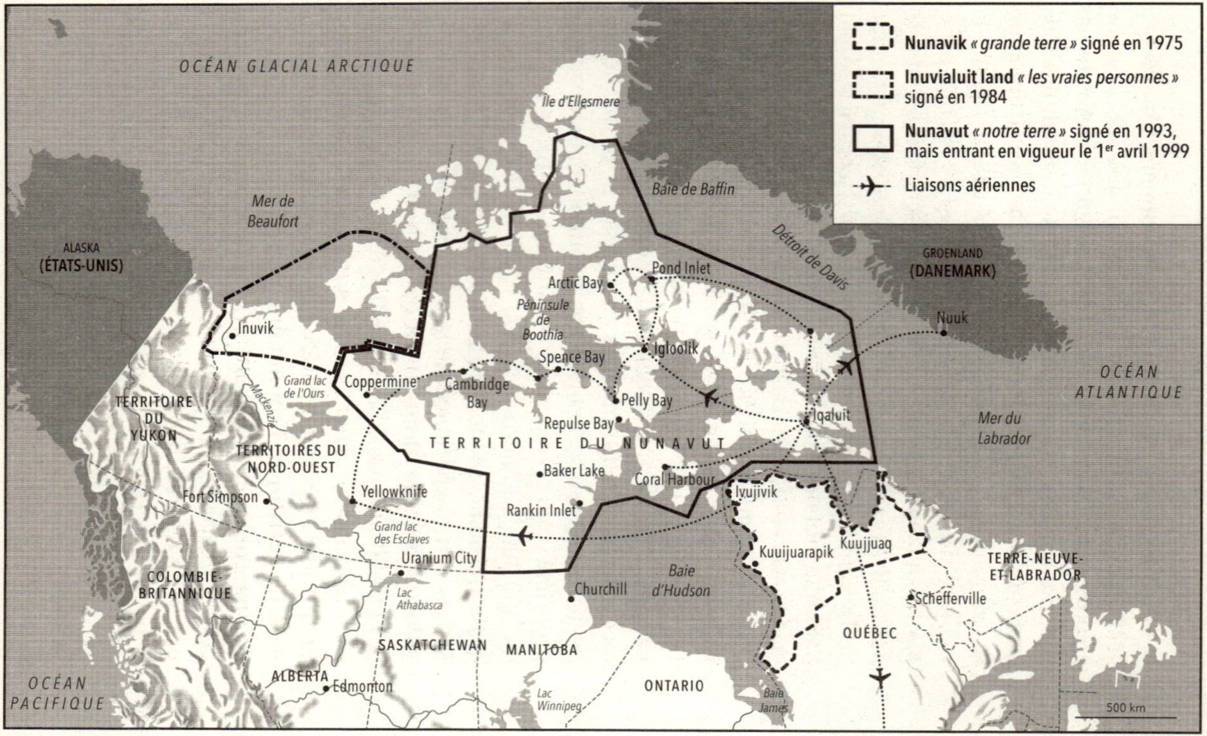
Nunavik « grande terre » signé en 1975
Inuvialuit land « les vraies personnes » signé en 1984
Nunavut « notre terre » signé en 1993, mais entrant en vigueur le 1er avril 1999
Liaisons aériennes
OCÉAN GLACIAL ARCTIQUE
Île d'Ellesmere
Baie de Baffin
Mer de Beaufort
ALASKA
(ÉTATS-UNIS)
GROENLAND
(DANEMARK)
Détroit de Davis
Pond Inlet
Arctic Bay
Péninsule de Boothia
Nuuk
Inuvik
Igloolik
Spence Bay
OCÉAN ATLANTIQUE
Grand lac de l'Ours
Coppermine
Cambridge Bay
Pelly Bay
Mackenzie
Iqaluit
TERRITOIRE DU YUKON
Repulse Bay
Mer du Labrador
TERRITOIRES DU NORD-OUEST
TERRITOIRE DU NUNAVUT
Baker Lake
Coral Harbour
Ivujivik
Yellowknife
Fort Simpson
Rankin Inlet
Grand lac des Esclaves
Kuujjuaq
Kuuijuarapik
Uranium City
TERRE-NEUVE-ET-LABRADOR
COLOMBIE-BRITANNIQUE
Baie d'Hudson
Churchill
Schefferville
Lac Athabasca
SASKATCHEWAN
MANITOBA
QUÉBEC
ALBERTA
Edmonton
ONTARIO
OCÉAN PACIFIQUE
Lac Winnipeg
Baie James
500 km

nordiques ont sans doute un avenir que les événements récents viennent confirmer.

Les travaux pionniers de géographes comme Deffontaines ont eu le mérite de montrer l'impact déterminant de l'environnement physique, et notamment du froid et de la neige, sur le comportement des Canadiens, mais on ne saurait limiter la détermination de l'identité canadienne aux seules réalités physiques naturelles et il faut aussi prendre en compte les déterminations sociales et culturelles. Il ne sera donc pas question dans le détail des données climaC3tiques, mais il faut rappeler qu'une judicieuse compréhension de l'environnement a permis aux Canadiens de gérer le climat comme ressource et comme risque. La nécessité d'accommoder les conditions climatiques en réconciliant économie et écologie s'y est sans doute imposée avec plus de force qu'ailleurs.

Quelques éléments de géographie historique

Bâti sur les ressources de l'immigration, le Canada présente des caractéristiques propres en matière de composition et de répartition de sa population.

Pour commencer, les conditions mêmes de la colonisation et des premiers établissements humains posent la question de l'occupation du sol et de l'appropriation du territoire. Comme aux États-Unis, l'arrivée de colons européens a signifié une dépossession du territoire occupé par les premiers arrivants. Le premier clivage culturel réside dans la conception même du rapport à l'espace. Les autochtones ont toujours situé leur relation à la nature sous le signe du respect et d'un équilibre entre l'homme et l'environnement naturel ; leur relation au territoire est régie par le principe du droit d'usage de la terre et non de son appropriation. La transposition en Amérique du Nord par les Européens de leur mode de pensée a modifié cette relation en introduisant le concept de propriété et en mettant l'accent de surcroît sur les conditions de l'acquisition du sol à titre individuel alors que le mode de socialisation des groupes autochtones insiste davantage sur le sens de la communauté ou de la collectivité. Par ailleurs, on notera que le processus de la conquête s'est fondé sur le principe de la dépossession, sur l'expropriation et sur la destruction de la faune quand cela n'a pas entraîné la disparition de personnes. Déjà les conditions de la découverte et de l'exploration avaient généré un sens particulier des espaces et des lieux et l'aventure des « coureurs de bois[1] », par exemple, est si marquante dans l'histoire collective que l'esprit pionnier ne s'efface jamais totalement devant l'histoire. Elle inscrit de surcroît la mobilité comme donnée fondamentale de la mentalité canadienne.

Le choc culturel entre Européens et premiers occupants provient de l'opposition de deux visions du monde. On a souvent parlé de l'imbrication, au Canada, de deux idéologies, l'une nationaliste qui conçoit le territoire comme fermé, délimité et approprié à des fins d'identification nationale, l'autre universaliste qui conçoit le territoire comme un espace ouvert, sans frontières. Ces idéologies sous-tendent à l'évidence deux projets politiques différents, d'où les hésitations constantes entre le fédéralisme centralisateur et un Canada des régions. On voit bien que l'espace géographique n'est pas que physique ou même économique, il est aussi stratégique, politique, mental. Il y a l'espace à l'état brut et lorsqu'il

1. Voir p. 77-79.

est approprié, il devient lieu d'appartenance ou territoire. Le territoire est soit possession et enfermement, soit dépossession et ouverture mais, dans les tous cas, il est un espace et un enjeu de pouvoir.

La problématique de la conquête, qu'elle soit liée à l'installation des Européens ou ensuite à la rivalité impérialiste entre Français et Anglais, consiste toujours à renforcer son établissement sur un territoire maîtrisé ou à agrandir son territoire. Le défi actuel du Canada est plutôt de gérer le complexe pour penser une définition ou une redéfinition du territoire qui puisse s'accommoder de plusieurs espaces d'appartenance. Ces rappels élémentaires de géographie historique permettent de mieux comprendre quelques difficultés politiques du Canada contemporain, engagé dans un processus de reconnaissance vis-à-vis des Premières Nations.

Chapitre II

À la recherche des origines

L'histoire du Nouveau Monde s'est longtemps attachée à valoriser la découverte de l'Amérique, mais bien avant la rencontre entre les Européens et les Amérindiens, il convient de revenir aux origines de l'occupation du continent nord-américain par les premiers humains.

Plusieurs thèses se sont longtemps affrontées, mais il semble maintenant acquis dans tous les milieux scientifiques que les premiers habitants du continent étaient d'origine asiatique.

Durant la Préhistoire, l'histoire du Canada est d'abord géologique. À l'ère paléozoïque ou ère primaire, alors que la Pangée n'est encore qu'un immense continent unique, la formation de la chaîne de montagnes des Appalaches débute dès la période dévonienne, il y a 410 millions d'années. Au début de l'ère mésozoïque ou ère secondaire, il y a 200 millions d'années, la Pangée s'est ensuite séparée en Laurasie au Nord et en Gondwana au Sud. Lors de la période jurassique, la Laurasia ou Laurasie[1] se divisa à son tour en deux en Eurasie et Amérique du

1. Son nom provient de l'association des zones géographiques « Laurentides » et « Asie ».

Nord il y a environ 65 millions d'années, avec l'ouverture de l'Atlantique nord.

La partie occidentale forma ce qui devint plus tard l'Amérique du Nord et dériva pendant plusieurs millions d'années jusqu'à son emplacement actuel. Puis, la formation des montagnes rocheuses commença il y a 138 millions d'années lors de la période du crétacé. La fin de cette même période fut marquée par l'extinction massive des animaux, dont les dinosaures. C'est alors aussi que les réserves de pétrole commencèrent à se former, surtout à l'endroit de l'Alberta actuel, pour devenir plus tard l'une des principales ressources économiques du Canada. Il faut attendre la fin de la période tertiaire, il y a 5 millions d'années, pour que débute la formation de la calotte polaire recouvrant le Nord du Canada. Le climat commença à se refroidir, inaugurant une ère glaciaire. Mais ce n'est que pendant la période quaternaire, il y a 1,6 million d'années, que le climat devint excessivement froid et que les variations du niveau de la mer provoquèrent l'apparition des Grands Lacs, du lac Champlain, du Saint-Laurent, d'autres grands lacs et du plateau laurentien. Quant à la présence des premiers humains, elle remonte à l'époque holocène, il y a plus de 10 000 ans. Le climat se réchauffe, favorisant ainsi la fonte des glaces.

De la Préhistoire aux premières explorations européennes du Xᵉ siècle

Alors que peu de documents attestent leur présence, des fouilles archéologiques feraient même remonter la présence des peuples autochtones sur le territoire du Canada à plus de 26 500 ans avant notre ère dans le nord du Yukon, et à 9 500 avant notre ère dans le sud de l'Ontario. Ainsi, certaines régions du territoire actuel du Canada sont habitées par les peuples amérindiens et inuits depuis des temps immémoriaux. Le parcours des premières migrations fait encore l'objet de recherches et de spéculations qui font plus ou moins l'unanimité dans la communauté scientifique des bio-anthropologues, des ethnologues, des archéologues, des généticiens voire des linguistes. Plusieurs hypothèses ont pu être formulées au sujet des grands passages. Quelles que soient les véritables origines du peuplement des Amériques, on aura compris que l'exploration des sites préhistoriques donne encore lieu à une réelle compétition aux relents idéologiques. On a le sentiment que la recherche du premier *homo americanus* relève du fantasme ou de l'épopée, peu compatibles avec une démarche scientifique rigoureuse.

Selon la première hypothèse, dite du « corridor intérieur », qui avait la préférence des chercheurs depuis les années 1930, les Paléoaméricains seraient arrivés en Amérique grâce à une migration par l'isthme de la Béringie entre l'Alaska et la Sibérie orientale. Ce pont terrestre, dû, il y a près de 20 000 ans, à l'emprise de la glaciation qui abaisse le niveau de la mer de deux cents mètres, permet le passage de chasseurs-cueilleurs. Mammouths, chevaux, caribous, bisons sont en effet chassés par ces groupes humains en provenance de l'Asie. On a trouvé des restes de gros gibiers qui attestent l'existence de campements de chasse. La structure de l'habitation, les restes d'animaux mais aussi les outils de pierre n'ont rien à voir avec la culture, dite de Clovis, qui se développe plus tard au Sud. Or, suite à la découverte en 1932 d'une pointe de projectile fichée dans les côtes d'un mammouth, vieille de 11 500 ans si l'on en croit la datation au carbone 14, on a longtemps affirmé que l'homme de Clovis, du nom d'un petit village situé à l'extrême est du Nouveau-Mexique, était le premier Américain.

Les premiers arrivants de la Béringie, qui suivent les ruminants, trouvent ainsi le moyen de pénétrer sur le continent américain et de se rendre dans le reste de l'Amérique du Nord et du Sud. Il y a environ 11 600 ans, le climat se réchauffe et la Béringie redevient sous-marine pour disparaître et laisser la place à l'actuel détroit de Béring. Certains situent donc l'arrivée d'un premier peuplement à la fin de la dernière glaciation, entre 16 500 et 13 000 ans. Des restes d'industrie lithique pourraient dater de 15 000 ans avant l'ère chrétienne. On a du mal à imaginer l'ampleur de cette bande terrestre qui s'étend entre deux fleuves, le Mackenzie au Canada et la Lena en Sibérie pour recouvrir l'Alaska, le Yukon et l'Est de la Sibérie. Ce corridor, véritable couloir de pénétration, pourrait correspondre à la Colombie-Britannique et à l'Alberta actuels et devait avoir en réalité à certains endroits une largeur de 1 000, voire de 2 000 kilomètres. L'un des premiers sites d'occupation humaine de l'Amérique du Nord a été récemment mis au jour avec la découverte au centre de l'Alaska, dans un endroit appelé Upper Sun River[1], d'un squelette d'enfant qui aurait été inhumé après avoir été incinéré[2] ainsi que des restes de petits mammifères et des résidus végétaux qui remonteraient à 11 500 ans.

Mais l'antériorité que pourrait avoir l'Amérique du Nord sur l'Amérique du Sud ne ferait que conforter la supériorité du « gringo » sur le « métèque », surtout quand on constate le nombre impressionnant de cher-

1. Ou Xaasaa Na dans la langue des Athabascans.
2. Upward Sun River Mouth Child.

cheurs américains (états-uniens) qui se sont intéressés à la question avec chauvinisme. On a pu relever des datations plus anciennes beaucoup plus au sud, si bien que la « culture de Clovis » pourrait ne pas consacrer le premier pas de l'homme préhistorique en Amérique. Il faut bien admettre que de récentes découvertes aux États-Unis, au Chili, au Mexique et au Brésil, notamment sur le site de Santa Elina dans le sud du Mato Grosso, permettent de passer la barrière de Clovis en repoussant le seuil à au moins 25 000 ans. On peut rappeler aussi les travaux effectués sur les sites de Cactus Hill en Virginie ou de Meadowcroft Rockshelter en Pennsylvanie. Un habitat préhistorique plus ancien a été notamment découvert dans les années 1960 sur la Terre de Feu. Des fouilles effectuées au centre-sud du Chili en 1976 ont pu révéler l'existence d'un peuple pré-Clovis ayant vécu sur le site de Monte Verde I il y a 12 000, voire 15 000 ans. À partir de 1997, on met au jour sur le site de Monte Verde II des outils de pierre, artefacts et bois brûlés qui dateraient de 33 000 à 35 000 ans. Les squelettes découverts à Monte Verde semblent présenter les caractéristiques des peuples polynésiens ou des Aborigènes d'Australie. Les peintures rupestres et les outils de pierre taillée trouvés sur le site de Pedra Furada (la roche percée) au nord-est du Brésil permettraient même d'affirmer une présence humaine datant de 40 000 ans, même si la fiabilité ou la précision des datations par le radiocarbone reste très problématique. Rien n'est moins certain, d'autant qu'aucun vestige d'une migration depuis la Béringie n'a été découvert. Certains sites mexicains conserveraient la trace d'empreintes et d'ossements remontant à 40 000 ans, mais toutes ces conjectures plausibles n'ont reçu aucune confirmation scientifique indiscutable, d'autant que les techniques de recherche, qu'il s'agisse du carbone 14[1] ou de la dendrochronologie[2], demeurent incertaines. On rappellera cependant le travail séminal et le parcours scientifique de Niède Guidon, archéologue brésilienne légendaire en raison de sa ténacité. Née en 1933 d'un père français et d'une mère brésilienne d'origine kaingang[3], elle est formée à l'archéologie à l'université de Sao Paulo. En 1964, après le coup d'État militaire, elle doit s'exiler en France, devient professeur à l'École des hautes études en sciences sociales (EHESS) avec l'aide d'André Leroi-Gourhan. Elle revient en 1973 au Brésil pour entreprendre des fouilles au lieu-dit Pedra Furada – dans la région du Piaui au nord-est du Brésil – et trouve des pierres taillées remontant à 18 000 ans, puis étudie des morceaux de charbon estimés à plus de 40 000 ans. Avec une équipe française pluridisciplinaire qu'elle dirige, les chercheurs du site de la Serra da Capivara – et en particulier le spécialiste des outils préhistoriques Éric Boëda – mettent en évidence charbons, pierres taillées et peintures rupestres mais, aux dires de leurs détracteurs, peu de squelettes humains, à l'exception de ceux d'un homme et d'une femme et d'un crâne daté de 11 000 ans.

Cette deuxième hypothèse, qui prétend que des sites sud-américains sont plus anciens que ceux des plaines de l'Ouest et que les premiers habitants auraient traversé l'océan Pacifique il y a plus de 30 000 ans, est une véritable révolution puisqu'elle remet en cause la prétendue hégémonie de l'Amérique du Nord tout en atténuant le

---

1. Spectrométrie de masse par accélérateur.
2. Analyse des cernes de croissance du bois.
3. Ces Indiens du Parana qu'étudia Claude Lévi-Strauss dans les années 1930.

complexe d'infériorité de l'Amérique du Sud. Ce sont leurs descendants qui se seraient installés en Amérique du Nord. Le fondateur du musée de l'Homme de Paris, Paul Rivet, qui a dessiné les contours de l'ethnologie française dans les années 1920-1930, est l'un des premiers scientifiques à avoir affirmé, suite à ses travaux des années 1940 en Colombie, que des peuples de l'Océanie ou d'Asie du Sud auraient migré par l'Océanie et/ou l'Australie *via* une succession d'îles du Pacifique. Les deux hypothèses ne sont pas contradictoires ou incompatibles.

Une troisième hypothèse privilégie l'existence d'une route de pénétration, le long de la côte nord-ouest du Pacifique. Les Paléo-Indiens auraient migré par bateau, se seraient nourris des ressources de la pêche et auraient pris ensuite la direction du Nord avec le retrait du front glaciaire.

On remarquera pour conclure que l'ironie de l'histoire a voulu que ces premiers migrants soient arrivés depuis l'ouest, alors que les explorateurs européens arriveront par l'est.

Mais une autre controverse vient compliquer la recherche de la vérité. La théorie selon laquelle les premiers Américains furent les ancêtres directs des Indiens d'Amérique se trouve bouleversée par la découverte de l'homme de Kennewick dont le squelette a été retrouvé en 1996 sur les bords du fleuve Columbia (État de Washington). Daté de 9 600 à 9 300 ans avant notre ère, il présente un crâne ayant des traits « caucasoïdes », soit européens et non mongoloïdes. Il pourrait donc y avoir plusieurs souches parmi les premiers habitants de l'Amérique, certains étant venus d'Asie, d'autres d'Europe, voire d'Australie. Préfigurant le *melting-pot*, le peuplement de l'Amérique pourrait ne pas avoir de souche unique. Par ailleurs, la découverte du crâne de Luzia, la première Brésilienne découverte à Lagoa Santa (État du Minas Gerais), daté de 11 500 ans, présente des caractéristiques négroïdes et australoïdes, ce qui conforterait la thèse des partisans du « cabotage ». Il est vrai qu'il y a 70 000 ans, les eaux atlantiques ont baissé de 120 mètres et auraient donc pu permettre le cabotage d'un continent à l'autre. Des Mélanésiens ou des Aborigènes d'Australie auraient pu longer les côtes depuis l'Extrême-Orient et le Japon et franchir le détroit de Béring. Finalement nous n'avons aucune certitude ni sur la date de l'arrivée des premiers Américains, ni sur leur origine.

Quels que soient le mode de pénétration et le parcours des premiers arrivants, le Canada a été peuplé par les ancêtres des Amérindiens il y a au moins 10 000 ans, et les peuples inuits il y a 4 000 ans. Selon les estimations de certains anthropologues, le nombre d'Amérindiens installés à l'intérieur des frontières actuelles des États-Unis pouvait varier entre deux et quarante millions de personnes. La marge de l'écart paraît donc considérable. Pour l'Amérique du Nord, les historiens retiennent généralement le nombre le plus bas, soit deux millions, mais cela ne veut pas dire qu'ils aient raison. En vertu de cette hypothèse, on estimerait à environ 1,7 million la population autochtone de l'ensemble du territoire américain au début du XVIe siècle, tandis que la population indigène vivant dans la partie de l'Amérique du Nord qui deviendra le Canada se chiffrerait au plus à environ 300 000 personnes.

Les Premières Nations et les Inuit vivaient essentiellement de la chasse, de la pêche et du piégeage. Chaque peuple était organisé dans des régions spécifiques et possédait ses propres caractéristiques culturelles, toutes liées à la nature et déterminées par l'environnement. Bien qu'elles entretiennent toutes des liens étroits et sacrés avec la terre et les différents modes de vie qui la peuplent, les Premières Nations ont chacune leur mode d'organisation, leur forme de gouvernement, leurs coutumes et leur langue.

L'identification des premiers migrants se fait grâce à l'anthropologie dentaire – c'est-à-dire l'examen de la dentition – ainsi que par l'étude des langues indiennes. Il est en effet difficile d'être précis pour évoquer les sociétés autochtones puisque, étant de tradition orale, ils n'ont laissé aucun document écrit. Le seul recours est celui de l'archéologie auquel s'ajoutent les témoignages des premiers Européens, explorateurs, marchands et missionnaires, avec le risque inévitable de la déformation en raison des préjugés et des antécédents culturels.

Si le concept n'était pas dangereux à manier, on pourrait distinguer un certain nombre de souches originelles, ou *phyla*, celle des Paléo-Amérindiens présents sur la totalité du continent nord-américain, celle des Athapascans (Na-Dene) sur le bassin du fleuve Mackenzie et dont la branche Navajo-Apache a migré vers le Sud-Ouest et aussi celle du groupe inuit (Eskimo-Aléoute) établi dans la région arctique il y a 4 000 ans.

En réalité, les populations amérindiennes ont été classées en fonction de leurs familles linguistiques. On ne peut qu'être frappé par l'extrême diversité de ces premiers peuples qui ne constituent pas un groupe homogène, contrairement à ce que pourra laisser penser par la suite l'appellation globalisante de « bons sauvages ». C'est à au moins dix grandes familles linguistiques (sans compter l'inuktitut des Inuit) que se rattachent les nations autochtones (quelque 600 bandes comptant chacune en moyenne 700 personnes mais parfois moins de 50 personnes), possédant chacune sa langue ou son dialecte. Au total, c'est plus de 170 langues qui ont pu être identifiées, dont seulement 53 ont survécu jusqu'à aujourd'hui[1].

On peut aussi ranger les Amérindiens par régions culturelles car il s'agit de sociétés fortement territorialisées. Il n'est pas nécessaire de rappeler l'importance de l'environnement et les conséquences de la disparition des glaciers à la fin de la dernière glaciation, dite de Wisconsin, entre 9 000 et 3 000 ans avant notre ère. C'est alors que la toundra se déplace au profit de la forêt boréale, large zone circumpolaire de végétation essentiellement occupée par des forêts constituées d'arbres résistants au froid, qu'il s'agisse d'espèces résineuses et de quelques espèces feuillues, mais comprenant aussi des lacs, des rivières et des terres humides. Les forêts boréales s'étendent du

1. À l'est des Rocheuses, on compte 4 familles : tout d'abord l'algonquienne qui occupe la majeure partie de l'Est et comprend, en allant d'est en ouest, les Béothuks (maintenant disparus), les Micmacs (île du Prince-Édouard, Nouvelle-Écosse et Nouveau-Brunswick), les Abénaquis (Penobscot), les Malécites, les Montagnais (Québec), les Atikamekw, les Algonquins, les Naskapis, les Outaouais, les Ojibways (Saulteux), les Cris, les Pieds-Noirs, les Piégans, les Gros-Ventres et les Gens-du-Sang. L'iroquoienne compte 9 tribus : les Hurons-Wendat (Ontario et Québec), les Neutres, les Pétuns, les Eriés, les Iroquois qui comprennent les Mohawks, les Onéidas, les Onondagas, les Cayugas et les Sénécas, installés dans la région des Grands Lacs. La siouenne, essentiellement constituée par les Assiniboines, investit le sud-est des Prairies. Enfin, l'athapascane rassemble les Chipewyans, les Tutchonis, les Kaskas, les Castors, les Esclaves, les Sékanis, les Couteaux-Jaunes, les Plats-Côtés-de-Chien, les Lièvres, les Gwich'in (Kutchins) au nord des Prairies et dans le bassin des fleuves Mackenzie et Yukon. À l'Ouest, sur la côte Pacifique en Colombie-Britannique, on identifie 6 familles, la kootenayenne, la salishenne (la plus importante), la waskashenne, la pénutienne (tsimshenne), la haida et la tlingite. En termes d'importance, les deux plus grands groupes linguistiques sont les Cris, suivis par les Ojibways, loin devant les Mohawks.

Tribus indiennes du Nord-Est avant l'arrivée des Blancs

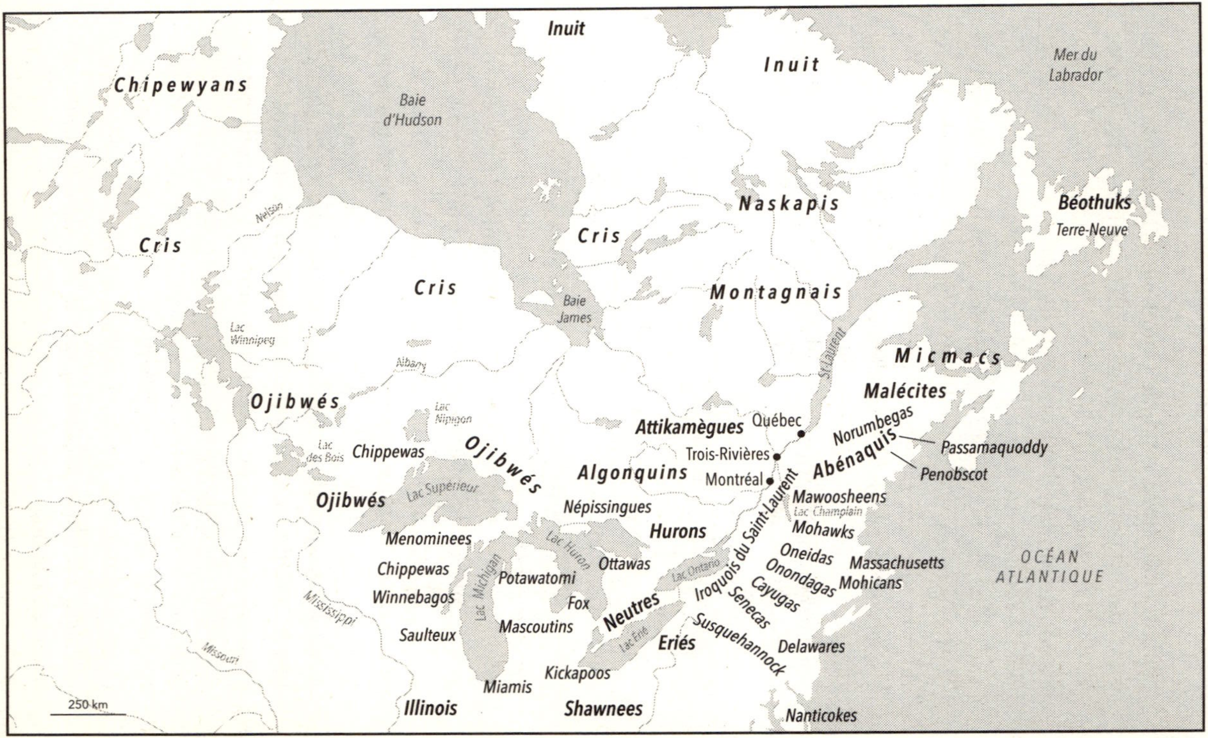

Yukon et du nord-est de la Colombie-Britannique en passant par le nord des provinces des Prairies, du Québec et de l'Ontario jusqu'à Terre-Neuve et Labrador, sur une bande de plus de 1 000 kilomètres entre la toundra gelée de l'Arctique au nord et les forêts plus tempérées au sud. Plus de 600 collectivités des Premières Nations y sont réparties. Cette civilisation boréale est constituée de nomades qui chassent les cervidés (cerfs, chevreuils, caribous, orignaux) et se déplacent sur les cours d'eau dans des canots d'écorce de bouleau pour les Algonquins, sans doute plus efficaces que ceux des Iroquois qui sont en écorce d'orme. Les transports dépendent du réseau des cours d'eau et, lorsque les vallées sont inaccessibles, le passage d'une rivière à une autre se fait par portage. À l'intérieur de cette forêt boréale, on parle les langues qui relèvent de deux familles linguistiques, l'athapascane et l'algonquienne, même si les locuteurs ne se comprennent pas toujours entre eux. Face aux défis de l'environnement naturel, les autochtones apportent les réponses adaptées. Ils fabriquent des armes pour la chasse du gros gibier et des pièges et des trappes pour le plus petit gibier, notamment le caribou. Les déplacements se font grâce à des traîneaux à chiens et la contrainte d'avoir à voyager léger fait qu'ils n'accumulent pas les biens. Le mode d'organisation politique est collégial et le chef de bande, même s'il est respecté et sage, n'a aucun pouvoir – en tout cas pas de contrainte. Sur le plan religieux, il est hasardeux de dire avec certitude quelles sont leurs croyances, même s'ils transmettent la tradition sacrée, respectent la nature et le règne animal quasi divinisé et recherchent la protection des esprits. Les chamans, qui sont les chefs religieux, ont le don de communiquer avec les esprits.

Sur la côte du Pacifique, il s'agit plutôt d'une civilisation du cèdre. Le bois sert à construire des habitations (certaines maisons atteignaient plus de 80 mètres de long et abritaient une trentaine de personnes), à fabriquer des embarcations et divers objets et à sculpter des mâts totémiques. En plus des produits de la chasse et de la cueillette, les autochtones de la côte se nourrissent des produits de la pêche comme le hareng, le flétan, le marsouin, le phoque et la loutre de mer. Le saumon tient une place essentielle dans leur alimentation. Cette société est particulièrement hiérarchisée et pratique l'esclavage ; le mode de production repose sur le principe de l'accumulation, véritable source d'inégalités. C'est dans ce contexte que le *potlach*, véritable rituel festif d'échange qui permet par le don de redistribuer les richesses, en étant le symbole de statut et d'ascension sociale. Cette marque de générosité rehausse le prestige de celui qui sait l'autre redevable de son geste. Le *potlach* constitue un investissement qui implique un retour favorable et un jeu mutuel qui repose sur un sens très fort de l'honneur.

On ne saurait oublier la civilisation du bison des Plaines intérieures qui est celle des chasseurs-cueilleurs nomades à l'organisation plus égalitaire. La chair de bison était l'essentiel de leur alimentation, la peau servait à confectionner des vêtements et à recouvrir les tipis et la bouse séchée était utilisée comme combustible. La chasse n'était pas une affaire individuelle destinée à célébrer l'héroïsme d'un seul mais une activité éminemment collective et solidaire. D'une façon plus générale d'ailleurs, la quasi-totalité des Premières Nations n'avait pas de conception individuelle de la propriété mais plutôt une conception communautaire, fondée sur l'entraide et le partage. La prédominance de la chasse comme ressource alimentaire faisait de ces bandes des sociétés patrilinéaires.

Dans la région des Grands Lacs, la civilisation dite des trois sœurs (ainsi appelée pour désigner le maïs, la courge et le haricot) est incarnée par les Iroquois qui sont des agriculteurs se livrant également à la culture des fèves et du tournesol. Leur mode de production est communautaire et leur gouvernement est plus démocratique que sur la côte Pacifique.

De toutes les régions, la plus difficile est sans aucun doute l'Arctique en raison de la rigueur extrême du climat. Les Inuit – nom préféré à celui d'Esquimaux qui veut dire « mangeurs de viande crue » dans la langue des Algonquins – occupent les côtes des îles arctiques et le Canada continental, un territoire au nord de la limite des arbres. Ils s'adonnent à la chasse et à la pêche dans une toundra sans arbres qui s'étend de l'Arctique à la limite nord de la forêt boréale. Ils tirent leur subsistance de l'ours polaire, du phoque, du morse et du béluga. Dans la toundra, ils chassent le caribou, l'ours brun (le grizzly) et le bœuf musqué. Dans le delta du Mackenzie, ils capturent des renards, des castors et des rats musqués. Le rythme des saisons est respecté : l'été, on pêche la baleine tandis qu'à l'automne, on chasse le caribou et pêche l'omble qui remonte le cours des rivières. Les déplacements reposent sur deux types d'embarcations, le kayak à une place et l'umiak, bateau à fond plat qui peut transporter dix personnes et la lourde charge des gros mammifères marins.

Quelle que soit leur implantation, qu'ils soient des chasseurs nomades ou des agriculteurs semi-sédentaires, les autochtones se caractérisent par leur mobilité. Ils ne se déplacent pas seulement en fonction des changements climatiques et du rythme des saisons mais aussi pour échanger leurs produits respectifs. Entre 4 000 et 1 500 avant notre ère, les chasseurs-cueilleurs de la péninsule ontarienne ne se contentent pas de chasser le gros gibier : ils diversifient leurs activités en pratiquant la pêche et en cultivant des produits végétaux. Plus tard, entre 500 avant notre ère et 500 après notre ère, l'horticulture remplacera la cueillette. La diversité de ces modes de vie confirme que les plus anciennes civilisations du nord de l'Amérique font preuve d'une extraordinaire faculté d'adaptation au milieu.

Chapitre III

L'ère des expéditions de « découverte »

La rencontre entre l'Europe et l'Amérique a attendu bien longtemps alors qu'à peine un mois de navigation les séparait l'une de l'autre. Il est ironique de constater que si les Paléo-Américains sont venus sur le continent américain d'ouest en est, les Européens ont opéré une démarche totalement inverse, d'est en ouest. La rencontre est vite devenue dans l'imaginaire collectif une découverte alors qu'il s'est plutôt agi de conquête, et que l'on devrait plus justement parler de malrencontre.

Les premières explorations

Au IVe siècle avant notre ère (entre - 330 et - 320), l'astronome marseillais Pytheas entreprend un voyage jusqu'au cercle polaire. C'est l'une des premières expéditions scientifiques connues. Son périple demeure toutefois attaché à des légendes fantastiques qui l'ont fait passer pour un fantaisiste aux yeux des incrédules. Pytheas est chargé par les autorités de sa ville de conduire une expédition commerciale susceptible de découvrir de nouvelles voies de commerce à la recherche de l'étain et de l'ambre. Mais la mission fut assortie d'une étude scientifique. On savait à l'époque d'Alexandre que la Terre était ronde, mais on connaissait aussi l'inclinaison de son axe par rapport à la course du soleil. Il devait donc exister, tout au nord, une région où le soleil ne se couchait pas. On peut croire qu'il a vu la banquise au cours de sa navigation. C'est la première fois que l'on évoque l'existence de la mystérieuse (et imaginaire ?) île de Thulé entre les îles Féroé et l'Islande (voire de la Norvège). Thulé va prendre ainsi une dimension mythique fabuleuse dans la littérature car elle touche à la proximité du cercle polaire en étant la limite septentrionale du monde connu. Par la suite, les Vikings s'aventurèrent au-devant des glaces. Des noms ont été ainsi conservés, celui de l'aventurier viking Ottar (Ohthere) qui doubla le cap Nord puis naviga probablement en mer de Barents au IXe siècle ou celui d'Erik le Rouge qui, parti d'Islande, atteignit le Groenland en 982, peu de temps avant l'an 1000, date à laquelle Leif Erikson, fils d'Erik le Rouge, débarque à Vinland, la « Terre des Vignes » qui n'est autre que Terre-Neuve et longe les côtes jusqu'à la baie de Rhode Island. Des vestiges matériels retrouvés dans les années 1960 lors de fouilles de sites scandinaves et indigènes au Groenland, dans l'Arctique canadien et à Terre-Neuve (à l'anse aux Meadows) attestent ces contacts précolombiens.

Mais l'histoire proprement dite des voyages arctiques ne commence qu'au XVe siècle et va permettre à l'Europe de tirer parti et profit d'un monde dont la richesse la fascine. L'exploration du Nord s'inscrit dans la grande course que se livrent tous les voiliers sur toutes les mers du globe pour atteindre l'Extrême-Orient, le pays des merveilles et des épices. L'intention était bien d'inventer une voie maritime, l'hypothétique « mer de l'Ouest » vers les Indes et l'Extrême-Orient, Cathay (la Chine) et

Cipangai (le Japon), susceptible de conduire à un véritable Eldorado[1].

Les expéditions en quête de nouvelles terres et de richesses fabuleuses exacerbent les rivalités entre les puissances maritimes d'Europe occidentale et il est difficile de prévoir alors qui dominera des Portugais, des Espagnols, des Français puis des Anglais qui partent presque les derniers dans cette course à handicap. L'exploration de l'Atlantique sourit aux Portugais qui, à l'initiative du prince Henri le Navigateur (1394-1460), s'engagent dès 1420 dans une série d'expéditions le long du littoral occidental de l'Afrique, atteignant la *Gold Coast* (le Ghana actuel) avant que Bartolomeu Dias ne franchisse le cap de Bonne-Espérance en 1487 et que Vasco de Gama n'arrive en Inde en 1498. Mais les Portugais, qui maîtrisent assez mal vents et courants, se hasardent rarement au grand large et ils ne sont pas prêts à s'aventurer sur la « mer Océane ». Tous les autres États se doivent de découvrir un itinéraire vierge échappant au monopole de fait que les Portugais exercent sur le tracé reconnu par Vasco de Gama et Bartolomeu Dias.

Fort est l'espoir de doubler le Canada par le Nord pour atteindre l'océan Pacifique et notamment la Chine que l'on persistait à croire plus rapprochée de l'Europe occidentale. L'idée est bien de rechercher une voie vers l'Asie. Ainsi l'Arctique va être abordé, non pour lui-même, mais pour les possibilités de passage que l'on espère découvrir.

---

1. Ce projet s'inscrit dans le contexte du mythe de l'Orient qui date du XIIIe siècle, incarné notamment par les explorations en Chine de Marco Polo en 1260. Le *Livre des merveilles du monde* sera d'ailleurs dans les bagages de Christophe Colomb.

Au bout d'un certain temps il est acquis que les passages du Nord-Est et du Nord-Ouest sont infranchissables. Le passage du Nord-Est est la route maritime de l'océan Arctique au nord de la Sibérie qui conduit de l'Atlantique au Pacifique par le détroit de Béring. Le passage du Nord-Ouest est un passage maritime nord qui relie l'Atlantique au Pacifique en passant par les îles arctiques du grand Nord canadien[1]. La contrepartie de cette déconvenue sera la reconnaissance d'autres lieux, notamment de pêche. Les Anglais affirment avoir été les premiers à s'intéresser au passage du Nord-Ouest. En 1497, après une première tentative infructueuse où il ne dépassa pas l'Islande, John Cabot, le Gênois de Bristol, part à la conquête du passage du Nord-Ouest avec une lettre patente d'Henri VII d'Angleterre. Il navigue vers Terre-Neuve et identifie des quantités immenses de morue dans les eaux côtières de la « terre neuve ». Il reconnaît aussi le golfe du Saint-Laurent déjà fréquenté par les pêcheurs de morue basques, portugais, bretons, normands et flamands. En réalité, les lieux ont déjà été découverts grâce au commerce portugais de la morue et les cartes marines de l'époque mentionnent « l'île de Bacalaos » (« morue » en portugais). Ce sont bien les Portugais et les Français qui sont les premiers à pêcher la morue dans les années 1520, les Anglais n'intervenant qu'après 1570. Avant les navigations de Colomb, les Basques auraient déjà découvert Terre-Neuve en pêchant la baleine et la morue, tout comme les marins bretons de Paimpol et de Saint-Malo, les marins normands de Barfleur et de Dieppe ou bien encore les marins de Bordeaux et de La Rochelle. Les travaux de Laurier Turgeon permettent d'affirmer avec

1. Le premier à franchir le passage fut le Norvégien Amundsen entre 1903 et 1906.

certitude que les premiers navires basques étaient des morutiers, vite suivis par les baleiniers, surtout à partir de 1539. On relève la première mention d'un baleinier à Bordeaux en 1530 mais la pêche côtière (morue sèche), la plus importante, la pêche hauturière (morue verte) et la chasse à la baleine s'intensifient entre 1540 et 1560. Le marché de la morue est particulièrement lucratif dans le contexte d'une Europe catholique qui a institué une centaine de jours de carême. Pierre Chaunu rappelle cette prescription de 153 jours maigres dans les pays catholiques. Aucun document n'atteste la date exacte de cette présence des pêcheurs français mais on peut affirmer avec certitude qu'au tout début du XVIe siècle (à partir de 1520-1540), ils sont fermement présents. Des fouilles ont notamment découvert des vestiges qui remontent à 1565 environ.

Pendant la première moitié du XVIe siècle, ce sont les Français et les Portugais qui dominent le secteur de la pêche car ces deux pays catholiques consommateurs de poisson disposent de surcroît d'importantes réserves de sel et peuvent saler le poisson à bord des bateaux. Les Anglais qui paient leur sel plus cher créent des établissements semi-permanents à terre qui deviendront par la suite les premiers noyaux de la colonisation. En 1578, on dénombre 150 navires morutiers français, 100 espagnols, 50 portugais, 30 à 50 anglais sans compter 20 à 30 baleiniers basques – au total, entre 8 000 et 10 000 pêcheurs et près de 500 navires.

L'histoire a mythifié Christophe Colomb mais il faut attendre 1492 pour qu'il associe son nom à l'Amérique. Christophe Colomb – Cristoforo Colombo –, un Italien au service de l'Espagne d'Isabelle la Catholique, atteint les Antilles. Le 14 octobre, il aborde à l'île de Guanahani (plus tard San Salvador), puis découvre la côte nord-est de Cuba puis l'île qu'il nomme « Hispaniola » (Saint-Domingue/Haïti). Un deuxième voyage, en 1493-1496, le mena aux Antilles (la Dominique, la Guadeloupe, Porto Rico et la Jamaïque) puis un troisième voyage en 1498-1500 lui permit d'atteindre l'île de La Trinité et de découvrir les bouches de l'Orenoque (Venezuela), au nord de l'Amérique du Sud.

En 1494, le pape Alexandre VI Borgia invite Ferdinand II d'Aragon et Isabelle Ire de Castille, roi et reine d'Espagne, à exercer une tutelle sur les indigènes des « terres inoccupées ». Déjà, en 1454, le pape Nicolas V avait autorisé l'esclavage et accordé au roi du Portugal le droit de s'attribuer les terres des païens. Le traité de Tordesillas de 1494 établit ainsi le partage du Nouveau Monde (*Terra nullius*).

Colomb a sans doute permis à l'Espagne de constituer un puissant empire mais, contrairement à ce qui deviendra un élément légendaire dans le mythe d'origine de l'Amérique, il n'a pas véritablement découvert le continent nord-américain. Il a ouvert la voie aux autres.

L'or de l'Amérique méridionale assure la richesse de l'Espagne et l'assaut hispanique vers les empires aztèque et inca conforte son avance par rapport aux explorateurs de l'hémisphère nord qui tâtonnent. Une Amérique hispanique, de la Floride à la Californie, prend déjà forme et perdurera jusqu'à la pénétration américaine au XIXe siècle.

La recherche du passage du Nord-Ouest est toutefois plus obstinée que celle du passage du Nord-Est. Dès la fin du XVe siècle, les Portugais déploient de sérieux efforts : dans le sillage de John Cabot, Gaspar Corte-Real quitte Lisbonne à l'été 1500 et atteint à l'automne de la même année une terre qu'il nomme Terra Verde (aujourd'hui le Groenland), même si les conditions météorologiques l'empêchent de débarquer. Au cours d'une seconde expédition, fin décembre 1500 ou début janvier 1501, il rencontre des banquises qu'il doit contourner et arrive à Terre-Neuve, déjà découverte par Cabot. Il longe une côte à laquelle il donne le nom de Terre des agriculteurs (Labrador) ; il y capture 60 autochtones, des Béothuks qui auraient été en possession d'artefacts européens.

Les Espagnols, quant à eux, n'ont pas de prétention sur le nord du continent malgré quelques explorations sans véritable lendemain, notamment celle de Juan Ponce de León en Floride en 1513.

La France, grande puissance continentale qui a pris du retard par absence de patronage royal et qui ne pouvait pas se laisser supplanter par le Portugal ou l'Espagne, s'intéresse à l'Atlantique nord entre 1523 et 1545. Avec le soutien de François Ier, le Florentin Giovanni da Verrazzano appareille à Dieppe sur la *Dauphine* et il explore en 1523 la côte orientale de l'Amérique du Nord, de la Floride à Terre-Neuve. Il évite l'actuel cap Fear en Caroline du Nord, qu'il croit occupé par les Espagnols, et remonte plus au nord pour découvrir la rivière Hudson, longer l'actuelle Nouvelle-Angleterre avant d'atteindre, tout au nord, l'Arcadie/Acadie devenue par la suite la Nouvelle-Écosse et le Nouveau-Brunswick. Le rapport de Verrazzano est remis au roi mais sans susciter d'intérêt particulier, semble-t-il. La seconde expédition, au printemps 1528, conduit l'explorateur vers le Brésil et la Caroline où il est tué et dévoré par les cannibales. Verrazzano aura eu le mérite de prouver la continuité de la côte atlantique de la Floride à l'Acadie, comme l'atteste une carte de 1527 inspirée de ses voyages. Même s'il n'a pas repéré l'entrée du Saint-Laurent, il aura permis de baliser la future Nouvelle-France.

La présence française est également assurée par les expéditions de Jacques Cartier, encouragées par le roi qui veut briser le monopole des Portugais et des Espagnols ; la première, en 1534, à la demande de François Ier, conduit l'explorateur malouin à Terre-Neuve[1] et à l'embouchure du Saint-Laurent, régions déjà assidûment fréquentées pour la pêche à la morue et la traite des fourrures avec les Indiens. Cartier connaissait la route à suivre car il était certainement déjà allé au Brésil. De surcroît, il avait bien préparé son voyage en ayant obtenu du pape en 1533 une déclaration excluant du partage de Tordesillas les terres non encore découvertes. Par ce traité de Tordesillas, dès 1494, le pape Alexandre VI avait partagé la possession des nouvelles terres entre l'Espagne et le Portugal, la limite ayant été fixée à 370 lieues à l'ouest de l'île du Cap-Vert.

Au cours de la première expédition qui démarre de Saint-Malo en avril 1534, Cartier longe la baie des Châteaux (détroit de Belle-Isle) jusqu'au sud de Terre-Neuve. Après avoir dressé une immense croix sur la côte nord du golfe pour affirmer la souveraineté du roi de France sur les terres découvertes, il va plus au sud, au large des îles de la Madeleine, jusqu'à l'actuelle île du Prince-Édouard. Ce premier voyage est riche d'espoirs. En juillet 1534, Cartier se livre pour la première fois, à l'île du Prince-Édouard, à la traite des fourrures avec les Indiens micmacs totalement ébahis par l'arrivée de ces survenants. La « terre que Dieu a donnée à Caïn » où les hommes sont « effarables et sauvages » n'a pas apporté l'or espéré mais confirme Cartier dans sa détermination à trouver le passage du Nord-Ouest.

1. Les côtes de Terre-Neuve désignaient alors toutes les côtes atlantiques allant du nord de l'île de Terre-Neuve jusqu'à l'île du Cap-Breton.

Ensuite il fait route jusqu'à la baie des Chaleurs et pratique la première traite en échange de chaudrons, de haches, de couteaux et « autres ferrements » avant d'atteindre la baie de Gaspé. Puis il navigue à l'entrée du golfe du Saint-Laurent sans le voir. Le premier contact avec les Indiens est ambigu et marqué par l'incompréhension sur les intentions réciproques. Cartier, qui se sent menacé, tire deux coups de semonce, s'empare des deux fils du chef iroquois Donnacona, Domagaya et Taignoagny, pour les ramener en France avec la promesse de les rendre à leur père l'été suivant. Les deux Amérindiens contribueront à convaincre Cartier de l'intérêt de sa mission en lui faisant miroiter les richesses du « royaume de Saguenay » établi sur le commerce du cuivre.

Le deuxième voyage, en 1535-1536, toujours commandité par le roi, lui permet, grâce à trois navires de la marine royale, la *Grande Hermine*, la *Petite Hermine* et l'*Émerillon* et avec l'aide des deux jeunes Indiens qu'il avait ramenés en France lors de la première expédition, de repartir à la recherche d'îles « fabuleuses », de remonter le Saint-Laurent jusqu'à Stadaconé (village iroquoien de 600 habitants pratiquement situé à l'emplacement actuel de la ville de Québec) et près de l'embouchure d'une rivière qu'il nomme Sainte-Croix[1] puis d'aller jusqu'à Hochelaga, un gros village fortifié clos par une triple palissade, comptant environ 1 500 habitants dans une cinquantaine de maisons longues, le site du futur Montréal. Les rapides, au nord et au sud de l'île de Montréal, l'empêchent d'aller plus loin, mais l'espoir d'atteindre l'Asie demeure fort, symbolisé par le nom donné aux rapides de Lachine.

1. Aujourd'hui rivière Saint-Charles.

La deuxième expédition éprouve les équipages qui connaissent la dure expérience de l'hivernage, à laquelle s'ajoute une épidémie de scorbut.

En 1541-1542, la troisième expédition est conduite par le seigneur huguenot Jean-François de La Roque de Roberval qui supplante Cartier dans la conduite des opérations. Malgré sa nomination comme lieutenant général d'un pays où finalement il ne fait que passer, Roberval doit rapatrier les survivants après avoir été abandonné par Cartier en cours de route. Cartier se méfiait des Iroquois à Québec et il décida de rentrer seul en France avec une cargaison d'or et de diamants – dont l'expertise montra qu'il ne s'agissait que de pyrite de fer et de quartz. Il fallut renoncer au projet d'établir une colonisation durable et de s'engager dans un programme d'évangélisation. Ce fut l'échec de l'établissement français en raison des rigueurs de l'hiver, du scorbut et des relations qui s'étaient détériorées avec les Iroquois. Le bilan n'est pas négatif. Même s'il doit constater l'inexistence d'un passage vers l'Asie et s'il n'a pas trouvé l'or et les épices tant convoités, Cartier a bien perçu les richesses potentielles de cette partie du monde, qu'il s'agisse des poissons et des baleines, des réserves de bois, des ressources agricoles et naturellement des fourrures. Il a contribué grandement à établir la toponymie de l'est du Canada (au moins dans sa partie fluviale) et ses voyages apportent des précisions utiles pour les cartographes en Europe. Les découvertes de Jacques Cartier renouvellent en les précisant les cartes de la *Cosmographie universelle* publiée par Jean Alphonse en 1542. Reprenant le terme utilisé par les Iroquoiens, Cartier donne à ce pays le nom de *Canada* (qui pourrait signifier *village*). Le Canada entre vraiment dans l'histoire atlantique grâce à Cartier mais, après ses échecs et ceux de Roberval, on abandonne l'idée d'une installation permanente dans la vallée du Saint-Laurent.

Quelques années plus tard, des Huguenots à la recherche d'une terre d'asile pour fuir la France divisée par les guerres de Religion ont le projet de fonder une Nouvelle-France protestante et tolérante. L'initiative est prise par l'amiral Gaspard de Coligny. Son dessein atlantique n'est pas que religieux[1] car il comprend aussi des visées économiques, militaires et géopolitiques. Mis à la disposition de Coligny, Nicolas Durand de Villegagnon se dirige vers Rio de Janeiro en 1555 et s'installe sur une petite île du Brésil mais, alerté par les jésuites, le gouverneur portugais assiège et rase fort Coligny en 1560. Deux années plus tard, une nouvelle tentative pour s'établir en Caroline du Sud et en Floride échoue à nouveau. Durand de Villegagnon demeure pour l'histoire le fondateur d'une petite colonie française au Brésil nommée « France antarctique ».

En 1562, toujours mandaté par Coligny, le Dieppois Jean Ribault, assisté du Poitevin René de Goulaine de Laudonnière, appareille pour la Floride, remonte les côtes de Géorgie et de Caroline du Sud[2]. Une fois encore, c'est un échec. Laudonnière conduit une nouvelle expédition en 1564 et construit en Floride un fortin, baptisé fort Caroline, que les Espagnols vont s'empresser de brûler en 1565. Ribault et Laudonnière sont assassinés sauvagement. Ces défaites françaises seront déterminantes pour l'histoire de la Floride qui restera espagnole jusqu'en 1819.

---

1. Sa conversion au protestantisme ne date que de 1557.
2. Où il édifie un fortin nommé Charlesfort en l'honneur de Charles IX.

La nature des premiers contacts (1550-1600)

Les rêves d'implantation qui se sont avérés décevants vont ralentir les expéditions pendant la seconde moitié d'un siècle essentiellement dominé par les guerres de Religion qui détournent la royauté française de l'Amérique du Nord. Le second demi-siècle qui suit les expéditions de Cartier marque une pause en raison essentiellement du désintérêt du roi. Plusieurs autres facteurs retardèrent l'installation permanente d'établissements humains : l'hostilité des indigènes, les conditions climatiques, la nécessité de trouver des financements très onéreux pour commanditer des aventures considérées comme hasardeuses, sans compter l'absence de motivation et de formation des équipages.

Les baleiniers basques et les terre-neuviens de Saint-Malo continuent leurs activités tandis que les Anglais et les Espagnols poursuivent leurs voyages, les Anglais dans les zones boréales et les Espagnols en Floride. Les navigateurs anglais donnent leurs noms aux terres et aux bras de mer, Frobisher, Davis, Hudson, Baffin, Fox. En réalité, c'est l'arrivée sur le trône d'Élisabeth Ire qui stimule les ambitions anglaises de type colonial. La reine Tudor et son secrétaire d'État sir Francis Walsingham permettent à l'Angleterre de devenir une véritable puissance maritime dont la suprématie est consacrée par la victoire de sir Francis Drake sur l'Invincible Armada de Philippe II en 1588. Ce même Francis Drake serait allé jusqu'aux côtes de l'actuelle Colombie-Britannique, lors de la première circumnavigation anglaise de 1577 à 1580. Dès 1576, grâce à la création de la Compagnie de Cathay, Martin Frobisher part à la recherche du passage du Nord-Ouest et découvre la terre de Baffin et la baie dite de Frobisher. Le rêve d'établir un empire motive le plan de sir Humphrey Gilbert qui affirme en 1576[1] son désir d'établir une colonie en Amérique pour lutter contre l'Espagne. Après l'échec d'une première expédition en 1578, il parvient jusqu'à Terre-Neuve, en 1583, au terme d'une seconde dont il ne reviendra pas. De 1585 à 1587, John Davis effectue à son tour trois voyages et rate l'entrée de la baie d'Hudson. Ce n'est qu'au tout début du XVIIe siècle qu'on finit par mieux connaître cette partie du territoire avec les voyages de Henry Hudson, de Thomas Button et de William Baffin.

Sir Walter Raleigh fut le premier à établir les fondements de la future puissance anglaise, mais c'est en Virginie que le projet se concrétise. Un peu plus tard, c'est sous le règne de Jacques Ier (1603-1625) et celui de Charles Ier (1625-1649) que la colonisation anglaise commence vraiment. En l'espace d'une quarantaine d'années, les Anglais fondent ainsi la plupart des treize colonies qui vont marquer le début d'un véritable empire américain. Un certain nombre d'éléments expliquent la réussite anglaise. La signature de la paix avec l'Espagne en 1604 permet d'investir davantage de ressources économiques et humaines dans l'aventure coloniale. Les conflits religieux, malgré les apaisements apportés par Élisabeth Ire, conduisent les puritains à s'établir ailleurs. Les conditions socio-économiques incitent au départ et contribuent à l'augmentation de la population en Amérique. À la différence de ses nations rivales, l'Angleterre s'engage pauvre dans l'expérience coloniale mais l'esprit d'entreprise permet la modernisation et la réussite économique. L'aspect démographique est essentiel

1. Notamment dans *A Discourse of a Discoverie for a New Passage to Cathaia.*

car il jette les bases d'un déséquilibre qui ne cessera de jouer jusqu'à l'époque actuelle en la défaveur d'une partie de l'Amérique du Nord, et notamment de son fragment francophone.

Si les explorations en tant que telles se sont arrêtées dans la seconde moitié du XVIe siècle, le lien n'est pas rompu grâce aux pêcheurs qui assurent la continuité dans le développement de l'Amérique du Nord. Leur activité s'intensifie même dès les années 1540 puisque 50 ports du littoral atlantique sont impliqués. Pour ne donner que deux exemples, on relève 24 navires à Saint-Malo en 1541 et 22 morutiers à Bordeaux en 1546. Les Basques chassent la baleine à Terre-Neuve puis dans le golfe du Saint-Laurent. Ces activités commerciales s'avèrent très lucratives et elles entretiennent les contacts avec les Amérindiens. Déjà Cartier avait eu affaire avec les Montagnais venus du Saint-Laurent au détroit de Belle-Isle à la rencontre des Français, mais pendant la première moitié du XVIe siècle, les Amérindiens ont peu à échanger contre les produits européens. Les fourrures ne sont pas encore appréciées en Europe et seul compte le poisson. Il faut attendre le dernier tiers du siècle pour que naisse en Europe la vogue des chapeaux de feutre, très prisés dans toutes les couches de la société, qui va durer jusqu'à la fin du XVIIIe siècle. Ces chapeaux sont faits en feutre à partir du sous-poil du castor et le duvet de castor (poils courts) est si recherché que le commerce des fourrures devient autonome vers 1580. Jacques Noël, le neveu de Cartier, et son associé Étienne Chaton de La Jannaye, s'adonnent à la traite à Tadoussac, réputé pour la qualité de ses pelleteries mais la traite est aussi pratiquée sur le Saint-Laurent et également en Acadie où se distingue un marchand rouennais du nom d'Étienne Bellenger. Très vite, le commerce des fourrures conduit les Français à pénétrer à l'intérieur du continent, et ce, d'autant plus qu'il y a moins de castors sur les bords du fleuve. L'avantage de cette activité commerciale est qu'elle n'oblige pas à créer un établissement permanent puisqu'il suffit d'être au rendez-vous annuel des Amérindiens à la fin de la chasse d'hiver. En janvier 1588, Noël obtient d'Henri III le monopole des pelleteries du Saint-Laurent[1] en échange de l'obligation de peupler le territoire et d'évangéliser les autochtones. Une telle décision ne fit que soulever la jalousie des marchands de Saint-Malo qui revendiquaient la liberté du commerce et le monopole de Noël fut révoqué en juillet 1588. La conséquence immédiate fut de freiner la colonisation. Le débat sensible entre monopole et liberté du commerce n'est pas nouveau en réalité car, déjà en 1578, une commission avait été accordée au marquis de La Roche de Mesgouez. Ce dernier n'en profita pas avant 1584 et lorsqu'il décida de partir en expédition, il fit naufrage près de Brouage. En 1597, il était à nouveau prêt à établir un poste de pêche et de chasse à l'île de Sable, à 150 kilomètres environ de la Nouvelle-Écosse mais, par manque de ravitaillement, il connut un nouvel échec dès 1603. À nouveau, en 1599, c'est au tour du huguenot Pierre Chauvin de Tonnetuit d'obtenir du roi Henri IV le monopole de la traite des fourrures « au pays de Canada, Acadie et autres lieux de la Nouvelle-France » pour une période de dix ans. Suite aux protestations vigoureuses de La Roche, ce monopole sera réduit en 1600 et Chauvin est reconnu comme étant « l'un des lieutenants » de La Roche ; Chauvin se console car la région qui lui est dévolue est la plus productive et il s'associe au marchand malouin François Gravé du Pont,

1. Cartier avait déjà obtenu cette commission en 1540.

dit aussi Pont-Gravé. Son projet d'installer un établissement humain de 500 personnes à Tadoussac, à l'embouchure du Saguenay, n'aboutit pas et son équipage, en partie décimé, ne résiste pas aux rigueurs de l'hiver. Même s'il n'en a pas vraiment tiré profit, Chauvin associe son nom à Tadoussac et meurt en 1603. Le monopole a été repris en 1602 par Aymar de Chaste[1] qui organise une expédition sous le commandement de Pont-Gravé qui lui-même s'adonne à la traite et va accompagner Champlain lors de son premier voyage pour reconnaître le Saint-Laurent.

Tous ces voyages consacrent une réelle réussite commerciale mais aussi l'échec de la colonisation.

1. Avec le titre de vice-roi de la Nouvelle-France.

Chapitre IV

La première phase de la colonisation (1603-1660)

Le retour à la paix civile en France établi par Henri IV relance les expéditions et, après l'ère des découvertes, le projet d'une colonie de peuplement a pris forme. Ce projet est confié par le roi au huguenot Pierre du Gua de Monts avec le titre de vice-amiral et lieutenant général de la Nouvelle-France. Ce Saintongeais obtient en 1603 les droits exclusifs de la traite des fourrures avec les Indiens et il regroupe les marchands dans des companies à monopole. C'est lui qui prend Jean de Poutrincourt et Samuel de Champlain à son service. Les tentatives de colonisation ne commencent vraiment qu'au cours du XVIIe siècle, avec les efforts de Samuel de Champlain, même si les pêcheurs et les marchands avaient gardé le contact avec le continent. En 1603, ce marin de Brouage se lance à nouveau depuis Honfleur à la recherche du passage de Cathay avec un double rôle, celui de marchand de fourrures mais aussi avec une mission, celle de permettre un établissement humain durable et de civiliser les « sauvages ». L'expédition n'est pas sans difficultés. Champlain longe les côtes atlantiques, le littoral oriental de l'Acadie, la baie Française et Port-Royal (baie de Fundy et Annapolis Royal) et passe l'hiver 1604 à l'île Sainte-Croix en Acadie, où il perd plus d'une trentaine d'hommes. Il s'installe ensuite à Port-Royal[1], se livre au troc des pelleteries à Tadoussac mais doit rentrer en France en 1607. Le roi retire son monopole à du Gua de Monts devant les plaintes des marchands. Il le lui redonnera par la suite, à la condition toutefois de fixer une population à l'intérieur du continent. La crainte des Anglais pousse Champlain à s'engager dans le Saint-Laurent et c'est ainsi qu'en 1608 il fonde Québec au confluent du Saint-Laurent et de la rivière Saint-Charles, ouvrant ainsi la voie à un flux migratoire qui durera pendant toute la première moitié du XVIIe siècle. Dès 1608, une « Habitation » permanente est construite à Québec. Au début, l'établissement est côtier mais très vite se fait sentir l'impérieuse nécessité de pénétrer à l'intérieur du continent, d'où le rôle essentiel du Saint-Laurent. Québec devient alors le premier établissement français permanent en Amérique du Nord. En 1609, Champlain rencontre les Hurons pour la première fois avec le récollet Le Caron et 14 Français.

Champlain donne l'exemple en épousant, en 1610, à l'âge de 43 ans, Hélène Boullé, fille du secrétaire de la Chambre du roi, âgée de 12 ans. Par ce mariage, Champlain veut encourager les familles françaises à venir s'implanter sur cette nouvelle terre où la vie est si dure que, sans femme, elle paraît impossible. Il contraint également les Hurons à devenir catholiques et à marier leurs filles aux colons. En 1645, dix ans après la mort de Champlain, Hélène Boullé entrera au monastère des ursulines de Paris. Elle s'éloignera du noviciat et fondera à Meaux un monastère d'ursulines. L'avocat et écrivain Marc Lescarbot, arrivé à Port-Royal

1. Port-Royal est fondé en 1605.

en juillet 1606, y reste un an. À son retour, il rédige son *Histoire de la Nouvelle-France* incluant la première carte de la Nouvelle-France qui indique Québec, un an après sa fondation, en 1609. La carte établie par Champlain en 1613 reconnaît qu'il n'a pas « reconnu cette côte », mais celle de 1632 sera plus précise encore[1].

Après s'être consacré à l'exploration de 1603 à 1617, Champlain poursuit son rêve de colonisateur de 1618 jusqu'à sa mort en 1635. Son projet d'une colonie durable fait l'objet d'un mémoire adressé au roi en 1617. Il est confiant dans les ressources du pays qui ne se limitent pas à la traite des fourrures, d'autant que la question du monopole, tantôt accordé, tantôt repris, et de la liberté du commerce a transformé les conditions de la traite et rendu les Amérindiens plus exigeants dans le réseau d'échanges.

Il croit fermement à la diversification économique, notamment dans les secteurs de la pêche, de l'agriculture et de l'industrie. Champlain a une vraie vision de ce que pourrait devenir le Canada mais son programme ne se concrétise pas et n'aura aucun impact sur la colonisation. Un an avant sa mort, il charge Jean Nicollet d'une mission de paix et de découverte dans les Grands Lacs.

L'année 1608 marque la naissance d'une ville mais aussi d'une capitale qui va accueillir le peuple fondateur de la Nouvelle-France. La construction de cette « habitation » qui favorise le développement de la traite des fourrures à partir des années 1570-1580 attire les Français dans la vallée du Saint-Laurent. Il s'agit bien au début de l'établissement d'un comptoir de traite, mais à la fin du XVIIe siècle, l'Empire français d'Amérique a

1. Il faudra attendre 1703 pour que Guillaume Delisle publie l'une des meilleures cartes du territoire québécois.

pris des dimensions imposantes, de Terre-Neuve aux Grands Lacs et de la baie d'Hudson jusqu'au golfe du Mexique. Malheureusement, le bilan démographique est moins convaincant : en 1663, sur les rives du Saint-Laurent, sur une distance de 300 *miles*, on ne compte que 3 000 habitants. Ce n'est qu'une fois les Britanniques implantés au Canada que les colons français se percevront comme « Canadiens ». La présence française est intimement liée aux alliances avec les Amérindiens qui permettent le maintien de l'Empire français. Cartier a bien essayé d'apprendre le français aux Indiens, mais la tentative s'est avérée infructueuse. L'enjeu ultime de l'expansion française en Amérique du Nord est l'appropriation d'un nouveau territoire et l'assujettissement des populations autochtones. Les alliances n'excluent pas la logique de tutelle puisqu'il s'agit d'un projet colonial : il y a bien une volonté de soumettre les Amérindiens, de les civiliser, de les franciser et d'en faire des sujets de la France.

Pendant la première moitié du XVIIe siècle, les Français participent aux conflits entre les nations amérindiennes et s'installent dans la vallée du Saint-Laurent jusqu'à la destruction de la Huronie, en 1648-1650, par les Iroquois alors armés par les Hollandais. Les Hurons ont avec les Français un quasi-monopole de la traite et ils participent ensemble à la fièvre de « l'or brun ». Au début de la colonisation, les Iroquois n'ont pas d'armes à feu et ils recourent à la « petite guerre » en se dispersant et en se cachant dans les bois, avant d'attaquer par surprise.

Les premiers contacts avec les autochtones sont ambigus et surtout variables selon les lieux investis. Mais avant d'analyser la situation dans la vallée du Saint-Laurent, l'expérience vécue en Acadie, et notamment à Terre-Neuve, mérite un traitement spécifique puisque c'est là que tout a commencé. Les Anglais nous précèdent avec le repérage de John Cabot, dès 1497, qui mentionne les Amérindiens mais tout en confondant les divers peuples. La nature de l'activité commerciale des pêcheurs anglais, normands, bretons et basques ne donne lieu, au cours de la première décennie du XVIe siècle, qu'à des rencontres brèves, d'autant que se pose le problème de la langue.

En 1534, Cartier avait identifié les Béothuks enduits avec une teinture d'ocre rouge qui leur vaut l'appellation de Peaux-rouges. Quand l'activité de pêche est exercée au large du littoral sud de la Nouvelle-Écosse, il n'y a pas de contact, d'autant que le salage de la morue est effectué à bord des navires. La situation est différente à Terre-Neuve, quand les pêcheurs accostent et installent des sécheries. En 1500, la population indigène est estimée à 500 ou 700 personnes et les premiers contacts qui, au début, étaient amicaux et fuyants, se tendent. Les Béothuks pêchent l'été, chassent l'hiver et dressent en automne des barrières pour rabattre les caribous en migration vers les chasseurs. Ils chassent aussi l'ours, le castor, le renard ou la loutre. Le risque de rencontre est relativement limité mais l'installation des sécheries inquiète les autochtones qui se livrent par ailleurs à des vols d'outils et de provisions. En représailles, les Blancs tuent un certain nombre d'autochtones et contribuent à leur extinction, sans compter les pertes causées par les maladies apportées par les colons européens, qu'il s'agisse de la variole[1], de la typhoïde ou de la rougeole. Le sort des Béothuks est particulier puisque c'est le seul groupe d'autochtones qui est rayé totalement de la carte, le dernier survivant disparaissant en 1829. Le débat est

1. Petite vérole ou « picote ».

vif pour distinguer, dans cette extinction, la part du génocide et celle des maladies. À côté des Béothuks, on relève aussi la présence de Micmacs dans la future Acadie. Les Français équipent les Micmacs avec des mousquets, ce qui leur donne un avantage par rapport aux Béothuks qui, eux, n'ont pas voulu les accepter. Les Micmacs ont aussi contribué à la destruction des Béothuks mais, à l'époque, les Français considéraient que c'était un mal nécessaire pour préserver ses propriétés.

L'alliance des débuts avec les nomades de la vallée du Saint-Laurent, Innus et Algonquins, s'étend ensuite aux Hurons sédentaires et agriculteurs sur les rives de la baie Géorgienne, plaque tournante du commerce des fourrures à partir de 1615-1620. Champlain va même jusqu'à hiverner avec les Hurons en 1615. Quand l'alliance avec les Innus et les Algonquins est opérée dès 1608, ces nations sont déjà en conflit avec les Iroquois depuis 1570 mais on est dans un contexte d'équilibre des forces. La rencontre avec les Amérindiens a lieu dans les forêts de l'Est[1]. Chaque zone culturelle amérindienne comprend des groupes différents tels que les Iroquois, les Micmacs, les Anishinaabes ou les Wendats (Hurons), chaque groupe relevant de familles linguistiques également différentes, soit la famille iroquoienne, soit la famille algonquienne. À l'origine, les peuples de langue iroquoienne occupent la majeure partie de ce qui est aujourd'hui le sud de l'Ontario, le nord de l'Ohio, de la Pennsylvanie et de l'État de New York ainsi que la vallée du Saint-Laurent à l'est jusqu'à la ville actuelle de Québec. Les peuples de langue algonquienne s'étendent

1. Cette zone culturelle se situe dans la région qui s'étend de la côte nord-est des États-Unis actuels et des Provinces maritimes d'aujourd'hui jusqu'à l'ouest des Grands Lacs.

depuis le lac Supérieur, au nord du Lac Huron, jusque dans la vallée de l'Outaouais puis, vers l'est, à travers ce qui est aujourd'hui la Nouvelle-Angleterre et les provinces de l'Atlantique.

Le groupe iroquoien comprend les Ériés, les Neutres, les Wenros, les Haudenosaunees[1] ou Iroquois qui regroupent les Sénécas, les Cayugas, les Onondagas, les Oneidas et les Mohawks (aussi appelés ligue des Cinq-Nations[2] avant de devenir la ligue des Six-Nations en 1722 après l'incorporation des Tuscaroras), les Wendats (Hurons) de la baie Géorgienne au lac Simcoe, les Pétuns, les Iroquoiens du Saint-Laurent[3]. Ce sont des horticulteurs semi-sédentaires qui vivent de chasse et des produits de l'agriculture (courge, citrouille, blé d'Inde, haricot), dont les rendements les préservent de la famine.

Le groupe algonquien regroupe les Ojibwas dans la région du lac Supérieur au nord-est de la baie Géorgienne, les Outaouais, les Nipissing, les Algonquins autour de la rivière Outaouais et de ses affluents, les Abénaquis dans le Vermont, le New Hampshire et le sud-est du Québec actuel, les Malécites du sud de la vallée du Saint-Laurent à la baie de Fundy au Nouveau-Brunswick, les Micmacs de la péninsule gaspésienne et de ce qui est aujourd'hui le Nouveau-Brunswick, l'île du Prince-Édouard et la Nouvelle-Écosse. Les populations algonquiennes vivent de la pêche et de la chasse et bénéficient d'une flore et d'une faune particulièrement abondantes.

---

1. Qui signifie « Gens aux longues maisons ».
2. Ou ligue des Iroquois depuis 1570, dirigée par une grand Conseil de 50 sages élus.
3. Aujourd'hui de Montréal à Québec.

Dès la fin du XVIe siècle, la plupart des groupes des forêts de l'Est sont engagés dans le commerce des fourrures mais Cartier, dès 1534, avait établi des contacts avec les Micmacs et les Iroquois du Saint-Laurent. Puis les Iroquoiens du Saint-Laurent quittent leurs terres ancestrales et la Confédération haudenosaunee devient prépondérante. Plus tard Champlain participe à une expédition guerrière des Algonquiens, des Innus et des Wendats contre les Mohawks près du lac Champlain : cette évolution dans la nature des contacts marque le début de la participation européenne aux hostilités intertribales qui vont durer pendant un siècle. Le mode de vie a changé et les relations commerciales concurrentielles créent une forme de dépendance. De nouvelles formes de territorialité et d'hégémonie s'instaurent. On se souvient que la découverte du territoire, que l'on pourrait aussi bien qualifier de recouverte, relève d'une véritable méprise puisqu'elle n'est que le fruit du hasard, l'intention initiale étant de trouver une voie maritime susceptible de conduire à un Eldorado regorgeant d'or, d'argent et d'épices. Victimes de leur erreur géographique, les colons français prennent les Hurons pour des Chinois et c'est cette erreur qui conduit à donner aux autochtones le nom d'Indiens, faisant ainsi coïncider l'extrême Ouest et l'extrême Orient. Quant au nom « Huron », qui vient de « hure », il est attribué par les Français qui trouvent que le crâne surmonté d'une crête de cheveux raide ressemble à la tête du sanglier.

Dès le temps des premières rencontres entre les Européens et les Indiens, ceux-ci ont souvent été jugés à l'aune des valeurs de l'ancien continent. Le « Nouveau » Monde n'est nouveau que par rapport à l'Ancien et les colons abordent les autochtones en fonction de leurs références culturelles. L'imaginaire européen est volontiers manichéen : tantôt il véhicule l'image apocalyptique d'un monde « sauvage » et dangereux, tantôt il offre la vision idéalisée d'un paradis terrestre. Le rapport à l'autre diffère à ce stade en fonction des origines des colonisateurs européens. Français et Espagnols privilégient l'inclusion de la population autochtone dans leur projet colonisateur universaliste et iront jusqu'à des mariages interraciaux alors que les Anglais, plus distants ou ségrégatifs, refusent tout amalgame avec les Amérindiens et autres « races ». Considérés comme des peuples barbares, voire cannibales, ou bien célébrés comme des « nobles sauvages », les Indiens sont défigurés ou transfigurés, mais rarement perçus dans leur réalité. Lescarbot évoque ce pays « habité de peuples vagabonds », vivant de chasse, aimant la guerre, méprisant les délicatesses non civilisées, peuples qu'on appelle « sauvages » en un mot, mais le sauvage a la pureté des temps primitifs et il est « plein d'innocence ». C'est la représentation que privilégiera la vision romantique, celle du bon sauvage qui ne connaît pas les maux de la société européenne. Le Nouveau Monde et ses Indiens sont la métaphore d'un paradis perdu, du jardin d'Éden à l'état prélapsaire. Avant les évocations romantiques de Chateaubriand dans *Atala*, déjà Montaigne – qui avait vu des Indiens du Brésil à Rouen en 1562 – rappelle dans ses *Essais*[1] que « chacun appelle barbarie ce qui n'est pas de son usage ». Au XVIIIe siècle, Rousseau avait exalté quant à lui les vertus des « bons sauvages », naturels, affranchis des contraintes sociales, tandis que la philosophie des Lumières célébrait les victimes symboliques des maux de la colonisation. Sans doute

1. Au chapitre XXXI du livre I consacré aux « Cannibales ».

Montaigne et Rousseau auraient-ils modifié leur perception s'ils étaient allés sur place pour constater les limites de l'innocence primitive...

On doit ici rappeler la diversité des peuples d'une Amérique primordiale. À l'aube de l'invasion européenne, le Canada indigène ressemble à une mosaïque complexe de cultures et, si les communautés de la côte Ouest sont bien structurées, ce n'est pas le cas des bandes de la forêt boréale et de la toundra. Pour ces dernières nations amérindiennes, très vite s'est fait sentir la nécessité de se regrouper et de conclure des alliances pour se prémunir contre la guerre.

Si les premiers colons étaient convaincus du bien-fondé du droit de s'approprier les terres de ceux qui ne les cultivent pas, il n'en reste pas moins que l'occupation de l'espace ressortit à une conquête. De 1603 à 1760, l'alliance franco-amérindienne se transforme profondément. Les Français doivent participer aux conflits internes entre les nations autochtones.

La deuxième phase de la relation correspond à la première moitié du XVIIe siècle, clôturée par les attaques meurtrières des Iroquois et la fin de la Huronie en 1648-1650. La dispersion des Hurons a deux effets majeurs. Tout d'abord, les Français doivent reconstituer leur réseau dans la région des Grands Lacs. Les Iroquois sont jaloux des privilèges accordés par les Français aux Hurons et aux Algonquins et les Français ne peuvent rester étrangers à la rivalité entre les Iroquois et les Hurons. Cette période est marquée par des attaques guerrières féroces au point qu'il est nécessaire d'envoyer le régiment de Carignan-Salières en 1665-1666 pour contenir les Iroquois et établir une trêve précaire qui ne durera que jusqu'aux années 1680. Les Français, à la recherche de fourrures, remontent le Saint-Laurent jusqu'aux

Grands Lacs et le « Pays-d'en-Haut » relève désormais de l'autorité royale. La Couronne choisit de soutenir les Hurons en raison de leur réputation de loyauté et va même jusqu'à accorder des dots pour favoriser les mariages des jeunes « sauvagesses » avec les Français contraints au célibat en raison d'une population féminine insuffisante parmi les colons. De surcroît, plus de la moitié des peaux expédiées en France sont fournies par les Hurons qui sont d'excellents intermédiaires en raison de leur position stratégique sur un territoire à la limite de la culture intensive du maïs, sur la frontière entre chasseurs au Nord et agriculteurs au Sud.

Autre conséquence : il faut pénétrer davantage à l'intérieur du continent pour étendre l'activité de traite. C'est ce qui permet l'expansion de l'implantation française, même si elle se heurte très vite à la rivalité avec les Anglais qui, par l'intermédiaire de la Compagnie de la baie d'Hudson, ont pris pied au Nord et tentent de monopoliser les routes des fourrures de l'Ouest canadien.

À ce stade, il convient de souligner le rôle essentiel et parfois un peu occulté des « voyageurs » et des « coureurs de bois ». Les voyageurs sont régulièrement engagés par contrat par des marchands pourvus de permis, tandis que les coureurs de bois ressemblent plus à des illégaux ou à des hors-la-loi qui doivent se réfugier à l'intérieur et ont ainsi grandement contribué à la découverte de nouveaux territoires. On estime qu'il y a entre 400 et 500 coureurs de bois à la fin du XVIIe siècle, l'expression même qui les désigne étant attribuée dès 1672 au gouverneur général Frontenac qui voulait condamner ces individus marginaux refusant tout contrôle. Leurs activités finiront par être régularisées. Ils sont les ancêtres des « voyageurs » qui mèneront au XVIIIe siècle les mêmes activités mais munis d'un congé avant de disparaître vers 1840.

Le coureur de bois est un aventurier qui ressent l'appel de la liberté. Refusant les contraintes de la société, il échappe à l'autorité politique. Il est sans loi, sans roi et sans foi. Il rejoint l'Amérindien dans l'imaginaire populaire des Européens. Mais sa marginalité est diversement interprétée. Longtemps perçu comme cupide, libidineux et cruel, il est en réalité plus vagabond que violent. Son image est si mauvaise que certains vont jusqu'à faire de lui un violeur : coureur de bois et coureur de jupons, il pourrait être coupable de violences sexuelles. Il convoite les femmes amérindiennes, ce qui n'a rien d'étonnant : la tradition amérindienne veut que les maris tolèrent, à condition d'être consultés, les relations extraconjugales de leurs épouses, qu'ils négocient comme monnaie d'échange. Les coureurs de bois ont-ils contribué à l'exploitation, voire à la déstructuration des communautés amérindiennes ? Pas vraiment. Ils épousent volontiers des Amérindiennes et donnent naissance à un métissage qui constitue un atout pour avoir un meilleur accès aux marchandises, même s'il peut générer parfois des formes de violence.

Ces aventuriers, tels Médard Chouart des Groseilliers ou Pierre-Esprit Radisson servent d'interprètes et de courtiers médiateurs entre les autochtones et les colons pour fournir des fourrures et convaincre de nouvelles tribus de rejoindre l'alliance française. Des Groselliers explore le nord de l'Ontario entre 1654 et 1656 et il est l'un des premiers à atteindre le lac Supérieur. Il y retourne en 1659 avec Radisson (dont il a épousé la sœur). À défaut de trouver le passage du Nord-Ouest, il s'intéresse à la baie d'Hudson qui regorge d'animaux à fourrure. Des Groseilliers et Radisson sont les deux premiers à pénétrer la ceinture forestière du Nord et à explorer les sources du Mississippi et du Missouri. En

1659, sans permis, les deux coureurs de bois partent en expédition dans le bassin des Grands Lacs et reviennent en 1660 avec plus d'une centaine de canots et une impressionnante cargaison de fourrures que le gouverneur Pierre de Voyer d'Argenson confisque. Il leur inflige de surcroît une forte amende et fait emprisonner des Groseilliers. Ils ne parviennent pas à plaider leur cause auprès des autorités françaises mais le contexte politique français, il est vrai, n'est pas favorable car Colbert, le nouveau secrétaire d'État chargé des affaires coloniales, soutient le projet de développement de l'agriculture au détriment du commerce de la fourrure. Ne réussissant pas non plus en un premier temps à vendre leur projet en Nouvelle-Angleterre, des Groseilliers et Radisson finissent par convaincre le roi Charles II de l'intérêt de leur démarche. Ils s'engagent alors en 1688 pour le compte de l'Angleterre dans une expédition vers la baie d'Hudson qu'ils atteignent par le nord pour éviter les Français installés sur le Saint-Laurent. Ils sont dessaisis de leur réussite puisque c'est finalement le prince Rupert, cousin du roi, qui prend la direction des opérations avec l'octroi en 1670 d'une charte royale. C'est l'année de la création de la Compagnie de la baie d'Hudson, dont on peut considérer qu'ils sont les instigateurs. Ils sont considérés comme des traîtres avant de se mettre à nouveau au service des Français en Nouvelle-France, au moins en ce qui concerne des Groseilliers, à la demande du missionnaire jésuite Charles Albanel. En France, on leur recommande de faire flotter la bannière française à la baie d'Hudson mais ils sont reçus fraîchement par le gouverneur Frontenac qui soutient davantage les explorations menées du côté des Grancs Lacs et du Mississippi.

On ne saurait trop insister sur l'investissement physique et la force morale des coureurs de bois qui devaient parcourir de longues distances, porter de très lourds ballots de fourrures et faire du portage sur des canots d'écorce de fortune. Les coureurs de bois illustrent une forme d'épopée qui caractérise la majeure partie du XVIIe siècle. Ils sont ensuite remplacés par des employés des compagnies. La création de la Compagnie de la baie d'Hudson, qui a subsisté jusqu'en 2008, va devenir, quant à elle, le symbole de la rivalité franco-anglaise.

Remarquons que l'historiographie américaine tend à édifier le mythe de l'exploration du continent américain à partir de l'expédition de Lewis et Clark de 1804 à 1806[1] et que, si l'on cherche à trouver des événements fondateurs de l'identité des Canadiens français, il suffit de rappeler la préséance des coureurs de bois.

Pour défendre ses positions et contrôler les routes commerciales, la France construit tout un réseau de forts, de l'Atlantique aux Grands Lacs et de la baie d'Hudson jusqu'au Mississippi. Dès 1666, un chapelet de forts est établi sur la rivière Richelieu, position stratégique entre la Nouvelle-France et la Nouvelle-Angleterre et, en 1673, le comte de Frontenac[2], à peine arrivé à Québec, fait édifier à ses frais le fort Frontenac[3], au confluent de la rivière Cataraqui et du lac Ontario, sur l'emplacement actuel de la ville de Kingston. Ce réseau de forts marque l'étendue des prétentions territoriales de la France en Nouvelle-France.

1. Auteurs de la traversée du continent jusqu'à la côte Pacifique.
2. Nommé gouverneur de la Nouvelle-France en septembre 1672.
3. Appelé au départ Cataraqui.

Chapitre V

La Nouvelle-France (1608-1713)

Le XVIIe siècle est essentiellement caractérisé par la colonisation qui implique un établissement humain permanent. L'exploitation des richesses liées aux activités de pêche et à la traite des fourrures était censée aller de pair avec l'obligation de peupler la Nouvelle-France. À partir de 1608 et pendant la première moitié du siècle, on voit arriver un premier flux d'environ 2 000 émigrants, en grande partie en provenance de l'Ouest atlantique qui constitue la source génétique de la Nouvelle-France. En dehors de Paris et de l'Ile-de-France, les régions qui fournissent le plus d'émigrants sont l'Aunis et la Saintonge, la Bretagne et surtout la Normandie, et notamment le Perche.

Alors qu'en 1600 aucun habitant n'est établi de façon durable en Nouvelle-France, on constate un bond démographique jusqu'en 1660 où la population se monte à environ 2 500 âmes, pour en atteindre finalement 15 000 ou 16 000 en 1700. La période la plus faste se situe entre 1665 et 1680, avec l'arrivée de quelque 10 000 colons. Dès le départ, la faiblesse numérique de la population française par rapport à la situation démographique des colonies anglaises jette les bases du futur différentiel entre francophones et anglophones. Cela est d'autant plus surprenant qu'au milieu du XVIIe siècle, le royaume de France est le plus peuplé en Europe. La crainte que Louis XIV et Colbert éprouvent de « dépeupler » la France freine l'immigration, pourtant réclamée par l'intendant Talon. Les Anglais sont 80 000 en 1660 et 300 000 en 1700. Les difficultés à s'implanter sont connues : les rigueurs de l'hiver, les guerres iroquoises, les guerres anglo-françaises qui ne sont que l'extension des conflits européens, l'absence de débouchés pour les produits agricoles, les différends autour de la question du monopole, l'existence de la course des bois à côté des emplois reconnus par les companies de fourrures, qui créent deux sociétés différentes.

L'Acadie

Mais avant d'aborder la situation de la vallée du Saint-Laurent, il convient de privilégier la côte atlantique et la situation particulière de l'Acadie qui dégage une identité propre compte tenu de son développement historique. On sait que la difficulté à exercer le monopole en raison de la contrebande entraîne celle de s'implanter durablement en Acadie ou à Tadoussac. Mais les efforts déployés en Acadie viennent historiquement en premier. Dès 1604, du Gua de Monts jette l'ancre dans la baie de Fundy, avec l'espoir de fonder la première colonie française en Amérique du Nord sur l'île Sainte-Croix, mais cette tentative se solde par un échec en 1607, bien qu'il ait été secondé par son lieutenant, Jean de Biencourt de Poutrincourt[1]. Ce n'est pourtant pas faute de détermination car Poutrincourt a entrepris de cultiver la terre et

1. Jean de Biencourt de Poutrincourt est le fondateur de la colonie de Port-Royal. Du Gua de Monts lui accorde la concession de Port-Royal.

Le Sud-Est du Canada

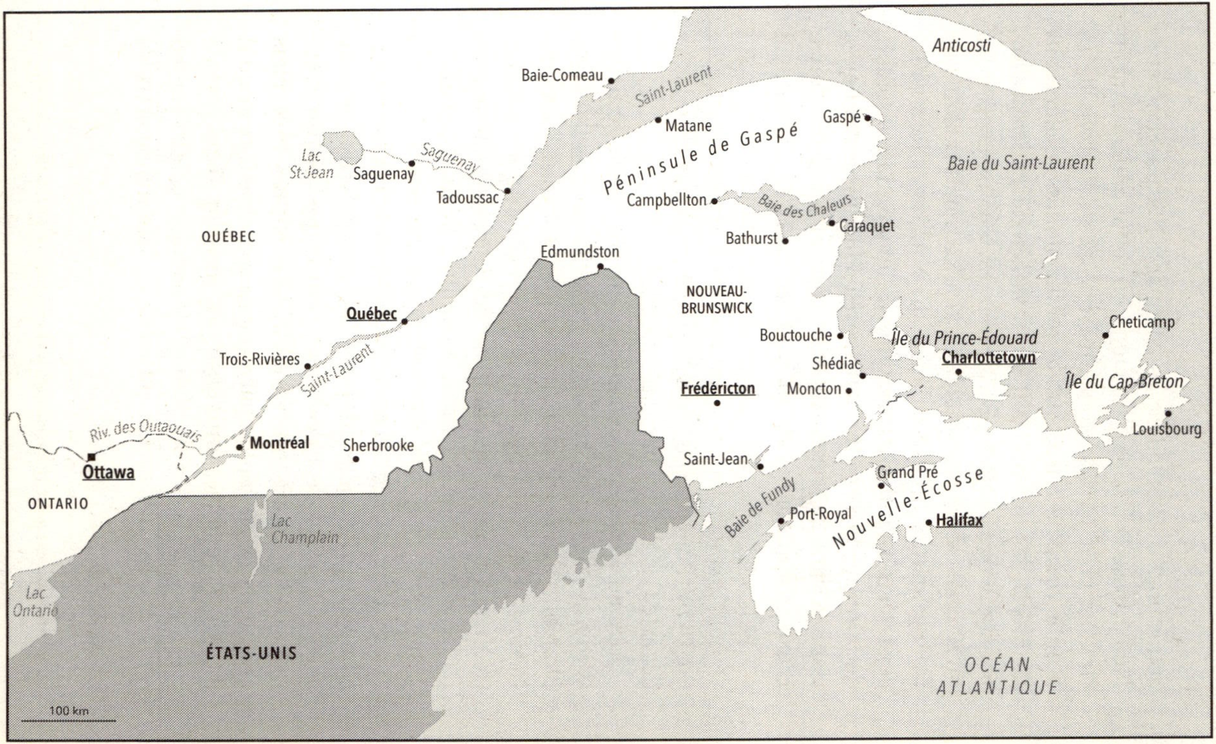

se propose d'évangéliser les Micmacs. Il est secondé par l'abbé Jessé Fléché qui parvient, en toute hâte, à convertir leur chef Membertou ainsi que des membres de sa famille, mais le retrait par le roi du monopole accordé à de Monts le contraint au retour ainsi que Poutrincourt, pourtant très motivé. Ce dernier revient en Acadie en 1610 mais se pose alors à lui le douloureux problème du financement et il lui faut aussi surmonter ses fortes réticences vis-à-vis des jésuites que lui impose la conseillère de la reine, la marquise de Guercheville. Finalement, les jésuites sont bien présents, notamment les pères Pierre Biard et Ennemond Massé[1]. Mais, en 1613, Port-Royal est pillé par les Anglais conduits par Samuel Argall qui veulent exercer leur souveraineté. De retour en Acadie en 1614, Poutrincourt constate que son habitation a été dévastée et il finit par tout abandonner.

L'Acadie devient anglaise et, en 1621, l'Écossais sir William Alexander reçoit une charte pour établir une Nouvelle-Écosse. Il tente de recruter des colons au Cap-Breton et à Port-Royal mais se heurte aux mêmes difficultés. Le projet volontariste de Richelieu marque un réel intérêt pour l'Acadie et conduit le roi Charles Ier à signer le traité de Saint-Germain en 1632, dans un souci d'apaisement. Les Français reprennent ainsi le contrôle de l'Acadie dont le destin semble être de vivre sous le régime de l'alternance, entre une gouvernance française et une gouvernance anglaise. Isaac de Razilly, cousin de Richelieu, est alors nommé lieutenant général du roi. Il semble réussir dans sa mission et va jusqu'à reprendre le fort anglais de Pentagouet, mais sa mort en 1635 hypothèque à nouveau le développement de

1. On doit au père Biard les premières descriptions du Canada qui ouvrent la longue série des *Relations des jésuites*.

l'Acadie. Toujours dans l'orbite de Boston et dans le contexte de l'annexion des établissements anglais du Maine entre 1653 et 1658, l'Acadie subit à nouveau la conquête anglaise menée par Robert Sedgwick en 1654. Elle revient sous le giron français en 1667, aux termes du traité de Breda qui met fin à la deuxième guerre anglo-hollandaise de 1665-1667. La France et le Danemark sont du côté de la Hollande qui a la maîtrise de toutes les routes commerciales maritimes. Les Néerlandais laissent aux Anglais les territoires de la Nouvelle-Néerlande contre les fabriques de sucre du Surinam et, sans que les limites des territoires soient vraiment précisées, l'Acadie est rendue à la France. L'Acadie finit par être cédée en 1713 dans sa presque totalité à la Grande-Bretagne. Au début du XVIIIe siècle, la population de l'Acadie ne dépasse pas les 1 500 âmes. L'Acadie, dont une partie est sous régime anglais, constitue un enjeu important car elle est la clé du destin maritime de la Nouvelle-France.

Le comptoir du Saint-Laurent

Le premier pionnier français du Canada est Louis Hébert. Apothicaire-épicier, il fait partie de l'expédition de du Gua de Monts en 1606. En 1607, à la perte du monopole de de Monts, toute l'expédition rentre en France mais Louis Hébert, cousin par alliance de Poutrincourt, repart en Acadie où il reste jusqu'à l'attaque anglaise de 1613. C'est en 1617 qu'il décide de s'installer à Québec avec sa femme et ses trois enfants, où il se livre à une activité de défricheur et de cultivateur, sans bœuf ni charrue. La colonisation implique le développement de l'activité agricole, le défricheur portant le nom d'habitant au sens de propriétaire de sa terre. L'ardeur et l'enthousiasme de ces premiers arrivants ou habitants est indéniable. Ainsi Pierre Boucher de Boucherville (1622-1717), venu de Mortagne, dans l'ancienne province du Perche, arrive au Canada en 1635. Très attaché au « pays de Canada »[1], il avait épousé en premières noces une Huronne convertie, Marie-Madeleine Chrestienne. Il eut 15 enfants. Il défend Trois-Rivières en 1652, revient en France en 1662 où il est reçu par Louis XIV et Colbert pour obtenir renforts et colons. C'est lui qui fonde Boucherville, face à Montréal, sur la rive sud du Saint-Laurent en 1667.

À l'initiative de Richelieu est créée en 1627 la Compagnie des Cent-Associés, qui compte 120 associés investissant chacun 1 000 livres. Elle a pour objectif d'attirer 4 000 Français catholiques au Canada avant 1643. Elle a le privilège des produits coloniaux mais, en retour, l'obligation de peupler et surtout d'évangéliser. Cette nouvelle tentative se solde par un échec : les trois expéditions sont interceptées par une flotte anglaise, les Anglais s'emparent de Québec en 1629 jusqu'en 1632, la Compagnie a épuisé son capital et ne refait pas surface après la signature du traité de Saint Germain en 1632. Le monopole des fourrures doit alors être confié à la Communauté des habitants en 1645 qui revend son monopole à une compagnie de Rouen, avant de le reprendre et d'être finalement remplacée en 1664 par la Compagnie des Indes occidentales. L'autonomie financière dépendait de la traite mais la destruction de la Huronie par les Iroquois entre 1648 et 1650 fit s'effondrer le réseau de la traite. L'apport démographique se

1. Il publie en 1664 son *Histoire véritable et naturelle des mœurs et productions du pays de la Nouvelle-France, vulgairement dite le Canada*, véritable plaidoyer pour le Nouveau Monde.

limite à quatre familles et à quelques missionnaires, et la colonie ne dépasse guère 50 à 100 individus.

La Couronne s'implique en Amérique du Nord avec l'arrivée sur le trône de Louis XIV, en 1661, et avec le soutien de Colbert en 1663. À partir de 1663, la colonie-comptoir va devenir une colonie de peuplement. Suite à l'intervention, en 1665, du régiment de Carignan-Salières composé de 20 compagnies, soit environ 1 200 soldats et 80 officiers, la période la plus favorable en matière démographique correspond aux 18 années de trêve avec les Iroquois. L'intérêt du roi de France se confirmera avec la fondation de la Louisiane en 1682.

C'est en 1664 que 49 pionniers, les « trente-six mois », partent pour la Nouvelle-France dans le cadre de l'engagisme. Ils sont nourris, logés et salariés. C'est ainsi que Nicolas Fournier, de Saint-Étienne-de-Marans, près de La Rochelle, s'embarque en tant que journalier. Au bout de trois ans, il renouvelle son contrat et décide de s'installer définitivement. C'est presque une exception. En 1670, il épouse une « fille du roi » de 15 ans, Marie Hubert. Mais si certains hommes se consolent avec des Amérindiennes, beaucoup se découragent, sans épouse, et rentrent en France.

La progression du peuplement est aussi l'effet concret du volontarisme d'un intendant énergique, Jean Talon, en poste de 1665 à 1668 et de 1670 à 1672. Les objectifs consistent à recruter des familles nombreuses, à stimuler l'immigration féminine et à limiter les retours. On recherche la rentabilité pour les hommes et la fécondité pour les femmes. Tout est fait pour encourager les mariages jeunes. On cherche aussi à installer des officiers nobles et à les marier à des jeunes filles de qualité. Un certain nombre de soldats du régiment de Carignan-Salières épousèrent les quelque 770 « filles du roi », ces orphelines pauvres et vertueuses, transportées au Canada à partir de la Salpêtrière à Paris ou du diocèse de Rouen, tandis que 400 d'entre eux s'installèrent définitivement. On enregistre alors les premières naissances au pays. Cette société comprend plus d'hommes que de femmes et tout est fait pour encourager les Français à épouser des Amérindiennes mais l'apport, qui se limite à une centaine au maximum, doit être relativisé car les enfants de ces unions sont intégrés dans la communauté de leur mère. Pour six hommes qui cherchent à se marier, il n'y a qu'une femme disponible.

Sans les « filles du roi », le Québec d'aujourd'hui n'existerait pas. N'ayant pas d'avenir en France, ces femmes sont prêtes à épouser un homme qu'elles ne connaissent pas. Le roi leur offre la traversée, une dot et un trousseau. Des chaperons les accompagnent. À leur arrivée, elles sont sollicitées par les hommes qui se sont rués sur les quais. Elles sont accueillies en grande pompe par le gouverneur, Daniel de Rémy de Courcelle. Parmi les 149 jeunes filles et jeunes femmes qui débarquent du *Saint-Jean-Baptiste* en juin 1669, on retiendra parmi elles Catherine de Baillon. Cette descendante de Charlemagne, issue d'une famille d'excellente noblesse, ce qui est déjà exceptionnel, épouse un roturier, Jacques Miville, en novembre 1669. Les historiens voient en elle l'ancêtre d'un million de Canadiens, dont deux Premiers ministres du Québec, Lucien Bouchard et Robert Bourassa, d'un Premier ministre du Canada, Jean Chrétien… et même de Céline Dion.

Ainsi, à cette politique d'incitation systématique, qui génère un flux de 2 500 personnes s'ajoute désormais la fécondité canadienne. Les familles peuvent compter plus de 15 enfants, ce qui vaut au chef de famille nombreuse de recevoir une terre et une pension annuelle.

L'accroissement naturel renforce considérablement l'apport migratoire. De 1663 à 1672, la population passe de 3 000 à près de 7 000 habitants dans la vallée du Saint-Laurent et de 500 à 650 en Acadie. C'est un résultat encore modeste puisque, à la même période, les possessions anglaises comptent 100 000 habitants.

En juin 1663, la population totale est estimée à 3 035 personnes par Marcel Trudel. Cette population se compose de 78 religieux (2,5 %), 96 nobles ou assimilés (3,2 %) tandis que la bourgeoisie représente plus du quart et les artisans et manœuvriers près de 70 %. Le recensement de 1666 organisé par Jean Talon, à la demande pressante de Colbert, fait état de 3 173 personnes regroupant les habitants établis à leur compte, les engagés au service d'une autre personne pour trois ans et les volontaires libres mais non établis à leur compte. Trudel corrige les listes incomplètes de l'intendant en avançant le chiffre de 4 219 habitants. Les militaires ne sont pas comptabilisés dans ces statistiques et il faudrait donc ajouter les quelque 350 ou 400 soldats arrivés au printemps de 1666.

Sans obscurcir ce tableau, il faut noter la fragilité d'une implantation essentiellement concentrée dans les villes (Montréal, Québec, Trois-Rivières) avant que ne s'installe entre elles une population rurale, sans compter la dispersion des coureurs de bois qui, par leur mobilité, échappent à la règle d'une société stable. Québec est le port d'arrivée et le siège du gouvernement tout en étant un centre religieux, Trois-Rivières est un poste de relais entre Québec et Montréal et Montréal, cette dernière ville étant plus orientée vers l'apostolat missionnaire. Il est clair que les activités commerciales n'ont pas vraiment développé le peuplement mais sans doute les activités missionnaires ont-elles contribué davantage à une action en profondeur.

La médiation des religieux

En 1614, alors que Champlain procède à la réorganisation de la Nouvelle-France, il regroupe les marchands en créant la Société des marchands de Rouen et de Saint-Malo. Pour faire venir des missionnaires, il faut des moyens financiers qu'il trouve auprès des marchands et c'est ainsi que le contrôleur général des salines de Brouage, Louis Houël, se charge du projet d'évangélisation. Alors que l'histoire a surtout retenu l'œuvre des jésuites, on notera que le père Houël est un récollet. Très peu de travaux ont été consacrés aux missions des récollets et leur influence a été largement sous-estimée. Ce sont pourtant eux qui sont les premiers présents à Québec de 1615 à 1629, les jésuites n'arrivant que dix ans plus tard, en 1625. Quel que soit l'ordre religieux, l'Église est avant tout une église missionnaire : déjà, en 1611, des jésuites, les pères Biard et Massé, étaient allés à Port-Royal en Acadie malgré les réticences de Poutrincourt. Ils avaient baptisé quelques Micmacs, même si, dans l'esprit de ces derniers, l'acte n'avait pas de portée religieuse.

En 1615-1616, Champlain en est à son huitième voyage qui le conduit de Honfleur à la « mer d'eau douce », le lac Attigouautau, l'actuel lac Huron. Il est alors accompagné de quatre religieux, dont trois prêtres et un frère laïc, Pacifique Duplessis. Champlain n'a pas sollicité les jésuites et il se fait accompagner par des récollets avec une permission verbale accordée par le nonce apostolique, qui est le seul lien juridictionnel qui relie sa mission au Saint-Siège. Les trois prêtres sont Denis Jamet[1] qui remonte le fleuve avec Pont-Gravé et qui va officier à Québec et à Trois-Rivières, Jean Dolbeau, qui revient à Tadoussac pour évangéliser les Montagnais et Joseph Le Caron, qui part pour la Huronie, près de Sainte-Marie-au-Pays-des-Hurons, où il apprend la langue et les mœurs des Hurons. La première messe est célébrée par Jamet assisté de Le Caron en juin 1615 sur l'île du Mont-Royal. Le R. P. Le Caron recommande de suivre les nomades à la chasse et de vivre dans les villages de sédentaires, au contact des autochtones, mais tous les missionnaires ne s'adaptent pas.

Les contacts entre Hurons et Français sont étroits entre 1610 et 1650. Déjà, en 1610, le jeune Étienne Brûlé est le premier Européen à explorer le Pays-d'En-Haut, le bassin des Grands Lacs, à l'ouest des régions de colonisation de la vallée du Saint-Laurent. Il travaille pour le compte de compagnies de fourrures et persuade les tribus d'amener leurs peaux à la traite. Surtout, il partage la vie quotidienne des Hurons dont il est une sorte d'interprète. Habillé comme les Indiens, il parle leur langue et sert de « truchement » pendant dix-huit ans.

C'est en 1618 que Jean Nicolet embarque à Honfleur pour le Canada au service de la Compagnie de Rouen et de Saint-Malo. La compagnie de Champlain avait obtenu les droits de traite pour une période de onze ans en échange d'un versement de 1 000 écus au vice-roi, d'un salaire attribué à Champlain mais aussi avec l'engagement d'établir une famille chaque printemps. Arrivé à la pointe sud de l'île d'Orléans, Nicolet est accueilli par des religieux et par la famille de Louis Hébert. Il part ensuite

1. Bientôt remplacé par le père Huet.

pour le « Pays-d'En-Haut », en territoire algonquin, où, dans une maison rudimentaire, il vit en immersion totale dans ce nouveau milieu. Le truchement apprend le huron et l'algonquin, ce qui lui vaut le respect des autochtones qui voient en lui un « être merveilleux ». Sa robe de damas de Chine parsemée de fleurs et d'oiseaux multicolores lui donne une aura particulière et il est perçu comme doté d'un pouvoir surnaturel. Puis Nicolet passe neuf ans sur la rive du lac Nipissing avec la communauté autochtone. Il épouse une Nipissingue en 1623. Après la prise de Québec par les Anglais en 1629, la majeure partie de la population française retourne en France sauf quelques-uns dont Nicolet ou Marie Rollet, la veuve de Louis Hébert. Nicolet navigue ensuite vers l'ouest à l'articulation des lacs Huron et Supérieur à Sainte-Marie et c'est lui qui est le premier à découvrir le lac Michigan en 1634. Il s'installe enfin à Trois-Rivières en 1635 avant de périr noyé en 1649 dans des conditions dramatiques.

En 1623, c'est l'arrivée du père Nicolas Viel et du frère Gabriel Sagard, qui rejoignent aussi la Huronie. À cette époque, Québec est un modeste poste de traite qui comprend 50 habitants sur les 100 Français de la Nouvelle-France. La population est faible quand on la compare aux 2 000 Anglais qui sont en Virginie. Le bref séjour de Sagard en 1623 lui permet un contact étroit avec les Amérindiens. Conduit par cinq Hurons dans un canot d'écorce, il est accueilli dans la « maison longue » de la mère de l'un des autochtones. Puis il passe un mois à Québec, s'arrête à Gaspé où il rencontre Montagnais et Souriquois (Micmacs) avant de rentrer en France en 1624. L'action des missionnaires laisse des traces. Précurseur de l'ethnographie, Sagard, qui séjourne en Huronie en 1623 et 1624, laisse des documents de référence remarquables, qu'il s'agisse du *Grand Voyage du pays des Hurons* ou du *Dictionnaire de la langue huronne* (le premier en Amérique du Nord) en 1632, mais également une *Histoire du Canada* en 1636. Ces deux ouvrages sont révélateurs des rivalités entre marchands et missionnaires mais, plus encore, de la concurrence missionnaire entre les ordres religieux.

En réalité, à la mort de Le Caron, frappé par la peste en 1632, les récollets souhaitent valoriser leur action et confient à Sagard le soin de rédiger en quelques semaines le *Grand Voyage*. Même s'il atténue la violence de ses revendications, on sent poindre le dépit chez son auteur. L'exercice est délicat car il s'agit, en le flattant, d'amadouer Richelieu, mécontent des récollets, tout en dénonçant le rôle de ses protégés qui gèrent la Compagnie des Cent-Associés du fait de leur monopole. C'est Richelieu lui-même qui décide de ne pas envoyer les récollets en Nouvelle-France. Même si les résultats ne sont pas au rendez-vous, Sagard essaie de démontrer que les Indiens sont civilisés en les comparant aux païens de l'Antiquité gréco-romaine, tout persuadé qu'il est qu'on peut les christianiser. Mais l'intendant de la Compagnie des Cent-Associés s'oppose lui aussi au retour des récollets en 1634 et Sagard reprend la plume. Il ne craint pas d'afficher sa proximité avec les Amérindiens dans son *Histoire du Canada*. Sa critique des jésuites n'est plus dissimulée et la défense du « bon sauvage » y est aussi plus vigoureuse, contribuant ainsi à édifier le mythe qui va prévaloir au XVIIIe siècle.

Même s'il emprunte à Champlain et à Lescarbot, Sagard s'avère plus précis dans sa description de la culture huronne. Il décrit l'organisation matrilinéaire de ces Amérindiens à la liberté sexuelle débridée, vivant dans 15 à 25 cabanes qui regroupent une vingtaine de familles.

La vie collective est animée par un Conseil de guerre et un Conseil civil que président des chefs sans autorité absolue, qui exhortent plus qu'ils ne commandent. L'échange et le don réglementent les rapports sociaux et Sagard se livre à une véritable apologie de la démocratie huronne.

Les récollets ont participé à la politique coloniale française, sans doute trop proches des indigènes, ils n'ont pas été assez politiques pour faire valoir leurs mérites, contrairement aux Jésuites qui s'avèrent d'excellents propagandistes de leur œuvre.

En 1629, les récollets doivent quitter la Nouvelle-France en raison de la prise de Québec par les Anglais. La suite est en quelque sorte assurée par les jésuites, dont les premiers arrivent en 1625. Ils veulent surtout être seuls et chassent les récollets qui ne reviendront qu'en 1670. Les jésuites exercent littéralement un monopole missionnaire entre 1632 et 1658. C'est déjà l'arrivée, en 1625, de Ennemond Massé et de Jean de Brébeuf qui adopte le mode vie amérindien et fonde la première communauté en 1626. Ce dernier, qui est un véritable linguiste, passe l'hiver 1625-1626 parmi les Montagnais. Il lui faudra trois ans pour apprendre le huron mais c'est un atout précieux compte tenu des difficultés de communication, y compris entre les tribus amérindiennes. Il doit retourner en France de 1629 à 1632, mais il revient en 1633 après la restitution du Canada à la France. En 1632, après les trois années d'occupation anglaise, il y a du travail à faire pour relancer l'apostolat des jésuites. Il est entrepris par Paul Le Jeune, supérieur des jésuites de Québec de 1632 à 1639, avant de redevenir simple missionnaire à Québec, Sillery, Tadoussac, Trois-Rivières et

Montréal de 1639 à 1649. Proche des indigènes, il tente en vain de rendre sédentaires les « sauvages errants », perçoit la nécessité de créer un hôpital pour les vieillards et des maisons d'éducation pour la jeunesse. Il est aussi le premier rédacteur des *Relations des Jésuites de la Nouvelle-France*, moyen idéal de propagande missionnaire. Puis c'est l'arrivée du père Hierosme Lallement (Jérôme Lalemant) en 1638, supérieur de la mission huronne jusqu'en 1645 avant de devenir le supérieur des jésuites du Canada. En 1648, on relève la présence de 66 Français à Sainte-Marie-au-Pays-des-Hurons, ce qui représente un groupe relativement important, le cinquième de toute la population de la Nouvelle-France, et fait de Sainte-Marie la place forte de la mission.

Les épidémies sévères de 1634, 1636 et 1639 dressent les Hurons contre les missionnaires et rendent difficiles les conversions. Brébeuf est aussi victime des guerres entre les Hurons et les Iroquois. En mars 1649, ces derniers capturent Jean de Brébeuf ainsi que son assistant, Gabriel Lalemant, qui était arrivé à Québec en 1646. Brébeuf et sept autres missionnaires sont martyrisés, brûlés vifs puis mangés par les Iroquois et par quelques Hurons traditionalistes hostiles à l'invasion missionnaire. C'est l'une des plus atroces tortures des annales de la chrétienté. Fondateur de la mission huronne, Brébeuf est avec Champlain et Sagard, après quinze années passées en Nouvelle-France, le témoin le plus important de la période coloniale.

Les sulpiciens détachés du séminaire de Saint-Sulpice à Paris arrivent, quant à eux, dans la colonie en 1657. Ils ne recrutent que des prêtres français. François Dollier de Casson et René de Bréhaut de Galinée parcourent les lacs Ontario, Érié et Huron en 1669 et prennent possession du territoire.

Plus de quarante ans après leur départ de Nouvelle-France, les récollets reviennent en 1670 alors que la colonie est en pleine expansion démographique. Ils y restent jusqu'en 1849. Le diocèse de Québec est créé en 1674 alors que Mgr de Laval, le premier évêque de Québec (jusqu'en 1688), ne soutient guère les récollets. Il fonde le Séminaire de Québec. Son successeur, Mgr Jean-Baptiste de La Croix de Chevrières de Saint-Vallier, arrivé en 1685 comme vicaire général et nommé évêque en 1688, leur est nettement plus favorable. Il fonde l'Hôpital général de Québec. Il diffère surtout de son prédécesseur en donnant plus de latitude aux curés des paroisses et en supprimant le rattachement des dîmes au Séminaire de Québec. Mais il se fait beaucoup d'ennemis en raison de son caractère autocrate et se brouille notamment avec le gouverneur Frontenac.

De 1678 à 1680, trois frères, dont le père Louis Hennepin, accompagnent dans ses expéditions René-Robert Cavelier de La Salle, le découvreur des bouches du Mississippi et le fondateur de la Louisiane en 1682. Lors de la première expédition en 1669-1670, Cavelier de La Salle avait descendu la rivière Ohio jusqu'au Mississippi sans parvenir à la mer. La rivalité est forte avec les jésuites qui envoient alors Louis Jolliet, accompagné de Jacques Marquette en 1673. À la demande de Talon et avec l'appui de Frontenac, ils explorent le Mississippi sans atteindre l'embouchure, mais ils découvrent que le fleuve s'écoule vers le golfe du Mexique. Colbert est moins enthousiaste car le roi Louis XIV veut des résultats immédiats. Frontenac, lui, est tout à fait convaincu de l'intérêt de cette mission et il envoie alors Cavelier de La Salle à nouveau de 1678 à 1680, puis en 1682. Après avoir établi la première structure du fort Niagara dans l'État de New York en 1678, Cavelier prend possession du delta du Mississippi mais il n'arrive pas, même en falsifiant un peu l'étendue de sa découverte, à convaincre le roi de fonder une colonie non loin de l'actuel Bâton-Rouge. Les pères récollets Louis Hennepin et Chrestien Le Clercq visitent les Micmacs et se réinstallent en édifiant des constructions de pierre où le comte de Frontenac a même un appartement personnel. En 1692, les récollets ouvrent le premier couvent à Montréal. Leur œuvre est somme toute considérable et on estime à 345 le nombre de religieux qui ont travaillé au sein de cet ordre.

La rédaction des rapports annuels de la Mission canadienne de la Société de Jésus, connus sous le nom de *Relations des jésuites*, publiés en France entre 1632 et 1672, constitue et préserve une source d'informations précieuses sur la Nouvelle-France tout en assurant un lien de continuité avec la métropole. Il faut rappeler que les récollets ont aussi laissé des témoignages, qu'il s'agisse de Chrestien Le Clercq à qui on doit son *Premier établissement de la foi dans la Nouvelle-France* et une *Relation de la Gaspésie* en 1691 ou bien encore de Louis Hennepin qui produit une *Description de la Louisiane* en 1683 et la *Nouvelle Découverte* en 1697.

La grande question est de mesurer l'impact réel des missionnaires sur les autochtones. Il faut relativiser le succès des conversions car, pour les autochtones, les missionnaires intriguent avec leurs robes noires et leur refus de toutes les compromissions. L'Église condamne les aventuriers qui vivent en marge avec les Indiens et qui lui font une sérieuse concurrence. Elle ne manque pas de rappeler les risques encourus par ceux qui vivent dans l'athéisme et la débauche. La traite apparaît comme incompatible avec l'évangélisation, surtout quand les intermédiaires ferment les yeux sur le trafic d'alcool.

Les jésuites se sont consacrés aux peuples de la famille iroquoienne et ont effectué des missions auprès des Hurons de 1639 à 1650 puis auprès des Iroquois à partir de 1654, après la destruction de la Huronie, mais ils n'ont pas touché à la famille algonquienne. Il était plus facile de convaincre les agriculteurs sédentaires que les chasseurs nomades. Au départ, la méthode des jésuites consiste à apprendre les langues amérindiennes, à séduire les jeunes esprits en développant un programme d'enseignement, à dispenser des soins médicaux et à inviter les Amérindiens au sédentarisme. Sur le plan religieux, le mode d'intervention s'est avéré peu efficace, au début tout au moins, car trop autoritaire : les jésuites partent du principe qu'au-delà du baptême, il faut obtenir une « conversion », c'est-à-dire un changement radical du mode de vie. La création de séminaires, où les enfants étaient élevés après avoir été enlevés aux parents, a été un échec. Devant ce constat, la politique a ensuite consisté, à partir de 1640, à créer des « réductions » pour adultes et néophytes avec pour ambition de constituer des communautés catholiques meilleures qu'en France. Des postes missionnaires ont été établis avec plus ou moins de résultats mais le fait que les missionnaires accompagnent les groupes autochtones vers l'intérieur des terres a permis d'accroître considérablement la connaissance du pays.

En 1665, le roi charge Talon de surveiller les jésuites pour que le pouvoir religieux n'affaiblisse pas le pouvoir royal. « Il y a lieu d'espérer qu'ils ne seconderont pas moins les intentions de sa Majesté dans l'établissement du pays qu'ils le font valoir dans l'avancement de la gloire de Dieu. » La tâche de Talon n'est pas facile car il doit gérer l'utopie religieuse des jésuites tout en acceptant les limites de la volonté politique de la métropole.

Si la colonisation est surtout une affaire d'hommes, les femmes ont joué en matière religieuse un rôle essentiel, voire déterminant. Sur bien des plans, elles réussissent mieux que les jésuites. Les ursulines et les hospitalières arrivent en août 1639 et Marie Guyart, connue sous le nom de Marie de l'Incarnation, établit à Québec la première école pour jeunes filles amérindiennes avec l'aide financière d'une riche veuve, Marie-Madeleine de La Peltrie. La même année, un groupe d'augustines hospitalières de la Miséricorde de Jésus de Dieppe fonde l'Hôtel-Dieu de Québec. En 1642, Paul de Chomedey de Maisonneuve fonde Ville-Marie, la future ville de Montréal, dont il est le gouverneur de 1642 jusqu'à 1665 mais Jeanne Mance prend aussi une part très active à la fondation de Montréal où elle ouvre un Hôtel-Dieu, sur le modèle de celui de Québec. Cette laïque, secondée par les sœurs, crée un centre de soins en 1645. Marguerite Bourgeoys, préfète de la congrégation externe de Notre-Dame de Montréal, se consacre à l'éducation des filles qu'elle forme à la prière et à l'enseignement dans les milieux pauvres, au sein d'une institution dirigée par la sœur de Chomedey ; elle accueille les « filles du roi » et fonde de façon très originale une communauté de femmes non cloîtrées. Plus tard, Marguerite d'Youville, qui a été élève des ursulines, fondera la congrégation des Sœurs de la charité de Montréal, dites « sœurs grises », au service des pauvres. Malgré leur engagement, les résultats demeurent modestes en ce qui concerne l'évangélisation et la francisation des Amérindiennes.

Une économie dirigée

En matière économique, la question est sensible en raison des divergences d'appréciation entre la politique d'une économie dirigée, imposée de loin par Versailles, et la sensibilité personnelle de Talon qui, sur le terrain, considère ces prérogatives comme délétères pour le développement du commerce. L'intendant conçoit un « grand dessein » pour la Nouvelle-France et il tient à exposer à Colbert la contradiction entre la situation de quasi-monopole que la Compagnie des Indes occidentales reçoit en 1664 face à la liberté de commerce et à l'initiative individuelle. Talon vante le système hydrographique du Saint-Laurent et des Grands Lacs qui constitue l'épine dorsale de l'expansion coloniale française. Les enjeux politiques sont forts et il faut arbitrer entre deux politiques opposées, l'une qui privilégie l'exploitation des fourrures, impliquant l'expansion territoriale et la dispersion des ressources, l'autre qui consiste à établir une colonie de peuplement et à concentrer les ressources. Talon accepte les consignes de Versailles en envoyant en 1670 des expéditions vers les régions de l'ouest, du nord et du sud du continent américain. Le commerce des fourrures oriente le pays vers l'intérieur. Il faut alors tenir militairement le lac Ontario qui est le point de passage stratégique pour le commerce des pelleteries, d'où la nécessité de construire des forts et de conclure des alliances avec les nations amérindiennes contre les intérêts des autres puissances. L'exploration de la baie d'Hudson, qui suscite la convoitise des Anglais, fait de cette région le premier théâtre concret de la rivalité franco-anglaise. Non seulement les profits dégagés par le commerce des fourrures sont réinvestis en métropole, mais le vaste territoire où il se déroule n'est pas en continuité avec la colonie laurentienne, d'où le problème du choix du site de Québec comme capitale alors que l'on s'oriente vers l'ouest.

Cette décision a souvent été difficile pour les administrateurs coloniaux car il faut naturellement tenir compte de la volonté du roi. Louis XIV souhaite étendre son empire et Colbert, épris de grandeur pour le royaume et nourri de principes mercantilistes, qui croit que le rôle de la colonie est de fournir des matières premières à la métropole, souhaite développer commerce et industrie et favoriser la construction navale pour créer une flotte marchande susceptible de lutter contre la puissance maritime hollandaise.

L'ambition politique de Talon est bien d'établir un État français puissant et il ne se prive pas de décrire à Colbert en 1665 les immenses possibilités de ce vaste pays, mais il est un peu freiné dans ses ardeurs en raison de la planification centralisatrice de Versailles. « Le roi ne peut convenir de tout le raisonnement que vous faites sur les moyens de former au Canada un grand et puissant État, y trouvant divers obstacles qui ne sauraient être surmontés que par un très long espace de temps [...] il ne serait pas de la prudence de dépeupler son Royaume comme il faudrait faire pour peupler le Canada. »

Selon Colbert, le rôle économique de l'État est incitateur et les investissements consentis doivent l'être dans les secteurs de développement économique que la métropole juge utiles dans la colonie. Il faut parvenir à l'autosuffisance économique pour financer la guerre maritime avec l'Angleterre et cette nécessité entraîne des restrictions budgétaires. C'est ainsi qu'est implantée de façon coercitive la culture du chanvre afin de produire la toile nécessaire aux voiles des vaisseaux.

L'ambition est de lancer des chantiers de construction navale. Il est même prévu de construire des vaisseaux pour le roi au Canada. Le choix est bien fait de soutenir le commerce maritime plutôt que la traite.

La restitution de l'Acadie renforce le potentiel agricole de la Nouvelle-France et il faut stimuler l'exportation en fournissant à la métropole poisson salé et bois. Le commerce triangulaire permet de développer des relations avec les Antilles. Saumon, anguille et morue sont envoyés aux Antilles en échange du sucre qui est expédié en métropole tout en bénéficiant d'une exonération des droits de douane. L'intérêt des ressources minières, du charbon en particulier, pourrait être de limiter les dépenses de la France. Le fait d'exporter des ressources premières a aussi pour effet d'affaiblir le développement d'industries secondaires et de créer la dépendance.

L'ORGANISATION POLITIQUE ET ADMINISTRATIVE

La Compagnie des Cent-Associés ne parvient pas à intensifier le peuplement de la Nouvelle-France, mais découpe le territoire dans la vallée du Saint-Laurent en seigneuries dans l'espoir que les récipiendaires y installeraient des censitaires. Ce découpage tient compte de l'axe du Saint-Laurent et des cours d'eau (les rivières Richelieu et Chaudière) en établissant des bandes étroites et allongées perpendiculairement au fleuve appelées « rangs ». L'établissement d'un habitat en continuité consacre l'importance du Saint-Laurent. Le seigneur propriétaire concède des terres à des paysans en échange d'un cens et de rentes qui sont une sorte de loyer. Les terres sont concédées en censive, qui permet l'essor agricole, tandis que le censitaire (propriétaire) paye des redevances au seigneur qui ne vit pas toujours sur place car il demeure souvent en ville à Québec ou à Montréal. L'intendant Talon imposa aux seigneurs d'habiter sur les terres dont ils avaient la charge, ce qui permettait un meilleur contrôle des colons par l'autorité royale.

Les terres, dont la façade fluviale est plus étroite que la profondeur, sont subdivisées en parcelles d'importance et de qualité variables. Derrière une zone commune située près du rivage se trouvaient la meilleure terre et souvent le domaine du seigneur. Ensuite venaient les terres agricoles réservées aux habitants.

Tous les seigneurs n'étaient pas d'ascendance noble mais si les nobles acceptaient de venir s'installer en Nouvelle-France, ils recevaient une seigneurie. Tout était fait pour attirer des nouveaux venus. Le seigneur avait pour seules obligations de construire un manoir, une église, un fort et un moulin. Robert Giffard et Noël Juchereau, épaulé par son frère Jean, furent les premiers, en 1634, à recevoir le titre de seigneurs. Ces agents recruteurs, originaires de Tourouvre dans le Perche, pionniers de l'émigration française au Canada, ont contribué à fonder la Compagnie des Cent-Associés. Giffard, sans doute attiré par son confrère apothicaire Louis Hébert, met en œuvre, à partir de 1633, son projet d'emmener de nouveaux colons en Nouvelle-France, essentiellement recrutés dans les environs de Tourouvre ou de Mortagne. Il se voit concéder la seigneurie de Beaufort, tout près de Québec, et implante le système du rang. Cette « émigration de qualité », pour reprendre la formule de Marcel Trudel, est très localisée et très organisée : en 1635, le très charismatique Robert Giffard a déjà attiré une cinquantaine de personnes qui viennent de Mortagne-au-Perche. Les tout premiers pionniers sont maçons, charpentiers, menuisiers ou tuiliers. L'ambition est de sélectionner les émigrants en fonction de leur compétence professionnelle et d'installer une main-d'œuvre spécialisée. Leur détermination repose sur la solidarité familiale, une foi profonde et des compétences indéniables. Noël Juchereau, quant à lui, effectue son premier voyage à Québec en 1632 et, membre de la Compagnie des Cent-Associés dont il organise les concessions des seigneuries, il contribue à créer la Compagnie des Habitants en 1645. Entre 1646 et 1651, il fait venir une quarantaine de personnes de Tourouvre. Malgré l'activisme exemplaire de ces deux grandes figures de l'émigration française, malgré ces plans de recrutement d'engagés et de colons qui visaient à permettre à une population agricole de prendre souche, les résultats demeurent mitigés. Au moins jusqu'en 1666, avant que ne s'engagent des pourparlers de paix avec les Iroquois, il est certain que la crainte de mourir massacré a eu un effet dissuasif sur les engagés venus travailler au Canada. Au bout de trois ans, au terme de leur contrat, plus de la moitié d'entre eux retournaient en France.

Le régime seigneurial introduit en 1627[1] est adapté du modèle français : il s'agit d'un régime tout au plus semi-féodal. Il peut arriver que le seigneur soit aux côtés de ses censitaires pour travailler et l'accompagnement de type paternaliste fait que la relation est moins autoritaire. Les couches sociales se mêlent davantage. La proximité permet l'existence d'un système social d'assistance mutuelle et la solidarité prévaut, même si le système social demeure hiérarchisé. Les obstacles à l'implantation durable créent une tradition de survivance (que l'Église va également encourager en développant écoles,

1. Il disparaîtra comme entité juridique en 1854.

hôpitaux et divers lieux de socialisation) qui va devenir un trait marquant de la société canadienne-française.

L'habitant reverse un certain pourcentage de ses récoltes (entre 5 et 10 %) mais il n'a aucune obligation militaire, contrairement au système féodal. La pression fiscale sur les colons est moins forte qu'en France : ni taille ni gabelle, seulement des frais de douane de l'ordre de 10 %, notamment sur le tabac et les boissons.

Lorsque la Nouvelle-France devient colonie royale en 1663, elle compte moins de 3 000 habitants. Mais une autorité supérieure pour concilier les intérêts divergents des commerçants, des colonisateurs et des missionnaires est indispensable, d'où l'importance du soutien que la royauté porte à l'Amérique du Nord. En 1663, grâce à une réforme introduite par Colbert, contrôleur général des Finances sous Louis XIV, le rattachement à la juridiction royale fait de la Nouvelle-France une colonie royale administrée directement comme une province de France, le roi prenant en main les destinées de la colonie. Le poids déterminant de l'État, qui contrôle la société et l'économie, implique un investissement financier important pour soutenir l'administration civile, assurer la présence et le maintien de militaires et construire des fortifications. Une nouvelle administration se met en place avec un gouverneur qui représente le roi, souvent choisi parmi la vieille noblesse, et qui a en charge les affaires administratives, les questions militaires, la diplomatie et les relations avec les autochtones. Il perçoit une rémunération de 20 000 livres, ce qui permet de s'assurer de sa loyauté. Une autre figure de pouvoir essentielle est l'intendant, tiré de l'élite roturière récemment anoblie ou de la petite noblesse, qui exerce le pouvoir dans les matières civiles et judiciaires en même temps qu'il gère les finances et conduit une politique économique afin d'obtenir le maximum de rendement des ressources de la colonie. En réalité, l'intendant concentre la majorité des pouvoirs. Révocable à tout moment, il perçoit la coquette somme de 16 000 livres. Le gouverneur et l'intendant résident à Québec. L'existence de cette administration bicéphale est parfois source de conflits lorsque gouverneur et intendant ont des ego débordants et sont trop jaloux de leur parcelle de pouvoir ou de leurs intérêts. Leurs dissensions peuvent même affecter le fonctionnement de la justice. Entre 1664 et 1760, trois intendants seulement sur douze ont été rappelés pour mésentente avec les gouverneurs. Certains intendants ne se privent pas de dénoncer la folie dépensière du gouverneur.

La troisième figure importante est l'évêque. Bien que subordonnée à l'État, l'Église est une institution importante associée au chapitre de la colonisation et qui découpe le territoire en paroisses. L'équilibre doit être maintenu entre le pouvoir spirituel et le pouvoir temporel et Talon doit veiller à ce que les autorités ecclésiastiques n'empiètent pas sur les prérogatives de l'État. Talon soutient la politique des paroisses à condition que l'institution religieuse limite son zèle au domaine spirituel. Il veut diversifier les ordres religieux pour affaiblir la prééminence des jésuites et il facilite le retour en 1670 des franciscains récollets.

L'Église catholique est en effet en situation de monopole religieux. Le gallicanisme officiel est exclusif. La révocation de l'édit de Nantes en 1685 met à l'écart les dissidents huguenots, même si l'épuration a commencé dès 1661. Le risque est de voir les protestants se tourner vers la Hollande et la Prusse, autant de foyers d'hostilité à la France. Un évêché est installé à Québec en 1674 et s'investit dans la formation d'un clergé séculier.

La colonie est enfin dotée d'un Conseil souverain dont les membres sont nommés par le roi, qui est à la fois organe législatif et cour de justice ou tribunal d'appel. Gouverneur et intendant siègent dans ce Conseil avec l'évêque et cinq à sept conseillers. Cette administration sans doute nombreuse, et donc assez lourde, fonctionne enfin avec un très grand nombre d'agents du pouvoir qui peuvent avoir un comportement de « chefs » ou de « petits chefs », qu'il s'agisse de notaires, d'arpenteurs, de médecins ou d'officiers de milice.

Les premiers notaires s'installent dans les années 1640 et la Coutume de Paris, largement suivie, est la seule autorisée à partir de 1664. Elle touche le domaine familial et patrimonial. Il s'agit d'un ensemble de lois qui concerne le statut et les droits des individus, les régimes matrimoniaux et tout ce qui a trait à la propriété et à la transmission des biens. Si l'on est noble, c'est l'aîné qui reçoit la majeure partie de l'héritage. Si l'on est roturier, il y a partage à égalité entre les héritiers. Si, en France, la Coutume de Paris a renforcé la hiérarchie sociale et creusé l'écart entre les riches et les pauvres, en Nouvelle-France, elle s'est avérée source d'égalitarisme. Le fait de lui donner le cadre institutionnel d'une province de France visait à établir le régime de la monarchie absolue en Nouvelle-France et à transférer une société d'ordres. La société de la Nouvelle-France demeure plus libre et plus égalitaire que la société française. Elle connaît une certaine mobilité puisque, par exemple, les habitants ou les soldats pouvaient recevoir des lettres de noblesse pour services rendus à la Couronne. Même si elle demeure hiérarchisée, elle ne reproduit pas tout à fait la division en classes de la société féodale. Les seigneurs se voient accorder des terres pour y établir des habitants et pour fixer les droits et les devoirs réciproques dont l'État se réserve la surveillance minutieuse. Mais il ne s'agit pas d'anoblir les plus entreprenants, ce qui freine d'autant plus l'initiative individuelle que tous les profits sont réinvestis en métropole.

Au sommet de la pyramide se trouvent le gouverneur, l'intendant, l'évêque et quelques hauts fonctionnaires, la plupart aristocrates. Ce sont souvent des Français qui exercent leur fonction pendant un temps avant de repartir. La noblesse terrienne ne vit pas que de la taxe foncière et tire l'essentiel de ses revenus du service du roi. Un deuxième niveau rassemble les officiers militaires et les marchands coloniaux, souvent nés dans la colonie, issus à la fois de l'aristocratie et de la bourgeoisie. Un troisième niveau est constitué par le peuple, artisans et aussi habitants qui possèdent les terres et versent des redevances aux seigneurs et enfin, au plus bas, se trouvent les Amérindiens qui ne se soumettent pas toujours aux règles.

Même si les nominations des hauts responsables chargés de la gouvernance ont un caractère hautement politique, on peut dire que l'administration de la colonie est assurée par des personnalités de qualité. Parmi les plus marquantes, on se doit de citer Jean Talon, le premier intendant nommé en 1665 jusqu'en 1668 et à nouveau de 1670 à 1672, dont le volontarisme a permis un boom démographique entre 1663 et 1672 puisque la Nouvelle-France compte 7 000 habitants en 1672. Il faut aussi évoquer le gouverneur Louis de Buade de Frontenac, issu d'une vieille famille de noblesse d'épée installée en Périgord, qui imprime sa marque avec éclat pendant près de vingt ans, de 1672 à 1682 et de 1689 à 1698 et Mgr François de Laval, vicaire apostolique de 1658 à 1674 et évêque de 1674 à 1688. Austère et ferme, il est pragmatique et guidé par un esprit de charité. Son caractère autoritaire lui crée des inimitiés. Il n'hésite pas à condamner la vente d'alcool et les pratiques libertines. Son successeur, Mgr de Saint-Vallier, marque aussi par son autorité. Ces deux premiers évêques sont certainement les plus puissants et les plus respectés au regard de l'histoire.

L'après-1672 remet en cause l'héritage de Talon, d'autant qu'il n'eut pas de successeur pendant trois ans. C'est alors le comte de Frontenac qui concentre tous les pouvoirs et, en défenseur inconditionnel de la traite, il réoriente la politique de développement de la colonie contre l'avis de Colbert. On murmure que les revenus de la traite lui permettent d'avoir un train de vie fastueux – et il est vrai que son règne ne manque pas de grandeur. L'activité économique essentielle demeure la traite du castor, dont Montréal est la capitale. Mais, surtout, la guerre de la France avec la Hollande vient atténuer l'intérêt de la métropole pour sa colonie nord-américaine. Sans les subventions royales, le Canada et l'Acadie vont donc se trouver livrés à leurs propres moyens.

Chapitre VI

Le Nouvelle-France au XVIIIe siècle (1689-1763)

La période de 1689 à 1763 est dominée par les guerres qui voient s'affronter en Europe deux puissances impériales, la France et l'Angleterre. Si le sort de la Nouvelle-France est scellé à la fin de la guerre de Sept Ans, on peut dire qu'il faut attendre 1760 (la fin des hostilités) ou 1763 (le traité de Paris) pour que la conquête ou la perte (selon les points de vue) de la Nouvelle-France soit décidée sur un théâtre d'opérations nord-américain et non plus par des décisions lointaines des métropoles.

Les guerres franco-anglaises en Amérique du Nord

Quatre grandes guerres vont se dérouler, qui ont pour conséquence majeure de reconfigurer le partage du territoire. Bien sûr, l'évolution politique en Europe n'est pas totalement étrangère au sort du Canada. Mais le terme « Canada » lui-même va évoluer dans sa signification en fonction des cessions ou des reprises de parties de territoire et les identités respectives de ces composantes de l'empire vont se préciser.

À la fin du XVIIe siècle, l'empire colonial français d'Amérique du Nord couvre les trois quarts du continent, de la Louisiane à la baie d'Hudson et de Terre-Neuve jusqu'aux territoires encore partiellement inexplorés de l'Ouest. C'est ce qui permet à Chateaubriand d'écrire dans sa préface d'*Atala*, un peu avant la vente de la Louisiane par Napoléon Bonaparte en 1803, que les colonies nord-américaines de la France représentent « un vaste empire qui s'étend du Labrador jusqu'aux Florides et depuis les rivages de l'Atlantique jusqu'aux lacs les plus reculés du Canada ». Au début du XVIIIe siècle, la Nouvelle-France comprend trois colonies ayant leur développement historique propre et donc leur distinction identitaire particulière, mais qui n'ont aucune relation entre elles, sauf le lien direct avec la métropole. Le premier élément de l'ensemble est le Canada, c'est-à-dire la vallée du Saint-Laurent et le Pays-d'En-Haut, soit la région des Grands Lacs. La deuxième composante est l'Acadie même si, comme Terre-Neuve, une partie doit être cédée en 1713. La France ne conserve alors que l'île Saint-Jean (l'actuelle île du Prince-Édouard) et l'île Royale (l'actuelle île du Cap-Breton) avec Louisbourg. Enfin, la troisième composante est la Louisiane, fondée en 1699 par le Montréalais Le Moyne d'Iberville et, un peu plus tard, la région des Illinois. Cette région est à développer puisque sa population ne dépasse pas 200 personnes en 1713, mais son essor va se produire dans les années 1720.

Au tout début de la colonie, le terme « Canadien » désignait les autochtones puis, à partir de 1645, avec la création de la Compagnie des Habitants, ceux qui se livrent au commerce du castor et qui sont implantés – afin de mieux les distinguer des Français de fraîche date. On voit donc ressurgir le terme « Canadien » sous la plume de l'intendant Talon ou du sulpicien François Dollier de Casson, auteur d'une *Histoire de Montréal* en 1672. Désormais, le terme désigne les francophones du Canada. Dès lors le fossé se creuse entre Français et Canadiens, le Canada se caractérisant par un mode de vie adapté à l'environnement, par un impact plus fort de la religion, notamment dans le domaine de l'éducation, ou par les formes de sa sociabilité.

La guerre de la ligue d'Augsbourg (1689-1697) permet aux Canadiens de s'emparer des postes anglais de la Compagnie de la baie d'Hudson sur la baie James, puis de ceux de Terre-Neuve, voire d'intervenir ponctuellement dans des villages de la Nouvelle-Angleterre et de la colonie du New York. En dépit d'attaques repoussées par les habitants, l'apogée de la présence française se situe en 1697, confirmée par les termes du traité de Ryswick qui s'avèrent avantageux, même s'il ne s'agit que d'une trêve de courte durée. À la fin du XVIIe siècle, la France contrôle l'Acadie, Terre-Neuve, le Canada et la partie de l'Ouest qui a été découverte tandis que la baie d'Hudson demeure très disputée. Il est clair que ce territoire est trop immense pour être maîtrisé et sécurisé. Une fois encore, on constate que la faiblesse du peuplement par rapport à celui des Anglais est un handicap majeur, ce qui est d'autant plus surprenant que la population de la France à cette époque est très supérieure à celle de l'Angleterre et qu'elle aurait pu permettre une émigration plus massive[1]. Mais les rêves expansionnistes de la France la conduisent plutôt vers d'autres parties du monde, notamment les Antilles. Le sucre apparaît comme une plus grande source de richesse et de profit que la morue ou même les fourrures. De sur-

1. En 1700, la France compte 21 millions d'habitants et l'Angleterre seulement 6.

croît, la supériorité navale anglaise ne joue pas en faveur de la France.

En réalité, jusqu'en 1697, la situation est indécise et précaire. Dès 1670, la création de la Compagnie de la baie d'Hudson a fait naître une véritable concurrence qui va vite devenir conflictuelle. La menace iroquoise n'a pas disparu malgré une trêve de près de dix-huit ans (1667-1685). La gouvernance politique a une part de responsabilité. Depuis le départ du gouverneur Frontenac en 1683, son successeur Joseph-Antoine Lefebvre de La Barre gère assez mal, avec très peu de moyens, il est vrai, la riposte aux attaques iroquoises de 1684 et doit être remplacé en 1685. La nomination de Jacques-René de Brisay, marquis de Denonville, calme le jeu, même si les escarmouches continuent. Le gouverneur Denonville encourage Pierre Le Moyne d'Iberville et Pierre de Troyes à attaquer les Anglais autour de la baie d'Hudson en 1686. L'accord de Jacques II et de Louis XIV empêche les Anglais de s'engager ouvertement avec les Iroquois, même s'ils les soutiennent. Les attaques iroquoises continuent, notamment à Lachine en 1689 où les Iroquois incendient les maisons, tuent 24 personnes et font quelques prisonniers. De retour en 1689, le gouverneur Frontenac organise la riposte en faisant la « petite guerre » au Maine, au Massachusetts et en Nouvelle-York. Il réussit à repousser les menaces qui auraient pu toucher Québec. Il s'illustre en déclarant aux attaquants : « Je n'ai point de réponse à faire à votre général que par la bouche de mes canons et à coups de fusil. » Les raids se multiplient pendant sept ans, mais le retour de Frontenac de 1689 à 1698 permet finalement de trouver une solution. Il faut éviter, autant que faire se peut, le rapport de force trop brutal car le gouverneur demeure le père qui protège et non qui commande et les nations amérindiennes lui reconnaissent un rôle de médiateur armé. Les négociations engagées conduisent un peu plus tard à la signature en 1701 de la Grande Paix de Montréal entre le gouverneur Louis-Hector de Callière et 39 nations amérindiennes. C'est l'arrêt des guerres iroquoises. En même temps s'impose une paix universelle qui inclut l'ensemble des alliés amérindiens. Elle consacre la troisième phase des relations avec les autochtones.

Par ailleurs, le soutien de Frontenac à l'exploration de l'Ouest permet de confirmer l'emprise française, tandis que la création de forts tente de sécuriser le territoire. On sait que la surabondance des fourrures qui inondent le marché conduit Louis XIV à geler la traite pendant un certain temps, mais la décision du roi, en 1696, d'abandonner les postes de l'Ouest, laisse le champ libre aux Anglais.

Frontenac encourage Le Moyne d'Iberville à reprendre l'exploration de Cavelier. Il retrouve le Mississippi en 1699 et fonde le fort Maurepas, du nom du ministre de la Marine chargé des affaires coloniales. Cet « engagé » anobli et devenu seigneur, qui s'est emparé notamment du fort York, le poste le plus stratégique pour la Compagnie de la baie d'Hudson, aura déployé pendant vingt ans, jusqu'à sa mort en 1706, une énergie inlassable. Il faut saluer son engagement même si ses conquêtes sont finalement annulées par le traité de Ryswick.

Ironiquement, alors que la relation avec les Amérindiens se calme, le conflit qui oppose la France à l'Angleterre va prendre une acuité nouvelle. La frontière commerciale liée à la traite, qui connaît une vraie crise en 1695 en raison de la surproduction de pelleteries et d'une forte distorsion entre l'offre et la demande, paraît vite secondaire par rapport à cette nouvelle frontière impériale et militaire.

La Nouvelle-France après le traité d'Utrecht (1713)

1701 est l'année de la Grande Paix de Montréal mais aussi celle du déclenchement de la guerre de Succession d'Espagne (1701-1714), due au fait que l'empereur Léopold et le roi Louis XIV se disputent le trône d'Espagne, Charles II étant sans descendant direct. Cette crise, qui peut renverser l'équilibre des forces en Europe, a une incidence sur l'Amérique. La guerre se termine par le traité d'Utrecht en 1713, désastreux pour la France mais qui va susciter une forte réaction. La France doit céder l'Acadie en grande partie (la Nouvelle-Écosse actuelle), tout ce que les Français occupent à Terre-Neuve et la baie d'Hudson. À Terre-Neuve, on doit évacuer Plaisance, cette petite colonie de pêche d'une centaine de personnes sur le littoral sud qui avait été fondée en 1660 avec un gouverneur et une garnison. L'esprit de résistance se traduit alors par les efforts consentis pour ne pas tout abandonner. En Acadie, la plupart des Acadiens vivent sur un territoire conquis mais les Abénaquis les aident véritablement à maintenir certaines positions, au moins pour ne pas compromettre les activités de pêche, qu'il s'agisse de l'île Saint-Jean (l'actuelle île du Prince-Édouard) ou de l'île Royale (l'actuelle île du Cap-Breton). La forteresse de Louisbourg, établie en 1713, porte d'entrée du Canada et site d'une importante garnison, est le symbole de la résistance française. Entre 1716 et les années 1740, sa population passe de 2 500 à 5 000 habitants, dont 2 000 sont à l'abri des remparts qui ont été construits en 1717. Louisbourg est un port de mer qui concurrence presque Québec.

Le gouvernement français aurait souhaité que les Acadiens viennent s'installer sur l'île Royale mais très peu d'Acadiens acceptent d'émigrer et l'île Saint-Jean, un peu victime de l'immobilité des Acadiens, ne se développe pas comme l'île Royale.

Les communications sont préservées en Louisiane. Sur les traces de Cavelier (1682) et d'Iberville (1699), Philippe de Rigaud de Vaudreuil, gouverneur de 1703 à 1725, commande des expéditions, notamment entre 1714 et 1716, malgré les obstacles que constituent les Amérindiens. L'importation d'esclaves en 1713, qui marque le début de la traite des Noirs, stimule l'économie. On estime à 6 000 le nombre de Noirs qui, pendant dix ans, arrivent dans la colonie. De 1717 à 1720, plus de 1 000 prostituées et criminels de droit commun sont recrutés mais jettent un certain discrédit sur la colonie. La Nouvelle-Orléans, fondée en 1718, devient la capitale de la Louisiane en 1723. L'idée était d'ouvrir la voie du Pacifique mais, en réalité, l'essentiel était de tenter de contenir les Anglais sur la partie de territoire entre la chaîne des Alleghanys et la mer.

Le traité de 1713 préfigure celui de 1763 en annonçant la domination britannique. Les mêmes ingrédients sont en effet réunis : la supériorité d'un mode de colonisation, l'avantage démographique, la nature de la volonté politique de la mère patrie. Désormais les territoires des Français et des Anglais se rejoignent, et il faut compter de surcroît sur l'impact de l'évolution politique en Europe.

Suite au traité d'Utrecht, la Paix de Trente Ans (1713-1744) va faire évoluer la Nouvelle-France qui graduellement établit les signes de sa distinction et permet à une nation canadienne originale d'émerger. C'est l'épanouissement de la civilisation coloniale. La Nouvelle-France du Saint-Laurent est désormais désignée par le nom de Canada.

Cette période stimule tout d'abord un véritable essor démographique : 15 000 habitants en 1700, 18 000 en 1713, 35 000 dans les années 1730 et 60 000 en 1750.

L'immigration compte peu dans ce développement essentiellement dû à l'accroissement naturel. Le taux de natalité (50 pour 1 000) est particulièrement élevé. Un autre élément qui explique cette progression est le mode de distribution de la propriété foncière. L'essor démographique est avant tout un phénomène rural.

Ce contexte de paix exceptionnel – le plus long au XVIIIe siècle – favorise le secteur de l'agriculture, permet l'émergence des villes mais aussi l'expansion commerciale. Toujours privilégiés sont les secteurs de la pêche et des fourrures malgré les efforts de diversification économique.

C'est aussi la reprise de l'expansion continentale déjà engagée en 1701 avec la fondation, par Antoine de La Mothe Cadillac, du fort Pontchartrain du Détroit[1] qui deviendra la ville de Detroit, et ce, avec l'autorisation de la métropole. Tour à tour flibustier, explorateur, coureur de bois, trafiquant d'alcool et de fourrures, il est officier des troupes de marine avant d'être gouverneur de la Louisiane de 1710 à 1716. Soutenu par Frontenac, il est critiqué par les jésuites qui lui reprochent de pervertir les Amérindiens avec ses trafics d'alcool. Des familles s'installent dans le Haut-Mississippi, appelé pays des Illinois. La présence française est renforcée en Louisiane et les positions sont rétablies sur les Grands Lacs et le long du Mississippi, là où l'on trouve les meilleures fourrures. L'exploration vers l'Ouest s'intensifie des années 1730 jusqu'à 1743, grâce à Pierre Gaultier de Varennes, sieur de La Vérendrye (et à ses fils), qui atteint presque le pied des Rocheuses afin de couper la route des sources d'approvisionnement des fourrures de la Compagnie de la baie d'Hudson. La Vérendrye explore le lac Supérieur,

1. Du nom du ministre de la Marine.

atteint le lac Winnipeg, édifie des forts fortifiés (fort Saint-Pierre puis fort Saint-Charles). En 1742, il va vers le nord, édifie le fort Dauphin sur le lac Manitoba et le fort Bourbon à la pointe nord du lac Winnipeg. On peut dire qu'il réussit à faire reculer les frontières de la Nouvelle-France jusqu'au Manitoba et à détourner vers le Saint-Laurent, au profit des Français, une partie du commerce des fourrures de la Saskatchewan et de l'Assiniboine qui se faisait à la baie d'Hudson. Les profits permettent au Canada de vivre et de se suffire à lui-même, même si les retours financiers peuvent paraître insuffisants, d'autant que le coût de l'investissement militaire fragilise la rentabilité de la colonie.

L'économie de la Nouvelle-France dans la première moitié du XVIIIe siècle

L'agriculture est avant tout une occupation de subsistance. Le nombre de terres défrichées augmente de façon spectaculaire, au point que les deux rives du Saint-Laurent sont habitées de façon continue entre Montréal et Québec. Le rendement agricole est deux fois supérieur à l'accroissement de la population rurale. On défriche et on cultive pour se nourrir et être autosuffisant, dans un contexte familial et non pour faire du commerce.

L'engagé du XVIIe siècle peut devenir « habitant », c'est-à-dire censitaire propriétaire d'une ferme familiale. Il consacre sa vie à bâtir et à défricher l'équivalent d'un arpent par an, et ce, pendant au moins trente ans. Le travail est dur et il faut être patient car les terres ne produisent qu'au bout de cinq ans. Le paysan a un peu de bétail pour nourrir sa famille. Il cultive du blé pour confectionner du pain, même s'il en consomme moins que le paysan français, ainsi que du maïs, de l'orge et un peu de tabac. S'il ne vit pas dans l'opulence, il est cependant plus à l'aise que son homologue de la métropole.

Quelques années plus tard, à partir des années 1730, l'agriculture de subsistance devient commerciale, le blé étant le principal article d'exportation. Mais les revenus sont souvent mis en péril par les mauvaises récoltes et les disettes, en particulier de 1741 à 1743. La diversification économique conduit à l'exploitation forestière ; les moulins à scie, au nombre de 19 en 1719, sont 52 en 1734.

Ces changements sont dus à la politique menée pendant dix-neuf ans, de 1729 à 1748, par Gilles Hocquart, l'un des plus remarquables intendants de la Nouvelle-France, l'un des rares à ne pas s'être enrichi. Dans l'ensemble, l'entente est bonne avec le gouverneur général, excepté avec Charles de La Boische, marquis de Beauharnais, gouverneur général de 1726 à 1746, sur les choix à faire entre la politique de la traite dans l'Ouest et les alliances indiennes d'une part et les efforts de diversification économique d'autre part. Hocquart applique les consignes mercantilistes du ministre français de la Marine Maurepas et du cardinal Fleury, bien résumées en ces termes : « La colonie du Canada n'est bonne qu'autant qu'elle peut être utile au Royaume. » Les instructions sont claires pour accentuer l'expansion commerciale et Hocquart, à l'inverse de beaucoup de ses prédécesseurs, réoriente les exportations canadiennes de la traite des fourrures vers l'agriculture et l'industrie.

Même s'il est modeste, le développement d'industries comme celle de la fonderie conduit à la création des Forges de Saint-Maurice près de Trois-Rivières, décidée en 1732, mais qui débute en 1736. La rentabilité économique s'avère vite problématique et les Forges font faillite en 1741.

On assiste aussi à l'essor de la construction navale. 200 bateaux sont construits à Québec entre 1720 et 1740. Le roi de France accorde même une prime en 1731 aux constructeurs de navires. À nouveau, en 1738, le roi commande un navire pour son usage personnel, une flûte de 500 tonneaux, avant d'acheter plus tard des navires de guerre. La politique de développement industriel relève davantage de l'initiative et du financement de l'État et des intérêts de la métropole que de la colonie, même si elle a permis la création d'emplois.

L'artisanat est stimulé par les métiers de la construction et compte des charpentiers, des maçons, des menuisiers et des forgerons. Le secteur du bâtiment doit affronter la réalité du chômage hivernal. La production d'objets d'art (sculptures en bois) ou d'ameublement (mobiliers avec un style canadien), la fabrication d'articles de luxe par des couturiers, des tailleurs et des perruquiers se développent, sans compter les métiers de l'alimentation et de l'hébergement.

La Paix de Trente Ans voit aussi l'émergence des villes, lieu privilégié de rassemblement des gens de métier et de services. Dès 1663, la Nouvelle-France avait des centres de commerce et plus d'un tiers de la population était urbain. Malgré un développement relativement lent, Montréal et Québec deviennent des villes importantes. La capitale, Québec, centre administratif et religieux, demeure l'entrepôt de la province avec ses marchands et ses chantiers navals. De 2 500 habitants en 1715, sa population atteint 6 000 personnes dans les années 1750. Montréal, avec ses 4 000 habitants en 1754, n'a pas la taille de Québec mais c'est une métropole commerciale et le centre incontournable du commerce de la fourrure.

La principale activité économique de la Nouvelle-France demeure la traite des fourrures, dont les profits sont rapides, et qui séduit les aventuriers en tout genre. C'est la base même du système économique. On se rappelle que les premiers contacts entre Européens et Amérindiens avaient suscité la surprise et créé un choc culturel : ensuite les relations étaient devenues plus régulières, les nouvelles relatives à l'arrivée des Européens s'étant propagées très rapidement. Des relations d'échange s'instaurent et s'organisent à partir des postes de traite, véritables établissements permanents. On pourrait aussi ajouter les missions, mais les marchands ont précédé les missionnaires qui n'arrivent qu'en 1615, les chasseurs ayant eux-mêmes été précédés par les pêcheurs, qui peuvent se livrer à leurs activités sans établir de contacts directs avec les autochtones[1]. À la fin du XVIIe siècle, des postes de traite sont édifiés autour des Grands Lacs et sur le Haut-Mississippi, dont le plus important est Michilimackinac, sur le détroit qui relie les lacs Huron et Michigan. À côté des marchands, il faut compter avec les activités illégales de la contrebande. La concurrence s'intensifie puisqu'on va même jusqu'à aller chercher les fourrures dans les camps des chasseurs. Une véritable route des fourrures se met en place, avec des droits de passage, et on sait le rôle d'intermédiaires entre les marchands et les Amérindiens que jouent certains coureurs de bois, mais aussi une population métisse (des « sangs-mêlés »), surtout chez les Français qui exercent une fonction d'agents commerciaux en prenant leur commission. Il s'agit d'un marché disputé et fortement concurrentiel.

L'économie du troc est bien rodée avec ses cérémonies d'avant-traite où les chefs des parties en présence échangent des cadeaux et fument le calumet. En échange

1. Sauf quand ils installent des sècheries comme à Terre-Neuve.

des fourrures, les Européens apportent haches de fer, pièces de cuivre – notamment des marmites –, linge et perles décoratives. Pacotilles et verroterie s'avèrent vite convoitées : la supériorité du métal pour les flèches est rapidement perçue par les Amérindiens, qui deviennent de plus en plus exigeants. La demande est forte d'armes à feu (mousquets à pierre), de couteaux, de hachettes, de pièges, de munitions – contrairement à ce que l'on a pu affirmer, les Amérindiens ne sont pas toujours dupes dans les échanges : ils se réservent parfois les meilleures peaux.

La Compagnie de la baie d'Hudson est un modèle de réussite et de continuité. On sait que l'idée même de la compagnie a été inventée par deux Français avant d'être reprise et exploitée à leur avantage par les Anglais. L'ironie de cette situation met en évidence que les intérêts commerciaux sont plus importants que la fidélité à son pays. L'erreur de diagnostic est que Groseilliers et Radisson ont misé sur la baie d'Hudson en pensant que Montréal s'effondrerait. Une fois encore, les autochtones ont pu exercer un certain pouvoir en bénéficiant de la rivalité entre Français et Anglais. La Compagnie de la baie d'Hudson a donc le monopole du commerce dans toutes les terres arrosées par les eaux se déversant dans le détroit d'Hudson. L'ensemble qualifié de Terre de Rupert comprend ce qui est actuellement le nord du Québec, l'Ontario, le Manitoba, une grande partie de la Saskatchewan, le sud de l'Alberta et une partie des Territoires du Nord-Ouest. C'est un immense champ d'action, grand comme quinze fois le Royaume-Uni et cinq fois la France.

Après 1681, les coureurs de bois indépendants sont amnistiés et remplacés par les marchands voyageurs et les engagés qui sont liés à des marchands montréalais avec un permis appelé « congé ». Ce sont des employés qui travaillent moyennant salaire. Cela n'empêche pas l'existence d'un marché clandestin. Pour des jeunes, c'est une façon de trouver les ressources nécessaires pour s'établir ensuite sur une terre. L'activité agricole est liée à la traite : ce sont deux activités complémentaires.

Après la crise passagère de la traite et la mévente du castor de 1695 à 1715, le commerce des fourrures repart. Les voyageurs sont remplacés par des militaires et le castor cesse d'être le produit exclusivement recherché. La traite se diversifie avec des peaux d'orignal, d'ours, de vison, de bœuf sauvage ou de renard argenté.

Une société coloniale nord-américaine

Alors qu'en France, la société est organisée en trois ordres – la noblesse, le clergé et le peuple –, cette structure est affaiblie en Nouvelle-France qui s'articule autour de la seigneurie, de la paroisse et de la famille. À cette différence s'ajoute le fait que, de plus en plus, l'élite coloniale est née au Canada, à l'exception de l'Église et de la haute administration. La carrière militaire conserve tout son prestige et tout son attrait car elle permet de gravir l'échelle sociale. Les militaires ne s'illustrent pas que par leurs faits d'armes puisqu'ils participent au commerce des fourrures. D'une façon générale, le cumul des postes limite les possibilités de promotion sociale.

Les villes, centres de commerce, sont dominées par les nobles qui mènent grand train si l'on en juge par leurs activités sociales et par les réceptions et fêtes qu'ils organisent. Les familles marchandes sont à part et vivent dans une relative aisance, sans menacer l'élite aristocratique. Il existe aussi une classe ouvrière d'artisans, qui exercent souvent leur métier à la campagne en complément du travail de la terre, et de domestiques, sans parler des esclaves. La société rurale, structurée autour de la ferme, de la famille et de la paroisse, demeure un monde séparé. Elle tire son indépendance de son autosuffisance et le souci d'entraide prévaut. La hiérarchie sociale est moins dure qu'en France et elle relève plutôt d'un cloisonnement séparant les différents groupes sociaux.

La guerre de Succession d'Autriche (1740-1748)

Cette guerre est déclenchée à la mort de l'empereur romain germanique Charles VI du Saint-Empire, suite à la décision de laisser le trône à sa fille Marie-Thérèse d'Autriche et de lui léguer les États héréditaires de la maison de Habsbourg. Les deux grands empires du commerce que sont l'Angleterre et la France vont à nouveau s'affronter. La Grande-Bretagne entre en guerre contre l'Espagne en 1739, puis contre la France en 1744. Le conflit aurait pu prendre une dimension plus importante et la guerre coloniale redoutée n'a pas vraiment eu lieu. Il s'arrête en 1748.

Les hostilités sont centrées autour de Louisbourg qui, en 1744, s'empare en Nouvelle-Écosse d'un avant-poste de pêche occupé par la Nouvelle-Angleterre. Bien que commerçant avec Louisbourg, les habitants de la Nouvelle-Angleterre considèrent que la présence française gêne leur propre arrière-pays. Les Anglais ripostent alors en attaquant l'île Royale.

Une milice de Nouvelle-Angleterre, avec l'appui d'une flotte britannique venue des Antilles, fait le siège de Louisbourg en mai 1745. La forteresse, réputée imprenable, qui défend l'entrée du Canada français, capitule en juin. On rappellera le rôle de Roland Barrin de La Galissonnière, nommé « commandant général en la Nouvelle-France » pour assurer l'intérim du gouverneur général, de 1747 à 1749. Il soulève avec acuité le problème de la protection des bâtiments de commerce car il a participé activement tout au long de sa carrière aux missions d'escorte. Il constate les carences défensives de la Nouvelle-France et, même si Maurepas le soutient, ce dernier ne lui accorde aucun des renforts demandés, partant du principe que la colonie doit se suffire à elle-même. Le rêve de bâtir un empire colonial francophone réunissant l'île Royale, le Canada et la Louisiane, un temps caressé par La Galissonnière, s'effondre.

Désormais les colons anglais du XVIIe siècle, établis le long du littoral atlantique, prennent conscience de leur force et leurs établissements sont en passe de devenir les Treize Colonies d'Amérique. Elles comptent alors plus d'un million de personnes. En 1754, on compte entre 55 000 et 60 000 habitants en Nouvelle-France, et 1 500 000 dans les colonies anglaises.

Le traité de paix signé à Aix-la-Chapelle en 1748 restitue l'île Royale à la France et Louisbourg prospère à nouveau tandis que l'Angleterre renforce sa position en Nouvelle-Écosse. Le général Edward Cornwallis transfère le siège du gouvernement de Annapolis Royal à Halifax, qu'il fonde en 1749 et qui a vocation à devenir une base militaire pour défendre une nouvelle colonie britannique. Les Anglais n'en restent pas là et les attaques sont incessantes de 1748 à 1754. À l'automne 1755, les Anglais boutent hors de leurs villages les paysans catholiques à la neutralité suspecte qui rechignaient à prêter un serment d'allégeance inconditionnel à la Couronne britannique, opposés qu'ils étaient à l'idée de combattre les Français. Le colonel Charles Lawrence[1] décide de « purger la province de ces dangereux sujets ». C'est une véritable rafle qui sépare et disperse les familles : 6 000 à 8 000 Acadiens sont déportés. Le « Grand Dérangement », véritable nettoyage ethnique, provoque une diaspora qui se répartit dans les diverses colonies anglaises du continent, le long du littoral atlantique, de la Nouvelle-Angleterre à la Géorgie, mais aussi au Canada et en Louisiane[2]. De 1755 à 1762, d'autres sont déportés en Angleterre ou trouvent refuge en France, notamment à Belle-Ile-en-Mer et dans la région Poitou-Charentes. En 1758, Louisbourg sera repris à nouveau par les Anglais, définitivement cette fois. Après la signature du traité de Paris en 1763, certains reviennent en Acadie mais il leur faut bâtir une nouvelle société dans le Nouveau-Brunswick. Le Grand Dérangement demeure un élément essentiel de la mémoire collective acadienne et le célèbre poème de Longfellow fait d'Évangeline l'héroïne qui incarne le destin tragique d'un peuple.

La guerre de la Conquête

La guerre de Succession d'Espagne et la guerre de Succession d'Autriche n'ont pas réglé la rivalité franco-anglaise et ont généré un coût énorme. En matière militaire, le rapport de force entre les colonies anglaises et la Nouvelle-France n'est pas à l'avantage de cette dernière. Les Anglais comptent 3 000 volontaires, auxquels s'ajoutent les alliés iroquois. New York et Boston disposent de 600 voiles et de 8 000 matelots, sans compter

1. Nommé gouverneur de la Nouvelle-Écosse en 1756.
2. Ce sont les Cadiens.

une armée régulière de 7 000 hommes. La résistance des Canadiens français tient à l'engagement de miliciens, des hommes valides de 15 à 60 ans, au nombre de 14 000, renforcés par 2 000 à 3 000 Amérindiens. On a investi dans les fortifications, à Louisbourg, avec le résultat que l'on connaît en mai 1745. La prise de Louisbourg incite les autorités à édifier des remparts à Québec. Les fortifications de 1690 et 1693 sont reprises en 1745 par l'ingénieur militaire Gaspard-Joseph Chaussegros de Léry. Sous la supervision du même ingénieur, les fortifications de Montréal sont achevées en 1744, mais ne protègent pas vraiment la ville qui est sans artillerie. À Trois-Rivières, la ville est dotée d'une palissade de pieux édifiée en 1650 puis en 1693, avant de brûler en 1752.

L'ancien fort Niagara est reconstruit, doté d'une palissade en 1723 puis d'un ouvrage de pierre garni de mâchicoulis en 1727. Malgré tout, le coût total n'est pas négligeable puisque les dépenses militaires sont multipliées par 60 en douze ans, de 1748 à 1760. Le roi de France, au bord de la banqueroute et qui, de surcroît, a construit Versailles à grands frais, se plaint de cette hausse tout en poursuivant sa politique. Il commence cependant à se lasser d'une colonie dont il a le sentiment de ne rien tirer.

L'augmentation des dépenses militaires a été attribuée aussi en grande partie à François Bigot, dernier intendant de Nouvelle-France de 1748 à 1760, souvent présenté comme un monstre de corruption et que l'histoire rendra même responsable de la chute du Canada – il faut bien trouver des boucs émissaires. Certes, il menait grand train et s'est enrichi, mais il ne fut pas le seul intendant à profiter de sa fonction.

En 1754, à la veille de la guerre de Sept Ans (1756-1763) que les historiens québécois appellent la guerre de la Conquête et que les Américains qualifient de *French and Indian War*, la rivalité franco-anglaise s'intensifie. Depuis longtemps, la Grande-Bretagne convoite l'empire colonial français qui inclut, entre autres, la Nouvelle-France. Les raisons sont multiples : désir de contrôler la Louisiane, concurrence commerciale liée à la traite des peaux, crainte de voir progresser les catholiques avec l'arrivée des missionnaires, contestation sur les droits de pêche. Le véritable enjeu stratégique est de déloger les Français de la vallée de l'Ohio, terre ancestrale des Iroquois, alors qu'en 1713, aux termes du traité d'Utrecht, les Anglais ont obtenu que les Iroquois soient des sujets britanniques. En Europe, l'armée britannique est de petite taille mais sa marine, la *Royal Navy*, lui donne un net avantage pour partir à la conquête du monde.

La reconstruction du fort Duquesne à la place d'un ancien fort britannique repris par les Français est achevée en avril 1754 sur l'emplacement actuel de Pittsburgh et la zone est maîtrisée par les Français qui veulent relier la Nouvelle-France à la Louisiane. En juillet, les Français repoussent l'attaque du fort Necessity par les troupes de George Washington, alors jeune colonel. De nouvelles escarmouches ont lieu en 1755 mais les attaques des forces régulières anglaises appelées en renfort échouent. C'est là qu'on voit la supériorité des miliciens canadiens-français qui adoptent la technique de la guérilla, bien adaptée au terrain (ordre dispersé, tir et repli) alors que les Britanniques font appel à la technique européenne classique de l'ordre serré. Le fort ne sera finalement repris par les troupes anglaises du général Forbes qu'en novembre 1759.

La guerre de Sept Ans est officiellement déclarée en mai 1756. C'est la première guerre mondiale au sens où elle implique plusieurs puissances européennes, l'Angleterre et la Prusse contre la France, l'Autriche, la Russie, la Suède et l'Espagne. C'est aussi la première fois que l'Amérique du Nord est le théâtre décisif des opérations et que le sort des colonies ne se décide pas qu'en Europe.

La guerre voit émerger deux personnages majeurs dont la rivalité va conduire à la défaite. Pierre-François Rigaud de Vaudreuil, fils du gouverneur qui a déjà dirigé la Nouvelle-France, est né au Canada. Officier des troupes de la marine de la Nouvelle-France, il sert dans le Pays-d'En-Haut. Il est nommé lieutenant-gouverneur de Trois-Rivières puis gouverneur de la Louisiane de 1742 à 1753, avant de devenir le gouverneur général « sans panache » de la Nouvelle-France en 1755. Il est partisan du maintien de l'alliance avec les indigènes pour contenir les Anglais et souhaite sécuriser les frontières disséminées. La métropole lui adjoint Louis-Joseph de Montcalm en tant que commandant des forces militaires de la Nouvelle-France. Ce dernier va vite devenir son rival. Non seulement Montcalm ne tient pas compte de l'expérience que Vaudreuil a du terrain mais, à l'inverse des colons, il semble ne pas vouloir conserver la Nouvelle-France à tout prix. Les colons canadiens ont une forte impression d'abandon, ou du moins de laissez-faire.

Par ailleurs, les responsables politiques anglais et français ne conçoivent pas le même intérêt pour les colonies américaines. Louis XV n'envoie pas les renforts demandés par l'intendant Bigot en 1748 et délaisse sa marine en suspendant la construction navale. L'opinion publique marque plus d'intérêt pour les produits tropicaux et les Antilles que pour les fourrures de l'Amérique du Nord. L'indifférence de la France vis-à-vis de la Nouvelle-France est bien résumée par cette formule qu'il prête à

Candide dans son conte philosophique éponyme paru en janvier 1759 : « Vous savez que ces deux nations sont en guerre pour quelques arpents de neige vers le Canada, et qu'elles dépensent pour cette belle guerre beaucoup plus que tout le Canada ne vaut. »

La situation est tout autre en Angleterre, où le lobby des colons et des marchands cherche à détruire l'empire colonial français qui est une entrave au commerce. La nomination de William Pitt en 1756 au poste de Premier ministre marque un véritable tournant. Les Anglais sont convaincus par le potentiel économique et commercial du Canada et, au-delà de l'obsession française pour la pêche et les fourrures, ils sont persuadés que l'agriculture peut produire davantage. Pitt a une claire vision du profit que son pays peut tirer de sa présence dans les colonies américaines. La marine royale est considérablement renforcée et 20 000 des 140 000 soldats de l'armée régulière viennent appuyer les forces coloniales en Amérique du Nord. L'Angleterre est prête à s'engager dans une guerre offensive, avec quatre fois plus de navires et cinq fois plus d'hommes que la France.

Les années 1756 et 1757 sont marquées par des succès français. La Confédération iroquoise s'en tient au traité de neutralité et Montcalm renforce le fort du lac Champlain, capture le fort Oswego sur le lac Ontario en août 1756, triomphe en août 1757 au fort William Henry et repousse *in extremis* l'armée anglaise à Carillon (Ticonderoga), au sud du lac Champlain en juillet 1758. Ces victoires sont en grande partie dues à la milice qui représente un effort national colossal puisqu'il implique le quart de la population. Mais quand les hommes quittent leurs terres, les champs sont abandonnés et les années 1757-1758 sont marquées par des pénuries et une flambée des prix sur les produits d'alimentation. Alors que le peuple est rationné, Bigot mène grand train dans une atmosphère de fin de régime et donne concerts, bals et festins auxquels Montcalm participe.

L'année 1758 amorce le renversement de situation et tourne à l'avantage des Anglais. Louisbourg est pris définitivement en juillet par le commandant en chef anglais Jeffrey Amherst et la destruction, en août, du fort Frontenac, dont la situation est hautement stratégique, conduit à la perte de maîtrise pour les Français des frontières de l'Ouest. Le centre de la Nouvelle-France est encore préservé mais, en juillet 1759, le général Amherst s'empare de Carillon[1], du fort Saint-Frédéric sur le lac Champlain puis du fort Niagara et contrôle la région du lac Ontario. Les forces françaises se limitent à 3 500 soldats réguliers, 1 200 hommes des troupes de la marine et 5 000 à 6 000 miliciens. Le gouverneur général n'a pas obtenu les soutiens demandés et, le 17 juin 1759, 30 000 Anglais paraissent à l'île d'Orléans. Le point culminant de la guerre est le siège de Québec : les Canadiens français résistent pendant tout l'été, malgré les bombardements et la destruction de nombreuses maisons dans la basse-ville. Les Anglais ont la maîtrise du fleuve et, dans la nuit du 12 au 13 septembre, ils empruntent de façon inattendue un sentier qui mène au sommet des falaises à l'ouest de Québec et occupent les plaines d'Abraham. Malgré l'avis de Bigot et de Vaudreuil qui sont partisans de la résistance, Montcalm n'attend pas les renforts et livre bataille. En un quart d'heure, les Français sont littéralement décimés par les soldats du général Wolfe qui meurt en plein

1. Qui reprend le nom de Ticonderoga.

L'Amérique du Nord après le traité de Paris de 1763

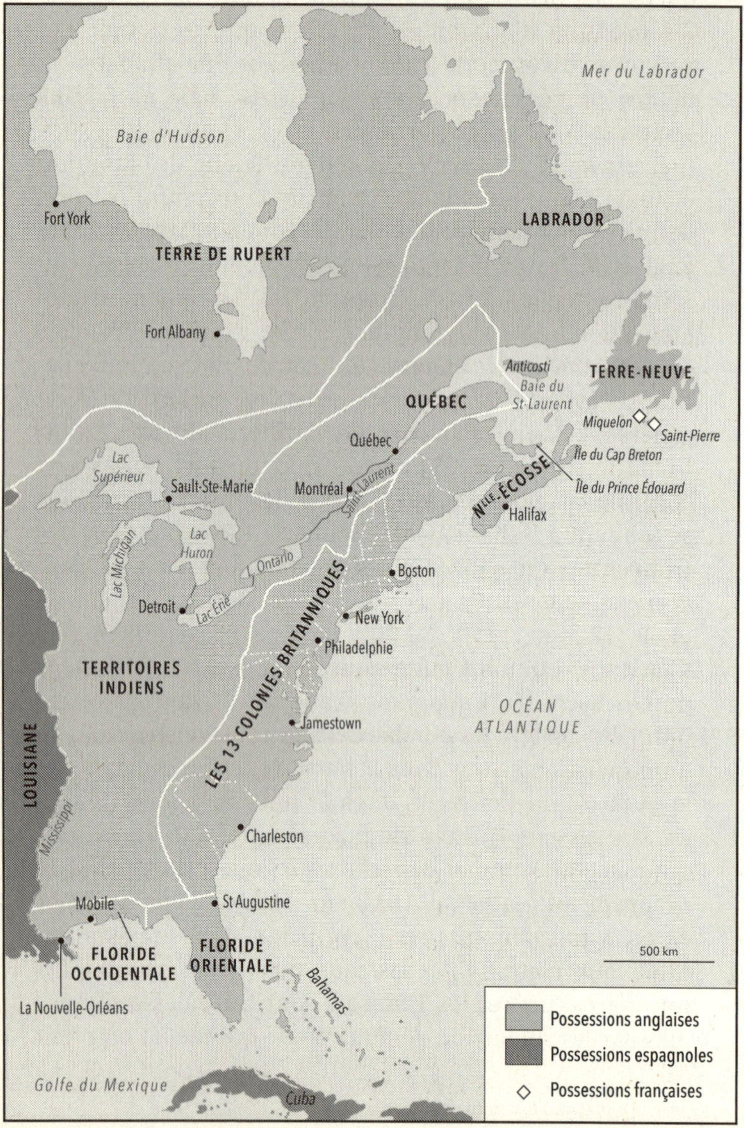

combat avant que Montcalm ne connaisse le même sort le lendemain. La garnison de Québec, commandée par Jean-Baptiste Nicolas Roch de Ramezay[1], est défaite et Québec capitule le 18 septembre. L'hiver 1759 sera rude pour les Britanniques et, malgré une victoire de Lévis à Sainte-Foy qui repousse les troupes du général James Murray le 28 avril 1760, l'ennemi remonte jusqu'à Montréal qui tombe, à son tour, le 8 septembre 1760, les renforts français étant arrivés trop tard. C'est la fin de la Nouvelle-France – après un siècle exactement de règne du roi de France de 1663 à 1763 – et les Anglais deviennent maîtres du Canada.

Aux termes du traité de Paris signé en 1763, la France cède l'île Royale, l'île Saint-Jean, l'Acadie et le Canada à l'Angleterre ainsi que la Louisiane à l'est du Mississippi. La partie ouest de la Louisiane est cédée à l'Espagne pour compenser la perte pour les Espagnols de la Floride au profit des Anglais. La basse Louisiane intéresse peu les Espagnols, dont l'empire est déjà assez vaste et elle est ainsi rétrocédée à la France en 1800, avant que Napoléon ne la vende aux Américains pour une bouchée de pain en 1803. L'absence d'une immigration espagnole et l'installation de quelques centaines d'Acadiens lui conservèrent son caractère français au moins jusqu'en 1803.

La France garde ses droits de pêche sur les bancs de Terre-Neuve et dans le golfe du Saint-Laurent à la distance de trois lieues de toutes les côtes appartenant à la Grande-Bretagne et se voit attribuer Saint-Pierre-et-Miquelon. Elle garde la plupart de ses possessions antillaises (la Martinique, la Guadeloupe, Marie-Galante,

---

1. Fils de Claude Ramezay qui fut gouverneur de Montréal de 1704 à 1724 et gouverneur général de la Nouvelle-France par intérim de 1714 à 1716 en remplacement de Vaudreuil.

la Désirade et Saint-Domingue). À l'époque, les îles à sucre paraissent économiquement plus prometteuses que le Canada. Au-delà des dirigeants politiques, les marchands sont prêts à sacrifier cette colonie américaine pour pouvoir conserver des comptoirs plus rentables, tels la Guadeloupe et l'île Bourbon.

Voltaire et ses correspondants reflètent bien le climat de l'opinion. François-Étienne de Choiseul, secrétaire d'État des Affaires étrangères de Louis XV, annonce à Voltaire en octobre 1760 la chute de la Nouvelle-France : « J'ai appris que nous avons perdu Montréal et par conséquent tout le Canada. Si vous comptiez sur nous pour les fourrures de l'hiver, je vous avertis que c'est aux Anglais qu'il faut vous adresser. » Et Voltaire d'écrire, en novembre 1760, au marquis de Chauvelin : « Si j'osais, je vous conjurerais à genoux de débarrasser pour jamais du Canada le ministère de la France. Si vous le perdez, vous ne perdez presque rien. Si vous voulez qu'on vous le rende, on ne vous rend qu'une cause éternelle de guerre et d'humiliation. »

Cela met en évidence la supériorité d'un mode de colonisation sur un autre, si tant est que la stratégie coloniale française ait été clairement formulée. On ne peut que constater les limites de la centralisation des ressources par le roi et, s'il y a abandon de la Nouvelle-France, on peut dire qu'il a commencé bien avant la Conquête.

CHAPITRE VII

Le régime britannique (1760-1840)

La conquête de 1760 ne met pas un terme à la politique d'alliance du Régime français et les Britanniques doivent négocier avec les nations indiennes, autrefois alliées aux Français. L'avènement du Régime britannique consacre une rupture politique. 1763 est un choc pour les Canadiens français qui se sentent abandonnés par leur métropole. La France a sacrifié un empire pour un royaume. Quelles qu'en soient les raisons, puisqu'il faut toujours trouver une justification et donc des coupables, la Conquête demeure une défaite sur tous les plans – militaire et politique, mais aussi économique, social et religieux.

LA TRANSITION ET L'ADMINISTRATION MILITAIRE (1760-1764)

De 1760 à 1763, la colonie est sous tutelle d'un régime militaire en attendant la signature du traité de paix définitif. L'officier de l'armée britannique Jeffrey Amherst, nommé « major général en Amérique » avec pour mission de prendre la forteresse de Louisbourg en 1758 alors que

James Wolfe est sous ses ordres, devient commandant en chef en Amérique du Nord. En septembre 1760, il organise la jonction des différentes armées et fait capituler Montréal. Il devient naturellement le premier gouverneur sous l'occupation militaire de la Nouvelle-France de 1760 jusqu'à la date de son retour en Angleterre, en novembre 1763. Il nomme alors trois lieutenants-gouverneurs pour les trois districts du Canada, les régions administratives telles qu'elles avaient été établies par les Français : James Murray confirmé dans le poste de gouverneur qu'il occupait déjà à Québec, Ralph Burton à Trois-Rivières et Thomas Gage à Montréal. Jusqu'en 1763, cet administrateur colonial maintient le découpage territorial existant, régi par la Coutume de Paris, avant que les autorités britanniques, aux termes de la Proclamation royale du 7 octobre 1763, réorganisent le nouveau territoire qui devient officiellement la province de Québec. Nommé en 1763, Murray devient le premier gouverneur civil britannique avec prise d'effet à compter d'août 1764, au grand désespoir de Burton et de Gage qui espéraient être nommés. Le territoire est alors strictement limité à la vallée du Saint-Laurent et la zone des Grands Lacs est consacrée territoire amérindien suite aux fortes revendications des nations autochtones formulées par le chef outaouais Pontiac, qui cherche à freiner la progression des Anglais. Le soulèvement de mai 1763 oblige Amherst à reprendre les armes contre les Amérindiens qu'il méprisait.

Conformément à la capitulation conditionnelle de Montréal de 1760 signée par Vaudreuil, et notamment à son article 27, l'article 4 du traité de Paris indique clairement que la Grande-Bretagne garantit la liberté de religion (catholique) limitée aux Canadiens mais avec une clause restrictive qui ne garantit pas que l'engagement pris sera respecté : « Sa Majesté britannique convient d'accorder aux Habitants du Canada la liberté de la religion catholique ; en conséquence, elle donnera les ordres les plus précis et les plus effectifs pour que ses nouveaux sujets catholiques romains puissent professer le culte de leur religion selon le rite de l'Église romaine, en tant que le permettent les lois de la Grande-Bretagne. »

De fait, le régime religieux s'avère moins libéral à Montréal qu'à Québec. On peut dire que la liberté religieuse est respectée *grosso modo*, même si le gouverneur Murray préfère avoir comme évêque Jean-Olivier Briand, plus souple et plus docile que le sulpicien Étienne de Montgolfier. Après le décès de Mgr de Pontbriand en 1760, Étienne de Montgolfier est élu par le chapitre de Québec et choisi en secret par le Saint-Siège en 1763[1]. En attendant, Montgolfier obtient en avril 1764 que le Séminaire de Saint-Sulpice à Paris accorde un acte de donation des possessions canadiennes en faveur du Séminaire de Montréal. Il établit ainsi les sulpiciens, qui accepteront de devenir des sujets britanniques au Canada.

L'article 4 du traité de Paris prévoyait également la possibilité pour les « nouveaux sujets » de retourner en France dans un délai de 18 mois. C'est la mission qui sera confiée au successeur de Guy Carleton, Frédérick Haldimand, gouverneur de la province de Québec de 1778 à 1786, chargé de rapatrier les militaires et les fonctionnaires français. La majeure partie des habitants restèrent sur place mais un grand nombre de seigneurs vendirent leurs biens et les Britanniques purent acqué-

---

1. Il remet sa démission en septembre 1764 lorsqu'il apprend que Murray a soutenu la candidature de J.-O. Briand. Après six ans de vacance du siège épiscopal, il sera évêque de Québec de 1766 à 1784.

rir plus des deux tiers des seigneuries canadiennes, ce qui eut pour effet immédiat d'affaiblir l'élite dirigeante canadienne-française. Celle-ci ne disparaît pas toutefois totalement puisque la présence religieuse demeure et que le flux d'administrateurs européens est continu[1].

La très relative modération du général Murray est finalement vite remise en question suite au rapport sur l'état de la colonie d'avril 1762 qui conduit à la Proclamation royale du 7 octobre 1763, aux intentions assimilationnistes.

On notera au passage l'intérêt de ce rapport de 1762 qui nous fournit des renseignements précieux, même s'ils sont fragmentaires, car le gouverneur Thomas Gage ne fournit pas d'éléments sur Montréal. Grâce à un recensement effectué en 1761, nous disposons de données sur la population du gouvernement de Québec indiquant le nombre d'habitants, dressant un état des terres concédées par les seigneurs, de la proportion des terres mises en culture ou du nombre de bestiaux. On peut estimer à 72 500 le nombre de personnes qui vivent à l'intérieur des gouvernements de Québec, de Trois-Rivières et de Montréal sous le régime militaire, ce qui correspond globalement au chiffre de 69 810 établi par un recensement de 1765.

Pour éviter les ennuis, le droit français ainsi que la langue française sont maintenus. Dans le gouvernement de Québec, Murray reproduit le cadre judiciaire du Régime français. Il met en place un Conseil militaire composé d'officiers britanniques auquel sont rattachés

1. Par ailleurs, si on peut parler de compensation, on peut souligner que, quelques années plus tard, le Canada fera l'économie des troubles de la Révolution française.

trois fonctionnaires canadiens. Ce Conseil tient lieu de Cour d'appel pour l'ensemble du gouvernement et de tribunal de première instance pour les habitants de la ville. Mais la Proclamation de 1763 exclut de fait les Canadiens français de l'administration.

La cohabitation et l'administration civile de la province de Québec (1764-1774)

Pendant la dizaine d'années qui suivirent la Conquête, la vie reprit doucement pour la plupart des Canadiens qui durent s'adapter à la nouvelle situation. La perte de l'empire ne signifie pas la disparition d'une présence française en Amérique du Nord. Dans l'ensemble, la population française accepta la présence du conquérant britannique et, même si la tentation de l'assimilation était forte, les autorités britanniques respectèrent bon an mal an la majorité française de souche, d'autant plus qu'elles ne parvinrent pas à attirer une immigration massive : moins de 2 000 Britanniques s'installèrent dans la province de Québec entre 1760 et 1776. Le très fort taux de natalité des Canadiens français, qualifié de « revanche des berceaux » par Lionel Groulx, servit de rempart efficace aux tentatives d'assimilation.

Malgré la pendaison du capitaine de la milice canadienne Joseph Nadeau afin de briser la résistance des Canadiens français, Murray, qui pratique d'abord la conciliation, est rapidement pris entre plusieurs feux. N'ayant autorité qu'en matière civile et les troupes étant placées sous le commandement de Burton[1], il lui faut gérer la rivalité qui s'installe entre les deux hommes.

1. À partir de 1764 et jusqu'à son rappel à Londres en 1766.

Moins soutenu par Londres après l'arrivée des *Whigs* au pouvoir en 1763, Murray doit durcir le ton et il faut compter avec la très forte pression des marchands anglais qui se comportent comme des conquérants, surtout à Montréal où ils dominent le commerce des fourrures, et qui veulent participer davantage aux responsabilités. Mais il paraît difficile à 200 propriétaires anglais d'imposer totalement leur loi à 70 000 catholiques canadiens. Dès août 1764, les trois gouvernements sont réunis sous la seule autorité d'un gouverneur, à la tête d'un régime civil. En principe, la Coutume de Paris doit être appliquée mais la garantie n'est pas aussi ferme car la promesse n'a jamais été que la Coutume de Paris soit d'un usage exclusif. Les Anglais introduisent leur *Common Law* et les Canadiens se trouvent face à un double corps de lois, ce qui entraînera toutefois peu de contestation, au moins jusqu'en 1764.

Patent est l'échec de la politique de 1763 qui voulait angliciser et protestantiser. Murray demeure théoriquement gouverneur jusqu'en avril 1768 mais il est remplacé par le lieutenant-gouverneur Guy Carleton, nommé en avril 1766, qui prend son poste en septembre 1766.

Carleton sera ensuite nommé gouverneur en titre en octobre 1768. À la différence de Murray, Carleton a le soutien de Londres et il obtient l'appui des marchands britanniques. Face à la population française largement majoritaire, il compose avec les seigneurs et le clergé. S'il est réticent pour la création d'une assemblée représentative, il consent à revenir aux lois françaises dans le domaine civil et il pèse de tout son poids pour aboutir à l'Acte de Québec de 1774.

Compte tenu des prémisses de la Révolution américaine, les Anglais craignent de s'aliéner les « nouveaux sujets ». Le Parlement de Londres accepte un nouveau régime constitutionnel. L'Acte de Québec de 1774 rétablit les droits d'accès des catholiques aux fonctions officielles, introduit le droit criminel britannique tout en maintenant le droit civil français et légalise le système seigneurial. Le gouvernement est assisté d'un Conseil législatif de 17 à 23 membres choisis par les autorités coloniales – à défaut d'une assemblée législative élective – et ouvert aux seigneurs canadiens-français, mais à condition qu'ils soient minoritaires. La transition de 1760 à 1774 aurait pu être plus violente mais on aura compris que les autorités britanniques ont conclu des alliances avec les élites canadiennes françaises, seigneurs ou dignitaires de l'Église. Sans parler de collusion, il est clair que les Églises, et surtout le haut clergé, ont encouragé leurs ouailles à se soumettre. En mai 1775, Mgr Briand rappelle le devoir de fidélité au souverain : « Je suis anglais en effet ; vous devez l'être. Ils [les Canadiens français] doivent l'être aussi puisqu'ils en ont fait le serment. »

L'Acte de Québec demeure une avancée positive sur la voie de la reconnaissance du caractère distinct de la province de Québec. La carte de l'Amérique du Nord est redessinée. Une partie du territoire amérindien de 1763, qui bloquait l'accès aux Grands Lacs, est rattachée à la province de Québec dont la superficie est triplée. Alors que l'exclusion de la France de la vallée du Saint-Laurent en 1763 avait laissé envisager la fin de la concurrence dans la traite des fourrures, le nouveau découpage de 1774 remet tout en question et les nouvelles frontières sont perçues comme des obstacles à l'expansion vers l'Ouest. Les anciennes frontières d'avant 1763 sont rétablies et on croirait revenir à la Nouvelle-France. La frustration des colonies américaines va alors contribuer à la guerre d'Indépendance. Il ne s'écoule finalement que treize années entre 1763 et la proclamation solennelle de l'indépendance par les Treize Colonies américaines en 1776.

L'Amérique en gestation hésite entre les avantages d'un pouvoir centralisé et ceux de l'autonomie locale. La situation américaine n'est pas sans conséquence sur l'attitude de Londres vis-à-vis du Canada. À partir de 1774, Carleton est critiqué pour son manque de vigueur face à l'invasion américaine de 1775. Il finit par donner sa démission en juin 1777, avant d'être remplacé par Frédérick Haldimand en juin 1778.

L'impact de la guerre d'Indépendance américaine (1756-1776)

Les conséquences de la guerre de Sept Ans sur le sentiment national américain sont immenses. Dès lors que la victoire est acquise, la nécessité de la présence des troupes anglaises sur le sol américain se fait moins sentir. Même si en 1763 les colons se considèrent comme des sujets fidèles de la Couronne britannique, la victoire anglaise change la nature des relations entre les colonies américaines et la métropole. La guerre a déjà constitué un facteur d'union des diverses régions, même si tous les projets d'unification ont avorté, le plus célèbre d'entre eux étant celui de Benjamin Franklin qui eut l'idée d'un vaste empire anglo-américain dès 1754. On pouvait se concevoir comme Américain tout en demeurant fidèle à la Couronne et, si le plan de Franklin avait été ratifié, la guerre d'Indépendance n'aurait jamais eu lieu. La dépendance politique des colonies, acceptée et consentie, est instituée en droit. Le roi d'Angleterre nomme les gouverneurs mais la sujétion est aussi commerciale et économique grâce au système mercantiliste. La nouvelle attitude de l'Angleterre à partir de 1763 va déclencher des réactions de méfiance et de rejet de la part des colonies. Le premier signe du changement politique est lié à l'accession au trône de George III en 1760 car le nouveau souverain, à l'inverse de ses deux prédécesseurs, a une conception plus autoritaire de son pouvoir. C'est sous le gouvernement de George Grenville (1763-1765), qui s'engage dans une nouvelle politique impériale, que les changements sont les plus visibles. Le problème de l'autorité et de la liberté est désormais posé. Les colons veulent bien être des sujets britanniques, mais ils n'en ont pas tous les droits.

Le divorce entre colonies et mère patrie commence par une série de malentendus et de griefs. Les colonies du Nord sont les plus touchées par les Actes de navigation car elles ont peu de produits de base à exporter en échange des produits manufacturés en provenance d'Angleterre. Les taxes sont considérées comme prohibitives, mais surtout comme arbitraires.

Sceptique quant à la capacité des colons américains à assurer seuls la défense des colonies, le Premier ministre George Grenville décide de se doter d'une armée de 10 000 soldats anglais en Amérique du Nord, mais aussi d'en faire supporter le coût par les Américains. Afin de trouver le financement nécessaire, un nouveau droit sur le timbre (*Stamp Act*) est voté en 1765. La taxation sans la représentation devient intolérable : les colons n'ont pas quitté les îles Britanniques et fui la tyrannie pour retomber sous le coup de l'arbitraire. Des mouvements de soulèvement encore sporadiques mais organisés éclatent et la loi sur le timbre est abolie en 1766. Mais, en 1767, le chancelier de l'Échiquier Charles Townshend fait adopter par le Parlement les *Townshend Acts* qui imposent des droits sur une nouvelle série de produits tels que le thé, le papier, le verre, le plomb et les colorants. De 1768 à 1770, les colons boycottent les produits anglais importés ainsi frappés par les taxes. La Révolution américaine n'est pas, en réalité, la rébellion d'Américains qui secouent le joug de la tyrannie britannique mais la forte revendication de liberté de la part de Britanniques qui sont dominés par d'autres Britanniques. L'agitation est continue pendant les années 1770 qui sont marquées par une série d'incidents plus ou moins graves. Le plus sérieux est le « massacre de Boston » en mars 1770. Le nouveau Premier ministre *tory* lord North, au pouvoir de 1770 à 1782, ne comprit ni la signification ni la portée de cette indignation populaire et le maintien de la taxe sur le thé (*Tea Act*) en 1773 déclencha la célèbre « *tea party* » de Boston qui conduisit à la Révolution américaine. Cet acte d'insubordination incita George III à faire voter par le Parlement, en 1774, cinq lois dites intolérables limitant les libertés politiques du Massachusetts et à y nommer comme gouverneur le général Gage.

On comprend mieux, dans ce contexte, que l'adoption de l'Acte de Québec fut particulièrement mal ressentie. Reconnaître les lois civiles françaises et les droits religieux des catholiques français relevait de la provocation papiste et l'Angleterre empêchait aussi les colons de s'étendre vers le Nord-Ouest en bloquant l'accès à la région des Grands Lacs.

En avril 1775, la répression se durcit avec le recours aux armes et un renfort de 800 hommes est envoyé à Boston par Gage. La Révolution a commencé et la guerre d'Indépendance débute avec la fusillade du 18 avril. Les tuniques rouges (*red coats*) anglaises et les miliciens américains (*militia men*) s'affrontent à Concord près de Boston. Le 10 mai, la prise de Ticonderoga permet aux forces américaines de se rendre maîtres du fort qui constituait un verrou sur la route du Canada. Désormais, la voie est libre pour une éventuelle expédition contre Montréal et Québec. Montréal est occupé plusieurs semaines par les insurgés américains mais l'armée américaine de Benedict Arnold ne réussit pas à prendre Québec. En attendant, l'idée est de convaincre les Canadiens de rallier la cause américaine mais la fidélité du Canada français envers la Couronne britannique s'avère plus forte. En juin 1775, les Américains repoussent la charge de l'infanterie anglaise à Bunker Hill et prennent conscience de leur force. La rupture avec la métropole est consacrée en 1776 par la Déclaration d'indépendance de Jefferson qui constitue, au moins en théorie, l'acte de naissance des États-Unis d'Amérique.

La reconquête ou le renoncement du Canada ? (1775-1783)

Il convient de rappeler la politique ambiguë de la France pendant toute cette période. Après le long règne de Louis XV qui décidait seul, Louis XVI monte sur le trône en décembre 1774 et il définit étroitement la politique étrangère de la France avec le comte de Vergennes, son ministre de 1774 à 1781. Vergennes n'a pas le même tempérament ni les mêmes vues sur les colonies que Choiseul mais il doit reconnaître qu'il avait vu juste en prédisant le conflit qui allait opposer George III aux colons américains. Compte tenu de leurs velléités séparatistes, le roi d'Angleterre tente de s'attacher les colons canadiens. Ces derniers sont pris entre deux feux puisque les Américains les invitent à rejeter l'autoritarisme de la Grande-Bretagne. Bien qu'ayant été envahis à l'automne 1775, les Canadiens refusent et semblent satisfaits de leur situation de neutralité. L'agitation des colonies américaines n'est pas pour déplaire à Vergennes qui y voit une occasion de revanche pour la France. Vergennes est très hostile à l'égard des Anglais et veut se venger de la défaite humiliante de la guerre de Sept Ans. L'obstination de George III conduit l'Angleterre à s'engluer dans le conflit et à s'y affaiblir, pour le plus grand profit de la France. « Laissons les Anglais travailler eux-mêmes à leur propre destruction. » Quand la guerre entre les Anglais et les Américains se déclenche, la France s'abstient de prendre parti et observe une réserve prudente et ambiguë : rien ne dit en effet que les « Insurgents » vont réussir à s'affranchir de la tutelle britannique. Soutenir les rebelles américains reviendrait à redéclarer la guerre à l'Angleterre, ce qui est exclu, et Vergennes se contente donc d'alimenter indirectement la guerre en jetant de l'huile sur le feu. Ce n'est qu'après la victoire des Américains à Saratoga le 16 octobre 1777 que la France s'engage en envoyant La Fayette en décembre 1777 avant de signer un traité d'alliance avec les États-Unis en février 1778. Mais c'est à un double jeu que la France se livre : tout en laissant croire aux Américains qu'elle est de leur côté, elle leur fait miroiter le renoncement du Canada mais abandonne de fait le Canada aux Anglais, ces derniers pouvant ainsi bloquer la progression des Américains. Rentré de sa première expédition en février 1779, le marquis de La Fayette repart pour Boston en embarquant sur la frégate *Hermione* en mars 1780. Écarté du commandement par le comte de Rochambeau en mai 1780, La Fayette était reparti en avant-garde pour avertir Washington de l'arrivée de l'escadre française. Ce sera le point de départ du mythe La Fayette. Il reviendra à Rochefort en 1782 et, grâce à l'appui de la flotte française, la campagne américaine conduit à la défaite des Anglais à la baie de Chesapeake le 5 septembre 1781, et entraîne la chute conclusive de Yorktown en octobre 1781.

La guerre d'Indépendance des États-Unis se termine en 1783 et permet à la population canadienne anglophone de renforcer ses rangs grâce à l'apport de 40 000 à 50 000 Loyalistes qui veulent demeurer sujets britanniques et s'installent dans les provinces Maritimes (surtout en Nouvelle-Écosse) pendant toute la décennie 1780 et dans une moindre mesure dans la province de Québec. Cet apport démographique important face à 90 000 francophones va annoncer la naissance du Canada anglais. Compte tenu de l'expérience américaine, même s'ils ne l'ont pas cautionnée, ces nouveaux venus réclament des institutions semblables à ce qu'ils ont connu, ce qui conduit à l'Acte constitutionnel de 1791.

Malgré les rumeurs savamment entretenues, la France n'a pas l'intention de reconquérir le Canada, ce que confirme le traité de Versailles de 1783 qui permet aux Britanniques de conserver le Canada. Aux termes du traité et suite à la guerre d'Indépendance américaine, les Iroquois reçoivent des terres au nord du lac Érié et du lac Ontario. La province de Québec perd une partie qu'elle avait obtenue par l'Acte de Québec en 1774. Le territoire ainsi amputé au sud des Grands Lacs est reconfiguré et divisé en deux, le long de la rivière des Outaouais. Pour satisfaire la demande des Loyalistes, l'Angleterre promulgue l'Acte constitutionnel de 1791 qui crée deux nouvelles colonies, le Haut-Canada (l'Ontario actuel) et le Bas-Canada (le Québec actuel). Tous les pouvoirs sont détenus par le gouverneur général assisté d'un Conseil législatif et d'un Conseil exécutif, tous deux composés de membres nommés par lui. Chacune des deux provinces se voit dotée d'une Assemblée législative élue[1]. Le Haut-Canada est sous l'administration d'un lieutenant-gouverneur nommé par le gouverneur général alors que le Bas-Canada est sous l'administration directe d'un représentant du gouverneur général. Autour du gouverneur gravitent des coteries qualifiées par dérision de « Clique du château » au Bas-Canada et de « *Family Compact* » au Haut-Canada.

L'Acte de 1791 est une sorte de compromis qui vise à maintenir la loyauté des Canadiens français tout en accommodant les exigences des Loyalistes. Les institutions coloniales sont entièrement britanniques dans le Haut-Canada tandis que dans le Bas-Canada le droit civil français est maintenu à côté du droit criminel anglais. On voit se mettre progressivement en place un régime représentatif inspiré du parlementarisme britannique puisque certains propriétaires terriens de plus de 21 ans participent à l'élection de l'Assemblée législative tandis qu'une partie du peuple peut élire des représentants et voter des lois – mais ces lois doivent ensuite être entérinées par le Conseil législatif nommé par le gouverneur, lequel a droit de veto sur les projets soumis à l'Assemblée législative. Malgré sa complexité et l'influence du modèle politique du voisin américain, ce système représentatif est original. Il est perçu comme un acquis pour les Canadiens français tandis qu'à Londres, on est persuadé que c'est à terme une façon d'intégrer le Canada dans le système institutionnel britannique.

1. D'au moins 16 membres dans le Haut-Canada et d'au moins 50 membres dans le Bas-Canada.

Le développement des activités économiques par les « Anglais » contribue à l'anglicisation des Canadiens français qui ne peuvent faire des affaires ou obtenir un poste important que s'ils parlent anglais. Cependant, outre les effets de l'accroissement naturel[1], la résistance de la population canadienne-française est due en partie au fait qu'elle est une société rurale dont l'autarcie et l'homogénéité sont le fruit du régime seigneurial qui va disparaître en 1792 même s'il n'est aboli juridiquement qu'en 1854. Un clivage émerge entre seigneurs francophones et *townships* ou cantons anglophones[2], qui donne naissance à la dualité du pays et aux « deux solitudes ».

L'ÉCONOMIE ET LA SOCIÉTÉ DES COLONIES BRITANNIQUES (1760-1840)

Avant de mesurer l'évolution économique et sociale de l'Amérique du Nord pendant le siècle qui suit la conquête, c'est-à-dire l'espace de trois générations, il convient de comprendre l'impact que peut avoir la gestion d'un territoire reconfiguré. À compter de 1783, les prétentions britanniques vont jusqu'aux Grands Lacs qui marquent la limite sud-est de ce qui va devenir le Canada moderne.

La question des autochtones

Jusqu'en 1867, l'« Amérique du Nord britannique » doit compter avec les revendications territoriales autoch-

1. À partir de 1770, la population française double tous les vingt-cinq ans.

2. Des terres ont été attribuées aux immigrants anglophones par les compagnies de colonisation.

tones. Plus nombreux que les Européens, les Amérindiens sont composés de groupes très divers, qu'il s'agisse des Ojibwés dans la partie boisée du Bouclier canadien, des Assiniboines et des Cris de l'Ouest (qui correspond au sud du Manitoba et de la Saskatchewan actuels), des Pieds-Noirs qui chassent le bison ou bien encore des Athapascans de la région subarctique qui vivent du caribou. Chacune de ces nations ne représente au plus que quelques centaines d'individus qui ont du mal à survivre en raison des effets dévastateurs des colons européens, ces derniers ayant apporté toutes sortes de maladies et bouleversé leurs habitudes culturelles. Les Anglais ont aussi à prendre en considération ce qui reste des alliances que certaines nations ont entretenues avec les Français.

Afin de ne pas s'aliéner les indigènes, la Grande-Bretagne publie, en octobre 1763, une *Proclamation royale* qui « réserve des territoires pour les Indiens ». Elle reconnaît le droit des autochtones et la Couronne est protectrice de ce droit. Ce statut de quasi-égalité a la portée symbolique d'une Déclaration des droits comparable à la *Magna Carta*. L'idée est de protéger les Amérindiens contre les convoitises des spéculateurs et l'achat des terres et leur colonisation sont interdits à moins de détenir une autorisation spéciale de la Couronne. Malgré leur occupation antérieure par des nations autochtones, les terres indiennes sont des terres de la Couronne. L'entente conclue entre la Couronne et les « nations tribales » fait des tribus des « nations étrangères », qui conservent leur autonomie politique interne au sein du système impérial britannique. La protection de la Couronne n'en demeure pas moins un premier pas vers la domination.

La population européenne occupe essentiellement le littoral de l'Atlantique et la vallée du Saint-Laurent.

Le reste du territoire, qu'il s'agisse des forêts de l'Est, des plaines de l'intérieur ou de la côte du Pacifique, est sous contrôle amérindien, malgré les interventions sporadiques des Européens impliqués dans le commerce des fourrures. Même s'ils ne sont pas totalement inoccupés, nombre de ces espaces restent à explorer et à investir. Ce devait être en principe l'une des missions attribuées à la Compagnie de la baie d'Hudson, mais elle n'avait pas respecté l'une des clauses de sa charte. La fin du XVIIIe siècle sera caractérisée par la multiplication d'explorations comme celles de Samuel Hearne qui va jusqu'au grand lac des Esclaves, de Matthew Cooking qui s'aventure chez les Pieds-Noirs, d'Alexander Mackenzie qui va jusqu'à l'Arctique, à l'embouchure du fleuve Mackenzie, en 1789 et atteint le Pacifique en 1793 ou encore du célèbre James Cook qui s'engage à Nootka en 1778 sur l'île de Vancouver pour aller jusqu'au détroit de Béring, devançant George Vancouver qui pénètre plus à l'intérieur des terres sur la côte du Pacifique, sans parler des découvertes de Simon Fraser et de David Thompson qui atteignent les fleuves Columbia et Fraser après avoir traversé les Rocheuses.

La vie économique

En matière économique, les activités de pêche continuent au large de Terre-Neuve dont la population s'enrichit progressivement d'apports nouveaux, et notamment de pêcheurs qui hivernent et qui, pour la plupart, finissent par s'installer définitivement plutôt que de revenir en Grande-Bretagne pour connaître le chômage ou la misère.

La situation est un peu différente en Nouvelle-Écosse, l'ancienne Acadie française, à l'exception de l'île Saint-

Jean qui devient une colonie distincte en 1769 avant d'être rebaptisée île du Prince-Édouard en 1799. Malgré le Grand Dérangement de 1755, la vie économique de la Nouvelle-Écosse se développe grâce aux échanges commerciaux avec la Nouvelle-Angleterre dont elle est un avant-poste et Halifax, forte de 3 000 à 4 000 habitants, dont des Loyalistes noirs, devient un port prospère et une véritable capitale littéraire et culturelle. L'arrivée de cette immigration importante conduit Londres à créer deux nouvelles colonies en 1784 : le Nouveau-Brunswick et l'île du Cap-Breton qui sera rattachée en 1820 à la Nouvelle-Écosse.

Dans la vallée du Saint-Laurent, c'est la société rurale qui prédomine, bel héritage de l'organisation et de la structuration de la Nouvelle-France. On ne se méprendra pas sur la vie des habitants – terme volontairement substitué à « paysan », considéré comme dépréciatif –, qui n'ont rien à voir avec leurs homologues français. L'habitant jouit d'une relative aisance et peu le sépare finalement du seigneur. Il conserve une certaine autonomie, centrée autour de sa famille, qui deviendra plus tard un isolement dommageable.

Régime britannique et société canadienne-française

Les années qui suivent la conquête permettent l'adaptation au régime britannique et il faut s'habituer à des produits et à des circuits commerciaux nouveaux. Il convient aussi de panser les plaies de la guerre et de sortir de la crise économique des années 1760-1770. Pour les francophones, la vie reprend en quelque sorte son cours et il serait excessif de dire, comme l'a affirmé l'historiographie nationaliste québécoise, que la société française a été décapitée, même si elle a été privée de certaines de ses élites, qui ont quitté le pays. Une partie de la noblesse terrienne pactise avec l'occupant, n'hésitant pas à faire des mariages mixtes. Par ailleurs on constate le peu de contacts entre les Français et les coloniaux. Certains vont même jusqu'à affirmer que pour certaines fonctions, notamment dans l'administration civile, les Canadiens ont du mal à s'imposer par rapport aux immigrants d'origine française, d'autant que le cumul des postes bloque l'ascenseur social. Une certaine endogamie fait que la nouvelle société canadienne-française s'enferme dans un cloisonnement social.

La présence de l'Église qui a toujours été un élément structurant de la société assure une certaine continuité tout en favorisant une forme de soumission. Les liens sont maintenus par les communautés religieuses canadiennes, que ce soient les ursulines de Québec, les sulpiciens de Montréal ou les prêtres du Séminaire de Québec. Un élément de distinction est dû à l'impact de la Révolution française qui opère un nouveau clivage entre le Canada français et son ancienne métropole. Le clergé canadien condamne la Révolution française régicide, quitte à rejoindre le camp de la Grande-Bretagne. Le Canada accueille alors une quarantaine de prêtres émigrés français, dont l'impact sera considérable pendant toute la première moitié du XIXe siècle. Ils représentent à eux seuls presque un quart des effectifs puisqu'il n'y avait jusqu'à présent que 140 prêtres pour 150 000 catholiques. Devant tout à l'Angleterre, les prêtres réfractaires ne peuvent que soutenir le principe de loyauté à la Couronne britannique. Mais surtout, la cassure de la Révolution française renforce le fossé culturel entre la France et le Canada, où se propagent désormais les idées contre-révolutionnaires. Cet éloignement idéologique est un nouvel abandon de la part de la France. Même si elle dispose d'une richesse foncière importante, l'Église canadienne-française est dominée par les métropolitains, mieux formés mais qui vont lui permettre de détenir le monopole de l'éducation. Son rôle est déterminant compte tenu d'un problème d'encadrement et d'un taux d'alphabétisation faible.

À partir de 1791, la volonté assimilatrice des Anglais se poursuit. Il se trouve même des voix pour s'élever contre l'Acte constitutionnel, sans parler d'un projet d'union des deux Canadas, conçu en 1822, qui aurait permis de réunir la majorité anglophone de l'actuel Ontario à la minorité anglophone de l'actuel Québec, mais qui fut finalement rejeté sous la pression des Canadiens français.

Les nouvelles réalités économiques

Un autre changement sensible touche à la remise en question par la Révolution américaine du système mercantiliste, fondé sur le principe d'autosuffisance et qui donne aux marchands britanniques le monopole du commerce. Privées de la contribution essentielle des Treize Colonies, les colonies de l'Amérique du Nord britannique vont devoir remplacer la Nouvelle-Angleterre, New York et la Pennsylvanie comme fournisseur des Antilles. Le Maine et le Massachusetts devront être relayés par le Nouveau-Brunswick et la vallée du Saint-Laurent pour ce qui est de l'équipement naval. Cet objectif est difficile sinon impossible à atteindre, d'autant qu'il faut compter avec la contrebande et le commerce illicite du thé, du rhum et du sucre *via* les États-Unis.

Montréal devient le centre névralgique du commerce des fourrures, de plus en plus dominé par les marchands anglais qui mettent leurs ressources en commun dès

1776. Ils participent activement à la création, en 1779, de la Compagnie du Nord-Ouest, une association qui tente de concurrencer la Compagnie de la baie d'Hudson, bien établie depuis 1670. Très vite, les Anglais prennent la direction de la Compagnie, officiellement créée durant l'hiver 1783-1784 et qui réunit James McGill, Simon McTavish, Isaac Todd, les frères Frobisher (Benjamin et Joseph) et surtout Peter Pond, qui brille par sa détermination. En 1787, la CNO fait appel à de nouveaux partenaires, Roderick Mackenzie et Alexander Mackenzie, ancien associé de Pond. Les tâches sont réparties entre McTavish et Frobisher qui gèrent les affaires à Montréal et Alexander Mackenzie qui est chargé d'explorer les territoires de l'Ouest. En 1789, Mackenzie arrive au delta du fleuve qui porte son nom. Il a trouvé l'océan Arctique ; en 1792-1793, il traverse la Colombie-Britannique et finit par atteindre le Pacifique. Diverses querelles internes ne permettent pas de remettre en question le monopole de la HBC. La guerre commerciale devient territoriale entre les deux compagnies car la voie de l'Ouest passe par le Manitoba actuel, une partie de la Terre de Rupert. De 1815 à 1819, de très violentes escarmouches avec mort d'hommes ont lieu au fort William notamment. Important actionnaire de la Compagnie de la baie d'Hudson, Thomas Douglas, cinquième comte de Selkirk, favorise l'implantation d'Écossais des Highlands et fonde la colonie de la rivière Rouge, aussi appelée colonie d'Assiniboia dans l'actuel Manitoba. Les Métis employés pour le transport des marchandises voient d'un mauvais œil ces tentatives de colonisation. Le conflit avec la CNO s'envenime et la situation, qui préoccupe le ministre anglais des Colonies, conduit à la fusion en 1821 des deux compagnies, et la HBC se voit alors accorder un droit de commerce exclusif. Par ailleurs, les hommes de la Nord-Ouest, les *Nor'Westers*, avaient eu du mal à rassembler assez de fonds pour exploiter un nouveau territoire aussi vaste.

Peu à peu, le commerce des fourrures échappe au contrôle des Canadiens français, d'où le repli sur les activités rurales. Par ailleurs, le monde des affaires étant dominé par les anglophones, il importe de plus en plus de parler anglais, d'où le recul du français entre 1760 et 1840. Tocqueville note en 1831 que « presque toute la richesse et le commerce sont entre les mains des Anglais » mais aussi que « presque tous les journaux imprimés au Canada sont en anglais ».

Même si le poisson et les fourrures continuent d'être les activités économiques privilégiées, des efforts de diversification sont engagés à la fin du XVIIIe et au début du XIXe siècle[1]. Une nouveauté économique est l'exploitation forestière et le bois du Bas-Canada et du Nouveau-Brunswick va vite devenir le produit d'exportation phare, d'autant que l'Angleterre consent un tarif douanier avantageux pour alléger le coût du transport. La nécessité d'acheminer les billes de bois stimule le développement de la construction navale[2].

L'arrivée de nouveaux venus dans le Haut-Canada entraîne la nécessité de défricher de nouvelles terres pour développer une agriculture de subsistance. Le monde rural est très divers car, compte tenu du fait qu'il faut plusieurs années avant que la terre ne produise, les dates d'installation des exploitations agricoles

1. Ils avaient d'ailleurs été entrepris à l'époque de l'intendant Gilles Hocquart de 1729 à 1748.

2. Il faut attendre les années 1830 pour que la transformation du bois soit effectuée sur place grâce à la création de nombreuses scieries.

établissent toute une hiérarchie entre celles qui doivent se contenter de l'autosubsistance et celles qui peuvent exporter des surplus. Un véritable front pionnier met en valeur le territoire en progressant vers l'intérieur et, assez vite, une partie de la production de blé est exportée vers la métropole. Mais le commerce du blé est vulnérable et imprévisible en raison des mauvaises récoltes, notamment après 1795, et malgré les avantages tarifaires consentis par les Anglais pour assurer le surcoût du transport, l'Amérique du Nord n'est finalement pas toujours en mesure de fournir la demande. De surcroît, il importe de satisfaire le marché intérieur en raison de la création de villages et surtout d'une urbanisation nouvelle qui représentent des besoins à satisfaire.

Globalement on peut dire que l'expansion de cette activité économique permet l'émergence d'une classe de marchands qui s'enrichissent dans l'import-export. Le Saint-Laurent, à cet égard, joue un rôle moteur dans la circulation des marchandises et se trouve au cœur de l'« empire commercial du Saint-Laurent », pour reprendre la formule de Marcel Trudel. Mais très vite, dès les années 1820, il faut compenser le handicap que représente l'obstacle des rapides et des canaux doivent être ménagés afin de fluidifier la navigation. Les commerçants qui ont fait fortune fondent la Banque de Montréal en 1817 et ce sont eux qui, la même année, lancent le projet de construction du canal de Lachine, achevé en 1824, un an avant l'ouverture du canal Érié, avec l'espoir de concurrencer New York. L'année 1818 voit la création de la Banque du Canada et de la Banque de Québec.

L'impact des flux migratoires

Malgré les efforts d'adaptation nécessaires, le système mercantiliste continue de prévaloir bien après la fin du Régime français. Le rôle des colonies demeure de fournir des matières premières à la métropole mais il va considérablement évoluer puisque ces colonies de peuplement deviennent une terre d'accueil. On assiste à la naissance des flux migratoires inaugurés par les Loyalistes des années 1780 et les colons américains attirés par la gratuité des terres qui vont grossir la population anglophone. La crise économique des îles Britanniques au début du XIXe siècle – qu'il s'agisse de mauvaises récoltes, des effets de la Révolution industrielle et du surpeuplement des villes ou encore d'une épidémie de choléra – incite au départ. Des Anglais, des Écossais et surtout des Irlandais arrivent en nombre, surtout dans le Haut-Canada où ils se fixent plus ou moins durablement. Entre 1815 et 1840, l'apport démographique est de plus de 500 000 immigrants, à un rythme annuel moyen de 15 000 dans les années 1820 et de plus de 20 000 dans les années 1830, avec un pic de 66 000 en 1832. La population du Canada, qui était d'environ 70 000 en 1763, atteint 637 000 en 1825 et près d'un million à la fin des années 1830. La création du Haut-Canada et du Bas-Canada conduit logiquement au développement de leurs capitales respectives. Au début du siècle, Québec demeure encore le centre urbain le plus important avec 28 000 habitants, concurrencé par Montréal qui en a 27 000. Dès 1830, Québec est dépassé par Montréal, dont la vocation est d'ouvrir l'accès au Haut-Canada et à l'ouest du pays avec ses 30 000 habitants. Mais, en 1825, 12 % seulement de la population est urbaine.

Entre 1791 et 1815, la population du Haut-Canada était passée de 14 000 à 90 000 pour atteindre 200 000 en 1831. Celle du Bas-Canada, pendant la même période, évolue de 100 000 à 335 000 pour atteindre 510 000 en 1831. En 1841, le Canada-Ouest compte 487 053 habitants et le Canada-Est 697 084. Le Bas-Canada a alors une population de 50 % supérieure à celle du Haut-Canada. Après la vague d'immigration irlandaise massive des années 1845-1849 due à la *Potato Famine* (90 000 entrées pour la seule année 1847), le Bas-Canada compte 886 000 habitants en 1851 et le Haut-Canada, 952 000. En l'espace de dix ans, le rapport s'est inversé. À la fin des années 1850, le Haut-Canada aura près de 500 000 habitants de plus que le Bas-Canada.

Les crises politiques et l'esprit de résistance (1812-1840)

Entre 1791 et 1840, le Haut-Canada et le Bas-Canada traversent plusieurs crises politiques. La guerre de 1812-1814 contre les Américains, ou guerre anglo-américaine, fait prendre conscience aux colons du Haut-Canada de leur identité distincte. Elle contribue à édifier le mythe du sentiment national. Tandis que la Grande-Bretagne veut empêcher le commerce des Américains avec la France de Napoléon en guerre contre toute l'Europe, les Américains sont persuadés que la rébellion autochtone, menée par le chef shawnee Tecumseh en 1811 dans la région de l'Ohio, est soutenue en sous-main par les Britanniques. Le Président James Madison déclare la guerre aux Britanniques le 18 juin 1812. C'est une opportunité rêvée pour s'emparer des colonies britanniques de l'Amérique du Nord, même si le véritable objectif n'est pas d'annexer le Canada mais plutôt de peser dans la négociation de la paix. Le théâtre d'opérations se concentre surtout sur le Haut-Canada, mais le Bas-Canada est aussi touché. En 1812, des miliciens canadiens-français repoussent les attaques américaines contre Montréal, mal organisées, et, en octobre 1813, les voltigeurs canadiens-français de Charles de Salaberry triomphent des Américains à la bataille de la Chateauguay près de Montréal, considérée comme l'un des hauts faits d'armes de l'histoire canadienne. Dans le Haut-Canada, Laura Secord s'illustre en juin 1813 en marchant 30 kilomètres pour prévenir les Britanniques d'une éventuelle embuscade des Américains qui sont finalement battus à Beaver Dams. Même si sa bravoure est sans doute un peu exagérée, elle devient une héroïne canadienne-anglaise. L'Angleterre peut envoyer en 1814 des soldats expérimentés, rendus disponibles suite à la défaite de Napoléon, et les Américains sont rapidement défaits. Lors de cette guerre, le Canada n'est ni apathique, ni même indifférent, mais il se trouve pris entre deux feux, pouvant craindre une offensive terrestre américaine et une attaque navale britannique. Le sentiment national a voulu faire de cette guerre un acte de résistance héroïque. En réalité, la présence des Loyalistes a fait que la guerre de 1812 a plutôt renforcé le sentiment de loyauté vis-à-vis des Britanniques. Elle complète le projet de John Graves Simcoe[1], qui soutenait les Loyalistes en voulant faire de la province « *a little England* », le cœur du pouvoir britannique en Amérique du Nord. Il réussit au moins à créer l'esprit d'une communauté et, comme l'écrit l'historien A. R. M. Lower à propos de la guerre de 1812, « le Haut-Canada sort de la guerre de

1. Premier lieutenant-gouverneur du Haut-Canada (de 1791 à 1796).

1812 comme une communauté. Ses habitants ne sont plus des Américains ni simplement des sujets britanniques mais des *Upper Canadians* ». La fin du conflit est scellée par le traité de Gand en 1814 qui va conduire trois ans plus tard à l'accord Rush-Bagot qui établit au 49e parallèle la frontière entre le Canada et les États-Unis, de l'ouest du lac des Bois jusqu'aux Rocheuses, sur plus de 5 500 miles.

L'affrontement politique

Plus préoccupante au sein du Canada est la confrontation politique entre le Haut-Canada et le Bas-Canada. L'Acte de 1791 a mis en place des institutions qui vont créer un vif affrontement entre les élites gouvernantes, pour la plupart britanniques, et les représentants élus de l'Assemblée, essentiellement des politiciens canadiens-français. Les membres de l'Assemblée sont élus mais leurs pouvoirs sont limités à un simple droit de regard sur les lois adoptées par les Conseils législatif et exécutif sans avoir la responsabilité gouvernementale. Ce concept ne se perçoit pas de la même façon dans le Haut-Canada et le Bas-Canada. Les marchands britanniques du Haut-Canada, qui se disaient favorables au principe de la responsabilité, se rangent en fait du côté du gouverneur et constituent une aristocratie économique et religieuse à laquelle se rallie une minorité francophone proche du pouvoir. Au Bas-Canada, la revendication du gouvernement responsable cristallise toutes les énergies des Canadiens français, des élus du peuple exclus du *Family Compact* mais de plus en plus conscients d'être une nation distincte. Ce peuple canadien d'origine française représente plus de 80 % de la population du Bas-Canada et l'aspiration de cette majorité à participer réellement à la décision politique paraît légitime. L'opposition de cette majorité parlementaire sans pouvoir s'exprime dès 1806 au sein du Parti canadien qui prend le nom de Parti patriote en 1827. Les journaux du Parti canadien, *Le Canadien* puis *La Minerve*[1], dénoncent notamment le projet d'union de 1822[2]. Après plusieurs interruptions et l'emprisonnement de ses rédacteurs en chef, *Le Canadien* renaît en 1831 et insère dans ses colonnes l'appel patriotique d'Étienne Parent, un de ses rédacteurs prestigieux considéré comme le premier intellectuel canadien-français qui rêve d'une nation indépendante : « Le sentiment national, cette belle vertu sans laquelle les sociétés ne seront que des assemblages d'êtres isolés, incapables de ces grandes et nobles actions, qui font les grands peuples. » La fidélité aux ancêtres qui ont « héroïquement » créé le nom « Canadien » s'impose.

Les deux colonies divergent en renforçant chacune de leur côté les traditions culturelles, dont la majorité de leur population est issue. Le clivage s'accentue entre les francophones catholiques et les anglophones protestants. Les tensions s'avivent et la demande est forte, en 1834, que le Conseil exécutif soit responsable devant l'Assemblée. Portées par Louis-Joseph Papineau, leader des Canadiens français à la Chambre, les revendications prennent la forme écrite de « Quatre-vingt-douze Résolutions », véritable cahier de doléances et programme d'autonomie politique dont l'idée maî-

1. Journal créé en 1826.

2. *Le Canadien* a été créé en 1806 par le chef du Parti canadien Pierre Bédard en réaction contre *La Gazette de Québec*, propriété des Anglais. Il connaît des fortunes diverses.

tresse est la souveraineté du peuple. Papineau est parfois contradictoire en étant tout à la fois partisan de la responsabilité de l'exécutif devant un législatif élu et défenseur des structures sociales héritées de l'Ancien Régime. Admirateur du libéralisme anglais comme de la démocratie américaine, il est aussi le défenseur d'un système social aristocratique. Le fossé s'est creusé avec le clergé, d'autant que les patriotes, disciples de la philosophie des Lumières, se laissent gagner par l'esprit laïque. L'anticléricalisme de Papineau s'explique par le fait qu'il partage les idées des nouvelles classes moyennes qui sont exclues du pouvoir en raison de l'alliance de l'Église avec les autorités en place. Comme le dit l'article 52 du texte de 1834, « la majorité des habitants du Pays n'est nullement disposée à répudier aucun des avantages qu'elle tire de son origine, et de sa descendance de la Nation française [...] de qui ce Pays tient la plus grande partie de ses lois civiles et ecclésiastiques, la plupart de ses établissements d'enseignement et de charité, et la religion, la langue, les habitudes, les mœurs et les usages de la grande majorité de ses habitants ». Ces Résolutions sont rejetées en mars 1837 par le secrétaire d'État aux Colonies John Russell qui leur oppose ses « Dix Résolutions ». Cette réponse brutale intervient dans un contexte de crise économique aggravée par des épidémies de choléra en 1832 et 1834 et par des arrivées massives d'immigrants qui rééquilibrent le poids démographique respectif de chacune des deux communautés et conduisent les Canadiens français à devenir minoritaires.

Par ailleurs, la prise de conscience de la fragilité du fragment francophone donne lieu à des discours nationalistes et annonce les rébellions de 1837-1838. L'insurrection va remplacer la pratique parlementaire.

L'opposition des patriotes s'exprime au sein d'associations rassemblant les militants comme la Société Saint-Jean-Baptiste[1], la société Aide-toi et le ciel t'aidera ou bien encore les Fils de la Liberté opposés au *Doric Club* des Anglais protestants de Montréal. À l'été 1837, les patriotes organisent des assemblées publiques pour faire part de leur mécontentement et en appellent à une insurrection armée. À l'automne de cette même année, le lieutenant-gouverneur du Haut-Canada, Francis Bond Head, engage une répression contre les manifestants. La rébellion dans le Bas-Canada est beaucoup plus violente que dans le Haut-Canada. Les troupes britanniques régulières (33 000 hommes) du Haut-Canada, dirigées par le général John Colborne, sont transférées dans le Bas-Canada. Un peu partout, c'est l'explosion populaire de la population rurale non seulement de Montréal mais aussi de la vallée du Richelieu. Les affrontements qui se déroulent entre novembre et décembre 1837 à Saint-Denis, à Saint-Charles et à Saint-Eustache sont durs et les 4 000 réformistes ne peuvent résister. La répression est brutale. Des centaines de patriotes sont arrêtés, pendus ou déportés et Papineau se réfugie aux États-Unis avant de s'exiler en France. La radicalisation du mouvement a pour effet de démobiliser les députés francophones modérés. L'agitation fait tache d'huile et un conflit similaire se déroule dans le Haut-Canada qui oppose paysans et membres des professions libérales aux membres de l'*establishment*. Les revendications brillamment formulées par William Lyon Mackenzie n'ont à l'évidence pas la même tonalité. D'origine écossaise, il est arrivé au Canada en 1820. Il s'exprime dans *The*

1. Fondée en 1827 par le journaliste Ludger Duvernay qui avait racheté *La Minerve*.

Colonial Advocate, un journal qu'il crée en 1824. Le Parti réformiste, qui regroupe les adversaires du *Family Compact*, gagne les élections en 1834, ce qui permet à Mackenzie de mieux dénoncer le patronage et la corruption des responsables politiques mais, faute de soutien populaire, il perd la majorité en 1836. Il peut s'appuyer sur les méthodistes qui jalousent les privilèges de l'Église anglicane, notamment celui de monopoliser les terres réservées au clergé aux termes de l'Acte de 1791 qui prévoyait que le septième des terres leur revenait. C'est aussi l'Acte de 1791 qui remettait en question le régime seigneurial en installant le régime de la tenure en « franc et commun soccage », finalement imposé par Londres en 1825. Rappelons le rôle d'Egerton Ryerson, l'une des figures emblématiques des méthodistes modérés à qui l'on doit le système public d'éducation de l'Ontario. Mackenzie lance un nouveau journal, *The Constitution*, le 4 juillet 1836, date éminemment symbolique. Il republie d'ailleurs le *Sens commun* de Thomas Paine dont on sait l'influence sur le déclenchement des mouvements en faveur de l'indépendance américaine. Ses partisans rédigent la « Déclaration de Toronto » qui s'inspire clairement de la « Déclaration » de Jefferson et établit « le droit naturel du peuple de mettre en place des institutions susceptibles de garantir le maximum de bonheur au plus grand nombre ». L'armée disperse les derniers manifestants en décembre 1837 et Mackenzie rejoint les États-Unis.

On ne saurait oublier l'influence de la « poussée démocratique » de l'Amérique de Jackson en pleine ébullition ou des mouvements révolutionnaires de l'Europe continentale en 1830. Mackenzie rend visite au Président Jackson en 1829 et il fait un voyage en Angleterre en

1832 au cours duquel il rencontre les réformateurs Jeremy Bentham, Richard Cobden et John Bright.

Face aux tensions des années 1837-1838, le gouvernement de lord Melbourne à Londres remplace Bond Head, rendu responsable des événements, et nomme gouverneur, en 1838, lord Durham (« Radical Jack »). Il le missionne pour dresser un bilan et produire un rapport, *Report on the Affairs of British North America*, connu sous le nom de « rapport Durham », remis en février 1839, qui demeure très présent dans la mémoire collective des Québécois. Durham conclut que les Canadiens français sont « un peuple ignorant, inactif et stationnaire » ou bien encore, ce que l'histoire a retenu, « un peuple sans histoire et sans littérature ». Sa lecture de la société coloniale est de nature raciale : « Je trouve deux nations se faisant la guerre au sein d'un seul État ; je trouve une lutte, non de principes, mais de races. » À ses yeux, la « race des Canadiens français » n'a pas d'avenir et les Anglais sont une « race supérieure » qui doit dominer le continent américain. Pour citer Durham à nouveau : « Je n'entretiens aucun doute au sujet du caractère national qui doit être donné au Bas-Canada ; ce doit être celui de l'Empire britannique ; celui de la majorité de la population de l'Amérique britannique, celui de la grande race qui doit être prédominante sur tout le continent américain. » La hiérarchie des races est clairement établie : « les Canadiens français ne sont que les restes d'une ancienne colonisation » et « c'est pour les tirer de cette infériorité que je désire donner aux Canadiens notre caractère anglais ».

Tout un courant historiographique anglophone célébrera l'héritage « anglo-saxon » ou britannique du Canada au nom du mythe de la « race teutonne ».

Certains historiens iront même jusqu'à dire que le rapport Durham a été positif pour les Canadiens français car le sentiment de leur humiliation a provoqué une réaction salutaire de survie et nourri le nationalisme canadien-français.

La solution recommandée est l'assimilation pure et simple en s'appuyant sur une immigration massive de Britanniques et en procédant à une union législative des deux provinces. C'est ainsi que l'Acte d'union de juillet 1840 va créer le Canada-Uni avec Kingston comme capitale. Le gouverneur est assisté d'un Conseil exécutif, d'un Conseil législatif nommé par le roi et d'une Chambre élue. Chacune des deux anciennes colonies aura un nombre égal de députés[1], ce qui avantage le Haut-Canada, numériquement inférieur. On peut estimer la population de l'Ontario à 450 000 et celle du Québec à 650 000. Le Rapport décompte les 400 000 Anglais du Haut-Canada, auxquels il faut ajouter les 150 000 anglophones du Bas-Canada, soit un total de 550 000, tandis que le Bas-Canada est crédité de 450 000 âmes. On comprend que l'Acte d'union scelle le début de la minoration du poids politique des francophones. Le droit civil est maintenu, mais seul l'anglais devient la langue officielle des lois. Le Bas-Canada, de surcroît, participe à l'effort financier requis par le partage de la dette du Haut-Canada qui a beaucoup investi, entre autres dans les canaux.

Durham préconise le gouvernement responsable qui n'est pas accordé par Londres car il est impensable que la minorité progressiste anglaise se soumette à la volonté de la majorité française, perçue comme rétrograde. Enfin, Durham a la vision prémonitoire d'une union des deux

1. Deux fois 42.

Canadas que l'on pourrait étendre à toutes les provinces britanniques de l'Amérique du Nord. Les années 1830 marquent une phase décisive dans l'histoire du Canada et l'Acte d'union est la première étape qui conduit à une union plus large que va consacrer la Confédération en 1867.

CHAPITRE VIII

La construction politique et économique du Canada (1840-1896)

La seconde moitié du XIXe siècle est une période de transition au cours de laquelle le Canada doit relever les défis de la construction nationale et opérer les transformations économiques profondes qui conduisent à l'ère industrielle.

UN NOUVEAU CADRE POLITIQUE POUR L'AMÉRIQUE DU NORD BRITANNIQUE (1840-1867)

Le projet d'union des deux Canadas est adopté par le Parlement impérial en juillet 1840 et proclamé en février 1841. Ce régime mis en œuvre en 1840 réussira à instaurer le gouvernement responsable en moins de dix ans. Le Canada-Uni n'en subit pas moins pour autant de fortes tensions politiques. Au-delà des dettes partagées, ce qui pénalise fortement le Bas-Canada, l'Acte d'union représente une menace réelle pour le Canada français qui se trouve désormais en minorité légale. L'usage du français est aboli dans les institutions publiques puisque tous les documents de la législature seront rédigés en anglais exclusivement.

Le gouverneur du Haut-Canada, Charles Edward Poulett Thomson[1], exclut les Canadiens français de son Conseil des ministres. Mais les rébellions de 1837 ont isolé les radicaux et accentué le clivage entre les « bourgeois » nationalistes et le peuple canadien-français, dans l'ensemble resté fidèle au clergé et, très vite, il y a prise de conscience que la violence n'est pas la bonne stratégie. À l'époque du gouverneur sir Charles Bagot[2] qui se montre plus conciliant, on assiste à une alliance entre les réformistes libéraux modérés du Canada-Est (ancien Bas-Canada) dirigés par Louis-Hippolyte La Fontaine, anciennement proche de Papineau, et ceux du Canada-Ouest (ancien Haut-Canada) dirigés par Robert Baldwin, anciennement proche de W. L. Mackenzie. Les deux hommes exercent des responsabilités de 1842 à 1843 et de 1848 à 1851, l'un dans la province ouest du Canada-Uni et l'autre dans la province est. Tous deux constituent une majorité parlementaire et sont les instigateurs du gouvernement responsable. Objet de luttes parlementaires, le principe de la responsabilité ministérielle établit que les ministres rendent compte de leur administration devant les députés plutôt qu'au roi ou au gouverneur. Élu en 1830 député de Terrebonne à la Chambre d'assemblée du Bas-Canada pour le Parti canadien devenu Parti patriote en 1827, La Fontaine devient Premier ministre de la province est du Canada-Uni de 1842 à 1843[3]. Véritable acte de désobéissance

1. Baron Sydenham, en fonction du 19 octobre 1839 au 5 février 1841, qui devient gouverneur de la Province du Canada de février à septembre 1841.

2. 12 janvier 1842-19 mai 1843.

3. Âgé de 34 ans, La Fontaine est le plus jeune Premier ministre de toute l'histoire du Québec.

civile, son discours à la Chambre en septembre 1842 fait sensation. Alors qu'on l'interrompt pour qu'il s'exprime en anglais, La Fontaine déclare : « Je me méfie de mes forces à parler la langue anglaise. Mais je dois informer les honorables membres que quand même la connaissance de la langue anglaise me serait aussi familière que celle de la langue française, je n'en ferais pas moins mon premier discours dans la langue de mes compatriotes canadiens-français, ne fût-ce que pour protester solennellement contre cette injustice de l'Acte d'union qui proscrit la langue maternelle d'une moitié de la population du Canada. »

Il faudra attendre 1848 pour que le français soit reconnu dans les débats parlementaires. Au risque d'accentuer la sujétion économique des Canadiens français, le parti de La Fontaine est écarté du pouvoir en 1844 avec le gouverneur conservateur Charles Metcalfe. Les élections de 1847 donnent aux réformistes une très confortable majorité, Baldwin et La Fontaine forment un nouveau ministère et La Fontaine redevient Premier ministre en 1848 jusqu'en 1851. Il passe pour être le premier chef de gouvernement démocratiquement désigné dans l'ensemble du monde colonial même si, quelques semaines auparavant, la Nouvelle-Écosse s'était donné un gouvernement comparable à celui de la Grande-Bretagne, confié à James Boyle Uniacke de 1848 à 1854 avec l'accord du lieutenant-gouverneur sir John Harvey. En réalité, le compromis qu'acceptent La Fontaine et Baldwin est assez nouveau. La Fontaine soutient le projet de développement économique des Britanniques qui vont pouvoir investir dans les affaires et développer le chemin de fer, en échange de quoi Baldwin accepte la libéralisation politique, la survie culturelle des francophones et la fin de la politique d'assimilation. Tous deux sont partisans de la responsabilité ministérielle qui sera accordée en 1848 avec l'appui du gouverneur James Bruce, huitième comte d'Elgin.

On peut dire que c'est le rapprochement La Fontaine-Baldwin plus que le rapport Durham qui a permis le gouvernement responsable dont le principe est rappelé par lord John Russell dans un discours à la Chambre des communes en janvier 1838 : « Dans une colonie, si le Conseil législatif doit être nommé conformément aux vœux de l'Assemblée, il est une question qui survient, à savoir, qu'advient-il des ordres donnés par le gouvernement impérial et le gouverneur de la colonie ? L'on est ici placé dans la situation où son autorité est complètement bafouée. L'on a un ministère canadien responsable devant la seule Assemblée du pouvoir de renvoyer ou de chasser de tel ou tel endroit les troupes britanniques et d'admettre les vaisseaux d'une puissance, peut-être en guerre avec notre pays, dans les ports du Canada. Si ce ministère canadien n'a pas ce pouvoir d'imposer de telles restrictions, il faut le rendre responsable. S'il l'a, alors un gouverneur suprême et indépendant n'a pas sa place aux colonies. »

Ainsi les chefs des partis majoritaires dans le Canada-Est et dans le Canada-Ouest forment leur propre Conseil exécutif et le premier gouvernement composé de membres issus d'une Chambre élective. Les historiens canadiens-anglais ont eu tendance à célébrer le mythe du gouvernement responsable comme système de développement politique et comme modèle pour un nouvel ordre du monde.

La Fontaine est très actif et prend toutes sortes de mesures qui vont de la création de l'université de Toronto en 1849 (l'ancien *King's College* établi par charte royale en 1827) ainsi que celle de l'université Laval en 1852 à l'initiative du Séminaire de Québec, lui-même fondé en 1663 et qui est le plus ancien établissement d'enseignement supérieur en Amérique, à des lois favorisant la construction de voies de chemin de fer ou à des lois d'amnistie. Il contribue à l'abolition de la tenure seigneuriale en 1854. Mais la mesure la plus contestée est sans doute la décision, en 1849, d'accorder des compensations financières aux familles des insurgés de 1837-1838. Les conservateurs canadiens-anglais dénoncent le *French Power* et vont jusqu'à prendre d'assaut et à incendier le Parlement encore établi à Montréal. Le gouvernement se transporte à Toronto en 1850 puis à Québec et, en 1857, Londres choisira Ottawa comme capitale du Canada.

La période de 1840 à 1867 va être bouleversée par deux révolutions majeures qui ont lieu en Grande-Bretagne, devenue la première puissance économique mondiale, la Révolution industrielle et la Révolution libérale. La conversion au libre-échange occupe les années 1840. Les partisans du libre-échange, dont le chef de file est Richard Cobden[1], obtiennent l'abrogation des lois protectionnistes entre 1846 et 1848. Le marché britannique n'est plus protégé par les *Corn Laws* et les *Navigation Laws*. L'impact est immédiat pour le Canada, ainsi privé de la protection douanière, et notamment pour ses exportations de blé ou plus encore pour ses exportations de bois où il doit subir la concurrence des pays scandinaves.

Des commerçants canadiens-anglais nostalgiques du passé et anciens membres du *Family Compact* signent en 1849 un « manifeste annexionniste » prônant l'intégration aux États-Unis. Le projet est même soutenu par

1. Politicien radical et libéral qui s'associe à John Bright pour mettre en place l'*Anti-Corn Law League* en 1838 et convaincre l'opinion jusqu'en 1845.

Papineau, revenu d'exil, qui défend l'intégration dans le système fédéral américain. Jusqu'en 1852, les négociations sont engagées sur les relations commerciales entre le Canada et son voisin américain, notamment sur les droits de pêche. En 1854, le secrétaire d'État William Marcy signe un traité de réciprocité au nom du gouvernement américain avec le gouverneur général Elgin au nom du gouvernement britannique. Les pêcheurs américains peuvent désormais pêcher sur les côtes de l'Amérique du Nord britannique et les Canadiens ont accès au marché américain, stimulé par la révolution américaine, notamment pour le bois, le poisson et les produits agricoles. Ce traité définit pour la première fois un espace économique nord-américain mais il sera aboli par les États-Unis en 1866 sous la pression des lobbys protectionnistes.

Les années 1850 sont politiquement plus difficiles. En dix ans, de 1854 à 1864, la Province du Canada ne connaît pas moins de dix ministères. Les réformistes se divisent et deux groupes radicaux émergent : les *Clear Grits* au Canada-Ouest et le Parti rouge d'Antoine-Aimé Dorion au Canada-Est qui reprend les idées de Papineau et marque son attachement à la séparation de l'Église et de l'État. Après la défaite du gouvernement Hincks-Morin en 1854, les *Clear Grits* se rallient à George Brown qui est le champion de la *rep by pop* (la représentation selon la population) et revendique l'annexion des Territoires du Nord-Ouest.

Le Parti réformiste *grit* est en quelque sorte le parti de la frontière dans l'esprit de Jackson et de Lincoln aux États-Unis. Il illustre le conflit économique qui oppose les réformateurs agraires qu'il représente aux intérêts industriels incarnés par G. E. Cartier et les bleus. Le Parti *grit* dénonce les milieux mercantiles de Montréal qui étranglent les fermiers du Canada-Ouest par des tarifs douaniers exorbitants et qui préservent les intérêts de la Compagnie de la baie d'Hudson. La *rep by pop* est l'illustration parfaite de l'expression démocratique de la frontière opposée au capitalisme naissant. L'Ouest et la démocratie ont partie liée.

À partir de 1854, les réformistes modérés et les conservateurs forment le Parti libéral-conservateur dirigé par John A. Macdonald en Ontario et Georges-Étienne Cartier au Québec qui va gouverner pendant une dizaine d'années. L'alliance réformiste-conservatrice modérée écarte du pouvoir les Rouges et les *Clear Grits*. Si cette alliance est majoritaire au Canada-Est, elle est minoritaire au Canada-Ouest qui soutient les *Clear Grits*. Une fois encore, ces derniers dénoncent le *French Power* et se battent pour obtenir la *rep by pop*. Le duo Macdonald-Cartier reflète bien cette dualité canadienne qui correspond aux « deux peuples fondateurs » mais ce tête-à-tête va finir par devenir étouffant. Les *Clear Grits* remettent en question le principe d'une représentation égale des deux parties de la colonie établi par l'Acte d'union. La demande est forte d'une représentation proportionnelle au poids démographique de chaque partie, d'autant que l'apport des nouveaux immigrants des années 1840 a permis au Canada-Ouest d'être plus peuplé que le Canada-Est. Ce qui était un avantage pour les Canadiens français en 1840 va devenir un handicap une dizaine d'années plus tard.

On notera que la Province du Canada connaît les mêmes tensions entre l'exécutif et le législatif qui ont soulevé les colonies américaines dans les années 1760, avec cette différence qu'il ne s'agit plus de se rebeller contre le pouvoir tyrannique du gouvernement britannique mais de dénoncer la domination du pouvoir exécutif colonial par une clique qui cherche à promouvoir ses intérêts personnels en pratiquant le patronage, sinon la corruption, les gouverneurs n'ayant plus de pouvoir réel.

L'avènement de la Confédération (1864-1867)

À partir de 1858, aucun gouvernement ne peut obtenir de majorité stable à l'Assemblée législative et le Canada-Uni traverse une période d'instablilité politique qui va conduire à l'avènement de la Confédération. En juin 1864, suite aux élections, le gouvernement Taché-Macdonald est défait. C'est alors qu'intervient une personnalité politique montante, George Brown, un Écossais presbytérien très anticatholique qui est le fondateur du *Globe* de Toronto. Leader des libéraux ontariens (*Grits*), il entre au gouvernement et s'allie avec les adversaires conservateurs de Macdonald, même si les deux hommes sont rivaux et se détestent. Ils forment la « Grande Coalition » qui s'engage à accepter la *rep by pop* et qui rassemble les conservateurs canadiens-français de Cartier et de Taché, majoritaires au Bas-Canada, les conservateurs canadiens-anglais d'Alexander Galt au Bas-Canada, les conservateurs canadiens-anglais du Haut-Canada dirigés par John A. Macdonald et les réformistes de George Brown. Le seul exclu est le parti des Rouges d'Antoine-Aimé Dorion au Bas-Canada qui est contre le projet de Confédération, craignant qu'il n'aille à l'encontre des intérêts des Canadiens français. Ce sont les *Grits* qui proposent la formule du fédéralisme pour dépasser l'impasse politique.

Par ailleurs, en septembre 1864, à la conférence de Charlottetown, le Nouveau-Brunswick, la Nouvelle-Écosse, l'île du Prince-Édouard et Terre-Neuve forment le projet de constituer une fédération des Maritimes. Alors que l'idée d'une union fédérale avait été débattue dès 1858 mais sans aboutir, le climat apparaît désormais plus propice d'autant qu'au-delà du projet politique, la crise économique engendrée par le krach du marché financier de New York de 1857 fait avancer les idées. Une délégation du Canada-Uni comprenant entre autres Macdonald, Cartier, Galt et Brown se rend à Charlottetown. La conférence de Québec, en octobre 1864, permet de définir les bases d'une future constitution et de formuler des propositions contenues dans les « Résolutions de Québec » ou les « 72 Résolutions » envoyées à Londres pour accord. La consultation n'a pas été la même dans chaque colonie. Le Canada-Uni est la seule province qui fait adopter les Résolutions par sa législature. Les autres colonies britanniques se montrent sceptiques ou les rejettent, le plus souvent sans véritable débat. Notable est l'opposition du chef du Parti réformiste de Nouvelle-Écosse Joseph Howe qui paralyse l'action du Premier ministre Charles Tupper. Après débat, l'île du Prince-Édouard refuse de participer[1]. Les Résolutions sont approuvées à la conférence de Westminster en décembre 1866 et le Parlement britannique adopte, en mars 1867, l'Acte de l'Amérique du Nord britannique (AANB) qui est validé par une sanction royale de la reine Victoria. L'AANB est proclamé le 1er juillet 1867. Le 1er juillet devient le jour de la fête nationale du Canada. La fédération canadienne se dote d'une constitution et comprend donc quatre membres fondateurs, le Québec, l'Ontario, le Nouveau-Brunswick et la Nouvelle-Écosse. Le Dominion du Canada est né.

1. Elle ne rejoindra la Fédération qu'en 1873, tout comme Terre-Neuve qui attendra 1949.

Le Canada en 1867

Une autre raison forte qui a incité le Canada à réaliser cette modification constitutionnelle majeure est l'impact de la guerre de Sécession américaine. Le Nord des États-Unis reproche à l'Angleterre de soutenir le Sud pour bénéficier du coton, indispensable au développement de son économie en pleine révolution industrielle et, dans ce contexte, la Grande-Bretagne éprouve la nécessité de fédérer ses colonies pour mieux contrer les États-Unis.

Les débuts de la Confédération (1867-1896) : l'Acte de l'Amérique du Nord de 1867

Après la défaite électorale du gouvernement Taché-Macdonald en juin 1864 se met en place une coalition regroupant le Parti bleu (réformiste modéré) de Taché et de Cartier ainsi que les conservateurs anglophones d'Alexander Galt au Bas-Canada, les conservateurs anglophones du Haut-Canada dirigés par John A. Macdonald et les réformistes de George Brown.

Le projet de fédération élaboré entre 1864 et 1866 marque le triomphe des principes libéraux et aristocratiques. Il est bien le fait de l'aristocratie et de la haute bourgeoisie. Le droit de vote demeure élitiste et masculin et les grands oubliés[1] sont les ouvriers, les paysans, les femmes et les autochtones. Mais le texte de 1867 permet de sortir de l'impasse politique issue des révolutions de la première moitié du XIXe siècle, notamment la Révolution industrielle amorcée dans les années 1830, mais aussi de l'expansionnisme américain qui se traduit par la prise des territoires mexicains à l'ouest du

1. Comme ce fut le cas pour la Révolution américaine et la Constitution de 1787.

Mississippi au cours des années 1840. Les États-Unis ont conquis les régions du Texas, du Nouveau-Mexique et de la Californie en 1848 et ils organisent l'Ouest américain en violant souvent la frontière imprécise avec le Canada. Le choix de la Confédération est en un sens dicté par la crainte de l'annexion.

À la conférence de Québec en octobre 1864, les débats sont vifs et deux conceptions s'opposent. Les partisans d'un gouvernement central fort se regroupent derrière John A. Macdonald qui rêve d'un État unitaire, d'une union législative – c'est-à-dire d'un seul palier de gouvernement – face à ceux qui veulent des droits pour les provinces et craignent de perdre leur identité culturelle avec un gouvernement trop centralisé. La division profonde des États-Unis qui oppose le Nord et le Sud du pays lors de la guerre civile américaine (1861-1865) est un argument fort en faveur d'une Constitution plus centralisée que la Constitution américaine.

Le projet de fédération permettait de séparer les provinces qui avaient été réunies par l'Acte d'union en 1840 en leur assurant le contrôle de leurs affaires locales et d'instituer un Parlement commun avec une représentation proportionnelle à la population.

Malgré le nom de Confédération qui est donné au régime constitutionnel de 1867, il s'agit en réalité d'une fédération regroupant quatre provinces. Chacune dispose d'une Assemblée législative et d'un gouvernement distinct. Le Parlement fédéral, quant à lui, comprend deux Chambres, une Chambre des communes élective où le nombre de sièges dépend du poids démographique et un Sénat, dont les membres sont nommés à vie par le gouvernement fédéral, à raison de 24 chacun pour le Québec, l'Ontario et les provinces de l'Atlantique. L'AANB est l'héritage de la tradition politique britannique et une adaptation du modèle américain. Il est le fruit d'un compromis qui se traduit par une répartition des pouvoirs entre deux ordres de gouvernement, le fédéral et le provincial. L'AANB demeure un texte fondateur d'autant qu'avec le rapatriement ultérieur de 1982, il sera considéré comme la Loi constitutionnelle de 1867.

Le partage entre pouvoir fédéral et pouvoir des provinces était une reconnaissance juridique de la diversité des premiers membres de la Confédération en même temps qu'il témoignait du souci de respecter cette diversité au sein d'une seule et même nation en accordant d'importants pouvoirs aux gouvernements provinciaux. La Loi constitutionnelle de 1867 était un acte d'édification d'une nation. Elle était la première étape de la transformation de colonies, dépendant chacune du Parlement impérial pour leur administration, en un État politique unifié et indépendant où des peuples différents pouvaient résoudre leurs divergences et, animés par un intérêt mutuel, travailler ensemble à la réalisation d'objectifs communs. Le fédéralisme était la structure politique qui permettait de concilier unité et diversité.

Le partage des compétences attribue au gouvernement fédéral « tous les pouvoirs inhérents à la souveraineté » et tout ce qui relève de l'intérêt général. L'État fédéral peut légiférer pour maintenir « la paix, l'ordre et le bon gouvernement »[1]. On a pu dire que le gouvernement fédéral occupe envers les gouvernements provinciaux la même position que celle que l'impérial a occupée à l'égard des colonies. La hiérarchie ou la subordination qui prévalait entre Londres et les colonies britanniques semble s'être transposée désormais entre Ottawa et les provinces. On aura perçu la différence avec les principes

1. Préambule de l'article 91.

de l'indépendance américaine formulés par Jefferson en 1776 qui définissait les droits inaliénables comme étant « la vie, la liberté et la recherche du bonheur ». C'est ce qui résume l'esprit contre-révolutionnaire du Canada à côté de l'esprit révolutionnaire des États-Unis. Aux termes de l'article 91, réglementation des échanges et du commerce, monnaie et secteur bancaire, transports et communications sont attribués au fédéral ainsi que la défense, la navigation et le transport maritime. Le niveau provincial, qui fait l'objet de l'article 92, est compétent pour les affaires d'intérêt local (rôle en fait d'une super-municipalité), gère le domaine social (hôpitaux, asiles et hospices) et les questions d'ordre culturel et linguistique. L'article 93 stipule que les provinces seules peuvent légiférer en matière d'éducation mais précise que le système d'écoles séparées catholiques à l'extérieur du Québec et le système d'écoles dissidentes protestantes au Québec sera protégé. L'agriculture et l'immigration relèvent de juridictions conjointes même si, en cas de désaccord, le niveau fédéral a préséance. Il convient de noter que le pouvoir de dépenser, qui fait partie de ses prérogatives, permet au gouvernement central d'intervenir dans le champ des « compétences exclusives » des provinces en mettant en place, au moins pour un temps, des programmes à frais partagés gérés par le niveau fédéral. Tandis que les provinces peuvent lever l'impôt direct, le pouvoir fédéral se réserve les impôts indirects, plus lucratifs. Le déséquilibre financier sera source de problèmes et conduira à mettre en place un système de redistribution, lui-même sujet à caution.

Par ailleurs, à la demande des Canadiens français mais aussi de la population anglo-protestante du Québec, le français et l'anglais sont reconnus par l'article 133 comme des langues à statut égal au niveau fédéral et dans la province de Québec. Seuls le Parlement et les tribunaux fédéraux sont obligés de respecter le bilinguisme. Les responsables politiques canadiens-français ont vu dans cet article une garantie supérieure aux clauses de l'Acte d'union de 1840. D'autres, un « pacte entre les deux nations » canadiennes. Mais le fait que l'Ontario, le Nouveau-Brunswick et la Nouvelle-Écosse ne soient pas concernés par l'article 133 crée de fait une situation d'asymétrie qui revient à fragiliser le statut du français. Cette décision aura de lourdes conséquences lorsque l'Ouest se développera à partir de 1870.

On saisit clairement que le « pacte entre deux nations » se définit en fonction de deux paramètres, la langue et la religion, qui vont être la source de conflits ultérieurs entre les « peuples fondateurs ». La logique des droits s'arrête cependant aux groupes linguistiques et confessionnels (français/anglais et catholiques/protestants). Les grands oubliés de l'histoire en 1867 sont les femmes et les autochtones. Au moins jusqu'en 1849, les femmes propriétaires au Québec avaient le droit de vote, date à laquelle Papineau spécifia dans la loi électorale que les « hommes » votaient. Le mode de suffrage prévu en 1867 ne corrigea pas cette situation, ce qui donna naissance à des mouvements féministes luttant pour l'obtention du droit de vote[1]. Les femmes demeuraient dans une situation de dépendance légale envers leur mari et il faudra attendre le XXe siècle pour que les choses évoluent.

Aux XVIIe et XVIIIe siècles, la rivalité entre la France et l'Angleterre contraint à conclure des ententes avec les autochtones mais sans préciser les droits de propriété

1. On citera le *Women's Literary Club* de Toronto dirigé par la première femme médecin au Canada, Emily Howard Stowe.

des terres. L'essentiel est de préserver des relations si possible harmonieuses entre les postes de traite et les autochtones et de respecter autant que faire se peut les activités de chasse et de pêche des Amérindiens, même si elles sont souvent perçues comme des obstacles à la colonisation agricole. Après 1783, lorsque les Loyalistes s'installent et achètent des terres, notamment autour du lac Ontario, les accords conclus manquent de précision et de rigueur. Mais, après la Confédération, lorsque le Canada achète les terres de la Compagnie de la baie d'Hudson, le gouvernement fédéral signe, entre 1871 et 1921, onze traités « numérotés »[1] avec les nations autochtones de la Terre de Rupert. Les négociations sont souvent difficiles car les compensations financières proposées ne sont pas acceptées, d'autant que les chefs autochtones ne veulent pas vendre et ne partagent pas avec les Européens leur conception de la propriété. D'autres résistent, craignant l'assimilation culturelle, et exigent une forme d'autonomie politique. Ainsi les Cris des Plaines, dirigés par *Big Bear*, refusent de signer le traité n° 6, nommé fort Carlton-fort Pitt, conclu en 1876. La disparition du bison et la famine sont des arguments forts, propres à convaincre les autochtones d'accepter les ententes proposées, notamment celle de 1882. On comprend pourquoi, en 1885, les Cris se joignent au deuxième soulèvement des Métis dans l'actuelle Saskatchewan. Tous ces signes de résistance sont matés militairement et il faudra attendre un siècle pour voir resurgir les demandes d'autonomie. Toutefois on peut dire avec prudence que le Canada se montre moins violent vis-à-vis de ses autochtones que les États-Unis du

1. Dont sept entre 1871 et 1877.

général Custer[1]. Pour assurer l'ordre, Macdonald crée la Police montée du Nord-Ouest en 1873. Ces soldats-policiers à la tunique rouge occupent aussi des fonctions de magistrats. Destinée à être provisoire, l'organisation se répandra dans le reste du Canada, sauf au Québec et dans l'Ontario.

Après l'établissement de la Confédération en 1867 et sans la participation des peuples autochtones, la loi confère au nouveau gouvernement fédéral[2] l'autorité exclusive sur « les Indiens et les terres réservées aux Indiens », sans préciser ni les limites ni les droits. En 1869, des lois sont promulguées qui confirment que le but est bien d'éliminer le système tribal et de mettre en place une politique résolument assimilatrice. Les autochtones ne bénéficient du statut d'Indien que jusqu'à leur établissement dans les réserves. Une fois installés, ils doivent renoncer à leur statut. Devenus pupilles de l'État, ils sont alors contraints de devenir agriculteurs sédentaires et les missionnaires catholiques et protestants entreprennent de les « civiliser » par l'éducation et de leur inculquer les valeurs des Blancs. Les gouvernants pensaient alors que l'intégration suivrait. C'est le sens de la Loi sur les Indiens ou Acte des Sauvages qui est adoptée en 1876 et qui demeure d'actualité, même si elle sera révisée plusieurs fois en 1889, 1924 et 1951. Cette loi donne au gouvernement fédéral de grands pouvoirs sur les Indiens vivant dans les réserves et régit les relations avec les

1. Il est finalement défait grâce à l'énergie du désespoir que déploient les Sioux Oglalas de *Crazy Horse* et les Sioux Unkpapas de *Sitting Bull* à Little Big Horn dans le Montana en 1876.

2. Article 91/24.

Indiens bien plus que les traités. La clause 25 fait du fédéral le « *guardian of Indian lands* ». Aux effets de cette loi s'ajoute une longue série de traités éteignant les droits territoriaux en échange de réserves et de paiements forfaitaires dérisoires.

Le long règne des conservateurs (1867-1896)

C'est John A. Macdonald qui devient le premier Premier ministre de la Confédération en 1867. Il inaugure un long règne conservateur qui va durer jusqu'en 1896, interrompu seulement entre 1874 et 1878. La longévité de Macdonald[1] n'est dépassée dans toute l'histoire du Canada que par celle de William Lyon Mackenzie King. Sa personnalité a fait débat. Parfois grossier mais ayant le sens du compromis, l'homme combat son stress en s'adonnant à l'alcool. Même s'il est diversement apprécié, c'est une grande figure politique. On lui reconnaît d'avoir mis en route la Confédération en dépit des obstacles et d'avoir élargi le Canada, qui prend pratiquement sa configuration actuelle. Il lui faut convaincre la Nouvelle-Écosse qui envisage de se retirer de la Confédération suite à la défaite des fédéralistes de Charles Tupper en 1867 mais qui accepte finalement de rester moyennant une aide financière. L'abandon du traité de réciprocité en 1866 a considérablement augmenté le prix des produits canadiens sur les marchés des États-Unis. De vastes étendues de territoire demeurent sous le contrôle de la Compagnie de la baie d'Hudson et il va contribuer à les intégrer et à rassembler les composantes diverses du pays.

1. Il sera Premier ministre pendant dix-neuf ans.

Aux élections de 1867, Macdonald est élu avec une majorité confortable tant dans l'Ontario qu'au Québec et la surprise est la défaite de George Brown dans l'Ontario. Partisan de la construction d'un Canada d'une mer à l'autre, il prône le développement du système ferroviaire, comme en atteste sa déclaration de 1870 : « Pour bien montrer notre détermination, la première chose à faire, c'est de construire le chemin de fer. » La demande de voies ferrées est forte au Nouveau-Brunswick et en Nouvelle-Écosse et elle a compté lors des discussions qui ont conduit à la Confédération. La nécessité de construire un réseau ferroviaire intercolonial faisant de la Colombie-Britannique l'une des priorités traduit bien ce nationalisme économique qui doit conduire à l'édification d'une nation. Les liens économiques favorisent l'unité politique, comme le démontre l'unification de l'Italie de 1859 à 1871 ou celle de l'Allemagne de 1866 à 1871, sans parler de la guerre civile américaine où le Nord a pu affirmer sa supériorité militaire, notamment grâce au chemin de fer.

Conséquence de l'affaire Riel[1], l'élection de 1872 s'avère difficile et la majorité de Macdonald est réduite de 35 à 8 voix. Les *Grits*, devenus les libéraux, sont plus forts que les conservateurs dans l'Ontario.

La construction du transcontinental atteignant la Colombie-Britannique ne démarre pas tout de suite en raison des négociations complexes engagées avec Hugh Allan. On découvre que cet entrepreneur aurait versé des contributions financières importantes à la caisse électorale du Parti conservateur. L'opposition s'empresse de dénoncer les tractations financières qui ont permis l'octroi du contrat d'exploitation et cette affaire de cor-

1. Voir p. 196-197.

ruption déclenche le scandale du Pacifique en 1872. On peut dire que les pots-de-vin ont notablement accompagné la construction du chemin de fer au Canada, quel que soit le parti au pouvoir et que le souci de transparence n'est pas clairement établi à l'époque. Ce scandale fragilise Macdonald au point qu'il remet sa démission en novembre 1873 au gouverneur général lord Dufferin.

Les réformistes d'Alexander Mackenzie gagnent l'élection générale de février 1874 et les *Tories* ne conservent que 70 des 206 sièges de la Chambre des communes. Mackenzie a rassemblé derrière lui les réformistes de l'Ontario, les libéraux des Maritimes et les Rouges du Québec. Mais les années qui suivent s'avèrent difficiles en raison de la crise économique de 1874-1878 et des conséquences de la politique libérale en matière économique qui incite les États-Unis à inonder le marché canadien et à pratiquer le *dumping*. Mackenzie est honnête et pragmatique mais il doit aussi achever la construction du chemin de fer du Pacifique et la pénurie de fonds ralentit les travaux.

Puis c'est la remontée des conservateurs protectionnistes qui finissent par convaincre Macdonald, dont la doctrine n'est pas totalement établie, de conduire une politique protectionniste. Il revient au pouvoir en 1878 et, dès 1879, met en place la Politique nationale qui vise à lutter contre les importations américaines. Il facilite la création, en octobre 1880, d'un nouveau consortium non lié à celui de Hugh Allan et mené par George Stephen, afin de poursuivre et d'activer la construction du transcontinental, même si cette entreprise est une folie économique et fiscale. Une fois obtenue la sanction royale en février 1881, la compagnie du Canadien Pacifique est incorporée. Le recrutement d'ouvriers chinois efficaces et peu rémunérés (les *coolies*) finit par provoquer l'animosité des Canadiens qui sont à la recherche d'un emploi dans un contexte économique difficile et le gouvernement canadien décide d'imposer une taxe individuelle pour chaque nouvel arrivant en provenance de Chine en 1885. On signalera aussi qu'en 1880, le Canada envoie de façon informelle le premier délégué diplomatique, Alexander Galt, l'un des pères de la Confédération, en tant que haut-commissaire canadien au Royaume-Uni, marquant ainsi le début de la politique étrangère canadienne[1].

Macdonald est réélu en 1882, 1887 et 1891 et il contribue à encourager le peuplement des territoires de l'Ouest en menant une politique d'incitation pour attirer des immigrants britanniques. En réalité, l'histoire de l'immigration moderne démarre en 1867. La période de 1867 à 1896 est marquée par une grande ouverture et par une politique de la porte ouverte, malgré les mesures discriminatoires à l'encontre des Chinois. La majorité des nouveaux arrivants provient du Royaume-Uni ou des États-Unis et le volume des entrées représente un chiffre annuel d'un peu plus de 30 000 personnes dans les années 1870, plus de 85 000 dans les années 1880 et près de 40 000 dans les années 1890. Le record est battu en 1883 avec 133 624 entrées et, de 1867 à 1896, il entre au Canada plus d'un million de personnes. La difficulté est de fixer les nouveaux venus : à cause de la crise économique, un très grand nombre de Canadiens, et notamment francophones, sont attirés par les États-Unis si bien qu'entre 1861 et 1901, le solde migratoire est négatif[2].

1. Le gouvernement britannique n'a pas apprécié cette initiative canadienne, prise en dehors de l'Empire britannique.

2. – 150 000 de 1861 à 1871 ; – 54 000 de 1871 à 1881 ; – 146 000 de 1881 à 1891 et – 130 000 de 1891 à 1901.

Il faut attendre la fermeture de la frontière en 1890 aux États-Unis pour que se produise un renversement de tendance. De 1871 à 1891, la population du Canada passe de 3 689 000 habitants à 4 833 000. L'urbanisation progresse : la population de Montréal double et la ville de Winnipeg, porte d'entrée de l'Ouest, passe de 240 à 25 000 habitants.

À la mort de Macdonald, en 1891, c'est le conservateur John Thompson qui lui succède avant de mourir à son tour à la fin de l'année 1894. Le règne des conservateurs prend alors fin à l'élection générale de 1896 qui consacre l'arrivée de Wilfrid Laurier.

Si le chemin de fer est un instrument de colonisation et de développement économique, il apparaît moins efficace pour opérer l'unité du pays. On peut dire qu'entre 1864 et 1873, l'union des colonies a été facilitée et que, dans les années 1870 et 1880, l'Ouest en a bénéficié même si, en termes de représentation politique, il demeure loin des provinces « historiques ». Mais les deux Canadas sont aussi séparés par leurs institutions culturelles. L'Assemblée législative reflète clairement ce clivage et, comme le déclarait déjà en 1856 George Brown, peu favorable aux francophones, « le Canada a deux pays, deux langues, deux religions, deux façons de penser et d'agir ». On peut dire qu'à la fin du XIXe siècle, les enjeux auxquels le Canada va être confronté sont réunis.

Les « autres » colonies britanniques

L'ensemble de ces changements sociopolitiques et de ces évolutions économiques contribue à réorganiser profondément le Canada. Mais on a trop tendance à oublier, en parlant de Canada, qu'il existe, à côté de la Province du Canada, d'autres colonies britanniques.

La situation des colonies maritimes est intéressante à bien des égards, tout d'abord parce qu'elles connaissent une période de prospérité. Même si l'importance du Québec et de l'Ontario va peser lourd dans le contexte futur d'une réflexion sur l'unité nationale, on ne saurait oublier les « autres » colonies qui développent une identité culturelle particulière en raison des données de l'histoire, mais plus encore de leur situation géographique. Le grand rêve de Macdonald était de faire du chemin de fer un élément d'unité nationale *a mari usque ad mare*, de l'est jusqu'à l'ouest, malgré l'axe géographique naturel nord-sud, et les colonies tournées vers l'Atlantique n'ont pas la même vocation que celles qui sont orientées vers le Pacifique.

La situation des colonies maritimes[1] est intéressante à bien des égards, parce que, malgré les turbulences du XVIIIe siècle, elles connaissent une période exceptionnelle de prospérité au milieu du XIXe siècle. Les colonies de l'Atlantique[2] sont moins peuplées[3] que la province du Canada mais, sur le plan politique, des majorités réformistes les conduisent à avoir le gouvernement responsable entre 1848 et 1855[4], sous l'effet des Loyalistes et sans doute parce que la très grande majorité de la population est d'origine britannique, surtout écossaise et irlandaise. Une exception demeure avec la présence de francophones dans le nord et l'est du Nouveau-Brunswick, suite au

1. Le Nouveau-Brunswick, la Nouvelle-Écosse et l'île du Prince-Édouard.

2. Les Maritimes et Terre-Neuve.

3. 664 000 habitants en 1861.

4. La Nouvelle-Écosse en 1848, l'île du Prince-Édouard en 1851, le Nouveau-Brunswick en 1854 et Terre-Neuve en 1855.

regroupement des Acadiens postérieurement au Grand Dérangement.

Sur le plan économique, ces provinces vivent un peu à l'écart tout en demeurant fidèles à leurs activités traditionnelles. La Révolution américaine et les guerres napoléoniennes conduisent l'Angleterre à s'intéresser au poisson et au bois du nord-ouest de l'Atlantique et donnent à son économie un élan nouveau. Pour le Nouveau-Brunswick, c'est la pêche mais aussi l'exploitation forestière et la construction navale qui se renforcent mutuellement même si, à partir de 1860, le bois est remplacé par l'acier dans les constructions navales. L'ouverture sur l'Atlantique favorise les relations commerciales avec les Antilles, la Grande-Bretagne et les États-Unis. La capitale Saint-Jean rivalise pour la première place avec Halifax, métropole bien établie en Nouvelle-Écosse depuis sa fondation en 1749. Les mesures de libre-échange du traité de réciprocité de 1854 ont ouvert de nouveaux marchés tout en permettant aux pêcheurs canadiens et américains de pêcher dans les eaux territoriales de chaque pays. La fin de la réciprocité en 1866 générera une certaine misère économique. Après la Confédération, les responsables politiques des Maritimes sont plus attirés par les chemins de fer qu'ils financent avec les ressources provinciales. Le Nouveau-Brunswick investit pour construire une voie ferrée de 100 *miles* entre Saint-Jean et Shédiac, curieusement appelée *European and North American Railway*, tandis que la Nouvelle-Écosse crée une ligne entre Halifax et Truro et une entre Halifax et Windsor. La ligne intercoloniale Halifax-Québec sera achevée en 1876 en échange de l'adhésion à la Confédération. Mais les dirigeants politiques consentent finalement peu d'efforts pour faire évoluer l'économie traditionnelle un peu laissée à elle-même. À la fin du XIXe siècle, la croissance de l'économie urbaine et industrielle modifie la pratique de la pêche car les embarcations en bois sont progressivement remplacées par des bateaux en fer plus fiables. De 1870 à 1900 se développent des nouvelles techniques de mise en conserve et le poisson salé[1] domine toujours, mais il est un peu touché par la révolution des transports qui permet aux Américains et aussi à l'Ontario de se lancer dans la vente de poisson frais.

L'île du Prince-Édouard, quant à elle, est davantage centrée sur l'agriculture. Terre-Neuve est véritablement à part, pas seulement pour des raisons climatiques. La pêche à la morue demeure sa principale activité mais, vers 1860, la vapeur remplace la voile et favorise la chasse aux phoques. Sa population est dispersée dans plusieurs villages isolés malgré le regroupement urbain de Saint-Jean où vivent les riches marchands et les administrateurs. La population est caractérisée par une cohabitation entre Anglais protestants et Irlandais catholiques. Terre-Neuve se dote d'institutions parlementaires en 1832 et bénéficie de la responsabilité ministérielle en 1855. Elle ne sera rattachée à la fédération canadienne qu'en 1949.

La situation de l'Ouest est un peu différente : le poids de l'histoire y est plus récent et les territoires situés entre la province du Canada et le Pacifique ne sont pas totalement organisés en 1840. C'est naturellement la région privilégiée pour le commerce des fourrures avec la position dominante de la Compagnie de la baie d'Hudson qui en a le monopole et qui occupe à l'est des Rocheuses la

1. Qu'il s'agisse de la morue, du flétan ou de l'aiglefin.

Terre de Rupert[1] et le Territoire du Nord-Ouest[2]. À l'intérieur du continent, le point central est le chef-lieu du district d'Assiniboia, fort Garry (aujourd'hui Winnipeg), au confluent des rivières Rouge et Assiniboine, construit en 1822 puis reconstruit en 1836 après sa destruction par des inondations en 1826. Assiniboia désigne un territoire situé dans la Terre de Rupert et concédé en 1811 à Thomas Douglas, cinquième comte de Selkirk, qui a un projet de colonisation en faisant venir des fermiers écossais. La mise en valeur des terres et le mode d'arpentage différent de celui des Métis provoquent des conflits. Le recensement et le cadastrage des terres mettent en évidence que les Métis ne peuvent pas faire valoir de titres de propriété. Le district d'Assiniboia, ou colonie de la rivière Rouge, est dirigé par un gouverneur et un conseil jusqu'en 1869. Fort Garry est capturé pendant la rébellion de la rivière Rouge par Louis Riel et ses compagnons métis qui luttent contre les colons anglophones. En 1860, on dénombre dans cette région 14 000 Métis, en majorité francophones, qui chassent le bison et assurent le transport des fourrures de la rivière Rouge jusqu'au Minnesota aux États-Unis. Malgré les ravages causés par les maladies que leur ont apportées les Européens, il faut relever la présence, à leurs côtés, au milieu de la Prairie, de 25 000 Amérindiens essentiellement des Assiniboines, des Cris et des Pieds-Noirs qui, eux aussi, chassent le bison. Louis Riel est une grande figure de l'Ouest diversement apprécié, adulé comme

1. Bassin formé par toutes les rivières qui se jettent dans la baie d'Hudson.

2. Cela correspond actuellement à une partie de l'ouest du Québec, à une grande partie du nord-ouest de l'Ontario, au Manitoba, à presque toute la Saskatchewan, au sud de l'Alberta et à la partie orientale des Territoires du Nord-Ouest.

un héros par les siens et détesté par les « envahisseurs » canadiens-anglais qui le considèrent comme un traître, voire comme un dément. Riel est intelligent, visionnaire, mais son caractère bien trempé l'oblige à ne pas vouloir perdre la face. Après la rébellion, la négociation avec le Canada conduit finalement à la fondation du Manitoba, la cinquième province à rejoindre la Confédération en 1870, tout en garantissant des droits pour les Métis et les colons français. Dès 1850, un mouvement canadien visant à annexer la Terre de Rupert se développe et, suite à la perte de son monopole commercial sur la région, la Compagnie de la baie d'Hudson accepte de céder ses terres en novembre 1869 pour la somme d'un million et demi de dollars et de transférer la souveraineté au Canada. La tractation est avantageuse pour le Canada quand on sait que les États-Unis ont acheté l'Alaska à la Russie en 1867 pour 7,2 millions de dollars. Mais les choses ne s'arrêtent pas là. L'exécution à fort Garry de Thomas Scott en mars 1870 déclenche des réactions fortes de la part des Ontariens protestants. Ottawa envoie une expédition militaire. Riel, accusé du meurtre de Scott, s'enfuit aux États-Unis. Il sera amnistié en 1875 après un exil de cinq ans. Son retour en Saskatchewan en 1884, à l'appel du chef métis Gabriel Dumont, permet l'organisation, en 1885, d'un deuxième mouvement de résistance contre le gouvernement canadien, dit « rébellion du Nord-Ouest ». Les Métis sont défaits à Batoche, au sud de la rivière Saskatchewan, le 12 mai 1885. Louis Riel est arrêté et Gabriel Dumont se réfugie aux États-Unis. On prétend que Riel aurait été atteint par des troubles mentaux : il se considère comme un prophète, aurait eu une mission divine à accomplir. La répression est brutale, Riel est jugé, condamné et pendu en 1885.

À l'ouest des Rocheuses, la Compagnie de la baie d'Hudson est aussi présente dans l'« *Oregon Country* », également convoité par les États-Unis. Au terme d'une négociation que les États-Unis recherchaient car ils sentaient qu'une guerre avec le Mexique était imminente, la Grande-Bretagne accepte de céder, en 1846, la partie sud de l'Oregon, c'est-à-dire la région délimitée par le 49e parallèle. Ce traité précise la frontière canado-américaine de Lake of the Woods, dans le Minnesota, jusqu'au Pacifique et complète le traité Webster-Ashburton de 1842 qui avait établi la frontière du Maine jusqu'à Lake of the Woods. Il attribue à l'Angleterre l'île de Vancouver ainsi que la Nouvelle-Calédonie, actuelle Colombie-Britannique. Il y a désormais deux colonies britanniques sur la côte Ouest : l'île de Vancouver en 1849 et, sur le continent, la Colombie-Britannique en 1858. La découverte d'or dans le bassin du fleuve Fraser en 1858 entraîne une ruée vers l'or qui rappelle le phénomène qu'a connu la Californie dix ans plus tôt. En 1866, l'union de l'île de Vancouver et de la Colombie-Britannique est décidée : cette nouvelle province portera le nom de Colombie-Britannique et, par compensation, la capitale sera Victoria. La province est peu peuplée avec ses 11 000 Blancs et ses 26 000 Indiens mais elle est la sixième province à entrer dans la Confédération en 1871 avec la promesse du gouvernement fédéral de construire le chemin de fer jusqu'au Pacifique avant 1881. Le transcontinental Halifax-Vancouver sera achevé en 1885, ce qui représente un véritable exploit et signe la volonté des responsables politiques canadiens de réaliser l'unité nationale.

La Révolution industrielle du Canada britannique et le « retard » du Canada français au XIXe siècle

Tout au long du XIXe siècle et surtout dans sa seconde moitié, les inégalités économiques accroissent le fossé entre les anglophones et les francophones. La Révolution industrielle marquée par le développement des transports et des communications stimule la réussite matérielle des Canadiens anglais tandis que les Canadiens français dénoncent la progression de l'industrialisation et se réfugient dans une forme d'autarcie. La sujétion économique s'accompagne de la montée du nationalisme et les traditionalistes luttent contre les trusts et prônent le retour à la terre.

Les échanges commerciaux sont facilités par le développement des moyens de transport qui ouvrent de nouveaux marchés en attendant d'être conçus comme pouvant créer une unité politique. L'arrivée de la machine à vapeur dans les années 1830 opère un bouleversement aussi important que la révolution Gutenberg. Dès 1836 est inaugurée la première voie ferrée[1], longue d'une vingtaine de kilomètres, en grande partie financée par le Montréalais John Molson et qui relie La Prairie à côté de Montréal à Saint-Jean-sur-Richelieu. Une compagnie rivale[2] entreprend de construire la ligne Montréal-Portland (dans le Maine) qui est achevée en 1853, avant d'être absorbée plus tard par le Grand Tronc qui prolongera la ligne jusqu'à Chicago dans les années 1880. Mais la grande aventure est celle de la compagnie du Grand Tronc qui relie en 1856 Montréal à Toronto

1. La Champlain and St Lawrence.
2. La St Lawrence and Atlantic.

puis à Sarnia (Ontario), plaque tournante du trafic vers Chicago. En 1840, le réseau compte à peine une centaine de kilomètres mais plus de 3 500 kilomètres en 1860, dont 925 au Québec. Le Canadien Pacifique (CP) assure le premier voyage d'un train de voyageurs en 1886, de Montréal jusqu'à Port Moodie en Colombie-Britannique, qui dure cinq jours et demi. Le gouvernement décide même la création d'un deuxième transcontinental en 1903 pour mettre en valeur les Plaines du Nord laissées en friche par le CP. Une deuxième ligne est donc ouverte en 1912 par le Canadien du Nord[1]. Le coût est colossal et met l'État en quasi-faillite. La construction du chemin de fer s'avère très lucrative pour les entrepreneurs mais elle encourage souvent la corruption, comme l'atteste le scandale financier du Pacifique qui fragilise le Premier ministre Macdonald, contraint à la démission en 1873, une fois révélé le soutien électoral dont il a bénéficié en échange du contrat du chemin de fer du Pacifique accordé à Hugh Allan. Les Ontariens trouvent de surcroît que les investissements consentis pour atteindre la Colombie-Britannique sont onéreux alors que la ligne dessert peu de Blancs (à peine 11 000). D'ailleurs la compagnie du Grand Tronc est au bord de la faillite en 1919, tout comme le Canadien du Nord. Les compagnies seront intégrées en 1923 aux Chemins de fer nationaux du Canada pour former le Canadien national (CN). Le réseau est alors passé de 29 000 kilomètres en 1900 à 63 000 en 1920.

Si les entrepreneurs s'enrichissent, les conditions de travail sont rudes. Les journées sont longues avec des semaines de 60 heures, les enfants sont mis au travail même s'il est interdit d'employer des garçons de moins

1. Le Canadian Northern Railway.

de 12 ans et des filles de moins de 14 ans. Il n'existe pratiquement pas ou peu d'assistance sociale ou d'aides en cas de maladie. Pour remédier à cette situation sociale catastrophique, on voit alors apparaître les premiers syndicats.

Parallèlement au chemin de fer, le transport maritime connaît une forte expansion. Le premier navire à vapeur, le *Royal William*, traverse l'Atlantique en 1833. L'un des entrepreneurs les plus éminents est l'armateur Samuel Cunard, d'Halifax, qui fait fortune en assurant le service postal de Liverpool à Halifax et Boston en 1840 ainsi que le service régulier de passagers sur le *Britannia*. L'intérêt d'Halifax est de permettre l'accès au premier port de mer en tout temps, ce qui n'est pas le cas de Montréal puisque le Saint-Laurent est gelé une bonne partie de l'hiver.

L'un des plus grands « capitalistes » des temps modernes est l'Écossais Hugh Allan, installé à Montréal à partir de 1826. Il préside, après l'avoir refondée en 1835, une entreprise familiale créée par son père et un frère aîné. La compagnie Allan effectue la liaison régulière entre l'Écosse et le Canada, entre Glasgow et le Saint-Laurent, puis, en 1856, entre Montréal et Liverpool. La compagnie Allan prend très vite une envergure internationale en diversifiant ses activités commerciales et financières et Hugh Allan crée en 1864 la *Merchants'Bank of Canada* qu'il présidera jusqu'en 1882.

Les progrès technologiques permettent par ailleurs une modernisation des communications, notamment avec la mise en place d'un câble transatlantique. Grâce à l'apprentissage de la maîtrise de l'électricité, les innovations gagnent le petit monde du télégraphe. L'Américain Samuel Morse développe un télégraphe électrique et met au point un système original de transmission, le code Morse. En 1843, il relie Washington et Baltimore (60 kilomètres environ) par une ligne télégraphique et, deux ans plus tard, la compagnie de Hugh Allan s'implante au Canada. À partir de 1852, il préside la compagnie du télégraphe de Montréal et développe l'industrie du téléphone[1]. Il fut probablement le premier Canadien à avoir passé un appel interurbain.

En 1858, le premier câble est déposé au fond de la mer pour assurer la liaison Amérique-Europe, entre l'Irlande et Terre-Neuve (3 250 kilomètres). En 1866, un deuxième câble est tiré et exploité pendant plus d'une centaine d'années.

Le développement des transports a pour effet positif de rapprocher des lieux éloignés, de faciliter les échanges mais aussi de contribuer à l'apparition de villes nouvelles dans l'Ouest dans les années 1880, qu'il s'agisse de Regina, Saskatoon, Calgary, Vancouver ou Whitehorse. Après 1867, le Canada s'est résolument ouvert aux terres de l'Ouest, parachevant ainsi son expansion géographique et empêchant les États-Unis d'occuper voire d'annexer certaines parties du territoire. En facilitant le déplacement des populations, le chemin de fer a permis aux immigrants de s'installer et de mettre en valeur les Prairies. La construction des voies ferrées a également créé des emplois et le plan de relance de 1879, intitulé « Politique nationale » et décidé par le gouvernement pour lutter contre la concurrence économique américaine, a en partie fourni une réponse à la crise économique mondiale de 1873 à 1878.

---

1. C'est aussi la grande époque du téléphone inventé par le Canadien d'origine écossaise Alexander Graham Bell qui dépose un brevet en 1876 et crée la compagnie Bell en 1877.

Les espoirs suscités par l'intégration des colonies britanniques dans un ensemble élargi sont en grande partie comblés. Jusque dans les années 1850, chaque colonie avait son timbre-poste et l'unification des relations intérieures se traduit par la mise en place d'un système bancaire et monétaire commun, ainsi que d'un système postal régi par les mêmes lois.

À l'évidence, l'un des atouts du Canada est aussi de disposer de ressources naturelles. L'industrialisation est indissociable du charbon, première source d'énergie pour les trains et les navires, ce qui explique par exemple l'essor des mines du comté de Pictou en Nouvelle-Écosse. La ruée vers l'or dans le Klondike en 1896 est aussi source de revenus. On rappellera également l'exploitation de mines de cuivre et de nickel, notamment à Sudbury dans l'Ontario à partir de 1883 alors que, sept années plus tôt, on a découvert des mines d'amiante à Thetford Mines. En 1893, on met en valeur un gisement de plomb-zinc dans la région d'East Kootenay en Colombie-Britannique.

Cette évolution de l'économie bénéficie essentiellement à l'Ontario et aux Canadiens anglophones, accroissant ainsi le fossé avec le Québec qui prend du retard dans son développement. Les Canadiens français se classent indiscutablement en dessous des Canadiens anglais dans l'échelle socio-économique. L'écart entre l'Ontario et le Québec est difficile à combler mais il s'agit bien du retard d'une région et non de l'infériorité d'un groupe humain par rapport à d'autres. La société canadienne-française se replie sur l'agriculture, d'autant qu'elle ne dispose pas ou peu de ressources minières – qu'il s'agisse du charbon ou du fer – et ses ressources sont liées à l'exploitation forestière ou à l'hydroélectricité. Il convient donc de privilégier les facteurs géo-économiques objectifs.

Mais le débat historiographique a aussi une dimension politique. Dans le droit-fil de la thèse de Michel Brunet, certains historiens rendent la conquête responsable de cet état de fait : « L'infériorité économique de la collectivité canadienne-française est la conséquence fatale de sa mise en servitude comme nation vaincue, conquise et occupée, réduite à un statut de minorité dans un pays qui ne lui appartient pas. » On peut corriger cette interprétation en affirmant avec Jean Hamelin que, même pendant le régime français, le Canada français n'avait pas d'entrepreneurs. Mais le conquis est amené à rejeter le système de valeurs du conquérant, d'où la tendance à refuser le capitalisme, considéré comme anglo-saxon.

Tant avec Fernand Ouellet qu'avec Donald Creighton, l'interprétation psychologique accorderait plus de crédit à l'idée que la mentalité des Canadiens français est caractérisée par le conservatisme, la peur du risque et la recherche de la sécurité. Si l'on revient à la structuration sociale et économique de la Nouvelle-France, on peut affirmer que depuis son établissement jusqu'à la conquête, la base économique fut le commerce des fourrures plus encore que la production agricole. En réalité, la Nouvelle-France est divisée ou tiraillée entre deux directions. Deux politiques s'affrontent, celle de l'administration qui encourage les trafiquants de fourrures, les coureurs de bois et tous les agents de l'empire commercial face à l'Église qui privilégie le rôle des seigneurs et des habitants organisés autour de l'institution familiale et de la paroisse. Effet de la conquête, à partir de 1763, l'Église prend le dessus et fige le fragment canadien-français.

Le Québec développe une économie agricole de subsistance et, dès 1820, l'agriculture occupe les meilleures terres mais se trouve bloquée dans son expansion. Dans un contexte général d'accroissement démographique, mais où les emplois se raréfient, les Canadiens français sont touchés par une émigration à grande échelle et, dans la seconde moitié du XIXe siècle, c'est un demi-million d'entre eux qui partent pour la Nouvelle-Angleterre.

Gardienne de la religion et des valeurs, l'Église catholique retarde l'intégration à la société industrielle. L'Église a toujours insisté sur les vertus de la famille et de la vie rurale, condamnant débauche et mœurs dissolues, respectant l'ordre établi et se méfiant des puissances d'argent incarnées par le monde des affaires, de la finance et de l'industrie. Très vite, capitalisme et protestantisme sont associés tandis que le repli sur la ruralité conduit à l'isolement. Les Canadiens français prennent leurs distances par rapport au progrès et à la modernité. D'où la thèse du retard économique qui suscite tant de controverses. L'autarcie ne peut que favoriser la routine et les traditions parfois archaïques. Mais l'isolement a également permis de préserver une certaine homogénéité et la paroisse a servi de rempart contre les étrangers. Le régime seigneurial, véritable bouclier de la nation canadienne qui perdure jusqu'en 1854, et la paroisse font partie de l'héritage à conserver. Cette population tire aussi son homogénéité de son enracinement dans un espace géographique bien défini autour de la vallée laurentienne. Sur la défensive, la population canadienne-française rurale et catholique s'isole et se replie sur elle-même. Très vite émerge l'opposition entre catholiques francophones et protestants anglophones, entre Canadiens (Canayens) et Anglais (bientôt Canadians) pour reprendre la terminologie de Brunet, même si cette vision du clivage est un peu réductrice.

Les ecclésiastiques qui parlent un français très pur aident à conserver la langue et jouent un rôle essentiel dans l'instruction d'une population assez largement analphabète si l'on exclut les élites ou les riches qui envoient leurs enfants faire des études en Grande-Bretagne ou aux États-Unis. L'Église prend en charge l'éducation au point d'exercer un véritable monopole. On se souvient de la création, à Montréal, en 1767, d'un pensionnat par l'abbé Curateau qui fusionna avec l'École latine des sulpiciens pour donner naissance au Collège de Montréal. Les ursulines ou les religieuses de la Congrégation de Notre-Dame s'investissent aussi dans le secteur éducatif. Mais seuls les jeunes de milieu urbain ou aisé eurent accès à ces institutions. Dans l'esprit du Collège des jésuites de 1635 qui disparut après la conquête se met en place tout le système du collège classique, institution unique du Canada francophone, qui préparait l'élite sociale et intellectuelle canadienne-française aux études supérieures. À la fin du XIXe siècle, le Québec est doté de 19 collèges classiques réservés aux garçons.

Une autre source de clivage provient de la division sociale au sein de l'Église, entre un haut clergé près des élites et prompt à jouer le jeu des Britanniques et un bas clergé plus proche des patriotes. Ce fossé accru par la Révolution française sera suivi plus tard d'un rejet de Napoléon. Le repli des Canadiens français explique aussi leur neutralité pendant la guerre d'Indépendance américaine ou la guerre de 1812 : les querelles entre anglophones ne les concernent pas.

Ainsi l'héritage de la Nouvelle-France qui repose sur la langue, la foi et les institutions va être progressivement mythifié. Il a permis la survie du peuple canadien-français. Le passé est le garant de la survivance. Il devient un symbole de l'identité québécoise qui émerge dans les années 1830-1840, comme en attestent l'érection d'une statue de Jacques Cartier en 1831 ou la fondation de la Société Saint-Jean-Baptiste, société nationale des Canadiens français. C'est aussi à cette époque, en 1845, que François-Xavier Garneau publie une histoire nationale des Canadiens français. C'est alors que l'historiographie canadienne diverge de l'historiographie québécoise, et pas seulement parce que l'interprétation de la défaite varie. Pour certains Québécois, la survivance a été parfois surdimensionnée en étant qualifiée de résistance héroïque et l'imaginaire collectif a tôt fait d'amplifier le sentiment national. Mais incontestablement, au cours de cette période charnière, les Canadiens français prennent conscience du fait qu'ils ont développé une identité autonome, une culture distincte et une civilisation particulière.

À côté, le nationalisme canadien-anglais apparaît comme moins cohérent ou plus diversifié. L'identification à l'Empire britannique est forte, à en croire la célébration du jubilé de diamant de la reine Victoria en 1897. Face au risque de l'expansionnisme américain, le Canada a encore besoin de maintenir son lien avec la Grande-Bretagne, même s'il y a des partisans de l'annexion aux États-Unis. Mais le sentiment impérial ne trouve pas d'écho au Canada français. Voici réunies les données qui feront le Canada moderne, pris entre l'ancienne mère patrie et son voisin du sud : deux langues, deux cultures, deux perceptions du pays.

Chapitre IX

La montée en puissance (1896-1929)

La fin du XIXe siècle ouvre des perspectives nouvelles sur un XXe siècle riche de promesses, notamment sur le plan économique, au moins jusqu'à la crise de 1929 et malgré la Première Guerre mondiale.

Le « siècle du Canada » de Wilfrid Laurier (1896-1911)

Après un long règne des conservateurs, les élections de 1896 donnent une majorité de sièges aux libéraux de Wilfrid Laurier qui sera Premier ministre jusqu'en 1911. Laurier n'est pas un inconnu. Élu en 1871 à l'Assemblée législative du Québec, il entame une carrière fédérale en entrant à la Chambre en 1874. Il est ensuite ministre du Revenu dans le gouvernement Mackenzie en 1877 et 1878 avant d'être le chef de l'opposition en 1887. Il prend alors la tête d'un parti sans programme politique concret, qu'il dirigera jusqu'à sa mort en 1919. C'est un acteur et un orateur brillant. Il bénéficie d'une solide formation, suit le cours classique au collège de l'Assomption avant de faire son droit à l'université McGill de Montréal qui est à l'époque bilingue. Il rencontre des membres de l'Institut canadien, un groupe politique libéral radical et anticlérical, fondé en 1844, source des idées politiques défendues par le Parti rouge et condamné par l'évêque de Montréal Mgr Bourget en 1859. Il côtoie Antoine-Aimé Dorion qui le prend sous son aile, ainsi que Rodolphe Laflamme, un des plus éminents professeurs de droit constitutionnel qui a été ministre du Revenu intérieur et de la Justice dans le gouvernement Mackenzie. En 1864, lorsqu'il est question d'un projet de Confédération, il est, comme tous les Rouges qui vont former le Parti libéral, contre la formule de l'union.

En 1896, il devient le premier francophone à accéder à la fonction de Premier ministre. Forte personnalité, il a de la prestance et s'avère fin politicien. Il sait s'entourer et anime un véritable travail d'équipe. Il fait entrer le Canada dans le XXe siècle et se montre confiant dans le destin de son pays, allant jusqu'à prédire que « le XXe siècle sera canadien » et que la première décennie du siècle nouveau est la plus porteuse d'espoir de toute l'histoire du pays. Quel que soit le jugement que les Canadiens portent sur lui, il demeure l'une des figures politiques les plus imposantes de ce Canada qu'il a contribué à bâtir.

Le retour de la prospérité

Le contexte, il est vrai, porte à l'optimisme car la situation économique est des plus favorables. Après la crise durable des années 1870, c'est le retour à la prospérité qui est manifeste à compter de 1896. Le Canada affiche désormais une confiance sans bornes et la dynamique de l'esprit d'entreprise. Le chemin de fer y contribue largement car la Politique nationale de Macdonald porte ses fruits et Laurier poursuit sa politique d'aide à l'entreprise privée. Pendant le mandat de Laurier, le réseau ferroviaire passe de 25 000 kilomètres en 1895 à 40 000 en 1910. En plus du Canadien Pacifique construit de 1881 à 1885, le Canada se dote de deux autres transcontinentaux, le Grand Tronc Pacifique et le Canadian Northern Railway même si, vue de l'extérieur, la construction de ces voies ferrées quasi parallèles donne l'impression du gaspillage. On pourrait même y voir la traduction de l'alternance au pouvoir de deux partis politiques, chaque parti finançant sa propre ligne.

Entre 1900 et 1912, la croissance atteint un taux sans précédent malgré un léger ralentissement en 1907. En une quinzaine d'années, les exportations passent de 88 à 741 millions de dollars face à l'accroissement de la demande de matières premières et de denrées alimentaires. La production industrielle quadruple. La balance commerciale est excédentaire au moins jusqu'en 1912. L'exploitation des ressources minières est intensifiée, qu'il s'agisse des mines d'or, d'argent, de cuivre et de nickel dans l'Ontario et la Colombie-Britannique mais aussi de l'hydro-électricité et des pâtes et papiers en Ontario et au Québec. La production manufacturière s'accroît, le nombre d'ouvriers double. C'est aussi l'époque de la concentration des entreprises, notamment dans le secteur bancaire. De 51 en 1875, les banques à charte se réduisent à 18 en 1918. Le Canada bénéficie d'un volume important d'investissements étrangers et les importations de capitaux quadruplent entre 1901 et 1921 pour atteindre 5 milliards de dollars. On constate par ailleurs une forte tendance à la monopolisation.

Conséquences de la Révolution industrielle, l'industrialisation et l'urbanisation vont naturellement de pair. La population urbaine, qui représente un tiers de la population totale en 1901, dépasse les 50 % en 1931. On assiste à une véritable explosion des villes. C'est la fin du mythe d'un Canada rural. En 1911, le pays compte 90 villes de plus de 5 000 habitants. De 1901 à 1921, la population d'Edmonton passe de 4 000 à 58 000 habitants, celle de Winnipeg de 42 000 à 180 000. Montréal et Toronto doublent avec chacune plus de 500 000 habitants.

Les inégalités sociales et la naissance du syndicalisme

Il va sans dire que ces transformations économiques profondes ont un impact sur la société canadienne et qu'elles accentuent les inégalités sociales. Les hommes d'affaires s'enrichissent, une nouvelle classe moyenne de cadres et de professions libérales apparaît et la classe ouvrière vit en dessous du seuil de pauvreté, à l'exception des 100 000 ouvriers qualifiés, mieux défendus par les syndicats. Jusqu'en 1872, les grèves sont interdites même s'il y en a çà et là. En 1872, les typographes de Toronto réclament la journée de 9 heures. On estime que le taux de syndicalisation de la main-d'œuvre active est de 10 %. En réalité, les syndicats canadiens sont souvent des extensions des syndicats américains. Fondé aux États-Unis en 1869, l'ordre sacré des Chevaliers du travail (*Knights of Labor*) est en fait une organisation de défense ouvrière présyndicale qui tente de mettre sur pied des coopératives pour gérer en commun le matériel agricole et commercialiser les produits sans intermédiaires. Il renforce son autorité en 1881 quand il renonce à son caractère sacré et joue un rôle important jusqu'en 1886, même s'il survit jusqu'en 1949. Les Chevaliers du travail représentent un syndicalisme de masse, ce qui représente un handicap pour les revendications des plus qualifiés. À partir de 1886, plusieurs fédérations de métiers se regroupent dans une fédération assez lâche, l'*American Federation of Labor* (AFL). En 1883, on voit se former au Canada le Congrès du travail du Canada qui devient en 1886 le Congrès des métiers et du travail du Canada (CMTC) avant de s'affilier en 1892 à la Fédération américaine du travail (FAT). Les dernières décennies du XIXe siècle sont marquées par des grèves nombreuses et parfois dures, que ce soient celle des ouvriers du textile de Valleyfield, des mineurs de Cap-Breton et de l'île de Vancouver ou des cheminots du Grand Tronc.

En 1900, l'État crée enfin un ministère du Travail et adopte, en 1907, une loi sur les conflits de travail mais le monde syndical est encore mal organisé et surtout divisé. Il se contente de formuler des revendications sans s'engager dans une action politique directe. Il faut attendre la fin de la Première Guerre mondiale pour que les protestations se radicalisent[1].

Les réformes sociales

La modernisation des villes est soutenue par l'apparition du tramway et l'éclairage électrique mais les conditions socio-économiques qui prévalent en milieu urbain – hygiène publique inadéquate, fort taux de mortalité infantile, nécessité d'apporter de l'aide aux démunis, d'améliorer les logements, de mieux gérer l'eau et les égouts, sans compter la lutte à mener contre les méfaits

1. William Lyon Mackenzie King occupe le ministère du Travail sous Laurier en 1910 avant de devenir Premier ministre. C'est lui qui a été à l'origine de la loi sur les différends de travail.

de l'alcoolisme et de la prostitution – entraînent la nécessité de réformes sociales. Tous ces fléaux mobilisent réseaux associatifs divers, médecins, travailleurs sociaux et ecclésiastiques qui s'engagent dans des actions philanthropiques.

Les réformes sociales impliquent pleinement les réseaux associatifs et notamment les organisations confessionnelles, qu'il s'agisse de l'Évangile social du côté des anglo-protestants ou de l'Action sociale catholique. On peut aussi rappeler le rôle de la YMCA[1] et celui de son pendant féminin, la YWCA[2], qui organisent des garderies et distribuent la soupe populaire. L'implication des chefs religieux précède celle des réformateurs du monde des affaires. L'initiative individuelle prévaut encore souvent et il faut aussi vaincre la résistance de lobbys catholiques qui ne veulent pas être dessaisis de leur contrôle de l'éducation et des services sociaux.

Les femmes trouvent leur place au sein de ces mouvements, surtout ceux qui prônent la prohibition pour lutter contre le fléau de l'alcoolisme et les violences conjugales, notamment la *Woman's Christian Temperance Union*, mais aussi ceux qui revendiquent le droit de vote, notamment au sein du Conseil national des femmes fondé en 1893. L'interdiction de la consommation d'alcool est instituée, sauf au Québec, au cours des années 1920, après un référendum dont le résultat très serré montra que l'opinion était partagée.

À la fin du XIXe siècle, certaines professions commencent à se féminiser. Les premières institutrices, infirmières ou diplômées de l'enseignement supérieur

1. *Young Men's Christian Association.*
2. *Young Women's Christian Association.*

apparaissent timidement. Mais les femmes restent pour la plupart cantonnées à des fonctions de service subalternes - domestiques, couturières, employées de maison ou blanchisseuses - pour un salaire représentant la moitié des salaires masculins. Il faut attendre la Première Guerre mondiale pour que les femmes obtiennent davantage de droits.

La politique d'immigration volontariste

Pendant le mandat de Laurier, l'intérêt pour l'Ouest ne faiblit pas, bien au contraire. C'est bien l'Ouest qui bénéficie le plus de l'installation de nouveaux venus qui mettent les Prairies en valeur en cultivant le blé et en pratiquant l'élevage pour ce qui est de l'Alberta. La création en 1905 de deux nouvelles provinces à partir des Territoires du Nord-Ouest permet ainsi à l'Alberta et à la Saskatchewan d'entrer dans la Confédération. Ajoutée à celle du Manitoba, la population de ces deux provinces compte 251 473 personnes en 1891 et 1 328 121 en 1911. Il est vrai que l'immigration est stimulée par une politique volontariste conduite par le ministre de l'Intérieur chargé de l'immigration, Clifford Sifton, de 1896 à 1905[1]. Toute une littérature promotionnelle largement distribuée vante l'attrait des Prairies. Le Canada, qui est riche en terres à défricher et de surcroît peu coûteuses, attire des immigrants en provenance des États-Unis. On assiste même au retour de Canadiens qui avaient quitté leur pays pendant la dépression de la fin du XIXe siècle. La Loi des terres fédérales de 1812 prévoyait de permettre aux nouveaux colons d'acquérir 65 hectares de

1. On ne doit pas sous-estimer l'impact de la fermeture de la frontière américaine qui est officiellement close en 1890.

terre pour une somme modique. Le Canada est devenu attractif.

La période de 1896 à 1914 est celle des arrivées massives puisque pendant ces dix-huit années, il entre au Canada plus d'immigrants que pendant toute son histoire, soit plus de 3 millions. La décennie 1901-1911 est la première depuis quarante ans à connaître un solde migratoire positif de 810 000[1]. Pendant le seul mandat de Laurier, ce sont plus de 2 millions d'étrangers qui sont accueillis. De 1896 à 1900, les admissions passent de 16 835 à 41 631, puis la progression est constante[2]. Entre 1891 et 1911, la population a pratiquement doublé, essentiellement grâce à l'apport migratoire, passant de 4 833 239 à 7 206 643. L'augmentation démographique profite surtout au Québec, à l'Ontario et aux Prairies mais assez peu aux Maritimes et à la Colombie-Britannique.

Pour ce qui est des origines, une nette préférence pour les Britanniques se dégage mais étant donné qu'ils sont peu faits pour la mise en valeur des terres, il est fait appel aux masses paysannes de la Russie, de l'Allemagne, de la Scandinavie et de l'Europe centrale et orientale (Pologne, Hongrie). Les Ruthènes de Russie et de Pologne se perçoivent pour la plupart comme Ukrainiens. 53 % des nouveaux venus sont nés dans les pays britanniques, 19 % aux États-Unis (dont quelques Canadiens qui reviennent au pays), 2 % en Asie ou ailleurs et 25 % dans les autres pays non bri-

1. 1 550 000 entrées pour 740 000 sorties.

2. 55 747 en 1901, 89 102 en 1902, 138 660 en 1903, 131 252 en 1904, 141 465 en 1905, 211 653 en 1906 avec un pic de 272 409 en 1907, 143 326 en 1908, 173 694 en 1909, 286 839 en 1910, 331 288 en 1911, 375 756 en 1912 et, chiffre record, 400 870 en 1913.

tanniques[1]. En 1911, 22 % de la population canadienne est née à l'étranger.

L'arrivée de ces premiers « allogènes » constitue la première brèche dans l'Empire britannique et forme la base de la future société multiculturelle. Mais la répartition globale de la population canadienne n'est que peu affectée puisqu'au début du XXe siècle, 57 % de la population est d'origine britannique, 31 % d'origine française, 6 % d'origine allemande. On compte aussi 2 % d'autochtones et 4 % de la population ont une autre origine. Dans l'assimilation de ces nouveaux venus, l'école s'avère un excellent instrument, en particulier pour l'anglicisation. Mais cette volonté d'homogénéité linguistique et ce multiculturalisme avant l'heure sont préjudiciables aux groupes francophones hors Québec. Que ce soit au Manitoba ou dans l'Ontario, les Anglo-Canadiens cherchent à promouvoir le protestantisme et la « canadianisation ». De surcroît, même si la métaphore valorisante de la mosaïque appliquée au Canada est préférée à celle du creuset américain, l'échelle des revenus au Canada met en évidence ce que John Porter a qualifié de « mosaïque verticale ».

La gestion de l'immigration est devenue sélective dans la mesure où ce sont des critères socio-économiques qui guident le choix du recrutement. Elle demeure blanche et européenne : il s'agit bien de préserver une totale uniformité raciale. Winnipeg devient la porte d'entrée de l'Ouest et beaucoup d'immigrants, notamment les Ukrainiens ou les Doukhobors, secte traditionaliste installée dans l'Alberta, vont constituer des *bloc settlements*, véritables enclaves ou isolats dominés par la seule

1. Dont 22 % de l'Empire russe, 15 % de Scandinavie, 8,6 % d'Italie et 4,4 % de France.

question de la survie physique, matérielle ou culturelle du groupe. L'intégration des Ukrainiens et des Italiens s'avère difficile[1]. Les terres sont quasi gratuites mais souvent arides et improductives et, face au désespoir et à la solitude, on comprend que les personnes parlant la même langue se regroupent. Là encore, les Églises jouent un rôle essentiel pour permettre l'entraide et la solidarité.

La société canadienne peut être considérée comme une vraie société d'accueil même si elle n'est pas exempte de xénophobie, surtout en Colombie-Britannique. Des réactions de rejet se font jour avec l'immigration chinoise qui s'intensifie dans la décennie 1880 en raison de la construction du chemin de fer qui va jusqu'à employer 15 000 travailleurs chinois. La mesure restrictive de 1885 instaure une taxe individuelle à l'entrée de 50 dollars. La Colombie-Britannique aurait aimé qu'elle fût portée à 500 dollars mais ce ne sera le cas qu'en 1903. Des émeutes anti-asiatiques ont lieu à Vancouver en 1907. À cette méfiance s'ajoute la réticence des syndicats qui dénoncent l'exploitation d'une main-d'œuvre bon marché. Dans un contexte nativiste de rejet de l'étranger qui envahit les États-Unis dans les années 1920 et 1930, l'immigration chinoise sera interrompue au Canada en 1923. On note aussi des phénomènes de rejet, en 1910-1911 en Alberta, de nouveaux venus en provenance d'Afrique pour « raisons médicales ». Cette fermeture est d'autant plus surprenante que le Canada avait accueilli, au milieu

1. En 1902, les Doukhobors créent une secte radicale et millénariste, les Fils de la Liberté, qui est à la recherche de la Terre promise. Ils suscitent des réactions de rejet de la part des Canadiens et seule l'autorité de leur leader, Peter Verigin, apaise les tensions.

du XIXe siècle, des esclaves noirs grâce au système de l'*underground railway*[1].

Le rêve de l'Unité nationale

Laurier est soucieux de rapprocher les deux communautés, anglophone et francophone, pour parvenir à une forme d'unité nationale. Comme il le déclare : « Je rêve d'un pays où les deux races fondatrices seraient égales l'une l'autre, un pays où les frontières linguistiques et confessionnelles seraient abolies, une nation grande, digne et responsable, où francophones et anglophones cohabiteraient en paix. » Le désir d'établir un compromis avec modération se heurte à une question épineuse qui touche le français et les écoles confessionnelles au Manitoba. Le compromis Laurier-Greenway de 1896[2] intervient après l'adoption en 1889 de la Loi sur la langue officielle qui faisait de l'anglais la seule langue des procès-verbaux et des lois du gouvernement manitobain. D'autres lois abolirent le français dans les activités législatives et judiciaires et les écoles catholiques françaises disparurent. Le compromis de 1896 décrète que les francophones catholiques au Manitoba pourront bénéficier d'une éducation catholique en français s'il y a assez d'élèves pour le justifier (10 au moins dans les zones rurales et 25 au moins dans les zones urbaines). Mais dans la majorité des cas, le nombre des francophones est inférieur à celui des anglophones. Laurier crée des écoles francophones du soir et, dans les écoles

1. Ce système a permis aux Noirs de quitter le Sud pour rejoindre le Nord industriel.

2. Ainsi appelé du nom du Premier ministre du Canada et de celui du Premier ministre du Manitoba.

à majorité anglophone, les Canadiens français reçoivent une demi-heure d'enseignement religieux à la fin des cours. Il est aussi stipulé qu'il n'y aura pas de regroupement des élèves selon leur confession en dehors des heures d'enseignement religieux. Comme beaucoup de compromis, la solution proposée pour régler la question scolaire ne satisfait personne, les francophones la trouvant insuffisante et les anglophones considérant qu'on porte atteinte à l'autonomie des provinces. Cet échec consacre la défaite du français dans l'Ouest et hypothèque gravement la vision d'un Canada français pouvant se développer sur l'ensemble du territoire. La loi de 1905, qui marque l'entrée de la Saskatchewan et de l'Alberta dans la Confédération, contient très peu de clauses protectrices sur les écoles catholiques et l'usage de la langue française.

La politique étrangère

En matière de relations internationales, Laurier essaie de renforcer l'influence de son pays, notamment face aux États-Unis. L'un des premiers points de tension entre le Canada et les États-Unis concerne le contentieux qui oppose les deux pays à propos de la délimitation des frontières de l'Alaska. Déjà, dès 1867, lorsque les États-Unis achètent l'Alaska à la Russie, les Canadiens considèrent cela comme une offense et une limitation imposée à leur propre projet d'établissement national. La menace potentielle que représente la puissance américaine n'est pas totalement étrangère d'ailleurs à la création de la Confédération. Le contentieux porte sur la ligne de démarcation entre l'enclave de l'Alaska et la côte de la Colombie-Britannique. Les États-Unis revendiquent une bande côtière continue, non interrompue par les fjords.

De son côté, le Canada veut avoir le contrôle des extrémités en amont de certains fjords et, en particulier, celui du canal Lynn qui donne accès au Yukon. Cet intérêt est motivé par la ruée vers l'or du Klondike à partir de 1896. L'échec des négociations conduit à l'arbitrage d'un tribunal international qui comprend six membres, trois Américains, deux Canadiens et un Britannique. Ce dernier vote avec les Américains et épouse leur cause en 1903 en se déclarant en faveur d'une ligne passant derrière l'extrémité en amont des bras de mer. Cette décision crée un violent sentiment antibritannique au Canada. Laurier est furieux que le Canada n'ait pas la capacité juridique pour négocier des accords internationaux. La méfiance que le Canada éprouve à l'endroit des Américains peut en partie expliquer le rejet du libre-échange lors des élections sur la réciprocité en 1911.

La guerre hispano-américaine, cette « splendide petite guerre », selon l'expression du secrétaire d'État américain John Hay, constitue une autre source de divergences. Une guerre d'émancipation coloniale oppose en effet Cuba à l'Espagne depuis 1895. L'explosion mystérieuse d'un cuirassé américain, le *Maine*, dans le port de La Havane, en février 1898, conduit le Président McKinley à déclarer la guerre à l'Espagne qui lutte contre ses colonies révoltées, Cuba mais aussi les Philippines. Aux termes du traité de Paris de 1899, l'Espagne vaincue abandonne Cuba et Porto Rico mais, dans ce conflit, le Canada condamne les États-Unis et soutient l'Espagne.

Toujours en 1898, au mois de juillet, les États-Unis annexent l'archipel d'Hawaï, véritable « frontière » du Pacifique, qu'ils convoitaient dès la signature en 1875, d'un premier traité de commerce, renouvelé en 1887 avec l'établissement d'une base navale à Pearl Harbor.

Fin 1898-début 1899, ils occupent les Philippines. L'année 1898 marque clairement le début de l'intervention des États-Unis en Amérique latine. Dès les années 1860, le secrétaire d'État William H. Seward avait rêvé d'édifier un empire qui irait du Canada jusqu'à Panama, puis, dans les années 1880, le secrétaire d'État James Blaine reprend l'idée d'une union panaméricaine – qui n'aboutit pas – et défend le projet de construction d'un canal à travers l'isthme de Panama. Entrepris en 1906, le canal est achevé en 1914 mais il est alors sous le contrôle des seuls États-Unis. Cet intérêt pour la zone des Caraïbes et de l'Amérique centrale reflète la tentation de permettre aux États-Unis d'être au cœur du continent nord-américain.

Le début du XXe siècle est aux États-Unis l'ère du progressisme et des réformes dont l'effet principal est de générer la fierté de la réussite. La conquête de cette assurance conduit à l'émergence d'un nationalisme qui manifeste sa force à l'étranger. L'Amérique s'ouvre au monde et affirme sa vocation internationale. De 1897 à 1901 sous McKinley et de 1901 à 1909 sous Theodore Roosevelt, l'Amérique républicaine élabore la politique impérialiste dite du gros bâton (*big stick*). La première décennie du XXe siècle donne naissance à l'impérialisme américain qui repose sur la défense par les *Wasps* des valeurs américaines. Le « devoir de civilisation » consiste à porter aux autres l'esprit de liberté et de démocratie. L'intervention ou l'ingérence américaine à l'étranger trouve toujours sa justification morale : c'est au nom d'une juste cause que les États-Unis ont défendu les anticolonialistes de Cuba. C'est au nom de bons principes que les États-Unis interviennent ensuite à Saint-Domingue en 1905 et 1916, à Cuba en 1906, au Nicaragua en 1912, au Mexique en 1914 et à Haïti en 1915.

Mais une autre affaire sensible survient avec la seconde guerre des Boers en Afrique du Sud en 1899. Le Royaume-Uni compte sur un appui militaire du Canada en tant que membre de l'Empire britannique mais Laurier se trouve pris entre deux feux, celui des Canadiens anglais impérialistes qui soutiennent l'intervention militaire et celui des Canadiens français isolationnistes ou continentalistes, tout comme les États-Unis. Henri Bourassa, qui est élu député fédéral en 1896 sous la bannière du Parti libéral, défend les droits des Canadiens français tout en voulant les émanciper de l'ingérence britannique. En digne petit-fils de Louis-Joseph Papineau, il refuse de participer aux guerres impériales. En 1899, il démissionne de son siège de député pour exprimer avec force son désaccord avec Laurier. Laurier décide d'envoyer des volontaires au lieu des milices qui étaient attendues par les Britanniques. Tout comme la question scolaire, la guerre des Boers a contribué à accroître le fossé entre anglophones et francophones.

Une autre difficulté majeure fut constituée par la décision de Laurier de créer, en 1910, une marine royale canadienne sous commande impériale. L'hostilité forte au projet contribua à la défaite de Laurier en 1911 qui est remplacé par le conservateur Borden. Il en est de même avec ses prises de position en faveur de la réciprocité (libre-échange) avec les États-Unis qui risque de voir affluer des produits américains bon marché. Farouchement opposé au projet d'accord commercial, Clifford Sifton se brouille avec Laurier et organise une campagne antilibérale qui regroupe les conservateurs ainsi que des hommes d'affaires libéraux dissidents de Toronto que le protectionnisme a enrichis. Laurier n'obtient quant à lui que le soutien des agriculteurs.

Tout en lui reconnaissant la stature d'un homme d'État, les Canadiens français gardent de lui le souvenir d'un Premier ministre qui a trahi leur cause. Les Canadiens anglais, de leur côté, ont apprécié qu'il ait été un homme de compromis.

Les années 1910 : la Première Guerre mondiale et la grève générale de Winnipeg

La défaite de Laurier aux élections générales de 1911 permet aux conservateurs de revenir au pouvoir après quinze ans de règne libéral. C'est un Néo-Écossais, Robert Laird Borden, qui lui succède comme Premier ministre. Il gouvernera jusqu'en juillet 1920.

L'administration Borden et la guerre

Borden n'a pas le charisme ni le panache d'un Macdonald ou d'un Laurier mais il est pragmatique, d'une honnêteté qui confine à l'austérité. Issu d'une ancienne famille néo-écossaise – son arrière-grand-père s'est installé sur les terres acadiennes en 1760 –, il ne se destine pas dès le départ à la politique et entame une carrière d'avocat. Il participe même à l'un des plus gros cabinets d'avocats des Maritimes longtemps dirigé par Wallace Graham et Charles Hibbert Tupper. L'ironie veut qu'il soit élu député fédéral dans la circonscription d'Halifax en 1896 quand Laurier devient Premier ministre. Il reconstruit un Parti conservateur en perte de vitesse et devient chef de l'opposition en 1901. Dix ans plus tard, lorsque Laurier a le projet de rétablir le libre-échange avec les États-Unis avec un traité de réciprocité, il fait campagne contre lui, défendant la « préférence impériale » qui consiste à augmenter les tarifs douaniers pour contrer les importations extérieures à l'Empire britannique. Borden reçoit le soutien à la fois des nationalistes canadiens-français hostiles à la création d'une marine royale sous commandement britannique et des orangistes favorables au protectionnisme. Il devient Premier ministre en octobre 1911. L'alliance conclue avec Bourassa permet à Borden de remporter 40 % des sièges au Québec, soit 26 sur 65. Il reçoit aussi l'appui des libéraux dissidents, entraînant la déroute totale pour les libéraux dans l'Ontario, qui ne remportent que 13 des 86 sièges alors que les conservateurs en gagnent 71. Au total, Borden dispose de 132 sièges sur 221 et Laurier 85 seulement – sans compter 3 conservateurs indépendants et 1 travailliste. Le projet de réciprocité est enterré avec celui de la marine.

La première difficulté tient à la question scolaire qui éclate dans l'Ontario alors que Borden passe pour être francophobe. Le gouvernement conservateur de James Whitney adopte en 1812 le Règlement 17 qui limite l'usage du français dans les écoles bilingues des réseaux publics et séparés. Cette mesure concerne les deux premières années du cours primaire et le texte modifié en 1913 inscrit une heure de français par jour dans les programmes scolaires. Les Franco-Ontariens, réunis dans l'Association canadienne-française d'éducation d'Ontario (ACFEO), se heurtent à l'opposition des orangistes – qui pensent qu'un système scolaire bilingue favorise les divisions « raciales » et réclament l'enseignement « en anglais seulement » – ainsi qu'à celle des catholiques irlandais soutenus par l'évêque de London Mgr Fallon qui, au nom de la défense du catholicisme, est prêt à faire le sacrifice de la langue. Il est ironique de constater que même chez les catholiques irlandais, le fait français est perçu comme une menace. Il est vrai que l'*establishment* anglo-protestant craignait la « *French domination* » car la population francophone avait doublé en presque un demi-siècle. Le journaliste Henri Bourassa, fondateur de l'influent quotidien de langue française *Le Devoir* en 1910, dénonce les « Prussiens de l'Ontario ». Cette tension sur la question linguistique rappelle une situation déjà évoquée à propos du Manitoba en 1896.

Mais la principale préoccupation de Borden est de conduire le pays face aux enjeux de la Première Guerre mondiale déclarée par la Grande-Bretagne à l'Allemagne et à l'Autriche-Hongrie le 4 août 1914. Sans reprendre le projet de son prédécesseur, Borden envisage en 1913 d'équiper le Canada de trois cuirassés mais le Québec est farouchement contre et le projet de loi voté par la Chambre est rejeté par le Sénat à majorité libérale. La politique de défense est dans l'impasse. Son gouvernement prend alors l'allure d'une administration de temps de guerre comme en atteste l'adoption, dès le 18 août 1914, de la Loi sur les mesures de guerre qui lui permet de gouverner par décret, voire d'exclure ou de déporter des immigrants originaires de pays ennemis. D'ailleurs, entre 1914 et 1917, 8 579 Européens de l'Est sont internés, dont 5 000 Ukrainiens nés au Canada. La ville de Berlin, qui compte une importante population allemande, est rebaptisée Kitchener.

Lorsque la guerre est engagée, le Canada, comme tous les dominions, est contraint de prendre part au conflit sans la moindre consultation préalable. L'ampleur de sa participation est laissée libre cependant. L'objectif annoncé de 500 000 hommes paraît un effort important par rapport à une population totale qui compte à peine plus de 7 millions d'habitants. De surcroît, le Canada ne dispose en 1913 que de 3 000 soldats, auxquels s'ajoutent

60 000 miliciens. Au tout début, l'opinion publique est plutôt prête à reconnaître la menace que représente le Reich de Guillaume II et, si on ose parler de ferveur patriotique, elle ne concerne que les Canadiens anglais. Les Canadiens français se sentent moins concernés, d'autant que l'armée ne parle qu'anglais et que toute possibilité de promotion leur est barrée. Le ministre de la Milice et de la Défense Sam Hughes est chargé d'entraîner les hommes sur la base Valcartier, au nord de Québec dès septembre, mais il va s'entêter à les équiper de fusils Ross complètement inadaptés à la guerre de tranchées. 33 000 volontaires ont répondu à l'appel et un premier contingent de 30 000 Canadiens, dont 6 000 Canadiens français (regroupés dans le 22e bataillon), part pour l'Europe début octobre. En 1914 et 1915, près de 150 000 hommes sont recrutés, dont un grand nombre de chômeurs. En avril 1915, les soldats canadiens résistent héroïquement à Ypres (6 000 pertes, dont 2 000 morts) malgré les attaques des Allemands qui utilisent des gaz toxiques. Bourassa, qui a soutenu l'effort de guerre en août 1914 sans doute parce que ses convictions religieuses le poussent à suivre l'avis du pape, ne tarde pas à s'y opposer fin 1915. Mais l'année 1916 marque un tournant décisif car, très vite, on prend conscience que la guerre va durer plus longtemps que prévu. Sam Hughes est congédié et démissionne en novembre 1916 pour être remplacé par un ministre des Forces armées d'outre-mer.

Les Canadiens s'illustrent par leur courage à la bataille de la Somme qui fait 24 000 victimes, puis à Courcelette avant de prendre la crête de Vimy près d'Arras en avril 1917[1], sous le commandement britannique de sir Julian Byng. La bataille de Vimy consacre la fondation

1. Près de 3 600 morts et 7 000 blessés.

de la nation canadienne, d'autant que le commandant de la 1re Division canadienne, le général Arthur Currie, est le premier commandant canadien d'un corps d'armée non britannique. Il conduit notamment victorieusement les Forces canadiennes à Passchendaele en Belgique de juillet à novembre 1917[1] puis à Amiens et à Arras en septembre-octobre 1918. Mais le nombre de volontaires se tarissant, Borden a fait adopter la Loi concernant le service militaire obligatoire en août 1917. C'est cette décision qui amplifie la crise de la conscription. La division du pays se fait une fois de plus selon l'axe linguistique et ethnique. C'est l'enjeu de l'élection fédérale de 1917. Des mesures sont prises pour renforcer le camp des partisans de la conscription. Les fils des agriculteurs sont exemptés du service militaire. On notera que les premières femmes à avoir le droit de vote au niveau fédéral furent les épouses, mères et sœurs des soldats parce qu'elles soutenaient leurs hommes au combat. Il faut attendre 1918 pour que le droit de vote au niveau fédéral soit accordé à toutes les Canadiennes. Par contre, on retire le droit de vote à tous les Canadiens d'origine allemande, autrichienne et turque. Au niveau provincial, le droit de vote est accordé aux femmes en 1916 au Manitoba, en Saskatchewan et en Alberta puis dans d'autres provinces sauf au Québec où malgré l'engagement de Thérèse Casgrain, il faudra attendre 1940.

C'est dans ce contexte que Borden fait appel à une partie des libéraux pour former une coalition « unioniste » qui est réélue en décembre 1917 avec 153 des 235 sièges. Les libéraux de Laurier sont isolés et minoritaires (82 sièges) et Borden démarre un deuxième mandat sans l'appui du Québec où il ne remporte que 3 des 65 sièges

1. On dénombre cependant près de 16 000 morts du côté canadien.

alors que Laurier en gagne 62. C'est le point faible du Premier ministre qui parle mal le français et a du mal à comprendre les aspirations des Canadiens français. La loi de 1917 déclenche des protestations fortes au Québec et la tentative d'arrêter les conscrits réfractaires provoque des émeutes de rue violentes à Québec à Pâques 1918. En réaction au sentiment de rejet des Canadiens français, un député libéral, J. N. Francœur, va même jusqu'à proposer un texte envisageant que le Québec accepte de rompre avec le pacte confédératif de 1867. Cette motion « sécessionniste » est finalement retirée au Parlement du Québec. La loi sur la conscription n'aura pas le temps de se montrer efficace puisque les hostilités s'arrêtent en novembre 1918, mais elle aura causé des dommages politiques profonds. Sur le plan intérieur, on perçoit que la première décennie du siècle porte en elle toutes les tensions entre ethnies, classes et régions qui vont se faire jour par la suite.

Les conséquences de la guerre

La guerre aura causé la perte de plus de 68 000 hommes mais elle aura permis au Canada de s'affirmer sur le plan international. À la conférence de la paix de Paris en 1919, Borden finit par obtenir qu'il y ait une délégation canadienne autonome et que le Canada appose sa signature sur le traité de Versailles. Le Canada a cessé d'être une colonie et devient une puissance internationale. L'Empire a cédé la place au Commonwealth qui repose sur un partenariat entre États égaux. Le Canada participe d'ailleurs aussi à la création de la Société des nations (SDN) en 1919, dont il devient un membre à part entière.

À côté des opérations militaires, la guerre a eu un impact économique sur le pays. Tout d'abord, il faut financer l'effort de guerre. Pour cela, le gouvernement a recours aux emprunts et relève les droits douaniers qui sont source de revenus. En 1916, le ministre des Finances lève un impôt sur les profits des entreprises avant d'imposer les revenus l'année suivante. De 1913 à 1918, la dette a quadruplé et se chiffre à plus de 2 milliards de dollars, ce que rapporte *grosso modo* la loi de l'impôt sur le revenu fédéral en 1917.

L'expansion industrielle est stimulée par la guerre et les usines de munitions et d'armement se développent. Même si le gouvernement tente de lutter contre le favoritisme, il est accusé de soutenir les intérêts financiers de Toronto. Les conservateurs, qui ont toujours critiqué les chemins de fer « libéraux », sont contraints de soutenir financièrement les compagnies ferroviaires qui sont au bord de la faillite fin 1915 avant de les regrouper et de les nationaliser en 1923 avec la création du Canadien National (CN). Il faut aussi investir dans la construction de voies ferrées[1], l'achat de matériel roulant et l'extension du réseau routier. La stimulation de l'économie est créatrice d'emplois, même si le chômage est encore à un niveau élevé en 1914-1915. Les hausses salariales ont du mal à compenser l'augmentation du coût de la vie et la dérive inflationniste.

Le mécontentement social et la grève de Winnipeg

Mais il faut aussi satisfaire les agriculteurs de l'Ouest et leur faire oublier l'échec du libre-échange, d'où la créa-

1. Le réseau, qui comptait 29 000 kilomètres en 1900, est passé à 63 000 kilomètres en 1920.

tion en 1917 d'un Bureau de la vérification du grain pour répondre à l'augmentation importante du prix des céréales canadiennes sans pour autant décider des réductions tarifaires.

Le mécontentement social s'amplifie et les mouvements de protestation se multiplient. Les Fermiers de l'Ouest sont soumis à la loi des acheteurs qui fixent les prix, mais aussi au coût des transports et des compagnies ferroviaires, ainsi qu'aux droits de douane. Ils s'endettent pour acheter des machines agricoles plus performantes et font face à la mécanisation qui réduit la main-d'œuvre. Ils doivent investir dans la recherche de nouvelles variétés de blé, plus résistantes mais aussi plus productives et précoces[1]. Le mécontentement stimule les organisations syndicales. Parmi les grèves qui se déclenchent de Vancouver à Halifax, la plus célèbre de l'après-guerre est celle de Winnipeg qui se déroule du 15 mai au 25 juin 1919. Le mouvement commence par une grève des métallurgistes et des ouvriers de la construction mais très vite, devant l'intransigeance des employeurs, toute la main-d'œuvre suit par solidarité. Le refus de négocier envenime la situation, d'où la généralisation d'une grève qui paralyse Winnipeg et rencontre un écho national. Sur une population totale de 175 000 habitants, 30 000 travailleurs, y compris non syndiqués, sont dans les rues. C'est une grève générale que d'aucuns – employeurs et politiciens – ont qualifiée de « révolution », sans doute en partie parce que la référence à la révolution russe d'octobre 1917 est dans tous les esprits, tant est forte la crainte du communisme. Le Comité des mille citoyens[2] qui ras-

1. La variété *Red Fife* puis le blé Marquis à compter de 1911.
2. *Citizen's Committee of One Thousand.*

semble des avocats, des banquiers, des riches industriels discrédite le mouvement et traite les grévistes de bolcheviques et d'« ordures étrangères » (*alien scum*).

Les grévistes dénoncent l'inflation et le chômage mais ils exigent surtout la légalisation des syndicats. La grève traduit en tout cas le début d'un courant idéologique nouveau. Les meneurs sont membres du Parti socialiste radical. Au Congrès des métiers et du travail réuni à l'automne 1918, les syndicalistes de l'Ouest proposent des résolutions jugées trop radicales, qui sont rejetées. Ils veulent abandonner le syndicalisme de métier et le remplacer par un syndicalisme d'industrie. À la réunion du printemps 1919 à Calgary, ils expriment alors leur volonté de créer un nouveau syndicat, un grand syndicat[1] décidé à utiliser la grève générale comme arme principale.

En toute hâte, le Parlement modifie le Code criminel pour pouvoir expulser les militants ouvriers et la Police à cheval du Nord-Ouest intervient. La répression est brutale et les événements tragiques du samedi 21 juin (*Bloody Saturday*) font deux morts et une trentaine de blessés, sans compter les arrestations et les emprisonnements. L'OBU ne se remettra pas de la défaite de la grève de Winnipeg et demeurera un petit syndicat régional dirigé par R. B. Russell jusqu'en 1956. À l'élection de 1920, John Queen deviendra maire de Winnipeg de 1935 à 1936 et de 1938 à 1942. En 1921, J.-S. Woodsworth (1874-1942), qui a été lui aussi emprisonné et relâché au bout de cinq jours sans être condamné, est élu à la Chambre des communes. Ministre du culte méthodiste pratiquant l'évangile social auprès des déshérités, il quitte son ministère pour s'engager en politique et fon-

1. *One Big Union* (OBU).

der le Parti social démocratique du Canada (PSDC) qui donnera naissance plus tard au NPD (Nouveau Parti démocratique).

Borden démissionne en 1920 et cède la place à Arthur Meighen. Né dans l'Ontario, Meighen est professeur et exerce comme avocat au Manitoba. C'est un orateur brillant qui se lance assez jeune dans la politique. Tout comme Borden, il est ambitieux tout en étant plus direct. Il est élu député en 1908, à l'âge de 34 ans. Sous Borden, il est solliciteur général jusqu'en 1917 puis il est nommé la même année ministre des Mines, avant de devenir, avec la formation du gouvernement de coalition en 1917, ministre de l'Intérieur et chargé des Affaires indiennes. Il devient Premier ministre en juillet 1920 et son mandat prend fin le 29 décembre 1921 car le gouvernement de coalition est devenu très impopulaire au cours de l'année 1921 et des élections générales doivent être organisées. Comme Premier ministre, il ne laisse pas une marque indélébile dans l'histoire canadienne, sa seule réussite ayant été de proposer sa médiation à la Conférence impériale de 1921 et de convaincre le gouvernement britannique de Lloyd George de ne pas renouveler l'alliance avec le Japon car elle pourrait entraîner un conflit entre la Grande-Bretagne et les États-Unis.

Compte tenu des périls à vaincre et des obstacles à surmonter, on peut dire que ce début de siècle ne s'est pas avéré aussi prometteur que l'avait prédit Wilfrid Laurier.

Les « années folles » (1921-1929)

La majorité « introuvable »

Le gouvernement unioniste (conservateurs et quelques libéraux) de Robert Borden puis d'Arthur Meignen, au pouvoir pendant un peu plus de dix ans, est remplacé, aux élections de décembre 1921, par un gouvernement libéral dirigé par un jeune leader, William Lyon Mackenzie King.

Sur les 235 sièges, les libéraux en remportent 116 et les conservateurs 50. Il y a 3 travaillistes et 2 indépendants. La surprise vient du succès du Parti progressiste né pendant les années de mécontentement social qui est venu troubler le jeu traditionnel de l'alternance au pouvoir de deux partis potentiellement majoritaires. Après le dépôt du budget fédéral de 1919, certains des députés unionistes de l'Ouest anciennement libéraux avaient quitté le gouvernement pour protester contre les tarifs douaniers imposés aux produits agricoles. Mené par Thomas Alexander Crerar, ce groupe forme le Parti progressiste. Des militants travaillistes impliqués dans la grève de Winnipeg, dont J. S. Woodworth, se présentent avec cette étiquette. Est également élue Agnes Macphail, qui est la première femme députée.

Les progressistes arrivent même en deuxième position avec 64 sièges et auraient pu constituer l'opposition officielle s'ils l'avaient accepté. Ce rôle sera donc dévolu aux conservateurs de Meighen. La situation est d'autant plus délicate que les deux hommes (Meighen et King) sont rivaux mais surtout se détestent.

Petit-fils de William Lyon Mackenzie, le meneur de la rébellion du Haut-Canada en 1837, King est diplômé de plusieurs universités prestigieuses[1]. Il est élu député fédéral pour la première fois en 1908 à une élection partielle sous l'étiquette du Parti libéral. Il est à nouveau élu en 1909 dans les mêmes conditions et occupe le poste de ministre du Travail sous Laurier. En 1911, il est battu alors que les conservateurs gagnent les élections. Mackenzie King part alors aux États-Unis, dont il ne revient que pour être à nouveau candidat en 1917. L'enjeu est la question de la conscription et s'y étant déclaré clairement hostile, il est battu car la conscription est soutenue par une très grande majorité de Canadiens anglais. Deux ans plus tard, en 1919, il est élu chef des libéraux, responsabilité qu'il va assurer jusqu'en 1948. Il est réélu député, à nouveau à l'occasion d'une élection partielle, avant de devenir Premier ministre fin 1921. Le parcours jusque-là a été pour le moins laborieux et révèle des qualités de ténacité de la part de King. Grâce à son instinct politique, il sera le Premier ministre le plus durable de toute l'histoire canadienne, occupant ces fonctions pendant plus de vingt et un ans. Il a l'image d'un homme ambitieux, engagé et parfois un peu vaniteux ou imbu de lui-même. Par ailleurs, il se montre un grand conciliateur grâce à sa prudence et à sa modération.

La première difficulté politique à laquelle King est confronté est la recherche d'un gouvernement majoritaire. Sur les 235 sièges que compte la Chambre, la majorité absolue est à 118. Pendant la mandature, les libéraux de King sont à la recherche d'une majorité qui se joue à un siège près mais ils ont obtenu un soutien très fort au Québec, un appui net dans les Maritimes et un très bon score dans l'Ontario. Les progressistes sont forte-

1. Universités de Toronto, d'York, de Chicago, de Harvard.

ment soutenus dans l'Ouest, gagnent la confiance d'un tiers de l'Ontario mais ne remportent qu'un seul siège à l'est de l'Ontario. Les conservateurs ont le soutien d'une bonne partie de l'Ontario et quelques appuis dans les Maritimes et en Colombie-Britannique. Le gouvernement est minoritaire avec ses 116 députés libéraux jusqu'en décembre 1922 mais devient majoritaire grâce au soutien de deux progressistes puis, en décembre 1923, les libéraux perdent deux élections partielles et le gouvernement est à nouveau minoritaire jusqu'en novembre 1924, lorsqu'une élection partielle gagnée par les libéraux leur redonne cette majorité « introuvable » jusqu'à la fin de la législature.

Lors de son premier mandat, King, tout comme Meighen avant lui, doit gérer l'Ouest et la question des tarifs douaniers. Il est contraint de déclencher une élection générale en 1925. Sur les 245 sièges, les conservateurs en remportent 115, les libéraux 100 et les progressistes 22. King est lui-même battu dans sa circonscription et il ne doit son élection qu'à la faveur d'une consultation partielle où il a convaincu un libéral de lui céder sa place. Bien que les conservateurs arrivent en tête sans avoir de majorité, King s'accroche au pouvoir avec l'appui des progressistes qui sont divisés.

Le deuxième mandat de King est à peine commencé qu'éclate un scandale financier aux douanes. Les libéraux québécois sont accusés d'avoir reçu des pots-de-vin pour avoir introduit illégalement du rhum aux États-Unis en pleine prohibition[1]. Les progressistes, qui ont établi leur crédibilité en revendiquant la pureté et l'honnêteté en politique, seraient naturellement discrédités

1. On se souvient que la prohibition a été instaurée aux États-Unis en 1920 aux termes du 18e amendement à la Constitution.

s'ils soutenaient une administration corrompue. Dans ce contexte, King est obligé de démissionner en juin 1926. Il demande alors au gouverneur général lord Byng de dissoudre avant d'organiser une nouvelle élection, mais Byng refuse. C'est la première et seule fois qu'un gouverneur général exerce ainsi sa prérogative, considérée par beaucoup de Canadiens comme une intervention étrangère dans les affaires du Canada.

Byng demande alors à Meighen de former un nouveau gouvernement qui ne durera que l'espace d'un court été, du 29 juin au 25 septembre. En effet, trois jours après sa nomination, une motion de censure est déposée et votée à la majorité d'une voix, King ayant fait alliance avec le *Ginger Group*. Byng accepte cette fois-ci la dissolution de la Chambre. L'ironie veut que le gouvernement Meighen tombe suite à la défection inattendue d'un progressiste qui a voté contre le gouvernement au lieu de s'abstenir, pour compenser l'absence d'un député conservateur.

Les élections de 1926 portent King à nouveau au pouvoir jusqu'en août 1930. Il dispose alors d'un gouvernement majoritaire grâce à la fidélité du Québec (59 des 65 sièges), du soutien fort des Prairies surtout en Saskatchewan et de gains substantiels dans l'Ontario et les Maritimes. C'en est fini du Parti progressiste, d'autant que depuis 1925, l'Ouest canadien connaît un regain de prospérité. Seuls quelques radicaux du *Ginger Group* poursuivent leur combat et on voit apparaître une formation en Alberta, les *United Farmers of Alberta*, qui, après avoir obtenu 2 sièges en 1925, en obtiennent 11 en 1926.

La prospérité retrouvée

Au lendemain de la guerre, les Canadiens éprouvent le besoin de vivre et de profiter des opportunités que leur offre leur économie. La prospérité retrouvée après la crise 1919-1921[1] ne peut que porter à l'optimisme, même si *a posteriori* ce dernier s'avère illusoire. L'économie canadienne traverse une période faste qui dure huit ans, jusqu'à la crise de 1929. Il y a indéniablement des signes objectifs d'enrichissement national. L'essor du capitalisme et de l'industrialisation conduit au matérialisme et à la recherche du profit. Le pouvoir d'achat s'accroît et le niveau de vie progresse. L'augmentation des salaires stimule la consommation, avec tout le développement d'activités qu'il induit dans le domaine du crédit et de la publicité. La société de consommation de masse telle que l'a décrite Rostow se met en place et la décennie des années 1920 cède à l'euphorie. La prospérité, sans doute trompeuse car liée à une politique de crédit à court terme qui gonfle artificiellement le pouvoir d'achat, « est au coin de la rue ». On est frappé par la ressemblance de la société canadienne avec la société américaine dont l'influence grandit. Malgré les inégalités qui subsistent, les Canadiens partagent la conviction qu'il est possible d'accéder à l'aisance matérielle. Dans un contexte d'enrichissement national, la production industrielle et la commercialisation autorisent les consommateurs à prétendre bénéficier d'un plus grand confort. La classe moyenne goûte aux bienfaits de la révolution technologique qui améliore la vie de tous les jours. Grâce à l'électricité, les tâches domestiques se trouvent allégées. La maison

1. Le taux de chômage est de 15 % au tout début de la décennie.

canadienne s'équipe avec des appareils ménagers qui facilitent la vie quotidienne : aspirateurs, réfrigérateurs, machines à laver le linge, cuisinières électriques, postes de radio. Les transports sont aussi facilités par le développement spectaculaire de l'industrie automobile.

Les bénéfices de la prospérité ne sont pas également partagés par tous et les grands exclus sont les ouvriers et les fermiers. Au-delà de la différence de classes, la situation varie selon les provinces. L'Ontario et le Québec bénéficient de 80 % des nouveaux investissements et développent notamment le secteur de l'hydro-électricité. L'industrie automobile prospère dans l'Ontario. La vente de minerais enrichit la Colombie-Britannique et le nord de l'Ontario. En revanche, les Prairies traversent des périodes difficiles puisque tout repose essentiellement sur le blé. Leur économie, qui ne dépend que d'un seul produit (*staple product*), est fragile, comme l'a bien mis en évidence Harold Innis. On relève cependant des efforts de diversification avec l'exploitation de gisements de pétrole en Alberta ou de mines de plomb, de zinc et de cuivre à Kootenay en Colombie-Britannique.

Le secteur agricole est périodiquement touché par des crises conjoncturelles mais aussi par des crises structurelles profondes. Le danger est à la fois la surproduction et l'endettement. Les prix sont sujets à variation et la productivité demeure imprévisible selon les années. La très forte demande de produits alimentaires dans l'immédiat après-guerre a relancé le marché mais la reprise économique en Europe a diminué cette demande et les commandes de produits canadiens, tributaires d'un marché international imprévisible, se tassent à partir de 1920. Les fermiers souhaitent l'abaissement des tarifs douaniers et la réduction des frais de transport pour stimuler leurs exportations. La concentration des exploitations agricoles et le développement de la mécanisation rendent nécessaire la solidarité. Des mouvements coopératifs se font jour. Déjà, dès 1909, est fondé à Edmonton le lobby des *United Farmers of Alberta* puis, en 1914, celui des *United Farmers of Ontario* (UFO). La nouveauté est que le mécontentement agraire s'organise au niveau de la politique. L'UFO a pris le pouvoir au niveau provincial en 1919 avec un ancien fermier, E. C. Drury, qui est Premier ministre jusqu'en 1923, puis c'est au tour de l'Alberta où Herbert Greenfield est Premier ministre de 1921 à 1935. Leur poids est également fort en Saskatchewan et au Manitoba, mais l'objectif est désormais de peser sur les décisions politiques à Ottawa. La création du Parti progressiste en 1921 vient troubler le jeu. Le parti, conduit par le Manitobain Thomas Crerar, regroupe des agriculteurs de l'Ontario et des Prairies membres du Conseil canadien de l'agriculture qui s'unissent à des libéraux dissidents hostiles, eux aussi, aux tarifs douaniers élevés. Après le succès aux élections fédérales de 1921, le mouvement s'essouffle en 1925 et 1926 d'autant que la fin des années 1920 est marquée par une reprise économique. Mais le fait d'envoyer des représentants fédéraux à la Chambre des communes est déjà un signal fort qui transforme la politique canadienne, même si le mouvement est encore éphémère. Il annonce la création future de la *Cooperative Commonwealth Federation* (CCF) en 1932 à Calgary. Un modeste régime de pensions de vieillesse voit le jour en 1927, mais aucune aide n'est prévue pour les chômeurs et les indigents qui sont tributaires de la charité d'organismes privés et publics.

Tout comme les Prairies, les Maritimes ont le sentiment d'être un peu oubliées, à la marge de l'activité économique. Le déclin amorcé au milieu du XIXe siècle se poursuit. Pendant la guerre, les Maritimes, et surtout Halifax, ont été stimulées par le commerce d'exportation, au moins jusqu'à l'explosion du port d'Halifax en décembre 1917 qui, malgré son caractère dramatique, aura permis de relancer le secteur de la construction. Mais les années 1920 s'avèrent plus sombres. Le prix du poisson et du bois s'effondre et l'utilisation de l'acier au lieu du bois pour les coques des navires freine la construction navale. La hausse du prix des transports est un handicap. Les Maritimes auraient souhaité la remise en vigueur de tarifs ferroviaires préférentiels mais King ne règle pas la question des droits douaniers. Une lutte pour les « droits des Maritimes » est engagée par une coalition bipartisane regroupant des chefs d'entreprise, des hommes politiques et quelques représentants du monde ouvrier mais soutenant les conservateurs. King les a déçus en ne tenant pas ses promesses électorales et les quelques crédits qui sont finalement accordés, notamment pour l'aménagement portuaire d'Halifax, demeurent en deçà des attentes.

L'accès à la souveraineté

Dans le droit fil de la politique menée par le conservateur Borden, indépendamment du biais partisan, le Canada affirme sa personnalité sur le plan international sous le libéral King.

La décision de Byng en 1926 reflète bien, par les réactions d'impopularité qu'elle déclenche, le sentiment que les Canadiens partagent par rapport à leur souveraineté. Déjà dans l'affaire Chanak en 1922, King refuse d'apporter le soutien du Canada aux Britanniques[1]. En septembre 1922, les troupes britanniques postées à Chanak (Turquie) sont prises d'assaut par la Turquie qui dénonce le traité de paix de Sèvres conclu en août 1920. L'Empire ottoman, vaincu pendant la Première Guerre mondiale, a dû céder au royaume hellène (pour son intervention aux côtés des Alliés) des territoires en Anatolie et en Thrace orientale et notamment Smyrne, la capitale de l'Ionie. Mais les nationalistes turcs, dirigés par Mustafa Kemal, refusent d'accepter le traité et envahissent le territoire de Chanak. Les territoires sont finalement restitués à la Turquie par le traité de Lausanne en 1923. King prétexte devoir préalablement consulter le Parlement pour justifier son refus de s'engager. Meighen, quant à lui, a déjà perdu une partie de son crédit pour s'être déclaré prêt à soutenir l'effort de guerre britannique. L'attitude de King est révélatrice : il choisit de préserver l'harmonie au Canada plutôt que de promouvoir l'unité au sein de l'Empire.

C'est dans la même logique que King se rend à la Conférence impériale de 1926 pour plaider une plus grande autonomie des dominions. La déclaration Balfour reconnaît un statut égal pour tous les membres du Commonweath, y compris le Royaume-Uni, qui sont des communautés autonomes « librement associées ». Les dominions ne sont « aucunement subordonnés les uns aux autres » tant sur le plan de la politique intérieure qu'extérieure mais « unis par une allégeance à la Couronne ». Cette déclaration conduit au statut de Westminster en 1931, qui confirme officiellement que

1. Outre le fait que son ego a souffert d'avoir appris la déclaration de guerre des Britanniques dans la presse.

le Canada est pleinement souverain. Il a la totale maîtrise de sa politique étrangère. En cas d'amendement de la Constitution, il devra cependant solliciter l'autorisation du Parlement de Londres.

Dès mars 1923, le Canada avait affirmé son autonomie en signant seul avec les États-Unis un traité sur les droits de pêche dans le Pacifique nord. Il dut même menacer d'établir une représentation diplomatique autonome à Washington pour que l'Angleterre accepte de ne pas apposer sa signature sur le traité du flétan. La fin des années 1920 voit se développer les premières initiatives en matière de représentation diplomatique à l'étranger. En 1927, William Phillips est ministre des États-Unis au Canada et, alors qu'il est théoriquement toujours représenté à Londres par un haut-commissaire, le Canada ouvre une ambassade à Washington[1] puis d'autres, dans les mois suivants, à Paris et à Tokyo. Ces initiatives traduisent bien le relâchement progressif des liens avec la Grande-Bretagne, au grand dam des « impérialistes ». On sent bien que le Canada a de plus en plus de mal à se dégager des tentations du « continentalisme ».

Les relations diplomatiques avec la France sont plus complexes puisqu'il faut tenir compte de la division entre anglophones et francophones et que se pose déjà la question de la représentation du Québec. La représentation du Canada à Paris est ancienne puisqu'elle est initiée dès février 1882 par le Québec, le gouvernement provincial Chapleau ayant pris l'initiative de nommer Hector Fabre pour le représenter alors que le gouvernement fédéral n'a de représentants qu'à Londres. Quatre mois plus

1. C'est Vincent Massey qui est nommé « *envoy extraordinary* » et ministre plénipotentiaire de 1927 à 1930.

tard, le niveau fédéral le nomme « agent du dominion » puis commissaire général sans statut diplomatique afin de favoriser l'émigration et les échanges commerciaux. Fabre est censé en rapporter au haut-commissariat du Canada du Royaume-Uni mais, pendant vingt ans, Fabre fera connaître le Canada en présentant son pays comme un État en voie d'émergence.

En mai 1911, Laurier nomme Philippe Roy commissaire général du Canada *et* du Québec en France. Le gouvernement conservateur de Borden désapprouve ce double rôle au service du Canada *et* du Québec et Roy démissionne de sa fonction de commissaire général du Québec. En 1914, il reste à Paris malgré l'invasion allemande. En 1928, le bureau canadien à Paris est promu légation, et Roy devient le « ministre plénipotentiaire » en France, mais toujours sous la responsabilité de l'ambassadeur britannique. Il faut attendre 1944 pour que soit nommé Georges Vanier comme premier « véritable » ambassadeur.

L'effervescence culturelle et le nationalisme

Les industries culturelles favorisent la créativité et l'innovation artistique en donnant accès aux arts de la scène, aux arts visuels, aux arts médiatiques, aux collections muséales et aux expositions patrimoniales. Ce sont aussi les enregistrements sonores, l'édition de livres et de magazines, la radiodiffusion, le cinéma et les nouveaux médias.

Les années 1920 sont l'âge d'or du cinéma américain. Outre qu'il stimule une industrie florissante, c'est un divertissement à la portée de toutes les bourses. Usine à rêves, il offre un excellent reflet de mythes et le producteur joue le rôle d'un médiateur culturel en quête de consensus. Comme aux États-Unis, le cinéma allie popularité démocratique et contraintes économiques, plaisir et rentabilité. Il crée un système de stars mais en en faisant les icônes de la société. Véritable support de l'idéologie, il fournit des images qui façonnent les représentations du pays. En réalité, l'histoire du cinéma au Canada précède celle d'un véritable cinéma canadien. C'est en 1897 que les premiers films canadiens sont tournés. Un jeune fermier manitobain du nom de James Freer décrit la vie des Prairies et s'inscrit dans le contexte de la propagande organisée par Sifton pour attirer de nouveaux immigrants. Les « Canadiens types » comme les bûcherons, les Métis, les chercheurs d'or et les membres de la Gendarmerie royale sont représentés dans les films américains qui vont s'intéresser de plus en plus aux paysages canadiens pour leur exotisme. Jusqu'en 1912, ce sont surtout des films de fiction ou des courts-métrages documentaires qui sont produits. Le premier long-métrage canadien, *Évangeline*, est réalisé à Halifax en 1913. Dans les années 1920, Hollywood contrôle les compagnies de distribution et d'exploitation des salles. L'influence américaine est forte et peu ou pas de productions sont vraiment canadiennes, sauf un film de 1927 qui raconte la participation canadienne à la Première Guerre mondiale – sans grand succès.

Les années 1920 sont aussi l'âge d'or de la radio aux États-Unis et la première émission en continu est retransmise en novembre 1920, juste à temps pour le débat politique entre Harding et Cox, les candidats à la présidentielle. La radio permet la découverte de l'*American way of life* et suscite l'adhésion au nouveau modèle consumériste qui se met en place. Moyen d'information et de distraction populaire, elle permet surtout aux auditeurs de partager la même expérience et d'éprouver un sentiment d'unité. La décennie est enfin caractérisée par une véritable prolifération des tabloïds : la formule des magazines est renouvelée avec la création par Henry Luce du premier newsmagazine *Time* en 1923 puis de *Life* en 1936. Pour la télévision, il faut attendre les années 1940. Ce bilan montre clairement que l'emprise culturelle américaine est forte sur le Canada.

En revanche, il est un domaine, celui du loisir ou du divertissement, où le Canada s'affirme. Le sport comme consommation et comme spectacle est vecteur de normalisation et d'acculturation. Les matches de baseball – sport estival le plus populaire au Canada – sont rediffusés à la radio à partir des années 1920. On se presse pour soutenir les *Montreal Royals* au stade Delorimier (*Delorimier Downs*) inauguré en 1928. Les Canadiens prétendent même être les inventeurs du jeu, identifiés comme étant des Anglais célébrant à Beachville (Ontario) en 1838 la répression de la rébellion de 1837. On notera que les supporters qui assistent aux matches sont séparés en fonction de leur langue, de leur religion et de leur lieu de résidence mais, contrairement à d'autres sports, le baseball touche toutes les classes sociales.

La boxe est aussi très populaire. Elle apparaît au Québec dans les années 1820 mais, un siècle plus tard, Montréal reçoit les boxeurs du monde entier tout comme Québec, Sherbrooke, Drummondville ou Granby. Des foules nombreuses se pressent dans le Forum de Montréal ou au théâtre Saint-Denis.

Le hockey a aussi la faveur du public et remplace la crosse au début du siècle comme sport national. En 1893, le gouverneur général lord Stanley donne à ce sport une véritable impulsion en créant un trophée qui est l'actuelle coupe Stanley. La création des Canadiens de Montréal date de 1909[1]. À chaque match, la patinoire Victoria à Montréal est comble.

Réservé à l'élite au début, le hockey gagne en popularité pour devenir un passe-temps national et contribuer à la définition d'une identité canadienne. D'amateur, il devient professionnel et désormais accessible à l'ensemble de la population. Mais l'Association nationale de hockey, créée en 1909, ne fait pas l'économie de la rivalité entre francophones et anglophones. L'identification aux Canadiens flatte la fierté des Canadiens français alors que le nationalisme canadien-français est en hausse.

On peut s'interroger sur la culture américaine ou canadienne. Est-il possible aux sociétés jeunes d'avoir une culture propre ? Si l'on se réfère à la « haute culture » que représente l'Europe, à sa conception élitiste et aristocratique de l'activité créatrice, l'absence de passé peut être un obstacle à l'épanouissement culturel. Mais on ne saurait nier à l'époque contemporaine son pouvoir créateur. On peut aussi condamner la société de consommation comme étant matérialiste, dominée par la relation marchande, tiraillée par le désir de plaire et de vendre. Mais on peut aussi comprendre qu'il existe une culture populaire qui reflète une civilisation particulière. L'euphorie de la prospérité est susceptible d'offrir au Canada la promesse d'une vie meilleure, le rêve de l'abondance et la liberté de l'individu.

Le Canada se dote d'institutions destinées à communiquer le goût des arts auprès du grand public. La culture

1. L'histoire du club est le sujet d'un film *Pour toujours, les Canadiens*. 14 000 supporters sont présents à la première du film, ce qui constitue un record mondial.

de masse, c'est aussi la démocratisation, d'où l'importance des bibliothèques, des *colleges*, des universités, des organismes de recherche financés par l'État mais aussi par des mécènes, avec le souci de mettre les biens culturels à la portée du plus grand nombre.

Après la Confédération, l'*Ontario Society of Artists* (OSA) est fondée en 1872 puis elle crée, en collaboration avec l'*Art Association of Montreal*, en 1880, à l'initiative du gouverneur général, le marquis de Lorne, l'Académie royale des arts du Canada (ARC). De nombreuses sociétés d'art organisent des expositions annuelles itinérantes. Ces institutions encouragent une peinture paysagiste étroitement liée à ses modèles européens ; mais, au-delà d'une peinture sentimentale et romantique, il s'agissait de faire le saut de l'académisme au modernisme. Le débat a lieu au sein de l'OSA et des sécessionnistes, qui ne veulent plus être évalués à partir de critères étrangers ; ils créent en 1907 le *Canadian Art Club* de Toronto qui organise une première exposition en 1908. Peu d'intérêt était porté au Canada et c'est la recherche de la peinture de paysages paisibles qui prévalait. Il était exclu de peindre des scènes d'hiver pour ne pas décourager les candidats à l'immigration. Dans les années 1920, les peintres montréalais commencent à peindre le Québec mais c'est un hasard de circonstances qui fait que ce sont les peintres torontois qui prennent l'initiative du modernisme.

Se distinguant des mouvements étasuniens qui imitent trop servilement les arts français, des artistes qui se disent modernes[1] se rencontrent entre 1911 et 1913 et exposent à Algoma en 1919 avant de constituer formel-

1. J. E. H. MacDonald, Lawren Harris, A. Y. Jackson, Arthur Lismer, Fred Varley, Frank Johnston, Franck Carmichael.

lement le Groupe des Sept en 1920. Ils luttent pour la reconnaissance de l'identité du Canada à une période où le pays est encore considéré comme une colonie britannique. La création du magazine progressiste et nationaliste *The Canadian Forum* à l'université de Toronto en mai 1920 soutient activement le Groupe des Sept et s'engage dans le débat d'idées politiques et culturelles.

Les œuvres du Groupe des Sept n'ont pas laissé les critiques indifférents dans les années 1920 mais, avant d'acquérir une extraordinaire notoriété, le combat a été rude pour faire reconnaître l'art moderne, surtout quand le contexte veut que l'on évalue l'art canadien en le comparant aux productions européennes dominées par la France.

Deux institutions qui existent encore aujourd'hui apportent leur contribution au débat. L'*Arts and Letters Club* (ARC) de Toronto, fondé en mars 1908 par le critique d'art Augustus Bridle, rassemble écrivains, acteurs, musiciens, peintres et architectes. Il est présidé de 1920 à 1922 par Vincent Massey. Les membres du Groupe des Sept en font partie avec un engagement particulièrement fort de J. E. H. Macdonald qui préside le club de 1928 à 1930. Le groupe de *Beaver Hall*, fondé en mai 1920, regroupe des artistes qui s'interrogent sur la façon de vivre la modernité urbaine à Montréal tant qu'elle conserve son statut de métropole du Canada. Il représente l'une des manifestations les plus originales de la modernité picturale au Canada, mais son impact dans les années 1920 est moins convaincant que celui du Groupe des Sept car il organise des expositions mais sans projet esthétique défini. Les artistes qui vont former le Groupe des Sept veulent explorer leur propre pays. À ce titre, il faut souligner l'impact de Tom Thomson, mort en 1917 avant que le nom de Groupe des Sept soit introduit, mais véritable précurseur qui s'intéresse à l'environnement canadien et au Nord en particulier (voir son tableau *Lac du Nord*, 1913).

Depuis sa fondation avec l'aide de l'ARC en 1880 à Ottawa, le Musée des beaux-arts du Canada (*National Gallery*) s'efforce de favoriser les progrès en art et de mettre en valeur l'art canadien et le patrimoine culturel. Le conservateur Éric Brown, nommé en 1910, est, deux ans plus tard, le premier directeur du Musée et il restera en fonction jusqu'en 1939. Il est conscient de sa mission : « Aucun pays ne peut prétendre à la grandeur s'il ne possède pas un grand art », écrit-il. Avec sir Edmund Walker, premier président du conseil d'administration, ils acquièrent pour la collection nationale des tableaux de Tom Thomson et du Groupe des Sept. Ils ont le soutien de Vincent Massey, premier gouverneur général à être né au Canada et membre du Musée en 1925. Mais l'achat du tableau d'Arthur Lismer, *Une bourrasque en septembre*, provoque un tollé.

Car il faut compter avec les détracteurs. Dorothy Dick, sculpteure anglaise installée au Canada, va jusqu'à déclarer en 1927 que « comparer le travail du Groupe aux œuvres résultant de la solide culture traditionnelle de Grande-Bretagne ou d'Europe évoque la différence qui existe entre de l'alcool à brûler et une bonne bouteille de Johnnie Walker ». Ce jugement permet de poser la problématique de la modernité et on peut s'interroger sur l'existence d'un art nord-américain. Des critiques ont même qualifié les œuvres du Groupe des Sept de « choses devenues folles », de « tourbillons de formes chaotiques » ou même de « malformations sensuelles et hideuses ».

Pour leur part, alors qu'ils exposent leurs œuvres ensemble pour la première fois en mai 1920 au Musée des beaux-arts de Toronto (*Art Gallery of Toronto*), les artistes s'affirment ensuite comme de bons promoteurs de leur mouvement en faisant imprimer leur prise de position esthétique et en présentant leurs œuvres un peu partout dans le pays, voire aux États-Unis (en 1923), en Grande-Bretagne (en particulier à Wembley, régulièrement tous les ans à partir de 1924) et en France, au musée du Jeu de Paume en 1927. Alors que l'Europe est accablée par le poids de l'histoire et les distinctions de classes, ils célèbrent la puissance purificatrice de la nature.

Ils donnent aux Canadiens leur vision du pays et leurs peintures intemporelles représentent la force collective d'un peuple. Ils privilégient la lumière, la profondeur du ciel, la liberté des espaces qui font le Canada. On saisit combien la configuration géographique importe dans le développement d'une identité. La variété de paysages[1] reflète la mosaïque canadienne et la diversité culturelle : le paysage présente à lui tout seul une réalité nationale. Les peintres du Groupe des Sept sont bien les premiers à peindre le Nord qui est au cœur de l'identité canadienne.

Critiqués pour avoir érigé en mythe la nature sauvage, ils sont même accusés de s'être approprié les cultures autochtones et d'avoir peint des paysages dépeuplés qu'on a ensuite utilisés comme armes dans le génocide des populations amérindiennes. En réalité, ils croient à la fonction sociale de l'artiste qui dénonce l'injustice et clarifie les idéaux supérieurs de la nation. Ils illustrent une conception holistique de l'art qui a un effet profond et constructif sur la société et ont façonné la perception que les Canadiens ont de leur pays. On remarquera que

1. La baie Géorgienne, le lac Supérieur, les Laurentides, les Prairies du nord, les Rocheuses.

le Groupe annonce son intention de se dissoudre en 1931, l'année du statut de Westminster.

L'art national vise l'élévation spirituelle de la nation mais, pour participer de l'art universel il faut d'abord que l'art national soit validé par le pays et c'est ce que le Groupe des Sept a réussi à faire.

Si les artistes torontois pensent que les Canadiens anglais manquent de fierté nationale, leurs confrères montréalais protestent contre le repli sur soi et le nationalisme conservateur, axé sur la perpétuation de la société traditionnelle, catholique et rurale, qui s'expriment dans l'école du terroir.

On ne peut en effet que constater le fossé qui se creuse entre les anglophones et les francophones. Si le Groupe des Sept illustre la montée d'un nationalisme canadien, le Canada français est sous l'emprise des idées de l'abbé Lionel Groulx (1878-1967). Prêtre catholique, historien et écrivain, il domine le paysage historiographique et idéologique entre 1915 et 1945. Dès 1915, il inaugure la première chaire d'enseignement de l'histoire du Canada à l'université Laval de Montréal, chaire qu'il occupera jusqu'en 1949. En 1917, il fonde la revue *L'Action française* qu'il dirige de 1920 à 1928. Dans les années 1940, il fondera l'Institut de l'Amérique française (1946) et la *Revue d'histoire de l'Amérique française* (1947)[1]. L'engagement dans le présent s'inscrit dans le prolongement du passé. « Un peuple ne se sépare pas de son passé, pas plus qu'un fleuve ne se sépare de sa source, la sève d'un arbre, de son terroir. » Dans son esprit, religion et nationalisme sont indissociables. L'apparition de

1. En 1922, Lionel Groulx publie un roman *L'Appel de la race* qui contient un grand nombre de ses idées.

la « race » canadienne-française a été voulue par Dieu[1], la Providence étant la cause première de toutes choses. La méfiance envers la modernité, incarnée par le « Moloch américain », doit inciter à valoriser les traditions authentiques que sont la famille et la paroisse, institutions encadrées par le clergé. Groulx offre une lecture particulière de la Nouvelle-France en affirmant que la Providence a choisi les premiers arrivants pour leurs bonnes mœurs et leur origine paysanne. Nation, foi, terre, famille sont les piliers du nationalisme catholique. Au nationalisme anticlérical et républicain des Patriotes se substitue un nationalisme catholique vécu par l'élite mais aussi dans les campagnes. Il n'est pas question de revendiquer la séparation du Québec du reste du Canada mais il faut se tenir prêt pour réaliser le plan de Dieu et se libérer de la domination anglaise. « Nous avons à choisir ou de redevenir les maîtres chez nous, ou de nous résigner à jamais aux destinées d'un peuple de serfs. » Les Canadiens français, en tant que nation élue, ont une mission providentielle à accomplir. « Cartier comme Abraham a rêvé d'un Canada de l'Ouest catholique et francophone [...]. Qu'on le veuille ou qu'on ne le veuille pas, notre État français nous l'aurons ; nous l'aurons jeune, juste, rayonnant et beau, foyer spirituel, pôle dynamique de toute l'Amérique française. Nous aurons aussi un pays français, un pays qui portera son âme dans son visage. » Comme le résume Michel Brunet, la pensée de Lionel Groulx repose sur le messianisme, l'agriculturisme et l'anti-étatisme.

La vision passéiste et figée du Québec conduira à l'élaboration de stéréotypes difficiles à éradiquer, tout comme ceux que véhiculent un certain nombre d'écrivains : Louis Hémon dans son *Maria Chapdelaine* (1913)

1. *Mes Mémoires.*

et son hymne aux valeurs rurales et religieuses, le nationalisme littéraire de l'abbé Casgrain ou de Pamphile Le May, le « génie latin et celte opposé au culte américain du veau d'or » d'Arthur Buies, l'hymne à la nature de F. X. Garneau ou de Louis Fréchette, la réhabilitation du passé de Philippe Aubert de Gaspé ou d'Octave Crémazie, autant d'auteurs qui incitent à se tourner vers le rêve plutôt que d'accepter l'industrialisation et l'urbanisation.

En dépit de certains aspects pionniers, l'idéologie de L. Groulx reflète une vision dépassée du Québec dont il n'a pas pressenti les changements, qu'il s'agisse de l'industrialisation, de l'exode rural, de la révolution médiatique introduite par la radio et la télévision ou de l'émergence d'une intelligentsia québécoise dans les universités ou les milieux syndicaux.

Chapitre X

La rupture : de la crise à la guerre (1929-1945)

Les décennies se suivent et ne se ressemblent pas. À la puissante expansion des années 1920 vont succéder les années 1930, dominées par les crises et les incertitudes. Mais c'est cette période qui va permettre au Canada d'entrer dans la modernité comme puissance internationale.

La crise de 1929

Pendant les « années folles », la production industrielle et la consommation de masse faisaient croire à la venue de temps encore meilleurs. Même pour ceux qui bénéficiaient le moins de la prospérité, tout laissait croire que les promesses de la richesse étaient pour plus tard et que « l'avenir resplendissait d'espoir ».

L'année 1929 marque la fin de l'euphorie. Un krach boursier sans précédent de Wall Street entraîne brutalement les États-Unis puis le Canada et l'ensemble du monde occidental dans la Grande Dépression (*Great Slump*) jusqu'en 1932, plongeant l'Amérique du Nord plus encore que l'Europe dans un profond contexte de crise et de repli jusqu'en 1939.

Jusqu'au début d'octobre 1929, la Bourse de New York poursuit sa prodigieuse ascension et un million et demi d'Américains sont saisis par une frénésie d'investissements et une fièvre spéculative. Le climat est à l'enrichissement rapide et l'argent facile met la Bourse à la mode. Banques et entreprises investissent massivement jusqu'au 24 octobre, ce « jeudi noir » où près de 13 millions de titres mis en vente ne trouvent pas d'acquéreurs. À nouveau, le 29 octobre, le « mardi noir » (*Black Tuesday*), 16 millions de titres sont jetés sur le marché. C'est le jour le plus catastrophique de toute l'histoire de la Bourse, marqué par l'éclatement de la bulle spéculative. L'indice Dow Jones perd près de 90 % entre son plus haut de 1929 et son plus bas de 1932. Les agents de change prennent soudain conscience que leurs clients n'offrent plus de garantie suffisante, exigent de l'argent frais et ne reçoivent en réponse que des ordres de vente qui, lancés en même temps sur le marché, transforment la baisse en effondrement.

La crise boursière puis bancaire et financière a des effets désastreux, ruinant les courtiers et acculant les banquiers à la faillite. Des millions d'épargnants perdent en un jour toutes leurs économies, des millions de travailleurs se retrouvent sans ressources. Le crédit est tellement inscrit au cœur de la consommation et de la production qu'il a littéralement fragilisé l'économie. La prospérité s'avère illusoire et le ralentissement brutal de l'activité génère le chômage et paralyse la production industrielle qui est réduite de moitié en trois ans. Les épargnants sont ruinés, les maisons de commerce et les usines ferment leurs portes, les banques se sabordent.

Dans le sillage de la chute de la Bourse à New York, la Bourse de Montréal connaît aussi une journée difficile puisque 382 521 actions sont négociées, perdant jusqu'à 40 % de leur valeur. Cette chute spectaculaire vient mettre un terme brutal à une spéculation sans précédent où chacun, y compris les moins fortunés, achetait des parts, souvent même à crédit.

Pour la seule période de 1929 à 1933, le produit national brut (en dollars constants) chute de 42 % et il faut attendre 1939 pour retrouver le niveau de vie de 1929. Alors qu'il fournit 40 % des exportations mondiales de blé, surtout vers la Grande-Bretagne, le Canada voit le volume de ses exportations diminuer des deux tiers en quatre ans. La surproduction mondiale, plusieurs années consécutives de sécheresse et la chute des prix touchent directement les Prairies et la Saskatchewan en particulier. Les recettes d'exportation du papier journal, dont le Canada détient 65 %, sont également durement impactées. La crise gagne le secteur du bâtiment et du génie avant de se répandre sur l'ensemble de l'économie.

C'est aussi la fin des investissements voire des surinvestissements qui avaient constitué le moteur de la croissance dans les années 1920. Les industries produisent plus qu'elles ne peuvent écouler sur le marché intérieur et les usines ferment. Toutefois, grâce à leur concentration, les banques canadiennes résistent mieux que leurs homologues américaines.

Il apparaît très vite que les responsables politiques, quelle que soit leur option politique, ont du mal à trouver la parade pour enrayer la crise, ce qui provoque le scepticisme des électeurs. King est battu aux élections de 1930 et c'est le conservateur Richard Bedford Bennett qui lui succède avant d'être lui-même renversé en 1935 pour laisser la place aux libéraux.

En avril 1930, le Premier ministre King prononce un célèbre discours à la Chambre des communes mais, dans son attaque des conservateurs, on sent ses réticences à engager le gouvernement fédéral pour trouver une solution au chômage. « Pour ce qui est d'accorder des fonds du Trésor fédéral à un quelconque gouvernement conservateur de ce pays pour combattre le prétendu problème du chômage, je n'accorderais même pas une pièce de cinq cents[1]. » L'élection de juillet 1930 est la première à être couverte par la radio et la voix vibrante et enthousiaste de Bennett convainc les électeurs. Bien qu'en termes de pourcentage de suffrages exprimés l'écart soit faible entre les conservateurs et les libéraux (près de 48 % contre 44 %), le système de scrutin donne une forte majorité aux conservateurs qui remportent 134 sièges contre 90 pour les libéraux. Les *United Farmers* de l'Alberta remportent 9 sièges, le Parti progressiste 3, les libéraux progressistes du Manitoba 3, les travaillistes (dont Woodsworth) 2, sans compter quelques indépendants divers.

Les conservateurs ne pensent pas que la crise va durer et ils se contentent de prendre quelques mesures pour assurer l'équilibre budgétaire et inciter les épargnants à ne plus spéculer. En décembre 1930 est adoptée une loi d'aide aux chômeurs. Des financements sont accordés aux municipalités pour la mise en chantier de travaux publics. Les travailleurs employés[2] sont exploités et reçoivent des salaires de misère. Mais, dès 1931, les financements viennent à manquer et il faut recourir à des secours directs aux plus démunis, à qui on accorde des aides financières sans exigence de travail en retour.

1. King sous-estime la montée du chômage qui se situe à 30 % mais il a d'autant plus de raisons de considérer qu'il s'agit d'une compétence provinciale que 7 des 9 provinces ont un gouvernement conservateur.

2. En priorité les pères de familles nombreuses. Femmes et hommes célibataires sont *a priori* exclus.

Des camps de travail sont même mis en place un peu partout à l'initiative du gouvernement fédéral entre 1932 et 1935 mais les conditions sont telles qu'il y a plusieurs soulèvements, et même une marche sur Ottawa. Certaines révoltes plus violentes sont réprimées par la Police montée et Bennett perd une partie de son crédit dans son refus de négocier avec les manifestants.

La situation générale est assez dramatique et le chômage ne peut être enrayé. Au Québec, par exemple, il progresse de 7,7 % en 1929, à 14 % en 1930, 19,3 % en 1931, 26,4 % en 1932 et plus de 27 % en 1933. Le revenu moyen par habitant y diminue de 44 % entre 1929 et 1933.

Une autre solution au problème du chômage est la mise en place par le Premier ministre libéral du Québec, Louis-Alexandre Taschereau[1], d'un programme de colonisation. Il croit en effet aux bienfaits du retour à la terre. En 1931, 10 millions de dollars sont investis pour encourager la mise en valeur de régions éloignées, notamment en Abitibi et au Témiscamingue. En 1932-1933, 488 familles tentent l'expérience selon les dispositions du plan du ministre du Travail fédéral W. A. Gordon, mais cette politique d'incitation financière rencontre un demi-échec car beaucoup de familles installées, n'ayant pas de réelles compétences pour l'agriculture, reviennent vivre en milieu urbain.

Le gouvernement Bennett est accusé de manquer d'initiative par certains gouvernements provinciaux. Le Premier ministre libéral de Colombie-Britannique, Thomas Pattullo, élu en 1933, met en place un plan d'aide aux chômeurs (*Works and Wages*) et se tourne vers le niveau fédéral, constatant que le financement

1. Au pouvoir de 1920 à 1936.

vient à manquer. Ce partisan de l'interventionnisme de l'État et de la relance des travaux publics se rallie finalement à Bennett quand ce dernier met en place son *New Deal.*

Protectionniste convaincu, Bennett prône l'augmentation des tarifs douaniers en début de mandat et obtient le soutien des forteresses libérales de l'Ouest et du Québec. Il est persuadé du bienfait de l'augmentation des droits de douane sur les importations afin de protéger les producteurs locaux menacés par la concurrence internationale, mais les réactions protectionnistes des pays partenaires fragilisent les sociétés canadiennes qui vivent de l'exportation. Le protectionnisme et des relations commerciales privilégiées avec la Grande-Bretagne s'avèrent rapidement inefficaces. Il est trop tard lorsque Bennett s'inspire de la politique du *New Deal* de Roosevelt et se convertit à l'interventionnisme de l'État. Quelques réformes sociales sont annoncées en 1935, comme la réduction de la semaine de travail, un salaire minimum, un ajustement du système des pensions de vieillesse, l'assurance chômage et l'assurance maladie. Mais l'absence de résultats concrets décrédibilise le Premier ministre, qui est balayé aux élections d'octobre 1935.

LES RÉFORMES SOCIALES ET LES MOUVEMENTS DE PROTESTATION

La crise accélère les réformes sociales. Une fois encore, elles sont engagées par les Églises et les organisations philanthropiques. On voit alors apparaître surtout des mouvements ou des organisations qui expriment le mécontentement, tout en essayant de trouver des réponses à la crise. C'est la grande époque des coopératives, pas seulement dans l'agriculture et la pêche, mais aussi dans les finances. On notera la fondation de 300 caisses populaires dans les années 1930 à l'initiative d'un fonctionnaire fédéral, Alphonse Desjardins.

Le constat de l'impuissance des politiques et le doute sur leurs compétences conduisent aussi à la multiplication de mouvements politiques qui viennent presque remettre en cause le système britannique du bipartisme et de l'alternance. L'idéologie de « gauche », dans la mesure où ce concept fait sens dans la société nord-américaine, s'exprime. Bien qu'illégal, le Parti communiste, fondé en 1921, attire de plus en plus de militants entre 1931 et 1936. La *Workers Unity League*, créée en 1930 par des communistes, dont McLachlan, est à l'origine de plusieurs grèves dures et contribue à faire évoluer le syndicalisme vers un syndicalisme industriel défendant les travailleurs d'une même industrie, quel que soit leur niveau de qualification. Après avoir accompagné d'innombrables grèves au cours des années 1930, la *Workers Unity League* rejoint en 1936 les organisations syndicales américaines implantées au Canada, notamment le *Committee of Industrial Organizations* créé aux États-Unis en 1935 et qui devient en 1938 le *Congress of Industrial Organizations* (CIO). Au Canada comme aux États-Unis, l'intérêt porté aux non-qualifiés renouvelle l'orientation des syndicats par rapport à l'époque où ils étaient regroupés au sein de l'*American Federation of Labor* (AFL) aux États-Unis ou bien au sein du Congrès des métiers et du travail du Canada (CMTC), c'est-à-dire depuis 1886. En 1940 émerge une nouvelle organisation concurrente du CMTC, le *Canadian Congress of Labor*, ou Congrès canadien du travail (CCT), qui finira par fusionner en 1956 avec le CMTC.

Créé à Calgary en 1932, un nouveau parti socialiste ou social-démocrate, la *Cooperative Commonwealth Federation* (CCF), dont le premier leader n'est autre que James Shaver Woodsworth qui avait participé à la grève de Winnipeg, annonce un programme ambitieux de réformes sociales dont la plupart ne virent le jour qu'une dizaine d'années plus tard. La CCF regroupe des syndicalistes du monde ouvrier et l'aile gauche des Fermiers unis, dont le *Ginger Group.* Elle envoie 7 députés au Parlement fédéral en 1935. Même si la CCF ne forma jamais de gouvernement au niveau fédéral, elle s'imposa en revanche en Saskatchewan en constituant le premier gouvernement socialiste en Amérique du Nord en 1944. L'une des originalités caractéristiques des régions de l'Ouest est incarnée par le Crédit social. Fondé par un pasteur protestant de l'Alberta, ce parti conservateur populiste prend le pouvoir en Alberta en 1935 et 17 députés sont même élus au fédéral. À l'autre extrémité de l'échiquier politique, on assiste à la montée progressive au Québec de l'Union nationale qui regroupe les conservateurs et des libéraux dissidents en fusionnant l'Action libérale nationale et le Parti conservateur provincial, avec pour chef Maurice Duplessis. L'Union nationale forme le gouvernement aux élections provinciales de 1936 et adopte une série de mesures en lien avec la sécurité sociale, la Loi des pensions de vieillesse en 1936, la Loi sur l'assistance aux mères nécessiteuses en 1937 et, la même année, la Loi relative aux salaires des ouvriers.

Plus à droite, même s'ils demeurent marginaux, des mouvements fascistes et antisémites – notamment le parti d'Adrien Arcand – se constituent, inspirés des mouvements européens. Une tradition de racisme est déjà présente, dès 1921, à Montréal et surtout dans l'Ouest avec une branche du Ku Klux Klan américain qui compte jusqu'à 40 000 membres jusqu'en 1929. Des groupes antisémites pro-nazis apparaissent un peu partout dans les années 1930. On va jusqu'à envisager d'interdire la baignade aux Juifs sur certaines plages torontoises, certaines facultés de l'université McGill tentent de limiter l'inscription des Juifs et certains matches de balle molle (*softball*) donnent lieu à des manifestations d'hostilité à leur encontre.

En 1935, King revient au pouvoir avec un gouvernement majoritaire et les libéraux entament un long règne qui va durer jusqu'en 1957. Les libéraux remportent 173 sièges et les conservateurs, victimes de graves dissensions internes, seulement 39. Autre conséquence de la crise, l'élection de 1935 est marquée par un bouleversement de la donne politique et notamment par la disparition du Parti progressiste et des *United Farmers of Alberta*. Les *United Farmers of Ontario*, quant à eux, ne conservent qu'un seul siège. Le programme de réforme monétaire du Crédit social, défendu au fédéral par le chef J. H. Blackmore, permet à ce nouveau parti de remporter 17 sièges. La CCF de Woodsworth en obtient 7 et, même s'il n'est pas élu, le Parti communiste de Tim Buck présente 12 candidats. Intéressant est le rôle joué dans l'Ouest par le Crédit social. Parti populiste radical fondé sur les théories monétaires du crédit social et des valeurs sociales chrétiennes, il puise ses idées dans les thèses économiques de C. H. Douglas qui démontrent que le peuple n'a pas assez de pouvoir d'achat et qu'il est nécessaire d'équilibrer consommation et production. Particulièrement populaire en Alberta, il doit sa renommée aux émissions de radio de William Aberhart, évangéliste et pasteur baptiste qui remporte triomphalement l'élection provinciale en 1935 (avec 56 des 63 sièges) contre les Fermiers de l'Alberta. Alors que l'on cherche un candidat pour devenir Premier ministre, il finit par se laisser convaincre. Au début, son gouvernement émet des certificats de prospérité mais certains de ses projets de loi sont rejetés par le lieutenant-gouverneur John Bowen et déclarés inconstitutionnels par la Cour suprême du Canada car les mesures fiscales relèvent du niveau fédéral. Réélu avec l'étiquette de conservateur en 1940 avec un score qui frise le régime du parti unique, il meurt en 1943 et se voit remplacé par le ministre du Commerce et de l'Industrie Ernest Manning. Le Crédit social restera au pouvoir jusqu'en 1971. Ce parti à la longévité assez exceptionnelle pour une petite formation régionale aura même une antenne au Québec de 1962 à 1972 avec Réal Caouette qui fusionne son Ralliement créditiste avec le parti fédéral. La découverte du pétrole en Alberta en 1947 va également transformer sur le plan économique une province qui a su dégager une tonalité politique propre.

Un autre mouvement politique éphémère mais original dans l'accompagnement du changement est le Parti de la reconstruction qui n'obtient qu'un seul siège mais 8,7 % des suffrages. Il est créé en 1935 par Henry Herbert Stevens qui a fait l'essentiel de sa carrière politique aux côtés des conservateurs. Élu dès 1911 à l'époque de Borden, il exerce un mandat ministériel très court en 1921 et en 1926 dans le gouvernement Meighen, puis il est ministre du Commerce de 1930 à 1934 dans le gouvernement Bennett. Mais les dissensions au sein du Parti conservateur incitent Stevens à fonder le Parti de la reconstruction pour protéger les gens du peuple contre les agissements pour le moins peu transparents de quelques grandes compagnies. Bien qu'ayant présenté 72 candidats, il est le seul à se faire élire en Colombie-Britannique. Il rejoindra les conservateurs en 1938. La philosophie de Stevens se situe dans le droit-fil de la Ligue pour la reconstruction sociale fondée en 1931-1932 à Montréal et à Toronto et animée par des universitaires – l'historien Frank Underhill et le juriste F. R. Scott – qui expriment leurs idées dans le magazine *Canadian Forum*, créé en 1920, et dont on sait le rôle qu'il a joué pour promouvoir le Groupe des Sept. L'un des intellectuels les plus influents est sans conteste un Anglais, Leonard Charles Marsh (1906-1982), diplômé de la *London School of Economics*, qui s'installe au Canada en 1930 où il publie, près de vingt ans avant le livre de John Porter sur la « mosaïque verticale », *Canadians In and Out of Work* (1940), un ouvrage séminal sur l'emploi et l'impact des classes sociales sur la société canadienne. Son rapport visionnaire de 1943 sur la sécurité sociale inspirera la création du régime de sécurité sociale en 1966, véritable acte de naissance de l'État-providence. Stevens a bien montré que l'indigence et le chômage n'étaient pas une tare individuelle mais qu'ils relevaient de la responsabilité collective et devaient être pris en charge par l'ensemble de la population.

Dès son élection en 1935, la première initiative de King est de consulter le Comité judiciaire du Conseil privé de Londres pour vérifier la constitutionnalité des mesures sociales annoncées par son prédécesseur. Elles furent rejetées puisqu'elles devaient être de compétence provinciale et non fédérale. En lieu et place, le Premier ministre commande en 1937 un rapport à une Commission royale d'enquête pour examiner les relations entre les niveaux fédéral et provincial. Faut-il accroître un fédéralisme de plus en plus centralisé ou transférer davantage de ressources aux provinces ? Les conclusions du rapport Rowell-Sirois (du nom de leurs présidents), déposées en 1940, vont avoir un impact sur la politique économique et sociale à partir de la Seconde Guerre mondiale.

Une autre préoccupation du gouvernement King à partir de 1935 est de limiter l'influence grandissante des États-Unis, en matière économique mais aussi sociale et culturelle. Les années 1930 sont caractérisées par la montée du patriotisme qui pousse le gouvernement à créer des institutions publiques « purement canadiennes ». Déjà Bennett avait créé la Banque du Canada en 1934-1935 pour agir sur la masse monétaire. Mais c'est aussi la création de la Société Radio Canada en 1936, de la compagnie *Trans-Canada Airlines* en 1937. Le désir d'affirmer une identité culturelle propre se retrouve aussi au sein de la *Canadian Authors'Association* fondée en 1921.

Compte tenu de l'influence grandissante des stations de radio américaines et du faible développement de la radio canadienne, le gouvernement fédéral nomme en 1928 une commission d'enquête parlementaire pour faire des recommandations quant à l'avenir de la radiodiffusion canadienne. En 1929, la commission Aird préconise la création d'une société détenue par l'État. La loi de 1936 sur la Radiodiffusion canadienne institue une société publique double, Radio Canada pour les services en langue française et *Canadian Broadcasting Corporation* (CBC) pour les services en langue anglaise. *Trans-Canada Airlines*, la première compagnie aérienne nationale du Canada dont le siège est à Montréal (et qui deviendra *Air Canada* en 1964) effectue son premier vol de Vancouver à Seattle le 1er septembre 1937.

Le haut-commissaire du Canada à Londres Vincent Massey veut améliorer en 1938 les productions canadiennes afin de promouvoir le commerce et le tourisme à l'étranger. Le documentariste cinématographique britannique John Grierson recommande une politique plus centralisée et apporte une contribution décisive à la création de l'Office national du film (ONF) en 1939, qui est une agence culturelle fédérale canadienne. Il dispose de centres de production répartis sur l'ensemble du territoire. Sa vocation est de présenter un point de vue « typiquement canadien » au monde entier en produisant des documentaires à caractère social ou des animations d'auteur. L'idée est aussi d'aider les Canadiens à mieux comprendre les modes de vie et les comportements des habitants d'autres régions et de créer une forme d'unité nationale.

Pour conclure sur la crise de 1929, on peut dire que la Grande Dépression a fait l'objet d'interprétations aussi nombreuses que diverses voire divergentes en raison des biais idéologiques qui les sous-tendent. Selon Rose et Milton Friedman, le krach de 1929 n'est pas le déclencheur essentiel de la crise : la dépression est le fait d'une politique monétaire inadéquate. Pour le Canadien John Kenneth Galbraith, la crise est due à un excès de spéculation et d'endettement. Les économistes marxistes et keynésiens ont identifié la concentration de richesses comme la cause de la crise, car cela réduit les possibilités de consommation que l'appareil de production permet pourtant. La très forte croissance a conduit les États-Unis à accumuler la richesse du monde sans la répartir dans l'ensemble de la société, l'Europe étant ruinée suite à sa dislocation après la Première Guerre mondiale. La relance est bloquée car la tendance est à thésauriser au lieu d'investir. Mais alors que les marxistes considèrent la crise comme « finale », d'autres, comme le Soviétique Nikolai Kondratiev, fusillé pour ses idées procapitalistes, considèrent qu'elle n'est que cyclique et circonstancielle. Le taylorisme a sans doute augmenté excessivement la production. On ne reviendra pas sur la controverse entre monétaristes et keynésiens mais, en réalité, la plupart de ces explications sont unicausales alors qu'elles devraient être multifactorielles. On peut s'accorder pour dire que la crise américaine fut causée par des interventions politiques ayant permis le développement d'une bulle spéculative qui finit par éclater, situation aggravée par la politique monétaire trop restrictive de la Fed. Les monétaristes pensent en effet que la Fed aurait dû alimenter massivement les banques en monnaie. Quant à Keynes, il est convaincu que seul l'investissement public permet de retrouver le plein-emploi et l'équilibre perdu entre épargne et investissement.

Pour ce qui est du Canada, si on constate une légère reprise en 1934, la récession frappe à nouveau en 1937. La crise ne prend fin qu'en 1939. La relance est stimulée par la guerre qui remet l'économie sur pied, grâce à une demande de ressources de toute sorte ainsi que de main-d'œuvre. Il faut attendre 1946 pour un retour à la normale.

La Seconde Guerre mondiale (1939-1945)

Suite à l'invasion de la Pologne le 1er septembre 1939, la France et la Grande-Bretagne déclarent la guerre à l'Allemagne le 3 septembre. Le 10, une semaine après la Grande-Bretagne et la France, c'est au tour du Canada de s'engager dans le conflit. Les historiens ont souligné l'importance symbolique de cette décision qui consacre l'indépendance politique du Canada et sa personnalité internationale.

Mais si le Canada participe résolument à l'effort de guerre, son armée n'est pas très nombreuse – guère plus de 4 000 soldats et moins de 2 000 marins –, mal équipée et peu entraînée et, le service militaire n'étant pas obligatoire, très vite la question de la conscription va se poser. Un recrutement massif permet toutefois de mobiliser près de 60 000 hommes au début des hostilités.

En 1938, le gouvernement King avait soutenu la stratégie britannique de conciliation de Neville Chamberlain à l'égard de l'Allemagne nazie qui venait d'envahir la Tchécoslovaquie, avec l'espoir d'éviter la guerre. King croit même qu'Hitler est un politicien raisonnable : « Hitler et Mussolini, quoique dictateurs, se sont vraiment efforcés de procurer aux masses divers bienfaits [...] on pourrait finir par voir en lui [Hitler] un des sauveurs du monde. » Dans son journal intime, King note le 19 juin 1937 qu'Hitler est « un homme qui aime véritablement son prochain ». Il partage son antisémitisme en matière d'immigration et les années 1940 sont à cet égard une période particulièrement sombre, marquée par le refus d'admettre des immigrants juifs, comme le résume le titre d'un ouvrage célèbre d'Irving Abella et Harold Troper, *Aucun, c'est déjà trop* (*None Is Too Many*, 1983). Tout comme les États-Unis ou Cuba, le Canada refoule le paquebot allemand *Saint-Louis* qui quitte Hambourg le 13 mai 1939 avec à son bord 937 passagers, dont une majorité de Juifs allemands fuyant le Troisième Reich.

N'ayant pas oublié la controverse de 1917, King s'engage au début des hostilités à ne pas imposer la conscription, ce qui lui permet de remporter les élections de mars 1940 avec le slogan « La conscription si nécessaire, mais pas nécessairement la conscription ». Avec 179 sièges, les libéraux de King entament un deuxième mandat majoritaire successif, malgré les tentatives des conservateurs de Robert Manion sous la nouvelle étiquette de « gouvernement national » qui ne remportent que 36 sièges, dont 22 dans l'Ontario. La CCF de Woodsworth gagne 8 sièges, essentiellement dans l'Ouest[1]. Les 7 sièges du Crédit social de Blackmore sont tous remportés en Alberta. Le gouvernement de King adopte dès 1940 la Loi sur l'assurance chômage et, en 1941, l'État fédéral reprend seul la gestion de l'impôt sur le revenu des particuliers en échange de reversements forfaitaires aux provinces.

On ne dira jamais assez que la contribution canadienne à l'effort de guerre fut supérieure à celle des États-Unis comparativement à leurs populations respectives. En septembre 1939, ce sont près de 60 000 hommes qui se mobilisent grâce à un recrutement massif soutenu par une forte campagne de propagande. L'enrôlement volontaire fonctionne même au Québec.

Les militaires canadiens sont sur tous les fronts, en Italie, en France, en Belgique, aux Pays-Bas, en Afrique du Nord, voire dans le Pacifique où la défense de Hong Kong contre les Japonais finit par échouer en décembre 1941. Au total, plus d'un million de Canadiens auront servi dans l'une des trois forces armées au cours des six années de la guerre. Regroupées sous le commandement du général A. G. L. McNaughton, les troupes canadiennes ratent un débarquement meurtrier à Dieppe le 19 août 1942[2]. Les Canadiens français sont regroupés dans leurs propres unités et, à Dieppe, ce sont les fusiliers Mont-Royal qui s'illustrent par leur courage. C'est

1. 5 en Saskatchewan, 1 au Manitoba, 1 en Colombie-Britannique et 1 en Nouvelle-Écosse.

2. L'opération *Jubilee* fait plus de 1 000 morts.

ensuite la participation à l'invasion de la Sicile à l'été 1943, qui coûte 6 000 vies, puis de l'Italie continentale avec la perte de 25 000 soldats. Les Canadiens français font partie du célèbre Royal 22e régiment. Encore plus glorieux est le débarquement en Normandie de la 3e division d'infanterie canadienne (avec le régiment de la Chaudière) aux côtés des Alliés à Juno Beach le 6 juin 1944 (opération *Overlord*), qui entraîna des pertes sévères. Après avoir atteint Caen et s'être dirigés vers Falaise, les Canadiens participent à la libération de Paris avant de libérer la Belgique (Anvers) en septembre 1944 puis les Pays-Bas (Apeldoorn) en avril 1945. Ottawa a même hébergé la famille royale des Pays-Bas jusqu'à leur libération par la 1re armée canadienne.

Les forces aériennes ne sont pas en reste et le Canada met en place un plan d'entraînement aérien du Commonwealth britannique entre 1940 et 1945, le plus important dans l'histoire de l'armée de l'air, qui forme 131 000 membres d'équipage et près de 50 000 pilotes. La marine, qui disposait de deux destroyers en 1931, en achète cinq autres à la Grande-Bretagne à la fin des années 1930. Elle mobilise près de 100 000 hommes et participe à la bataille de l'Atlantique contre les sous-marins allemands qui opèrent dans les eaux canadiennes et à Terre-Neuve, notamment en septembre 1942, ou jusque dans le Saint-Laurent en octobre 1942.

La défaite désastreuse de la France en 1940 indique d'emblée que la guerre sera longue. La décision des États-Unis d'entrer en guerre en décembre 1941 relance le débat sur la conscription au Canada. La pression exercée par les forces armées ainsi que par les Canadiens anglais sur King conduisent ce dernier à organiser un référendum en avril 1942 pour se libérer de sa promesse électorale. Le résultat sur la consultation à propos du

National Mobilization Act est clair : 80 % des Canadiens anglais votent pour, 72 % des Canadiens français votent contre, traduisant ainsi le clivage entre les deux groupes et la fragilité de l'unité nationale. Par prudence, King attend novembre 1944 pour mobiliser des conscrits : 16 000 au total, dont 2 500 seulement partent au front puisque la guerre s'arrête en mai 1945. On peut tout de même dire que la crise de la conscription ne connaît pas la même ampleur que celle de 1917 mais plus de 47 000 Canadiens et Terre-Neuviens auront donné leur vie, une contribution qui, rapportée à la population totale, est supérieure à celle des États-Unis.

L'aspect positif de la guerre est de relancer l'économie canadienne et d'accorder au Canada une véritable reconnaissance auprès de la communauté internationale.

Le Canada répond aux besoins urgents de nourriture mais aussi d'armes et de matériel de guerre. À cet égard, on doit saluer la stature politique de C. D. Howe (1886-1960), un entrepreneur dynamique qui dirige le programme de production de guerre en tant que ministre des Munitions et des Approvisionnements, qu'il s'agisse de navires, d'aéronefs, de véhicules automobiles, d'armes et de munitions. En octobre 1944, en sa qualité de ministre de la Reconstruction, il accompagne ensuite la transition vers une économie de libre entreprise en temps de paix tout en essayant de limiter le chômage et l'inflation.

La production de fer et d'acier augmente fortement, ainsi que celle de l'hydroélectricité et de l'aluminium et, pour la première fois de son histoire, les exportations industrielles dépassent celles des matières premières. La Colombie-Britannique exporte du bois et les Prairies retrouvent la prospérité grâce à de bonnes récoltes et à une forte demande de blé. Le volume des échanges profite enfin aux Maritimes dans leur fonction de lieu de transit.

Des rapports nouveaux s'établissent entre les classes sociales, entre les sexes et entre les groupes ethniques. La fin des années 1930 marque le début d'une intervention accrue de l'État par un train de mesures sociales, l'enjeu étant d'accompagner le changement.

La guerre entraîne la relance des emplois et, par voie de conséquence, l'épanouissement de syndicats dits industriels qui s'intéressent plus particulièrement aux travailleurs moins qualifiés et aux manœuvres non qualifiés. La parenthèse du gouvernement libéral d'Adélard Godbout pendant la guerre (1939-1944) adopte la loi sur les relations ouvrières – qui annonce le futur Code du travail – et oblige l'employeur à négocier de bonne foi avec un syndicat lorsqu'il représente 60 % et plus de travailleurs d'une unité de production. Mais le retour de Duplessis aux affaires en 1944 va à nouveau changer la donne.

La Seconde Guerre mondiale vient bouleverser les rôles traditionnels respectifs des sexes. Les hommes étant mobilisés, les femmes se substituent à eux et rejoignent la main-d'œuvre. Elles le font d'autant plus volontiers qu'elles y sont incitées par des mesures comme des réductions d'impôts ou des garderies gratuites. Lorsque la guerre se termine, on constate peu de retours au foyer et l'intégration des femmes sur le marché du travail représente 21 % de la population active à la fin des années 1940. Mais on est encore loin de la parité hommes-femmes et la nomination au Sénat par King de la première femme, Cairine Wilson (née Mackay), en février 1930, demeure bien symbolique.

Fille d'un sénateur libéral ami personnel de Laurier, C. Wilson se distingue en dénonçant les accords de Munich et en menant un combat pour que le Canada admette plus de réfugiés Juifs allemands pendant la Seconde Guerre mondiale, et ce, malgré les fortes réticences de King.

Alors que le suffrage féminin est accordé par le niveau fédéral depuis 1918, une nouvelle génération de femmes doit se battre durant les années 1920 et 1930 pour obtenir le droit de vote au Québec. En 1927, Idola Saint-Jean, qui enseigne le français à McGill et dirige la revue *Sphère féminine*, fonde l'Alliance canadienne pour le vote des femmes. Deux ans plus tard, Thérèse Casgrain, de milieu bourgeois et épouse d'un député qui sera aussi secrétaire d'État sous King, fonde la Ligue des droits de la femme qu'elle préside jusqu'en 1942. Adversaire politique de Duplessis, son discours est centré sur l'égalité des droits entre les hommes et les femmes, qui sont citoyennes avant d'être femmes. Ce n'est qu'au congrès de juin 1938 du Parti libéral que le droit de vote est inscrit dans le programme politique annoncé par Godbout, mais violemment dénoncé par le cardinal Villeneuve car il est « source de discorde » et va à l'encontre de « l'unité et de la hiérarchie familiales ». Le plaidoyer de Godbout en faveur d'une loi sur le droit de vote féminin conduit à sa ratification le 25 avril 1940.

L'entre-deux-guerres, et plus particulièrement la décennie 1930, n'a pas été une période favorable pour l'immigration. Les années 1920 accueillent en moyenne 130 000 immigrants par an avec un creux en 1922 et en 1925. En 1929, 164 993 nouveaux venus s'installent au Canada mais, pendant les années 1930, le volume des admissions oscille entre 10 000 et 20 000 avec le creux de 1935 avec 11 277 entrées. Pendant la guerre, le chiffre est inférieur à 10 000, pour repartir progressivement à partir de 1945. Un autre effet secondaire de la Dépression fut la réorientation géographique des immigrants, qui se dirigèrent désormais vers les zones industrialisées et urbanisées du Québec et surtout de l'Ontario. C'est à compter des années 1920 et du début des années 1930 que Toronto commença à devenir une métropole multiculturelle.

La récession et la crise de l'emploi accentuent le réflexe nativiste de certains Canadiens qui font de certains étrangers des boucs émissaires. Le nombre d'immigrants « déportés » passe de 2 000 en 1929 à 7 600 en 1932. On se souvient des mesures prises en 1923, refusant l'entrée à tout Chinois, à l'exception des diplomates et des étudiants. Pendant la guerre, les Japonais sont internés alors que l'attitude du Canada vis-à-vis des Germano-Canadiens est finalement moins dure. À la suite de l'attaque de Pearl Harbor le 7 décembre 1941, le « péril jaune » s'intensifie. Les premières mesures d'internement des Japonais-Américains sont prises aux États-Unis en décembre 1941. Le Canada adopte la même politique avec la mise en place de camps d'internement, notamment à Greenwood (Colombie-Britannique) qui regroupe 1 200 Japonais en 1942. King prend la décision, dès février 1942, de parquer les internés dans des « zones de protection » à l'intérieur des terres. Contrairement à leurs homologues américains, les Nippo-Canadiens ne regagnent pas leurs maisons à la fin du conflit mondial. Leurs biens sont confisqués et vendus par décret en 1943 et on leur retire leur citoyenneté. Ils ne retrouveront leur droit de vote qu'en 1949. Ils sont fortement incités à être rapatriés au Japon (près de 4 000 en 1946) où ils sont dispersés vers l'est plutôt que de s'installer sur la côte Ouest[1].

Les élections de juin 1945 permettent à King d'être réélu pour un troisième mandat consécutif mais minoritaire. Les libéraux remportent 118 sièges (la majorité est à 123 sièges), les progressistes-conservateurs de John Bracken 66, la CCF dirigée par M. J. Coldwell 28, le Crédit social de Solon Earl Low 13, les libéraux indépendants 8, les indépendants 6. C'est la première fois que le Parti progressiste-conservateur se présente sous cette appellation. L'ancien Parti conservateur change de nom en 1942 lorsque Bracken, ancien Premier ministre du Manitoba et membre du Parti progressiste, en devient le chef. En 1945, un peu avant l'élection fédérale, le Parti progressiste-conservateur de l'Ontario remporte une victoire massive. Mais King réussit à conquérir 34 sièges dans cette province, même si le Parti progressiste-conservateur en remporte 48. La surprise vient surtout du fait que l'on s'attendait à une percée de la CCF au fédéral après sa victoire au provincial, en Saskatchewan, en 1944. King bénéficie aussi du soutien de 8 députés libéraux indépendants[2]. Il a aussi l'appui du Québec[3] ; il creuse nettement l'écart avec le Parti conservateur dans les Maritimes et au Manitoba et fait jeu à peu près égal avec les conservateurs dans les autres provinces de l'Ouest et en Colombie-Britannique. En fait, King a l'astuce d'annoncer des réformes sociales pour contrer la CCF (Marsh est d'ailleurs proche de la CCF), dont il

1. Il faudra attendre septembre 1988 pour que le Canada s'excuse officiellement pour le traitement réservé aux Japonais et qu'il les indemnise. En 2010, il fut déclaré officiellement qu'ils ne constituaient plus de menaces pour la sécurité nationale.

2. 7 au Québec et 1 en Colombie-Britannique.

3. 47 sièges sur 65.

sait la popularité. Il promet des crédits notamment pour le logement, crée la Banque de développement industriel, accorde des prêts aux agriculteurs, consent des réductions d'impôts. La Seconde Guerre mondiale aura stimulé l'intervention de l'État dans l'économie et la société. King préside à la naissance de l'État-providence et en profite pour que le niveau fédéral conserve, après 1945, tous les pouvoirs qu'il a assumés pendant le conflit mondial.

CHAPITRE XI

Les Trente Glorieuses (1945-1975)

La paix retrouvée, les gouvernements successifs mettent en place une politique de dépenses publiques puisque la doctrine de Keynes est devenue la nouvelle orthodoxie. Le libéralisme des années 1920 se voit détrôné par un néolibéralisme qui reconnaît plus volontiers le rôle de l'État. La guerre marque une véritable rupture dans les mentalités et la nécessité de la reconstruction pendant une dizaine d'années (1946-1957) aboutit à concentrer le pouvoir économique dans un État centralisé. Les priorités sont le droit au travail et la sécurité sociale. Le contexte est favorable à une intervention accrue des pouvoirs publics et le Canada s'engage dans la voie du *welfare state*. En 1944, Ottawa met en place un programme d'allocations familiales (les *baby bonus*) qui complètent les pensions de vieillesse et l'assurance chômage (appelée aussi assurance emploi) adoptées en août 1940 et mises en vigueur en juillet 1941.

L'accroissement du pouvoir de la puissance publique a un coût qui se traduit par l'augmentation de la pression fiscale et conduit inévitablement à remettre en question les champs de compétence du niveau fédéral et du niveau provincial. Les provinces déploient tous leurs efforts pour préserver les attributions que leur avait données l'Acte de l'Amérique du Nord britannique, tandis que l'État fédéral veut combattre les disparités régionales pour maintenir une politique nationale. Ce jeu entre les deux paliers de gouvernement annonce le débat constitutionnel à venir, mais on sent bien qu'il va falloir affronter le désir sécessionniste du Québec mais aussi les tentations isolationnistes de l'Ouest, notamment de l'Alberta. Le partage des richesses entre les provinces aisées et celles qui le sont moins annonce un débat politiquement sensible et économiquement difficile.

Le gouvernement fédéral conserve le contrôle de l'impôt sur le revenu qu'il avait acquis en 1941 de façon temporaire, en échange de quoi il reverse des subventions aux provinces. Ce « pouvoir de dépenser », c'est-à-dire la liberté qu'il s'arroge d'utiliser comme il l'entend les recettes prélevées, est assorti d'une politique de dépenses « à frais partagés ». Le fédéral décide seul des investissements et des programmes en obligeant les provinces à participer à la moitié des coûts, au risque de ne plus bénéficier des subventions fédérales. En 1953, le Québec de Duplessis est la seule province qui s'oppose à cette politique avant de mettre en place, en 1954, une politique d'impôt sur le revenu des particuliers, au grand dam d'Ottawa qui devra par la suite tenir davantage compte du Québec.

L'orientation vers l'État-providence ne fait que renforcer la tendance du fédéralisme à devenir plus centralisé. Un certain consensus commence à reconnaître Ottawa dans son rôle de capitale nationale, mais il est vrai que, de plus en plus, l'État fédéral empiète sur les champs de compétence des provinces, que ce soit dans les secteurs de l'agriculture, du réseau routier ou de l'enseignement professionnel et supérieur. On remarquera que le rapport Rowell-Sirois avait bien consacré, dès 1940, le rôle du gouvernement fédéral comme étant seul capable de développer un sentiment national.

La croissance de l'après-guerre

Le Canada connaît une croissance exceptionnelle à partir de 1946 et jusqu'en 1975, malgré une interruption de cinq ans avec la récession de 1957. C'est la période de développement la plus forte et la plus longue dans l'histoire du Canada.

Il est très largement reconnu que la consommation a un réel impact sur la croissance puisqu'elle stimule la productivité : il s'agit donc de la relancer grâce aux moyens financiers épargnés pendant la guerre. Après les privations et les restrictions de la crise et de la guerre, le désir d'acheter est fort. Des grands projets d'exploitation et de transport des ressources naturelles sont engagés. L'Ontario et le Québec notamment disposent de mines de fer (Bouclier canadien), d'or, de cuivre, de zinc, de platine, de plomb sans compter des minerais comme le nickel et l'uranium auxquels il faut ajouter les ressources du pétrole, du gaz naturel, de l'hydroélectricité ou de l'aluminium qui vont détrôner l'exploitation de la houille. Dans le contexte de la guerre froide après 1947, le Canada va continuer de fournir l'industrie militaire américaine.

Des aides gouvernementales permettent aux entreprises de se moderniser. La création d'emplois contribue à maintenir le chômage à un niveau assez bas[1] et les salaires sont supérieurs à l'inflation, permettant une hausse du niveau de vie. L'inflation se stabilise entre 1951 et les années 1970 tandis que le revenu annuel moyen des travailleurs industriels double en 10 ans (1946-1956) et augmente de 50 % entre 1944 et 1964, sans compter le paiement des transferts versés par les gouvernements – allocations familiales, pensions de vieillesse ou assurance chômage instaurée en 1940. Les consommateurs acquièrent biens et services comme des automobiles ou des appareils ménagers électriques tandis que la télévision se développe et gagne la quasi-totalité des foyers. C'est le règne des médias et de la publicité qui encourage les ventes à crédit et reflète une américanisation de la société.

La prospérité est revenue, même si on peut constater à nouveau qu'elle est inégalement partagée. La hiérarchie sociale place par ordre décroissant les Canadiens anglais, les Canadiens français, les Néo-Canadiens et les Amérindiens. À côté des agriculteurs et des pêcheurs, les villes sont privilégiées. Le taux d'urbanisation progresse, passant de 58 % à 70 % entre 1941 et 1961 et atteint 76 % en 1971. Montréal compte 2 millions d'habitants en 1961 et 2,7 millions en 1971, même si Toronto la supplante comme capitale métropolitaine du pays au début des années 1970. Vancouver occupe une bonne troisième place avec 1 116 000 habitants en 1971.

La croissance est aussi due à la démographie. Le taux de natalité, qui avait chuté depuis la fin du XIXe siècle, repart en flèche et crée un véritable *baby-boom* jusqu'au milieu des années 1960. Il faut aussi compter sur l'ap-

---

1. Un peu plus de 3 % entre 1946 et 1956, puis 6,4 % entre 1957 et 1961.

port de l'immigration en raison des besoins en main-d'œuvre. L'après-Seconde Guerre mondiale donne à l'immigration son nouveau visage et, en vingt ans, ce sont 2 699 833 immigrants qui rejoignent le Canada. La nouvelle politique officielle du gouvernement fédéral s'assouplit considérablement malgré des restes de discrimination dans certains propos tenus par le Premier ministre libéral Mackenzie King qui déclare au Parlement en 1947 que « le peuple canadien n'avait pas envie de voir la composition ethnique de sa population changer radicalement de nature ». En dépit de ces réactions de rejet qui appartiennent désormais au passé, le Canada abolit en 1947 la loi de 1923 à l'encontre des Chinois. La même année est créée la citoyenneté canadienne : les Canadiens cessent d'être des sujets britanniques pour devenir des citoyens à part entière. Les exclusions disparaissent, même si la préférence dans l'immigration continue d'être accordée aux îles Britanniques, aux États-Unis et à l'Europe du Nord-Ouest. Aux termes de la législation de 1950 et de 1953, le département de l'Immigration conserve des pouvoirs discrétionnaires pour empêcher l'entrée de personnes jugées « dangereuses ou inassimilables » et la politique officielle vise à préserver un Canada blanc et, si possible, britannique mais les restrictions ne sont en rien comparables avec celles que les États-Unis ont introduites en 1952. Le Canada adopte une attitude beaucoup plus libérale et renonce à mettre en vigueur la notion de quotas qui va faire florès dans l'Amérique de Truman. Sans être écrasant, le volume des admissions est conséquent et l'origine géographique des nouveaux venus se modifie légèrement avec la présence de personnes en provenance de l'Europe du Sud ou de l'Europe méditerranéenne (Italiens et Grecs notamment). Toujours attirés par les grandes villes comme Montréal et Toronto, les arrivants ont une instruction ou/et un niveau de compétence élevés. Enfin, cette période est caractérisée par l'admission d'immigrants d'un nouveau type, celui des réfugiés politiques : Slovaques après 1945, Hongrois après l'insurrection de Budapest en 1956, Arméniens, Nord-Africains et Haïtiens dans les années 1960. Cette politique se poursuit avec l'accueil des Tchèques après les événements de Prague en 1968, des Asiatiques de l'Ouganda fuyant le régime d'Idi Amin Dada dans les années 1970 ou des Chiliens entre 1973 et 1975 à l'époque de Pinochet. À ces apports il faut ajouter, même si elle n'est pas énorme, la population de Terre-Neuve (361 416 habitants en 1951 et 457 853 en 1961) qui rejoint la Confédération en 1949. Ainsi la population totale du Canada, qui était de 11,5 millions en 1941, passe à 14 millions en 1951, 18,2 millions en 1961 et 21,5 millions en 1971.

Les revendications de nouveaux droits

Venue des États-Unis, une nouvelle « mystique féminine », selon l'expression des féministes[1], propage au Canada une image uniforme et omniprésente du rôle féminin. Ce n'est en fait que la reformulation de l'idéal traditionnel de la femme au foyer dont le destin est de se marier, d'avoir des enfants et de les élever. Ce sont surtout les femmes de la classe moyenne aisée des banlieues suburbaines qui adoptent ce modèle. Convaincues par la publicité, elles ont les moyens d'acheter toutes

1. Nous reprenons le titre célèbre de l'essai *La Femme mystifiée*, de l'Américaine Betty Friedan, publié en 1963.

sortes d'appareils électroménagers censés améliorer leur confort domestique. Dans le contexte d'une société de consommation, l'art de la gestion du foyer est élevé au rang de véritable expertise professionnelle mais le mythe correspond d'autant moins à la réalité que près de la moitié des femmes ne quittent pas le marché du travail qu'elles ont investi pendant la guerre.

L'évolution économique a modifié le monde du travail en remplaçant progressivement le cultivateur par l'ouvrier industriel. La mécanisation accrue et l'exploitation de superficies de plus en plus grandes réduisent la main-d'œuvre agricole qui ne représente plus que 10 % en 1961. L'exode rural est tel que 12 % seulement de la population vit sur les fermes. Les variations climatiques et les mauvaises récoltes fragilisent un secteur qui nécessite souvent de recevoir des aides pour éviter la faillite.

Les travailleurs revendiquent la négociation de conventions collectives et veulent avoir accès à la consommation. En février 1944, King accorde le droit à la syndicalisation qui va désormais progresser de façon spectaculaire. Le pourcentage de travailleurs syndiqués passe de 24 % en 1945 à près de 34 % en 1958 et se maintient à 32 % en 1967. La semaine de travail est réduite de 48 à 44 heures et, au début des années 1950, elle passe à 40 heures pour une semaine de cinq jours. Les acquis sont progressifs mais réels : la retenue à la source des cotisations syndicales suite à une grève dure aux usines Ford à Windsor (Ontario) en 1945, puis des hausses de salaire après une grande grève du textile à Valleyfield et Lachute en 1946-1947 ou bien encore après la grève des mines à Asbestos et Thetford Mines en 1949 avant la généralisation des négociations collectives au début des années 1950. À la fin des années 1950 et au début des années 1960, les nouvelles demandes portent sur les plans de pension. Le syndicalisme va ensuite s'empêtrer dans des procédures techniques et bureaucratiques. Depuis 1940, les unions industrielles sont regroupées au sein du CCT, concurrencé par les syndicats de métier du CMTC-FAT qui se réorientent vers un syndicalisme industriel pour toucher tous les travailleurs. Les deux centrales syndicales canadiennes, qui partagent la même méfiance vis-à-vis des mots d'ordre du Parti communiste, se réunifient au début des années 1950 avant de se saborder et de former, en 1956, le Congrès du travail du Canada (CTC). Au Québec, on note la même expansion des effectifs de la Confédération des travailleurs catholiques du Canada (CTCC) qui se sécularise et se rapproche du CCT pour devenir en 1960 la Confédération des syndicats nationaux (CSN).

La continentalisation

Dans les secteurs économique, sociétal et culturel, l'influence des États-Unis se fait de plus en plus sentir au Canada, qui devient littéralement dépendant de son voisin du Sud.

La montée en puissance des États-Unis, qui détrônent la Grande-Bretagne comme première puissance économique et militaire mondiale, renforce l'américanisation du Canada. Cette situation déclenche au Canada anglais des réactions nationalistes de rejet et de crainte vis-à-vis des risques de continentalisation, c'est-à-dire d'un espace économique intégré.

Les milieux intellectuels, qu'il s'agisse des universitaires, des journalistes, des éditeurs, dénoncent cette emprise de l'*American way of life* qui menace leur identité propre, d'autant que le secteur culturel est également envahi par les médias américains et surtout par la télévision qui apparaît en 1952 et concerne 90 % de la population en moins de dix ans. À cet égard, le Canada anglais est plus touché que le Québec qui résiste mieux grâce à sa langue, même si la Belle Province est inondée par les productions américaines traduites.

Le matérialisme de la société de consommation et la diffusion d'une culture populaire de masse inquiètent les élites. En avril 1949, le Premier ministre libéral Louis Saint-Laurent charge Vincent Massey, chancelier de l'université de Toronto, et le père Georges-Henri Lévesque, de l'université Laval, de coprésider une commission royale d'enquête afin de produire un rapport sur « l'avancement des arts, des lettres et des sciences au Canada ». Déposé en juin 1951, ce rapport préconise le contrôle et le soutien financier des activités culturelles par le gouvernement pour préserver l'originalité de la création canadienne. Massey conclut son rapport de la façon la plus claire qui soit : « La bonne volonté ne peut rien à elle seule pour une plante assoiffée ; si la culture canadienne est anémique, il faut la nourrir, et cela coûte de l'argent. Voilà un défi à relever pour tous les paliers de gouvernement : fédéral, provincial et municipal. » Soucieux de créer un sentiment national rassemblant l'ensemble du Canada, le gouvernement fédéral perçoit bien l'enjeu et réagit en créant un réseau d'État de télévision en 1952, la Bibliothèque nationale du Canada en 1953 et le Conseil des arts en 1957.

Les États-Unis opèrent des investissements massifs au Canada, augmentant ainsi leur tendance à économiser leurs ressources naturelles et à s'approvisionner dans les réserves du partenaire. De 1945 à 1955, les capitaux américains au Canada doublent et les investissements directs sont multipliés par trois. Les crédits à l'exportation généreusement consentis par King à la fin de la guerre à l'Europe exsangue finissent par déséquilibrer la balance des paiements à l'égard des États-Unis auxquels le Canada, en revanche, paie comptant ses importations. Plus le Canada exporte dans ces conditions particulières, plus il doit importer et régler rubis sur l'ongle avec des dollars américains.

La présence américaine va au-delà des investissements qui stimulent le développement de l'économie canadienne, surtout dans le sud de l'Ontario – le secteur automobile notamment – ou sur la côte nord du Québec pour le minerai de fer. Les États-Unis contrôlent aussi la gestion d'entreprises ou créent sur place des filiales de leurs firmes. Le Canada se trouve ainsi dans une situation qui rappelle l'époque coloniale en vendant ses matières premières, transformées aux États-Unis et rachetées ensuite comme produits finis. Le partenariat économique « privilégié » mais en fait quasi exclusif crée une relation de subordination puisque la moitié des exportations du Canada est orientée vers les États-Unis et que près des trois quarts des importations viennent de la même source.

Une originalité politique canadienne

Le Canada se distingue néanmoins des États-Unis par des aspects de sa culture politique, compte tenu de l'importance qu'ont pu prendre à certaines époques et dans certaines régions des tiers partis d'inspiration sociale-démocrate.

Si l'éventail idéologique américain est homogène en raison de ses références, toutes libérales, la vie politique canadienne s'avère plus complexe en raison de la diversité de son héritage. Pour reprendre la théorie du politologue américain Louis Hartz, le Canada est composé de plusieurs fragments et animé par plusieurs courants idéologiques : le libéralisme avec ses variantes *whig* et *tory*, le travaillisme introduit par les immigrants britanniques au XIXe siècle et le conservatisme adapté de la société féodale française porté par la société issue de la Nouvelle-France.

Aux États-Unis, les idées socialistes ou de « gauche » sont importées tandis qu'au Canada, elles émergent du contexte spatio-temporel propre. Le syndicalisme lui-même est double en étant lié à la fois au mouvement ouvrier et au mouvement des Fermiers de l'Ouest. L'originalité du regroupement coopératif est d'avoir voulu se soustraire à la tutelle du grand capitalisme. La diversité des opinions permet le débat démocratique mais, même s'il y a volonté d'atteindre le consensus, cela n'est pas toujours évident.

De surcroît, que ce soit à l'échelon fédéral ou provincial, la personnalité des leaders l'emporte sur les références idéologiques. On sait combien certains politiciens charismatiques ont pu dominer la scène pendant de longues années, voire des décennies, la sanction des électeurs allant dans le sens du pragmatisme et de l'efficacité. On l'a vu avec Wilfrid Laurier, puis *a fortiori* avec William Lyon Mackenzie King qui conduit le pays de 1921 à 1948, de façon presque ininterrompue.

La vie politique : le long règne libéral de King à Saint-Laurent (1945-1957)

Fatigué du pouvoir, King, qui a gagné de justesse les élections de 1945, prend sa retraite en novembre 1948. Sa longévité fait de lui le plus long Premier ministre des pays du Commonwealth britannique. Si Walpole est Premier ministre pendant vingt et un ans (1721-1742), King occupe cette fonction pendant vingt-deux ans (1921-1930 et 1935-1948). Comprendre qu'on ne peut pas gouverner le Canada seulement avec l'appui d'une partie du pays et qu'il faut établir des compromis pour bénéficier d'un soutien diversifié lui a permis de se maintenir au pouvoir.

Certes, c'est une personnalité étrange que celle de King. Outre les célèbres conversations intimes qu'il entretenait avec son chien, on a découvert dans ses Mémoires posthumes qu'il était spirite mais ses idiosyncrasies ne doivent pas éclipser ses réalisations. Il a su donner du Parti libéral l'image d'un parti national et a réussi à bénéficier du soutien du Québec[1].

C'est donc le libéral Louis Saint-Laurent (1882-1973) qui lui succède et devient le deuxième Canadien français à occuper cette fonction depuis 1867. Une règle non écrite veut aussi que la tradition du Parti libéral est de procéder à une alternance entre anglophones et francophones dans la désignation de ses chefs-Premiers ministres.

Louis Saint-Laurent assure la présence des libéraux au pouvoir jusqu'en 1957. Après avoir assumé pour l'es-

1. Traditionnellement, et de façon apparemment contradictoire, le Québec vote « bleu » à Québec mais « rouge » à Ottawa. Cela s'explique par le fait que les enjeux ne sont pas les mêmes au fédéral et au provincial.

sentiel la gestion de la crise et de la guerre, les libéraux bénéficient d'une relative tranquillité pour conduire le changement dans un contexte de prospérité. On sait la forte personnalité de King et sa tendance à gérer seul un certain nombre de dossiers mais, à partir de 1945, il s'appuie sur deux ministres forts de son gouvernement, C. D. Howe, ministre de la Reconstruction qui fait évoluer le pays vers une économie de paix mais aussi Saint-Laurent qui est chargé de la politique étrangère à partir de 1945.

L'entrée de Saint-Laurent dans la politique est tardive puisqu'il attend d'avoir 60 ans pour se lancer, presque à son corps défendant. Né dans les Cantons de l'Est d'un père canadien-français et d'une mère d'origine irlandaise, il est parfaitement bilingue. Après de solides études de droit à l'université Laval, il exerce comme avocat de 1905 à 1914 avant d'enseigner le droit dans son *alma mater*. Il est l'un des avocats les plus en vue du Québec. Alors que son père, petit commerçant engagé au Parti libéral et grand admirateur de Laurier, influe sur les convictions de son fils, le sérieux et les compétences de Louis Saint-Laurent font qu'on lui propose en 1926 un poste au cabinet de Meighen. Il est finalement recruté par King qui a besoin, en temps de guerre, de ministres venant du Québec. Ainsi, à la mort, fin novembre 1941, d'Ernest Lapointe, l'influent ministre de la Justice qui a conservé son poste depuis 1924, Louis Saint-Laurent lui succède en 1942.

Au risque de s'aliéner l'appui des Canadiens français, Saint-Laurent soutient loyalement King en 1942 sur la question de la conscription et fait tout pour que les libéraux du Québec ne quittent pas le parti. En 1945, il est nommé secrétaire d'État aux Affaires extérieures. Il participe à la conférence de Dumbarton Oaks, de début août à la fin octobre 1944, et à la conférence de San Francisco en mai 1945 qui conduisent à la fondation de l'Organisation des nations unies le 26 juin 1945 avec la signature par 51 États de la Charte des Nations unies, dont la mission première est de « préserver les nations futures du fléau de la guerre », le Conseil de sécurité ayant pour mission d'assurer la paix dans le monde. Par ailleurs, le Canada fait activement partie des pays qui obtiennent que le français soit maintenu comme langue officielle et comme langue de travail du Secrétariat avec l'anglais. Saint-Laurent se déclare partisan d'une force militaire onusienne pour préserver la paix et prévenir la guerre. Son idée sera reprise et appliquée en 1956 à l'occasion de la crise du canal de Suez. Au retrait de King, Saint-Laurent se laisse convaincre de lui succéder à la chefferie[1] du parti en août 1948 puis de devenir Premier ministre après la démission de King le 15 novembre 1948. La personnalité de Saint-Laurent contraste avec celle de King en donnant l'image populaire et rassurante d'un homme ordinaire. Il projette une image grand-paternelle qui lui vaut le surnom d'« oncle Louis » mais, en même temps, il en impose par sa sagesse digne. C'est un gros travailleur qui connaît ses dossiers à fond. Il attire la sympathie et le respect d'un électorat qui lui donne une large victoire aux élections fédérales de juin 1949. Après le long règne libéral de W. L. M. King, il réussit à se faire élire avec la plus forte majorité jamais acquise depuis 1867. Avec 49,15 % des suffrages populaires, il forme le quatrième gouvernement majoritaire consécutif avec 191 sièges. Il défait George Drew, son adversaire progressiste-conservateur, l'ancien Premier

1. Présidence du parti.

ministre ontarien qui ne remporte que 41 sièges (dont 25 dans l'Ontario).

Cette élection est marquée par la baisse des tiers partis puisque la CCF de Coldwell ne gagne que 13 sièges, dont 8 en Saskatchewan et au Manitoba, tandis que le Crédit social de Solon Low conserve 10 sièges, tous en Alberta. Les libéraux sont nettement majoritaires dans les provinces « historiques », avec 55 sièges sur 83 dans l'Ontario et 68 des 73 sièges au Québec.

À nouveau candidat en 1953, Saint-Laurent conserve la faveur populaire même si le Parti libéral ne gagne que 170 sièges. La perte d'une vingtaine de circonscriptions profite aux autres formations, les conservateurs remportant 51 sièges, la CCF 23 et le Crédit social 15.

Les deux mandats de Saint-Laurent sont marqués par un certain nombre d'avancées. Tout d'abord, en 1949, le Premier ministre procède à ce que l'on a appelé sans doute de façon impropre le rapatriement de la Constitution. En réalité, ce sont deux amendements qui modifient la Loi constitutionnelle de 1867. Le premier permet l'entrée de Terre-Neuve dans la Confédération, entrée acquise de haute lutte grâce à l'implication forte de Joey Smallwood (1900-1991) qui exercera la fonction de Premier ministre de la nouvelle province de 1949 à 1972. Son idée était qu'il valait mieux être attiré par la « prospérité continentale » que de persévérer dans l'indépendance pauvre. On remarquera au passage que les provinces ne sont pas consultées quand on admet ou qu'on crée une nouvelle province. Même si c'est constitutionnel, cela donne du fédéralisme une image curieuse de la démocratie. Mais c'est le second amendement qui soulève la vive opposition de l'Alberta, et surtout du Québec. Il s'agit d'un rapatriement partiel de l'Acte fondateur de 1867 qui se concrétise par le nouvel article 91, alinéa 1, autorisant le Parlement d'Ottawa à modifier la Constitution du Canada, à l'exception de six secteurs réservés à la compétence de Londres. Le pouvoir de modification est limité à ce qui concerne le gouvernement fédéral, ce qui justifierait le fait que les provinces n'aient pas été consultées, mais la décision de Saint-Laurent, entérinée par le Parlement britannique le 16 décembre 1949, est considérée comme un coup de force. Le Québec manifeste son opposition à ce premier rapatriement unilatéral qui ne fait qu'annoncer le débat constitutionnel des années 1960 et le rapatriement de 1982. De fait, il ne s'agit pas de « rapatriement » puisque le texte fondamental n'a jamais été *dans* la patrie. En fait, le terme « *patriation* » en anglais n'a pas tout à fait la même signification qu'en français et Saint-Laurent lui-même a préféré le mot « domiciliation » ou « canadianisation ».

Saint-Laurent réussit par ailleurs à rembourser la totalité de la dette contractée par le Canada pendant l'immédiat après-guerre. Il introduit la politique des paiements de péréquation qui redistribue les revenus d'impôts et de taxes entre les provinces pour aider les plus pauvres.

Les efforts de canadianisation se poursuivent. En 1952, c'est Vincent Massey, né au Canada, qui est nommé gouverneur général et détient en fait le pouvoir, même si en théorie la reine d'Angleterre continue d'être officiellement le chef de l'État avec le titre de « reine du Canada ».

On doit aussi à Saint-Laurent un soutien massif à la culture suite au rapport Massey, notamment un financement sans précédent des universités et de la recherche (100 millions de dollars).

En matière de progrès sociaux, un effort substantiel est consenti en 1951 pour réaménager le programme fédéral des pensions de vieillesse en offrant un régime universel pour tous les Canadiens de 70 ans et plus.

On peut également porter à son crédit le lancement de travaux publics et de projets d'infrastructure. La loi de 1949 sur la Route transcanadienne permet le démarrage à l'été 1950 d'une route de 7 821 kilomètres qui relie St John's (Terre-Neuve) à Victoria (Colombie-Britannique) et qui sera inaugurée en 1962. La mise en chantier de la voie maritime du Saint-Laurent - pour stimuler l'activité économique dans la région des Grands Lacs, mieux reliés à l'Atlantique - en 1954 traduit le regain de confiance vis-à-vis des États-Unis, au risque d'être accusé de favoriser l'intégration économique. Un autre projet plus contesté est celui de la construction d'un oléoduc transcanadien pour acheminer le gaz naturel de l'Alberta vers l'Est. Les travaux sont confiés à une compagnie privée américaine, *Trans Canada Pipelines Ltd*, et l'opposition dénonce un projet, financé à moitié par les États-Unis et à moitié par le Canada, qui sert davantage les intérêts américains que canadiens. Un débat très vif sur le tracé du pipeline a lieu au Parlement en mai-juin 1956 et le Premier ministre décide de passer en force. La construction démarre finalement en 1956 pour s'achever en 1958. Les conservateurs ne manquent pas de critiquer le gouvernement de Saint-Laurent accusé d'être inféodé au milieu des affaires et d'être trop coulant avec le partenaire américain. Cette affaire et l'usure du pouvoir conduisent à la défaite électorale de juin 1957.

Les années Diefenbaker (1957-1963)

Même si les libéraux gagnent plus de suffrages populaires que les conservateurs, ce sont ces derniers qui remportent le plus grand nombre de sièges, 112 contre 105. John Diefenbaker forme ainsi un gouvernement minoritaire (avec le soutien du Crédit social) qu'il dirige jusqu'en 1963. Dès 1956, il avait adopté des positions nationalistes en dénonçant la part excessive prise par les intérêts américains, mais il incarne surtout le changement. Dans un discours célèbre prononcé à la télévision en avril 1957, pendant sa campagne électorale, il affiche son pan-canadianisme en présentant « un programme [...] pour un Canada uni, pour un seul Canada, pour le Canada d'abord, dans tous les aspects de notre vie politique et publique, pour le bien-être de l'homme et de la femme ordinaires. Un Canada uni d'un océan à l'autre, dans lequel il y aura la liberté individuelle, la liberté d'entreprise et surtout un gouvernement qui restera le serviteur et non le maître du peuple ».

Né dans le sud-ouest de l'Ontario mais en fait issu de la Saskatchewan où, après plusieurs échecs, il attend 1940 pour être élu député, Diefenbaker (1895-1979) représente l'esprit démocratique de l'Ouest face à l'*establishment* du Canada central. Ambitieux et dynamique, il a la vocation de la politique très jeune, persuadé qu'il sera un jour Premier ministre. À la recherche d'une vraie majorité pour conforter sa position, « Dief le Chef » provoque de nouvelles élections en mars 1958 et est réélu avec une majorité exceptionnelle en jouant la carte du populisme. Il est flamboyant et théâtral. Un littéral raz-de-marée donne 208 sièges aux conservateurs alors que les libéraux doivent se contenter de 48 sièges. La CCF est réduite à 8 sièges et le Crédit social disparaît provisoirement. Même le Québec élit 50 députés *tories*.

Loin de voir le Canada comme un « pacte » entre deux peuples fondateurs égaux, Diefenbaker évoque un

Canada « indifférencié » qu'il voit comme une solution à la tour de Babel linguistique et culturelle dans sa déclaration du 29 mars 1958 : « Je suis le premier Premier ministre de ce pays à n'être ni d'origine anglaise, ni française. Je suis donc déterminé à faire émerger une citoyenneté canadienne universelle. Je suis très heureux de pouvoir dire qu'il y a aujourd'hui à la Chambre des communes, dans mon parti, des députés d'origine italienne, hollandaise, allemande, scandinave, chinoise et ukrainienne, et qu'ils sont canadiens. »

De façon anticipatrice, Diefenbaker déclare son intérêt pour le Nord qu'il veut ouvrir pour en exploiter les ressources : « Voici la vision : un seul Canada. Un seul Canada où les Canadiens prendront le contrôle de leur destinée économique et politique. Sir John A. Macdonald avait une vision du Canada qui allait d'est en ouest. Je vois un nouveau Canada, un Canada du Nord. Ceci est la vision. »

Mais les années Diefenbaker coïncident peu ou prou avec le retour de la récession. Il est donc nécessaire d'accorder des aides importantes aux agriculteurs pour faire face aux surplus de blé, de consentir des réductions d'impôts et une hausse des pensions des retraités. Mais les mesures adoptées ne réduisent pas les effets de la crise.

En revanche, Diefenbaker manifeste un désir d'ouverture en prenant des initiatives nouvelles : il fait appel à Ellen Fairclough, la première femme à occuper un poste ministériel[1], nomme au Travail Michael Starr, le premier Ukraino-Canadien ministre ; il nomme au Sénat un Amérindien, James Gladstone, et accorde le droit de vote aux Amérindiens en 1960.

1. Elle est secrétaire d'État du Canada.

Sensible à la question des libertés individuelles, il est à l'origine, dès 1958, de la Déclaration canadienne des droits, qu'il fait adopter en 1960. Ce texte visionnaire anticipe la Charte des droits et libertés de 1982. Il ne s'applique qu'aux lois fédérales mais affirme surtout le droit de tout individu, « quels que soient sa race, son origine nationale, sa couleur, sa religion ou son sexe », à la vie, à la liberté, à la sécurité mais aussi à la liberté de religion, de parole et de réunion.

En revanche, en « bon anglophone », il est peu sensible aux aspirations des francophones, surtout celles de la Révolution tranquille et d'un Québec néo-nationaliste. Son gouvernement qui affiche un pan-canadianisme qui veut gommer la référence à deux peuples fondateurs, à deux langues et à deux religions ne comprend d'ailleurs pas de ministres francophones d'envergure.

La déception de l'électorat par rapport aux attentes suscitées, et ce, dans un contexte de crise, explique le repli électoral de 1962. Par antiaméricanisme – il préfère renforcer les liens avec la Grande-Bretagne –, Diefenbaker refuse de s'engager dans une politique de défense qui aurait permis de développer l'industrie aéronautique canadienne en adoptant une position claire sur les armements nucléaires suite à la crise des missiles de Cuba. Cette indécision sur le déploiement de missiles sol-air CIM-10 Bomarc, pour se protéger d'une éventuelle attaque de bombardiers de l'URSS, n'est pas du goût de tous et s'ajoute à sa perte de crédibilité. Les libéraux, réorganisés sous la houlette de Lester Pearson, vont faire presque jeu égal avec les conservateurs en remportant 99 sièges contre 116. La CCF, revisitée en 1961 lors d'un congrès du CCT, prend le nom de Nouveau Parti démocratique (NPD) et la nouvelle formation au socialisme plus tempéré conquiert 19 sièges. Quant au Crédit social, il émerge à nouveau avec 30 sièges, dont 26 au Québec où il fait une percée spectaculaire grâce au leadership du député de l'Abitibi Réal Caouette, le chef adjoint du parti. En soutenant massivement Caouette, les Québécois des zones rurales ou isolées, à l'écart de la vie montréalaise, ont voulu signifier leur mécontentement et le Ralliement créditiste traduit un conservatisme rural et un rejet du *welfare state* d'inspiration socialiste.

Le gouvernement minoritaire est en difficulté et Diefenbaker accusé d'inefficacité. Il tombe en avril 1963, sous l'effet d'une motion de censure votée en février.

La politique étrangère

La période de 1945 à 1960 est l'âge d'or de la diplomatie canadienne. Déjà la Première Guerre mondiale avait permis d'affirmer une personnalité internationale. En 1922, le Canada refuse son soutien à l'Angleterre dans le conflit qui l'oppose à la Turquie, puis c'est la déclaration Balfour en 1926 et le statut de Westminster en 1931. Même si certains liens symboliques irritent encore ceux qui voudraient rompre avec l'allégeance à la Couronne britannique, la création de représentations diplomatiques à partir de la fin des années 1920 et pendant les années 1930 conforte la présence du Canada à l'étranger. La Seconde Guerre mondiale représente un réel tournant dans l'évolution du pays, qui passe du statut de colonie à celui de nation[1]. On a vu qu'en 1949, le Parlement canadien s'était affranchi d'une nouvelle contrainte constitutionnelle en déniant au Comité judi-

1. Pour reprendre le titre de l'ouvrage de l'historien Arthur R. M. Lower, *Colony to Nation* (1946).

ciaire du Conseil privé de la reine son rôle de tribunal de dernière instance, rôle qui est désormais imparti à la Cour suprême du Canada.

Depuis la fin de la guerre et pendant les années 1950, le Canada fait entendre sa voix au sein d'institutions internationales, que ce soit à l'ONU (1945), à l'OECE (1947) ou à l'OTAN (1949).

Après la conférence de San Francisco au printemps 1945, le Canada et 50 autres pays signent la Charte des Nations unies. En 1946, le domaine des affaires extérieures cesse d'être sous l'autorité directe du Premier ministre et un ministère des Affaires extérieures est alors confié à Louis Saint-Laurent avant que Pearson ne lui succède de 1948 à 1957. L'objectif de l'ONU de privilégier les compromis et les négociations est noble mais d'emblée son efficacité est limitée par l'instauration du droit de veto des grandes puissances au sein du Conseil de sécurité.

Dans le jeu des alliances, le Canada entre dans le camp des démocraties occidentales et prend sa part dans l'Organisation européenne de coopération économique[1], créée pour répartir l'aide des États-Unis et du Canada dans le cadre du plan Marshall de juin 1947 qui vise à accompagner la reconstruction de l'Europe au lendemain de la Seconde Guerre mondiale. L'année 1947 marque le début de la guerre froide qui oppose les anciens alliés, l'URSS et les États-Unis, les États communistes et les pays capitalistes, l'Est et l'Ouest. L'influence soviétique s'étend en Europe de l'Est et la menace du communisme conduit à la signature par les États-Unis, le Canada et divers pays européens

1. L'OECE, qui deviendra l'Organisation de développement et de coopération économiques (OCDE) en 1961.

non communistes d'un traité de défense mutuelle en avril 1949. Ainsi naît l'Organisation du traité de l'Atlantique Nord (OTAN).

Le Canada adopte une politique qui va construire son image de puissance moyenne mais aussi médiatrice, susceptible de proposer ses bons offices et de trouver des issues aux conflits entre les grands. Saint-Laurent et plus encore son ministre des Affaires extérieures, Lester B. Pearson, apaisent les fortes tensions qui opposent la France et la Grande-Bretagne aux États-Unis à l'automne 1956 et en 1957 suite à la nationalisation du canal de Suez par le Président égyptien. Gamal Abdel Nasser est battu militairement mais sort victorieux face à la coalition franco-britannique pour avoir démontré les méfaits de la colonisation. Les troupes de « maintien de la paix » se déploient en Égypte pour aider à mettre un terme à la crise et jouent un rôle de tampon sans participer aux combats de la force d'urgence. L'intervention canadienne de Pearson lui vaut le prix Nobel de la paix en 1957.

Le fait d'avoir été colonisé donne au Canada une crédibilité certaine en Asie et en Afrique. Il joue un rôle notable au sein de la Francophonie, au risque de froisser la France dans la recherche du leadership. La conscience « tiers-mondiste » du Canada est précieuse pour l'unité du Commonwealth compte tenu du risque de voir les jeunes pays du tiers-monde se ranger du côté de l'Union soviétique. Le Canada a le mérite d'avoir convaincu le Premier ministre indien Nehru d'adhérer au Commonwealth, malgré sa longue lutte pour l'indépendance de son pays. Par ailleurs, le Canada s'engage à Colombo, en 1952, dans un important programme d'aide extérieure. Il peut aussi mener une politique indépendante au sein du Commonwealth en s'opposant notamment à l'Angleterre sur la question de l'apartheid en

Afrique du Sud à la fin des années 1950. Les pressions canadiennes sont telles qu'elles conduisent à l'expulsion de l'Afrique du Sud du Commonwealth. Par ailleurs, le Canada cherche à créer un climat d'apaisement en engageant des relations avec la Chine dans le cadre de la diversification de ses échanges commerciaux.

La guerre de Corée donne aussi au Canada l'occasion d'intervenir. En juin 1950, la Corée du Nord, d'obédience communiste et soutenue par l'URSS et la Chine, envahit le Sud qui a l'appui des États-Unis. Alors que les forces armées de la Corée du Nord franchissent le 38e parallèle, Saint-Laurent envoie un contingent de soldats dès la fin du mois de juillet. Près de 27 000 militaires canadiens s'engagent et le Canada déplore 1 558 blessés et 516 morts au cours de ce conflit de trois ans qui dure jusqu'en juillet 1953. Ce que l'on retiendra est l'envoi des Casques bleus gardiens de la paix, cette force d'interposition de l'ONU que le Canada a toujours soutenue. Partageant la crainte des États-Unis vis-à-vis de la montée du communisme, Saint-Laurent augmente les dépenses militaires et mobilise trois contre-torpilleurs de la marine royale canadienne. Par ailleurs, le Canada freine l'ardeur des Américains qui envisagent d'utiliser l'arme nucléaire.

Les liens entre les deux pays d'Amérique du Nord en matière militaire s'intensifient en 1954 avec la mise en place d'un système de radars dans l'Arctique[1], qui permet une pré-alerte en cas d'attaque de l'URSS, avec divers dispositifs et notamment la célèbre ligne DEW (*Distant Early Warning*). Puis, pour prévenir d'éventuelles attaques soviétiques, les États-Unis et le Canada

1. Cela vaut au Canada la reconnaissance de la part de la Maison-Blanche de sa souveraineté territoriale dans l'Arctique.

signent en 1958 le traité NORAD (*North American Air Defence Agreement*), véritable symbole de la coopération bilatérale qui met en place une défense aérienne continentale. Le Canada accueille sur son sol des missiles aériens mais l'opinion publique réagit avec l'envoi de pétitions et la mobilisation des lobbys antinucléaires. En février 1959, le Canada arrête la construction de l'*Arrow*, un supersonique canadien, alors que les États-Unis veulent un matériel exclusivement américain (le F-101 Voodoo).

Pendant l'après-Seconde Guerre mondiale, même s'il lui est difficile de jouer dans la cour des grands à armes égales, le Canada prend progressivement ses distances vis-à-vis de la Grande-Bretagne et sa proximité avec les États-Unis s'intensifie, au risque d'être interprétée comme le début d'une nouvelle dépendance.

Le Québec et l'ère Duplessis (1944-1959)

La situation québécoise mérite une attention particulière en parallèle avec ce qui se passe sur la scène fédérale. Il n'est pas inintéressant de remarquer que le règne de Duplessis de 1936 à 1959 (avec une courte interruption de 1939 à 1944) correspond au long règne des libéraux au fédéral de 1935 à 1957 (King de 1935 à 1948 et Saint-Laurent de 1948 à 1957).

Cette période d'une vingtaine d'années est dominée sur le plan politique par la personnalité de Maurice Duplessis (1890-1959). Originaire de Trois-Rivières, il fréquente le collège Notre-Dame à Montréal à partir de 1898 puis suit son cours classique au séminaire de Trois-Rivières à partir de 1902 avant de faire des études brillantes de droit à compter de 1910 à Montréal et de s'installer comme avocat à Trois-Rivières en 1913. Au collège Notre-Dame, il a rencontré le frère André[1] (Alfred Bessette, 1845-1937) qui se prend d'affection pour lui et à qui il doit sa dévotion à Saint-Joseph.

Maurice Duplessis est issu d'une famille qui s'intéresse à la politique et qui évolue, à la fin du XIXe siècle, dans les milieux conservateurs et ultramontains que fréquentent Louis-Olivier Taillon (Premier ministre du Québec pendant quatre jours, du 25 au 29 janvier 1887), Thomas Chapais (professeur d'histoire à l'université Laval à qui on doit un célèbre cours d'histoire du Canada), le député Louis-Philippe Pelletier ou Edmund James Flynn (Premier ministre du Québec de 1896 à 1897). Attiré vers l'Église, Duplessis préfère se lancer dans la politique plutôt que de rentrer dans les ordres. Il commence sa carrière dans le camp des conservateurs et essuie un premier échec à Saint-Maurice à l'élection provinciale de 1923. En 1927, il est élu avec une faible majorité mais c'est la première fois en vingt-sept ans qu'un conservateur remporte l'élection. À nouveau, en 1931, il est réélu mais d'extrême justesse, il prend la tête de l'opposition suite à la démission de Camillien Houde en 1932 et devient le chef du Parti conservateur en 1933.

Avant d'évaluer le bilan du régime de Duplessis, il est nécessaire de remonter à la crise de 1929 et à son impact sur la vie politique du Québec. Une scission

1. Frère André est une figure charismatique du Québec religieux. Après une adolescence pauvre et pieuse, ce frère convers de la congrégation de Sainte-Croix est portier au collège Notre-Dame à Côte-des-Neiges à Montréal où il fait des miracles. Après le scepticisme des autorités ecclésiastiques face au succès grandissant du thaumaturge qui attire une foule immense de pèlerins et après avoir édifié l'oratoire Saint-Joseph en 1904 en face de son collège, puis une basilique dont la construction démarre en 1924, il finit par être reconnu par l'Église qui le canonise en 2010.

du Parti libéral provincial conduit à la création d'une nouvelle formation, l'Action libérale nationale (ALN), qui rassemble des libéraux réformistes dissidents et des nationalistes qui ont quitté le Parti libéral. Ce nouveau groupe, qui relève d'un réformisme catholique, dénonce les monopoles des grandes compagnies et la collusion qui s'est installée entre le gouvernement de Louis-Alexandre Taschereau et les milieux d'affaires, en particulier dans le secteur de l'exploitation des richesses minières. En vue de l'élection de 1935, l'ALN décide de s'allier au Parti conservateur dirigé par Maurice Duplessis. La stratégie réussit en partie puisque les libéraux du Premier ministre Taschereau sont élus, de justesse. Cependant, se sentant désavoué, Taschereau démissionne et laisse la place à un jeune libéral progressiste, Adélard Godbout. Son premier mandat de Premier ministre est particulièrement court et ne dure que deux mois à l'été 1936. De nouvelles élections en août 1936 confirment l'échec des libéraux qui ont détenu le pouvoir pendant trente-neuf années et consacrent le triomphe de l'Union nationale issue de la fusion de l'ALN avec les conservateurs.

Duplessis entame un premier mandat comme Premier ministre en 1936 mais, une fois au pouvoir, il n'applique pas le programme de nationalisme promis pendant la campagne électorale, puis se débarrasse de ses alliés. Au bout de trois ans, le bilan de Duplessis est assez mince. Sa peur viscérale du communisme – un point qu'il partage avec les libéraux d'Ottawa – est telle qu'il adopte en mars 1937 la Loi dite du cadenas qui vise à verrouiller toutes les initiatives qui pourraient être subversives et qui n'est pas sans rappeler le maccarthysme américain. La crainte relève du fantasme et ne correspond pas à la réalité du terrain où le Parti communiste représente peu de chose. Un peu plus tard, en 1939,

Duplessis déclenche une élection saisissant l'opportunité du débat sur la conscription pour affirmer son opposition à toute participation du Canada à la guerre et dénoncer l'empiétement du fédéral sur le provincial. Mais les libéraux dirigés par Adélard Godbout, avec le soutien actif d'Ernest Lapointe, le bras droit de King, sont réélus[1] ayant réussi à convaincre les électeurs que seuls les libéraux pouvaient empêcher la conscription. On connaît la suite puisqu'en 1942, malgré un référendum serré, la conscription fut mise en place au niveau fédéral. En attendant de revenir au pouvoir en 1944, Duplessis profite de cette période de cinq ans pour subir diverses opérations et cesser de s'adonner à l'alcool.

C'est donc Godbout (1892-1956) qui est aux commandes pendant la guerre, de novembre 1939 à août 1944. Agronome de profession (il a même été ministre de l'Agriculture de 1930 à 1936 dans le gouvernement Taschereau), il est l'un des rares Premiers ministres québécois à ne pas être avocat. Il s'emploie à revenir sur la plupart des mesures prises par son prédécesseur, notamment en matière de libertés publiques et de législation ouvrière. Il fait adopter la Loi des relations ouvrières, l'équivalent d'un Code du travail, en février 1944. Il cherche à moderniser la province et procède à la nationalisation de l'hydro-électricité en créant Hydro-Québec en 1944. Mais il est considéré par certains de ses détracteurs comme une marionnette du fédéral, sans doute parce qu'il paie cher le soutien massif qu'il a reçu du gouvernement de King lors de l'élection de 1939. Plus encore, il ne plaît pas aux élites et à l'Église. Son mandat est trop court pour modifier profondément la société québécoise mais il donne un avant-goût de ce

1. Avec 70 sièges contre 15 pour les conservateurs.

que sera la Révolution tranquille. Il accorde le droit de vote aux femmes en 1940 malgré l'opposition du cardinal Villeneuve ; il rend obligatoire l'instruction élémentaire et instaure la gratuité de l'éducation primaire. La Loi de mai 1943 sur la fréquentation scolaire pour les enfants de 6 à 14 ans touche aux intérêts de l'Église qui veut conserver son monopole en matière d'enseignement. Sans doute est-il moins ardent sur la défense de l'autonomie et du nationalisme québécois mais cela peut se comprendre dans le contexte de la guerre. Godbout est injustement méconnu car il a fait plus de réformes que celles contenues dans le programme de l'ALN. Le film documentaire de son parent, l'écrivain Jacques Godbout, *Traître ou patriote ?*, sorti en 2000, est un essai de réhabilitation bienvenu.

Le retour de Duplessis en 1944 inaugure un second mandat qui dure quinze ans puisqu'il est régulièrement réélu en 1948, 1952 et 1956 avec, chaque fois, environ 50 % des suffrages populaires. Les écarts de sièges sont sans appel : 82 pour Duplessis contre 8 pour Godbout en 1948, 68 contre 23 pour Lapalme en 1952, 72 contre 20 pour Lapalme à nouveau en 1956. Il aura exercé 9 mandats de député et 5 de Premier ministre, dont 4 consécutifs, un record dans l'histoire du Québec.

Un changement dans le paysage politique apparaît en 1944. Un nouveau parti, le Bloc populaire canadien (BPC) d'André Laurendeau, créé en 1942, vient troubler le jeu entre les libéraux de Godbout qui remportent 37 sièges et l'Union nationale de Duplessis qui en gagne 48 alors que moins de 20 000 voix les séparent. Le Bloc est un parti de centre-gauche nationaliste farouchement opposé à la conscription, qui obtient 4 sièges. Son chef, André Laurendeau, est un intellectuel éminent du Québec, tout à la fois écrivain, journaliste et politicien qui écrit de 1934 à 1937 des articles pour son père Arthur Laurendeau qui dirige l'*Action nationale*[1] avant d'en devenir le directeur de 1937 à 1942 ainsi que de 1948 à 1954. Cette revue mensuelle est l'héritière de l'*Action française* dirigée par Lionel Groulx de 1921 à 1928 et elle va s'imposer au Québec comme la voix du nationalisme canadien-français avant d'être celle du nationalisme québécois dans les années 1960. Laurendeau prendra aussi, à partir de 1947, des responsabilités éditoriales pour le quotidien *Le Devoir*. Il disparaît de la scène aux élections de 1948. Quant au Parti libéral, il se réorganise après les échecs de Godbout et son nouveau chef Georges-Émile Lapalme obtient 23 sièges en 1952 et 20 en 1956. Même s'il ne s'impose pas électoralement, son impact intellectuel va être déterminant lors de la Révolution tranquille. On peut même considérer qu'il en est le père spirituel. Il réussira en tout cas à réconcilier l'État-providence et la question nationale.

Le long règne de Duplessis, que l'on a qualifié de « grande noirceur », fait encore l'objet de débats historiographiques aussi contradictoires que passionnés. Il est révélateur que la statue de Duplessis ait attendu dix-huit années avant d'être exposée au grand jour sur la colline parlementaire. Le duplessisme est associé à l'idée d'un conservatisme qui fige toute évolution de la société et qui renforce le retard du Québec, alors que cette province avait déjà recommencé à profiter de la prospérité bien avant la Seconde Guerre mondiale. En réalité, le bilan est contrasté entre le désir de conserver pieusement la tradition d'un Québec rural, français et catholique et les initiatives prises en matière de modernisation économique,

1. Magazine mensuel fondé en 1933 et organe de la Ligue d'action nationale.

de croissance industrielle et d'exploitation des richesses naturelles. On peut porter à son crédit la mise en valeur des richesses naturelles de la côte Nord. D'un côté, la religion interfère avec le politique et l'Église détient toujours le monopole de l'éducation et des soins de santé. Pour reprendre les termes de Duplessis : « Notre foi et notre religion constituent un trésor à préserver. » D'un autre côté, il stimule l'économie en faisant appel à des financements privés et à des investissements étrangers pour ne pas être tributaire des subventions d'Ottawa. Sa vision de l'autonomie est d'assumer ses responsabilités. Il va même jusqu'à refuser de signer des ententes fiscales avec Ottawa et à mettre en place en 1954 une surimposition au Québec. On peut considérer qu'il est à l'origine du système de la péréquation décidé au niveau fédéral en 1957.

Par ailleurs, le « patronage » continue de prévaloir et un paternalisme dépassé préside aux attributions de crédits. Il y a le plus généralement absence totale de soumissions publiques et on accorde les financements de manière discrétionnaire en fonction des options partisanes : les comtés bleus sont pavés alors que les rouges ne le sont pas. Duplessis distribue littéralement les emplois et se constitue une clientèle. S'il ne s'est pas enrichi personnellement et a su se montrer généreux, sa pratique paternaliste de la politique est d'un autre temps.

Dans le domaine social, il est clair que Duplessis est en rupture totale avec le tournant keynésien du fédéral. L'hostilité est déclarée vis-à-vis des syndicats considérés comme des freins au développement et Duplessis épouse systématiquement la cause des employeurs. Les grèves sont particulièrement nombreuses et dures dans les années 1950 après la célèbre grève de l'amiante en 1949, celle du textile à Louiseville en 1952 ou celle des mines à Murdochville en 1957. La hiérarchie dans le monde du travail doit être maintenue avec une classe dirigeante anglophone et des travailleurs de base francophones.

Finalement peu ouvert aux revendications des francophones, il contrecarre le mouvement naissant d'affirmation des francophones qui veulent davantage contrôler la vie économique et culturelle. Son opposition est claire au manifeste des automatistes du *Refus global* présenté le 9 août 1948 par le peintre Paul-Émile Borduas – qu'il considère comme un anarchiste – et tout un courant artistique qui déclare que le surréalisme est incompatible avec le dogme religieux. Borduas critique une structure sociale fermée et nous en offre une bonne description : « Un petit peuple serré de près aux soutanes restées les seules dépositaires de la foi, du savoir, de la vérité et de la richesse [...] tenu à l'écart de l'évolution universelle de la pensée. » Duplessis n'aime pas ces derniers et les craint, mais les intellectuels le lui rendent bien.

Par ailleurs la popularité de Duplessis est réelle et son paternalisme plaît à une majorité de Québécois de cette époque. Ils se sont identifiés à leur chef malgré (ou à cause de ?) son autoritarisme. Son côté tribun séduit, même si ce n'est pas un orateur : en réalité, il prêche. Significative est l'élection de 1956 où on constate qu'il y a plus de votants que d'inscrits, ce à quoi Duplessis répond que cela est dû à « l'enthousiasme populaire » (*sic*). Une forme de corruption caractérise encore la vie politique et les accusations contre le trafic d'influence pratiqué par Taschereau pourraient fort bien s'appliquer aux conservateurs.

S'il a réprimé les droits civiques, il a défendu bec et ongles sa province contre les empiétements du fédéral et il se situe dans le droit-fil de l'engouement nationaliste qui traverse le Québec au début du XXe siècle avec W. Laurier et H. Bourassa. L'un des symboles de la fierté nationale est l'adoption en janvier 1948 du drapeau du Québec, le fleurdelisé qui flotte au-dessus du Parlement. Même si elle peut paraître dépassée, sa vision de l'autonomie consiste à préserver le « pacte sacré entre les deux races ».

Le mécontentement suscité par le duplessisme peut être interprété comme positif dans la mesure où il va être à l'origine de la Révolution tranquille sans que Duplessis ait eu pour autant de véritable vision ou de grand dessein pour la province. Il incarne la fin d'une époque.

Chapitre XII

Les années 1960 au Québec : l'ère des réformes et de la radicalisation

À la mort de Duplessis, en septembre 1959, c'est Paul Sauvé qui lui succède. Il a la réputation d'un réformateur et il aurait sans doute pu mettre un terme à la période de stagnation de Duplessis mais il meurt après trois mois au pouvoir et c'est Antonio Barrette qui le remplace. Dès 1960, l'équipe de Jean Lesage, une « équipe du tonnerre », va entreprendre les grands chantiers de la Révolution tranquille.

La Révolution tranquille

La défaite des libéraux à Ottawa en 1957 permet à Jean Lesage, qui a servi dans le gouvernement Saint-Laurent, d'être élu à la tête du Parti libéral du Québec et de prendre sa revanche. Le soutien que Duplessis a apporté à Diefenbaker lui permet, au niveau provincial, d'attribuer à l'Union nationale la responsabilité des erreurs commises au fédéral par les conservateurs. Lesage met ainsi fin en 1960 à seize années de duplessisme.

Avec pour slogan « Il est temps que ça change », les libéraux sont portés au pouvoir en juin 1960. Lesage gagne 51 sièges avec 51,38 % des suffrages et l'Union nationale d'Antonio Barrette 43 sièges, avec 46,61 % des suffrages.

Même si les éléments essentiels du plan de réformes sont concoctés et précisés entre la fin 1959 et le début de 1960, il faut cependant revenir sur l'idée que le Québec change du tout au tout en 1960. Mais on constate déjà des signes d'évolution auparavant.

La population fait un bond spectaculaire de près de 58 % entre 1941 et 1961, passant de 3 331 882 à 5 259 211 personnes et le Québec maintient son poids relatif par rapport à l'ensemble du Canada à 30 %. Les immigrants affluent vers Montréal, qui devient plus cosmopolite, même si les Canadiens français représentent toujours 80 % de la population. La reprise de l'urbanisation et la croissance du niveau de vie sont dues à la prospérité. Le secteur des ressources naturelles est en plein essor, qu'il s'agisse des nouvelles centrales hydroélectriques ou de l'ouverture des mines de fer de la Côte-Nord et du Nouveau-Québec. Les capitaux, surtout américains[1], affluent. Ce contexte favorable ne peut que permettre la transformation de la société. Duplessis avait une opposition, celle d'une nouvelle classe moyenne technocratique, plus instruite et bénéficiant d'une formation spécialisée, mieux adaptée au marché du travail.

Le clergé catholique est en déclin, frappé par la crise des vocations et la baisse de la pratique religieuse. Mais tout un courant progressiste émerge au sein de l'Église, incarné par un intellectuel dominicain, Georges-Henri Lévesque, qui a créé en 1938 la Faculté des sciences

1. À hauteur de 45 %.

sociales de l'université Laval. De nouvelles disciplines entrent à l'université. Sur le plan politique, Pierre Elliott Trudeau et surtout Gérard Pelletier participent à la fondation de la revue *Cité libre* en 1950, attachée à défendre les libertés individuelles, la laïcisation de la société et l'intervention de l'État en matière sociale. Les dix cofondateurs sont majoritairement issus de la classe ouvrière, formés dans les collèges classiques et sont pour la plupart des anciens militants de la Jeunesse catholique (JEC) dans les années 1930 et 1940, inspirés par le personnalisme d'Emmanuel Mounier et par la revue *Esprit*. L'impact de *Cité libre* est incontournable dans le débat d'idées. Avant de céder la place à Jean Lesage, un ancien ministre du gouvernement Saint-Laurent, Georges-Émile Lapalme, l'un des précurseurs de la Révolution tranquille, est la tête pensante de l'opposition libérale qui, dès les années 1950, rédige le futur programme politique[1] qui va permettre la victoire électorale et inaugurer les cinq années de la Révolution tranquille, de 1960 à 1966, correspondant aux deux mandats des libéraux de Lesage. C'est véritablement « le début d'un temps nouveau ». Tout un train de réformes va être engagé dans les secteurs éducatif, religieux et social. Ce programme de modernisation, dit de « rattrapage », vise à réduire les retards, réels ou imaginés, d'une société qui se laïcise et a soif de liberté et de démocratie. Comme le déclare Lesage en 1960 : « La revanche des berceaux ne suffit plus pour assurer l'avenir du Canada français ; elle doit s'accompagner de la reconquête des cerveaux. » Si l'on en croit Claude Morin, Lesage est « entraîné vers une Révolution tranquille à laquelle il a davantage présidé qu'il ne l'a provoquée », mais il est bien entouré et bien conseillé.

1. Contenu dans son pamphlet *Pour une politique* paru en 1958.

Dans le secteur éducatif, l'Assemblée législative finira par adopter en 1964 le projet de loi qui crée le ministère de l'Éducation. Le but est de donner à tous l'accès aux services publics, et le droit à l'éducation vise à promouvoir l'égalité des chances, au moins au départ. Mais la résistance est forte dans les milieux confessionnels, qu'il s'agisse de l'épiscopat mais aussi des défenseurs inconditionnels des collèges classiques et des membres de sociétés Saint-Jean-Baptiste. L'état des lieux est pourtant consternant et le système scolaire est décrit sans détour dans un ouvrage à succès, *Les Insolences du frère Untel*, écrit sous un pseudonyme par Jean-Paul Desbiens en 1960. Dans un contexte de déchristianisation naissant, le mouvement laïque de langue française (MLF), fondé par Jacques Godbout et Jacques Mackay en 1961, ne va pas jusqu'à exiger la séparation de l'Église et de l'État mais veut mettre en place un secteur d'enseignement « neutre » à côté du système confessionnel. Devant les très fortes pressions de chacun des deux camps, il est décidé de créer en février 1961 une commission royale d'enquête sur l'enseignement, la commission Parent, du nom du vice-recteur de l'université Laval, Mgr Alphonse-Marie Parent. Siègent dans cette commission des universitaires éminents, Jeanne Lapointe, la première femme professeure de lettres de l'université Laval, le sociologue Guy Rocher de l'université de Montréal, David Munroe, le directeur de l'Institut d'éducation de McGill. On y retrouve aussi des intellectuels comme le directeur du *Devoir* Gérard Filion. Les consultations s'engagent et la commission publie le premier des cinq volumes de son rapport en avril 1963. Ce document fondateur donne un contenu au projet de loi 60. C'est ainsi qu'est institué le ministère de l'Éducation dont la mission est de coordonner tout ce qui relève de l'enseignement, privé et public. Un Conseil supérieur de l'éducation est également mis en place.

Mais le tollé provoqué et les réactions immédiates de rejet de la part de l'épiscopat, au premier rang duquel l'archevêque de Montréal, le cardinal Paul-Émile Léger et l'archevêque de Québec, Mgr Maurice Roy, conduisent au retrait provisoire du projet de loi en juillet. Finalement, l'influence de ses promoteurs s'avère décisive et le projet de loi est voté au début de l'année 1964. Le premier titulaire de ce nouveau portefeuille ministériel, Paul Gérin-Lajoie, réorganise l'ensemble du système en regroupant les commissions scolaires locales en commissions scolaires régionales[1], en transformant les collèges classiques, en créant les collèges d'enseignement général et professionnel et en démocratisant l'accès à l'université. Par la suite, à partir de 1966, le mouvement laïque intensifie ses revendications en exigeant un système scolaire entièrement public et laïque. Il est bien question désormais de séparation de l'Église et de l'État et, de fait, les clercs vont largement céder la place aux laïcs.

Malgré une courte panne économique (1960-1961), la reprise de la prospérité permet les réformes. Les années 1960 sont dominées par un mouvement de libéralisation économique. Dans le domaine des affaires sociales, un régime d'assurance hospitalisation est instauré pour permettre un large accès à tous les services hospitaliers. La création d'un régime de retraite pour tous les citoyens, public, obligatoire et universel, oppose le Québec au fédéral qui avait envisagé de mettre en place, dès le début des années 1960, le *Canada Pension Plan.* Le Québec

1. 55 catholiques et 9 protestantes.

tient à son propre régime car il considère que, dans le domaine des pensions, la primauté doit être accordée aux provinces et, en avril 1963, Lesage, très déterminé vis-à-vis d'Ottawa, annonce son intention de mettre en place une « caisse générale de retraite ». Finalement, c'est en 1965 que se mettent en place la Régie des rentes du Québec ainsi que la Caisse de dépôt et de placement qui gère les fonds pour soutenir d'éventuelles interventions publiques, sur le modèle de la Caisse des dépôts et consignations de Paris. L'idée que la prospérité rend possibles les progrès sociaux trouve son illustration dans l'initiative originale de l'Alberta qui crée en 1961 un système d'épargne collective et d'assurance sur l'avenir grâce à ses ressources pétrolières.

En 1961 également, le Québec crée le Conseil d'orientation économique (COEQ) où les syndicats sont représentés. Mais la grande réforme est celle de la nationalisation de l'électricité en 1962. La politique qui prévaut est bien celle de l'interventionnisme de l'État, ce qui n'empêche pas de collaborer étroitement avec le secteur privé. Cette nouvelle orientation qui est, selon la formule de Claude Morin, « un pas de plus vers l'instauration du socialisme athée », rallie les suffrages des nationalistes, convaincus que l'émancipation économique de la province, grâce à un engagement de tous, permet d'être « maîtres chez nous », maintenant ou jamais, comme le résume excellemment le slogan électoral de 1962 inventé par René Lévesque. On imagine aisément que les milieux d'affaires nuancent leur enthousiasme de peur de se sentir menacés et bridés dans leurs initiatives. René Lévesque, ministre des Ressources naturelles, poursuit la nationalisation de l'électricité avec le soutien des syndicats (CSN et Fédération des travailleurs du Québec – FTQ). Ce dossier, qui est l'enjeu des élections de 1962 malgré le peu d'enthousiasme de Lesage, traduit bien le désir des francophones de reprendre le contrôle des affaires et de reconquérir leurs ressources naturelles au lieu d'en être dépossédés. Les élections de novembre 1962 reconduisent les libéraux de Lesage avec un gouvernement majoritaire[1].

Le bouleversement institutionnel du début des années 1960 est fort et modifie profondément les mentalités. Tous ceux qui avaient été privés de parole ont pu s'exprimer car ils ont été consultés et associés mais, après l'enthousiasme du début, le climat se durcit et les revendications se multiplient. Les intellectuels et les élites instruites adhèrent aux réformes mais des pans entiers de la société se sentent exclus, quand la protestation ne va pas jusqu'à se radicaliser. La situation du Québec n'est pas unique et on ne saurait oublier le contexte général de contestation qui secoue le monde occidental à la fin de la décennie, notamment en France et aux États-Unis. On doit aussi prendre en considération l'impact du concile Vatican II, mettant en évidence l'anachronisme du cléricalisme québécois traditionnel.

Les grèves contraignent le gouvernement à adopter un Code du travail en juillet 1964 ainsi qu'une Loi de la fonction publique en août 1965 pour protéger les intérêts des fonctionnaires qui ont été massivement recrutés avec l'installation de toutes les institutions nouvelles. Cette réforme met un terme au paternalisme en créant des concours de recrutement publics et l'administration fait largement appel à des universitaires.

La question qui se pose enfin est celle de la place du Québec dans l'ensemble canadien et sur la scène inter-

1. 63 sièges contre 31 à l'Union nationale de Daniel Johnson père.

nationale. Lesage demande à Ottawa de bénéficier d'un statut particulier, « spécial », au sein de la fédération. Le nationalisme d'Henri Bourassa demeurait binational et même Lionel Groulx, qui avait centré sa vision politique sur le Québec, n'était pas pour autant indépendantiste. La réaction du fédéral vis-à-vis de la Révolution tranquille est plutôt positive, persuadé que le Québec rural a opéré sa mutation et est devenu une société industrielle. En attendant, Ottawa n'accepte, en 1964, que l'*opting out*, c'est-à-dire la possibilité pour le Québec de ne pas signer les programmes conjoints du fédéral et de se retirer de programmes à frais partagés sans perdre les subventions fédérales.

Mais avec la naissance de thèses plus radicales, le Québec va jusqu'à se percevoir comme un monde colonisé. Les francophones souffrent d'inégalités socio-économiques dans un environnement nord-américain où l'anglais est la langue des affaires. Une voix originale se lève alors chez les libéraux, celle de René Lévesque : « Le seul statut qui convienne au Québec est celui d'un État associé, statut qu'il faudrait négocier avec le reste du Canada sans fusil et sans dynamite autant que possible [...]. Si on refuse ce statut au Québec, nous devrons faire la séparation. »

Cette déclaration de mai 1964 a toute son importance si on la replace dans le contexte de mouvements minoritaires qui émergent depuis peu. La première organisation qui parle d'indépendance, et ne se contente pas de réformes constitutionnelles, est l'Alliance laurentienne de Raymond Barbeau, créée en janvier 1957 puis dissoute en 1963 car trop à droite pour beaucoup d'indépendantistes. Puis, en 1962, un réseau de résistance s'organise, qui prône des actions illégales non violentes telles que le vandalisme ou la désobéissance civile. Le porte-parole le plus médiatisé est Pierre Vallières, après la publication de son autobiographie écrite en prison, publiée en 1968, et intitulée *Nègres blancs d'Amérique*, en référence à tous les mouvements de décolonisation qui s'engagent dans le monde, en Afrique ou en Amérique latine. Le 10 septembre 1960, André d'Allemagne, professeur de sciences politiques, et Marcel Chaput[1] fondent le Rassemblement pour l'indépendance nationale (RIN), éphémère mouvement de gauche qui sera dissous en 1968 et dont le but est de promouvoir l'indépendance. En mai 1964, le nouveau chef du RIN, Pierre Bourgault, transforme le RIN en parti politique.

Surtout, les quartiers bourgeois anglophones de Westmount à Montréal sont touchés par des attentats au printemps 1963, revendiqués par le Front de libération du Québec (FLQ). Une émeute éclate à Québec le 10 octobre 1964 à l'occasion de la visite de la reine Élisabeth II à l'Assemblée nationale du Québec pour le 100e anniversaire des conférences de Charlottetown et de Québec qui avaient conduit à la signature de l'Acte de l'Amérique du Nord britannique. L'émeute est durement réprimée par la police provinciale. Cette journée, surnommée « le samedi de la matraque », contribue à ternir l'image de Lesage alors que l'usure du pouvoir se fait sentir. Toutes ces manifestations, marginales certes, reflètent le bouillonnement de la société québécoise des années 1960. Pour reprendre la formule de Gérard Pelletier, après les années d'impatience de 1950 à 1960, la décennie suivante est bien celle de l'agitation et

1. La notoriété de Marcel Chaput tient au fait que bien qu'étant fonctionnaire fédéral ayant prêté allégeance à la reine du Canada, il publie en septembre 1961 un essai politique intitulé *Pourquoi je suis séparatiste*.

des responsabilités avec l'émergence de forces nouvelles jusque-là souterraines.

Les partisans de l'indépendance se divisent dès lors qu'il est question de stratégie, certains voulant faire la révolution en deux temps, en soutenant la bourgeoisie progressiste puis la classe ouvrière, tandis que les plus impatients veulent faire la « révolution sociale » tout de suite. Les actions violentes du FLQ en 1963-1964[1] créent un sentiment de malaise chez les Québécois, fussent-ils nationalistes. Les extrémistes sont considérés comme des intellectuels dangereux. Les plus modérés s'engagent au Parti libéral. C'est en août 1965 que les « trois colombes », Gérard Pelletier, Jean Marchand et Pierre Elliott Trudeau rejoignent le parti. Souhaitant accorder une place particulière aux francophones à condition qu'ils acceptent de jouer le jeu pour réformer le fédéralisme de l'intérieur, ils veulent stopper la poussée nationaliste du Québec.

Dans ce climat d'effervescence, les élections provinciales de juin 1966 créent une véritable surprise. Les libéraux comptent bien être reconduits au pouvoir mais c'est l'Union nationale qui gagne. Fondamentalement conservateurs, les Québécois ont peut-être voulu signifier leurs craintes à l'égard de la rapidité et de l'ampleur des réformes. Le nouveau chef de l'Union nationale, Daniel Johnson père (1915-1968), réussit à convaincre les électeurs. De milieu modeste, il est biculturel avec un père d'ascendance irlandaise et une mère canadienne-française. Tenté par la prêtrise, il fait des études de droit à l'université de Montréal de 1937 à 1940. Il participe en tant qu'étudiant au mouvement anticonscriptionniste en 1939. Il s'installe comme avocat puis entre en politique

1. Inspirées des pratiques révolutionnaires du Front de libération nationale algérien (FLN).

en se faisant élire député en 1946. Il sera constamment réélu en 1948, 1952, 1956, 1960, 1962 et 1966. Ministre dans le gouvernement Duplessis de 1958 à 1960, année de la victoire des libéraux, il se fait élire de justesse chef de l'Union nationale et mène l'opposition officielle jusqu'en 1966, où il devient Premier ministre. Le livre qu'il publie en 1965, *Égalité ou indépendance*, résume sa position sur la situation du Québec : « L'indépendance si nécessaire mais pas nécessairement l'indépendance », en écho au propos de King sur la conscription. Il meurt en septembre 1968 et c'est Jean-Jacques Bertand qui lui succède.

En 1966, Johnson convainc en offrant une position intermédiaire sur le statut du Québec, entre les extrémistes et les partisans du *statu quo*. Certes, la victoire paraît curieuse puisque les libéraux ont un soutien populaire d'un peu plus de 47 % contre un peu moins de 41 % pour leurs adversaires. Mais le système de scrutin uninominal majoritaire à un tour donne 56 sièges à l'Union nationale et seulement 50 aux libéraux. Le RIN, qui est candidat pour la première fois, n'obtient aucun siège mais 5,55 % des voix. Un autre petit parti de centre-droit, le Ralliement national (RN), créé en mars 1966 par le docteur René Jutras et Laurent Legault, un ancien du Ralliement créditiste après la fusion de petites formations indépendantistes, présente des candidats et obtient 3,21 % des voix mais, ajoutées à celles du RIN, cela représente près de 9 % de Québécois qui dispersent à la marge une frange de l'électorat libéral. Par ailleurs, l'éviction de Gérard Pelletier de la *Presse* – journal proche des libéraux – pour avoir publié un texte intitulé « La réaction tranquille », est dénoncée par une partie de l'opinion qui y voit une grave atteinte à la liberté de la presse. C'est la dernière élection pour l'Assemblée législative puisque, avec l'abolition du Conseil législatif, elle devient monocamérale et porte désormais le nom d'Assemblée nationale.

Diverses revues alimentent le débat sur l'indépendance véhiculé dans *Cité libre*, *Le Devoir* ou *Parti pris*. Fondé en octobre 1963 par des étudiants de l'université de Montréal, Pierre Maheu, André Major, Jean-Marc Piotte, Paul Chamberland et André Brochu, *Parti pris* se prononce pour un Québec libre et socialiste et son manifeste de 1965-1966 résume clairement sa position. Le Canada anglais est perçu comme l'oppresseur, responsable de l'infériorisation d'une société canadienne-française colonisée. Les Québécois forment une nation et, en soutenant les vues du Canada anglais, le niveau fédéral devient une cible de l'opposition politique. La lutte se polarise alors sur la situation du français, devenu langue minoritaire, et défend l'idée de l'unilinguisme au Québec en réponse à l'unilinguisme anglais des autres provinces. Toutefois, René Lévesque ne partage pas cette option.

Plus modérée, l'Union nationale retient en 1966 la thèse du français « langue d'usage » pour lui reconnaître le statut d'une véritable langue nationale. Pour sa part, Lesage est prêt à reconnaître au français le statut de « langue de travail et de communication ».

Le Québec veut assurer sa place au sein du Canada mais également faire entendre sa voix au niveau international. Dès le début des années 1960, la volonté d'être visible à l'étranger est claire. En 1961, l'agence commerciale de New York obtient le statut de Délégation générale et, en 1962, le Québec rouvre son bureau à Londres qui était fermé depuis 1935. Mais c'est vers la France que se dirige une véritable offensive diplomatique. En mars 1961, est créé l'Office québécois de la langue française (OQLF) connu sous le nom d'Office de la langue française (OLF). Cette institution publique voit le jour au même moment que le ministère des Affaires culturelles du Québec. Plus spectaculaire encore est la création de la Maison du Québec à Paris[1] avec les privilèges d'une ambassade, à l'initiative de G. E. Lapalme, qui a su convaincre le ministre de la Culture André Malraux et suite aux interventions pressantes du Premier ministre Lesage auprès de l'ambassadeur de France à Ottawa, Francis Lacoste. La prise de fonctions du premier délégué général, Charles Lussier, a lieu dès mars 1961. L'inauguration grandiose a lieu le 5 octobre 1961 à l'occasion d'une visite officielle de Lesage, qui est reçu par le général de Gaulle.

Le rapprochement politique entre le Québec et la France sous l'impulsion du gouvernement Lesage est complété, le 27 février 1965, par une entente de coopération franco-québécoise dans le domaine de l'éducation, ratifiée par les deux ministres de l'Éducation, Christian Fouchet et Paul Gérin-Lajoie. C'est la première entente internationale conclue par le gouvernement du Québec et qui fait de Gérin-Lajoie le pionnier de la paradiplomatie qui légitime les activités internationales des États subnationaux. Pour citer Gérin-Lajoie, « le Québec jouit du prolongement externe de ses compétences internes ». L'entente de 1965 symbolise une politique de coopération bilatérale privilégiée en même temps que ce geste politique fort traduit le désir de souveraineté.

On peut dire qu'à partir des années 1960, la relation devient triangulaire entre Paris, Québec et Ottawa, au grand dam du fédéral. Comme le rappelle Claude Morin, ancien sous-ministre des Affaires intergouvernemen-

1. Elle devient la Délégation générale du Québec à Paris en 1964.

tales, les financements sont colossaux pour soutenir des programmes d'échanges à partir des années 1964-1965 avec la création de la Commission permanente de coopération franco-québécoise. En 1964, est aussi signé un accord entre l'Association des stages en France (Astef) ou l'École nationale d'administration (Ena) et le ministère de la Jeunesse du Québec. Pour reprendre les termes de Denis Vaugeois, « la Révolution tranquille a été nourrie par un fort courant nationaliste, progressivement à saveur souverainiste et par une ouverture au monde ».

Le discours du général de Gaulle du 24 juillet 1967, que *Parti pris* interprète comme un « premier acte global de décolonisation », mérite un commentaire. Le Premier ministre Daniel Johnson lance une invitation au Général à l'occasion de l'Exposition universelle de 1967 à Montréal. Malgré certaines réticences, le Président français accepte, à condition de ne pas commencer sa visite officielle par Ottawa mais par Québec pour ne pas cautionner le niveau fédéral : 1967 est l'année du centenaire de la Confédération. Cette demande a été diversement appréciée et commentée. Le *New York Times* va même jusqu'à intituler un de ses articles « Trublion au Canada ». La visite rassemble de plus en plus de monde entre Québec et Montréal sur le chemin du Roy et trouve son apogée lorsque de Gaulle saisit un micro – alors que cela n'était pas prévu par le protocole – pour prononcer le fameux discours du balcon de l'hôtel de ville en présence du maire de Montréal Jean Drapeau. Le cri « Vive le Québec libre » fait sensation devant une foule enthousiaste. On a pu s'interroger pour savoir si cette déclaration était improvisée et si elle devait être mise au compte de l'émotion populaire. Il est certain que de Gaulle considère les Canadiens français comme des Français vivant dans une situation de sujétion du fait de la conquête de 1760. Dès septembre 1963, de Gaulle avait adressé une note à Étienne Burin des Roziers, le secrétaire général de l'Élysée, dans laquelle il écrivait : « Le Canada français deviendra nécessairement un État, et c'est dans cette perspective que nous devons agir. » Pendant la traversée, de Gaulle avait confié ses intentions à son gendre : « Je compte frapper un grand coup. Ça bardera, mais il le faut. C'est la dernière occasion de réparer la lâcheté de la France. » Le cri « Vive le Québec libre » sonne comme un écho à la France libre de 1940. Cette déclaration est aussi à replacer dans le contexte de la décolonisation des années 1960. Le cessez-le-feu signé le 19 mars 1962 avec l'Algérie conduit à la déclaration officielle de l'indépendance de l'Algérie le 1er juillet. La pensée tiers-mondiste inspire les intellectuels, notamment Franz Fanon qui publie *Les Damnés de la terre* en 1961 et Albert Memmi qui avait sorti son *Portrait du colonisé* en 1957, deux ouvrages préfacés par Jean-Paul Sartre.

Mais il va sans dire que le gouvernement fédéral – tout comme l'opposition conservatrice de Diefenbaker – considère que le Canada n'a pas à être libéré et il condamne cette déclaration qui relève d'une ingérence déplacée dans les affaires canadiennes. La visite de juillet 1967 marque un temps fort dans l'histoire du Québec. Quoi qu'en pensent ses détracteurs, de Gaulle place le Québec sur la carte du monde et, même si sa formule manque de modestie, « il a fait gagner 10 ans au Québec » dans sa marche vers la souveraineté.

Dès son retour à Paris, de Gaulle pèse de tout son poids pour intensifier les relations avec le Québec, malgré les réticences du Quai d'Orsay qui cherche à ne pas trop froisser Ottawa. Initiée par Lesage, la coopération commence vraiment avec l'Union nationale de Daniel Johnson et les engagements forts contenus dans l'accord Peyrefitte-Johnson de 1967.

Avec le soutien de la France, le Québec intègre la Francophonie en assistant, non sans problème d'ailleurs, à la Conférence des ministres de l'Éducation au Gabon en 1967 puis à celle de Libreville en 1968. Les fédéraux ont tout fait pour empêcher le Québec de prendre part à ces réunions[1]. L'année 1968 marque aussi la création de France-Québec et celle de l'Office franco-québécois pour la jeunesse (OFQJ).

Même s'il a pu critiquer les dépenses fastueuses de son prédécesseur, Johnson se révèle très attaché au rapprochement franco-québécois. Il regrette que la presse québécoise ait commenté son élection comme le retour de la « grande noirceur » et que Jean Chapdelaine, délégué général du Québec à Paris, fédéraliste convaincu et ami de l'ambassadeur à Paris Jules Léger, n'ait pas mieux communiqué sur les intentions de l'Union nationale.

En septembre 1967, René Lévesque, qui a eu deux portefeuilles de ministre dans le gouvernement Lesage, publie un manifeste, *Option Québec*, où il reformule son projet de souveraineté politique assortie d'une association économique avec le reste du Canada. Mis en minorité au sein du Parti libéral, il le quitte pour fonder en novembre le Mouvement souveraineté association (MSA). Les transfuges libéraux qui le rejoignent n'ont pas le même profil que les militants du RIN : Lévesque est suivi par les élites, sans exclure les milieux d'affaires car l'association économique ne doit pas rejeter le capitalisme et les relations avec les États-Unis.

---

1. Même si on peut accepter l'idée qu'il ne s'agit pas de relations internationales mais d'éducation, qui est de souveraineté provinciale.

Alors que l'idée d'indépendance prend corps et gagne en crédibilité en cessant d'être perçue comme une utopie, le MSA élargit son audience. Il n'a rien de révolutionnaire ni même de socialiste mais représente un courant social-démocrate soutenu par les syndicats et ouvre une voie nouvelle entre les « partis traditionnels ». Le MSA condamne clairement les actes de violence qui se produisent lors du défilé de la Saint-Jean-Baptiste le 24 juin 1968. En octobre 1968, le MSA et le RIN finissent par se rassembler pour donner naissance au Parti québécois (PQ) dont René Lévesque devient le président. Le nationalisme québécois se polarise alors sur l'enjeu linguistique et le projet de loi 63, qui laissait libre le choix de la langue d'enseignement, suscite une très forte opposition. Par ailleurs, une grève des policiers à Montréal en octobre dut être réprimée par l'armée. Mais en rassemblant toutes les forces souverainistes, le PQ apparaît comme un parti de gouvernement possible.

Le retour des libéraux : de Pearson à Trudeau (1963-1968)

Au niveau fédéral, l'élection d'avril 1963 marque le retour à un long règne libéral, au point même que dans son système bipartisan d'alternance, le Canada privilégie, en réalité depuis la fin de la Première Guerre mondiale, un système de parti dominant. Les distinctions entre les deux principaux partis ne sont jamais vraiment fondées sur des divergences idéologiques mais reflètent des prises de position relatives à des sujets du moment, comme les droits de douane, les liens avec la Grande-Bretagne ou avec les États-Unis, les enjeux d'un fédéralisme plus ou moins centralisé ou bien le degré d'ouverture à la diversité ethnique.

La vie politique et la consolidation du welfare state

Les libéraux de Lester B. Pearson sont portés au pouvoir avec 129 sièges mais il leur en manque quatre pour avoir un gouvernement majoritaire. Pour faire voter les lois, le Parti libéral devra compter sur l'apport de votes NPD. Les conservateurs de Diefenbaker se maintiennent dans l'Ouest rural mais ne remportent que 95 sièges. Les deux autres « petites » formations conservent à peu près leur score de 1962. Le NPD, fondé en 1961 grâce à l'alliance du Parti social démocratique du Canada et d'un regroupement de syndicats ouvriers, est déçu par le résultat (17 sièges). Son chef, Tommy Douglas, ancien Premier ministre de la Saskatchewan (de 1944 à 1961), espérait mieux réussir dans l'Ontario notamment. Quant au Crédit social, avec à sa tête Robert N. Thompson, il ne progresse pas dans l'Ouest et obtient 24 sièges au lieu de 30 en 1962. Il est surtout victime d'une scission interne. Barré pour l'élection à la chefferie, Réal Caouette forme alors le Ralliement des créditistes avec les Canadiens français, mais il perd 4 sièges au Québec.

Fils de prédicateur méthodiste, Lester Pearson (1897-1972) fait de brillantes études d'histoire, notamment à St John's College à Oxford avant d'enseigner l'histoire à l'université de Toronto. La stature de Pearson s'impose d'emblée alors qu'il occupe la fonction de ministre des Affaires étrangères de 1948 à 1957, avant d'être élu chef du Parti libéral en 1958, et donc de l'opposition, pendant les années Diefenbaker. Il mène une campagne active qui s'appuie sur la promesse de réformes sociales majeures (« 60 jours de décision ») et de soutenir le programme américain de missiles Bomarc.

Avec l'espoir de pouvoir s'appuyer sur un gouvernement majoritaire, Pearson déclenche de nouvelles élections en novembre 1965. La donne n'est pas bouleversée et les résultats confirment ceux de 1963. Bien qu'ayant un peu moins de suffrages populaires, les libéraux remportent 131 sièges, un gain de 2 sièges mais qui est insuffisant pour leur donner la majorité absolue. L'essentiel des députés libéraux élus le sont dans l'Ontario (51/85) et au Québec (56/75). À ces 107 sièges s'ajoutent quelques élus en Colombie-Britannique et à Terre-Neuve ou au Nouveau-Brunswick, mais un seul député est élu dans les Prairies au Manitoba.

Cette fragmentation régionale va inaugurer ce que l'on peut qualifier d'aliénation de l'Ouest, qui se sent de plus en plus éloigné des provinces « historiques ». Avec 97 sièges, les conservateurs progressent de 2 sièges. Diefenbaker est finalement mis hors jeu par son parti qui le remplace par le Premier ministre de la Nouvelle-Écosse Robert Stanfield. Le NPD progresse un peu, avec 21 sièges, mais ne décolle pas vraiment. Le grand perdant est le Crédit social divisé. Réal Caouette obtient 9 sièges pour le Ralliement créditiste et Thompson doit se contenter de 5 sièges pour le Crédit social. Pour l'anecdote, mentionnons l'apparition d'une formation humoristique et satirique, celle du Parti rhinocéros, créé en 1963 par Jacques Ferron. Il présente un seul candidat qui recueille 321 voix. Ce candidat n'est pas, bien sûr, Cornelius Ier, le résident du zoo de Granby, puisqu'un animal ne peut pas candidater. Mais, tout en promettant de ne pas tenir ses promesses électorales, le parti ne ménage pas sa critique du système et de la société québécoise : « Les politiciens ont la peau épaisse, se déplacent lentement, ont l'intellect faible, peuvent se déplacer très vite lorsqu'ils sont en danger, aiment se vautrer dans la boue et ont de grandes cornes velues poussant au milieu de leur visage et qui obstruent leur vision. »

Le mandat de Pearson sera court puisqu'il démissionne en décembre 1967, et c'est Pierre Elliott Trudeau qui lui succède en avril 1968.

On ne saurait sous-estimer le bilan de Pearson en dépit de deux courts mandats minoritaires. Il a su s'entourer de poids lourds dans son gouvernement et d'étoiles montantes dans la vie politique, surtout après les élections de 1965. Tout d'abord Pierre Trudeau, élu pour la première fois député en 1965 et nommé ministre de la Justice, chargé de la réforme constitutionnelle en 1967, mais aussi John Turner, élu député en 1962, qui occupe divers postes de ministre, ou Jean Chrétien, élu député en 1963, qui devient secrétaire parlementaire de Pearson avant d'être ministre sans portefeuille attaché aux finances. Tous trois deviendront Premiers ministres du Canada.

Grâce à Pearson, l'État-providence fédéral est consolidé. On lui doit un deuxième train important de programmes sociaux et, en particulier, le Régime des pensions en 1965. Sur le modèle mis en place par Tommy Douglas en Saskatchewan en 1961-1962, Pearson instaure l'accès universel aux soins de santé, financé à 50 % par le niveau fédéral et à 50 % par les provinces. Grâce au contexte général de prospérité des années 1960, le chômage est au plus bas. La baisse des impôts et l'augmentation des allocations familiales confortent le pouvoir d'achat. De très nombreux prêts sont consentis aux étudiants.

La négociation constitutionnelle

De nombreuses initiatives en matière de politique linguistique et d'encouragement à l'immigration vont jeter les bases du Canada moderne. Pearson, dernier Premier ministre unilingue au Canada, doit répondre aux sollicitations pressantes d'un Québec impatient d'avoir des réponses sur son statut. Dans le contexte tendu d'un Québec en ébullition et après de très longs débats, l'actuel drapeau canadien avec sa feuille d'érable est adopté en 1964. Le fait de délaisser l'emblème colonial de l'*Union Jack* est interprété comme une concession envers le Canada français, au risque de mécontenter le Canada anglais. Dès début 1963, André Laurendeau, le rédacteur en chef de *Devoir*, se fait l'écho des demandes du Québec qui semblent ne pas émouvoir des Canadiens anglais qui n'ont pas pris la mesure de la situation, bien résumée par la célèbre formule : « *What does Québec want ?* » Personne à l'extérieur du Québec ne se soucie vraiment de redéfinir son statut. Une question lancinante est celle du « rapatriement » de la Constitution, demeurée une loi britannique, non en raison d'un refus de la Grande-Bretagne mais du fait qu'Ottawa et les provinces n'ont pas réussi à se mettre d'accord sur la façon de la modifier. La difficulté est de s'entendre sur le nombre de provinces dont l'accord serait requis pour amender la Constitution, l'enjeu étant de déterminer l'importance relative de chacune d'entre elles. Accorder un droit de veto à certaines provinces rompt le principe de l'égalité des provinces mais, par ailleurs, il est peu concevable que chacune ait le même poids et exiger d'elles l'unanimité paraissait trop rigide. En 1960, une formule de compromis est élaborée par le ministre de la

Justice David Fulton, puis par Guy Favreau, son successeur en 1963. Pour les Québécois, le rapatriement devait être l'aboutissement de la négociation constitutionnelle tandis que pour Ottawa et le Canada anglais, il en constituait le préalable. La réflexion est réactivée en 1964 à l'occasion de la visite officielle de la reine Élisabeth II. Pearson organise une conférence des Premiers ministres à Jasper en Alberta, présidée par l'austère Premier ministre Ernest Manning. Il semblerait que Lesage ait accepté la formule Fulton-Favreau et l'Union nationale s'empresse alors de dire que le Premier ministre s'est rallié à l'avis d'Ottawa et du Canada anglais. Daniel Johnson, alors chef de l'Union nationale, réagit au nom de l'autonomie québécoise : « On rapatrie la Constitution mais on dépatrie le Québec ! » On va même jusqu'à penser que Lesage et Pearson, tous deux libéraux liés d'amitié, sont de connivence et que Lesage envisagerait même de succéder à Pearson au niveau fédéral. Mais très peu de temps après, Lesage propose une modification permettant de déléguer une partie des pouvoirs à *une* province en particulier. Cette modification est interprétée dans le reste du Canada comme la reconnaissance d'un Québec distinct.

À partir de juillet 1963, Pearson mandate une commission royale d'enquête sur le bilinguisme et le biculturalisme afin d'analyser les relations entre francophones et anglophones sur la base de l'égalité (*equal partnership*) des deux peuples fondateurs, tout en tenant compte de l'apport des autres groupes ethniques à l'enrichissement culturel du Canada. Le principe même de la commission, dite « commission BB », est loin de faire l'unanimité dans les Prairies et hors Québec. La commission Laurendeau[1]-

1. Rédacteur en chef du *Devoir*.

Dunton[1] dépose un rapport préliminaire en février 1965, suivi d'un rapport définitif en 1969. Les recommandations de la commission visent à accorder plus de place au français dans les organisations fédérales, à rendre Ottawa bilingue, à favoriser l'enseignement du français ou de l'anglais là où la minorité linguistique compte pour 10 % de la population. Il va sans dire que les conclusions du rapport ne seront pas toutes suivies d'effet, mais il est à l'origine de la Loi sur le bilinguisme officiel de 1969 qui fait de la langue française une langue officielle. Dans le même esprit, la mise en place, en février 1967, d'une commission royale d'enquête sur la situation de la femme canadienne, présidée pour la première fois par une femme, Florence Bird, vise à promouvoir l'égalité hommes-femmes. Le rapport est déposé en 1970.

La politique migratoire

En matière d'immigration enfin, Pearson contribue à promouvoir le premier système d'immigration au monde, sans considération de race ou d'origine nationale. La Loi sur l'immigration et la protection des réfugiés de 1967[2] a pour but « d'enrichir et de renforcer le tissu social et culturel du Canada dans le respect de son caractère fédéral, bilingue et multiculturel » et naturellement de « favoriser le développement économique et la prospérité du Canada ».

Dès 1966, le discours officiel canadien donne l'image d'un pays ouvert et attractif. La Loi de 1967 exclut nettement toute discrimination de race, de couleur ou de

1. Président de l'université Carleton et ancien dirigeant de Radio-Canada.

2. Révisée en 1978 par Trudeau.

religion pour sélectionner les candidats à l'immigration. À la différence des États-Unis, les contingentements ne se décident pas par pays mais en fonction des chances des candidats d'obtenir un emploi : il s'agit bien d'une immigration choisie, qui repose sur des critères socio-économiques[1]. Un système de points permet de classer ainsi les priorités en fonction des « capacités d'absorption » sur le marché du travail. Les points sont attribués en fonction de 9 critères : l'éducation et la formation, la personnalité, le domaine professionnel demandé, la capacité professionnelle, l'âge, la promesse d'embauche, la connaissance du français et de l'anglais, la présence d'un parent au Canada et les possibilités d'emploi dans leur domaine de destination. Ces différents paramètres ont été modifiés au fil du temps en fonction de l'évolution de la politique officielle du gouvernement fédéral, mais on relève quelques permanences même si les exigences se sont un peu assouplies pour élargir le vivier : l'importance accordée à l'expérience professionnelle et pas seulement aux compétences acquises au cours de la formation initiale, aux compétences linguistiques au moins dans l'une des deux langues officielles, à l'âge compte tenu du vieillissement de la population, à la province de destination[2]. Le concept d'emploi réservé est une offre d'emploi garantie par un employeur canadien pour attester qu'il n'y a aucun Canadien ou résident permanent ayant les compétences nécessaires pour occuper le poste. Sur un total de 100 points, il faut en obtenir entre 60 et 70[3] pour que la demande soit jugée admissible. Il va sans

1. Au moins en ce qui concerne les travailleurs « indépendants » – et non les immigrants désignés ou parrainés.

2. Même si on veut éviter une hiérarchie discriminatoire entre les provinces

3. Actuellement 67.

dire que l'adaptabilité ou la personnalité - motivation, esprit d'initiative, ingéniosité - sont pris en compte par l'agent recruteur de façon déterminante pour s'assurer d'une bonne intégration économique. De toute façon, avant d'être définitivement admis au Canada, il convient de faire la preuve que l'on dispose de moyens suffisants pour subvenir à ses besoins pendant au moins six mois.

Un sondage de 2003 indiquait que Pearson était considéré comme le meilleur Premier ministre des cinquante dernières années. Sans leur accorder plus d'importance qu'ils n'en méritent, les sondages effectués par CBC depuis 2004 font apparaître qu'à côté des joueurs de hockey et des artistes, on trouve quelques politiciens parmi les 50 personnalités les plus populaires au Canada. Si Laurier, Chrétien, Diefenbaker et Mackenzie King apparaissent respectivement en 43e, 45e, 47e et 49e position, sir John A. Macdonald est à la 8e place, Pearson à la 6e, derrière Trudeau qui est 3e. On notera au passage la première place de Tommy Douglas, qui confirme l'attachement des Canadiens à la protection sociale.

Les relations canado-américaines

On sait le lien spécial qui unit le Canada et les États-Unis depuis des siècles mais, selon les Premiers ministres canadiens et les Présidents américains, les relations ont été plus ou moins étroites. Les deux pays d'Amérique du Nord dépendent l'un de l'autre pour le commerce, la prospérité et la sécurité.

Déjà Mackenzie King et F. D. Roosevelt avaient signé deux accords importants qui scellent cette relation d'interdépendance : l'accord d'Ogdensburg en août 1940, qui crée la Commission permanente mixte de défense Canada-États-Unis, et l'accord de Hyde Park en avril 1941, qui unifie l'économie des deux pays, et notamment la production de matériels de guerre pour les pays alliés. L'entrée en guerre des États-Unis en décembre 1941 après l'attaque surprise de Pearl Harbor reçoit sans réserve le soutien des Canadiens. La Seconde Guerre mondiale renforce la relation privilégiée avec les États-Unis, comme l'atteste le rôle majeur de Louis Saint-Laurent et de Pearson pour structurer davantage l'alliance entre les deux partenaires au cours de la décennie qui suit la fin de la guerre. Mais, vers la fin des années 1950, des divergences de plus en plus fortes apparaissent. Lorsqu'il est élu en 1957, Diefenbaker a capitalisé sur la trop grande proximité de son prédécesseur avec les États-Unis. Il partage par ailleurs avec les Américains la même crainte du communisme, comme l'a démontré l'engagement en Corée dans le contexte de la guerre froide. Au début, les relations de Diefenbaker et d'Eisenhower sont amicales. Le Premier ministre canadien va jusqu'à se vanter de faire reculer le rideau de fer. Quelques semaines après son élection, il signe en août 1958 le traité NORAD[1] qui conforte les engagements bilatéraux canado-américains. La guerre froide convainc les Canadiens que les États-Unis sont la seule puissance capable de défendre des valeurs communes et d'assurer la sécurité du continent nord-américain. Dès son élection en 1952, Ike s'engage dans une politique de dissuasion nucléaire (« *a bigger bang for a buck* ») et le Canada, qui songe à la défense de son propre territoire, développe son réarmement. Mais progressivement, le poids de l'opinion publique incite Dief à regretter sa prise de distance avec la Grande-Bretagne et à redouter

1. *North American Aerospace Defense Command.*

l'ampleur de l'influence culturelle américaine. On le voit avec la commission Massey. Les inquiétudes sont fortes au Canada vis-à-vis du nucléaire, surtout en raison des groupes pacifistes qui manifestent et envoient des pétitions.

L'élection de J. F. Kennedy en novembre 1960 change la donne. Dès sa prise de fonctions début 1961, lors d'une conférence de presse, le Président américain écorche le nom de Diefenbaker qui est naturellement ulcéré. Alors que ce dernier a invité, le 20 février 1961, le nouveau Président américain à venir au Canada en visite officielle, JFK déclare à ses collaborateurs qu'il ne veut plus jamais voir « cet ennuyeux fils de pute ». Kennedy se rend finalement à Ottawa et critique le mauvais français de son homologue canadien. Les deux hommes ne s'apprécient guère. Plus grave est le désaccord sur la proposition américaine de déployer des armes nucléaires au Canada dans le cadre du NORAD que Dief accepte en un premier temps avant de se rétracter[1]. Lors d'un discours au Parlement, Kennedy incite fortement le Canada à rejoindre l'Organisation des États américains (OEA) en dépit du refus de Diefenbaker d'adhérer et il préfère traiter avec Pearson, le chef de l'opposition. En 1962, les États-Unis déplorent le manque d'engagement du Canada et Pearson est invité à la Maison-Blanche, où il est fort bien traité.

Réélu en juin 1962, Diefenbaker temporise sur le déploiement des armes nucléaires tandis que Kennedy affirme avoir obtenu l'accord du Canada, qu'il n'a pas même consulté. C'est alors que survient, en octobre 1962,

1. En fait, Diefenbaker est vexé que Kennedy ait fait publier dans la presse en août 1961, sans le consulter, une lettre dans laquelle il le pressait de s'exécuter.

la crise des missiles de Cuba, installés par Khrouchtchev en juin 1962, suite au débarquement des contre-révolutionnaires cubains armés par la CIA dans la baie des Cochons en avril 1961. Les relations économiques et financières que le Canada continue et continuera d'entretenir avec Cuba marquent une distinction notable par rapport à l'embargo décidé par les États-Unis. Le fait d'ouvrir ses portes généreusement aux réfugiés politiques conforte l'image du Canada comme terre d'accueil. Dans toute cette affaire, l'opinion publique canadienne ne soutient pas son Premier ministre qui soupçonne Khrouchtchev de vouloir le faire tomber. Diefenbaker va jusqu'à prétendre que les Alliés sont satisfaits de la position du Canada, mais il apparaît que c'est un mensonge et son ministre de la Défense démissionne. L'affaire de Cuba est un moment paroxystique de la guerre froide qui conduit à la détente entre l'Est et l'Ouest et l'élection de Pearson en avril 1963 permet de rétablir de bons rapports avec les États-Unis, avec Kennedy d'abord, puis avec L. B. Johnson. Mais, assez vite, les rapports se dégradent à nouveau en raison de la guerre du Vietnam en 1965.

Un lien peut être établi entre les crises des pays d'Amérique latine et le conflit du Vietnam[1]. Au nom de la théorie des dominos – qui fait croire que si le Vietnam du Sud bascule dans le camp communiste, tous les autres pays d'Extrême-Orient succomberont à leur tour au même péril –, Kennedy envoie des conseillers militaires à Saigon au printemps de 1961, dont le nombre croît considérablement en 1963. D'ailleurs Fidel Castro se rapproche de Hanoï et prend ses distances vis-à-vis

1. Inspirée par George Kennan, la doctrine de l'endiguement (*containment*), mise en place par Truman en 1947, avait pour but de contrer l'avance de la Russie et d'instaurer la *pax americana*.

de Moscou. L'engagement contre le communisme sert de prétexte au déclenchement de la guerre du Vietnam mais, à l'inverse de la situation de la Corée, les Canadiens sont peu convaincus du réel danger encouru et, dès avril 1965, Pearson exprime sa désapprobation à l'égard de la décision américaine de s'engager, décision prise sans mandat de l'ONU ni de l'OTAN. Le 7 août 1964, le Congrès a voté la Résolution du golfe du Tonkin alors que le Canada se déclare plutôt partisan d'une négociation en s'appuyant sur les Nations unies. La prise de distance vis-à-vis du voisin du sud demeure cependant ambiguë car le Canada continue de fabriquer et de vendre des armes aux États-Unis : « Nous ne pouvions ignorer le fait qu'un désaccord manifeste avec les États-Unis sur la position du Vietnam […] aurait comme conséquence immédiate que Washington regarderait d'un œil plus critique certains aspects de notre relation, qui nous profite autant qu'à eux. » La réalité est que la proximité géographique entre les deux pays fait du Canada un allié souvent dépendant et parfois même un cheval de Troie. Par ailleurs, en janvier 1965, Pearson signe avec les États-Unis l'Accord automobile canado-américain. Mais les lobbys pacifistes se mobilisent à nouveau et le Canada accueille des déserteurs américains (*draft dodgers*), ce qui n'est pas pour plaire aux États-Unis. Le Canada apparaît comme une terre d'accueil idéale, surtout quand on se souvient que la conscription a soulevé de violentes polémiques et un débat plutôt vif sur le service militaire obligatoire. Les premières arrivées, peu nombreuses, ont lieu dès 1963 mais l'incident du golfe du Tonkin en août 1964, qui conduit à la décision de Johnson, en février 1965, de bombarder le Vietnam du Nord, sert de détonateur. Pour la seule année 1965, ce sont 1 700 Américains qui sont admis comme immigrants. Pearson se montre plus tolérant que Diefenbaker et, à partir de 1967, la Loi sur l'immigration de 1967 facilitant les choses, un véritable réseau est organisé. Au total, on estime à 60 000 le nombre d'Américains accueillis pour les années 1960.

La difficulté inhérente à la relation Canada-États-Unis est qu'il s'agit d'un lien dissymétrique, qui revêt plus d'importance pour le Canada que pour les États-Unis. Le voisin du sud considère donc souvent les Canadiens comme acquis à sa cause. De plus, trop d'intérêts sont en cause pour le Canada si bien que chaque fois que les Premiers ministres canadiens ont voulu jouer la carte de la rupture, ils ont dû changer d'avis ou du moins les fonctionnaires de leur entourage ont-ils aussitôt rassuré leurs homologues américains.

Durant cette longue décennie (de 1945 à 1956), le Canada, qui ne souffre plus d'une absence de reconnaissance, sort de son isolationnisme. Il conduit une diplomatie de moyenne puissance et s'il réussit à participer à toutes sortes d'instances et d'organisations, il ne peut pas peser aussi fortement que les grandes puissances. En s'alignant, le risque est naturellement d'être dépendant, si bien qu'on ne saurait parler d'alliances au sens plein du terme. À défaut de jouer un rôle décisif, les Canadiens se servent des structures internationales comme des tribunes. C'est le cas de l'OTAN ou des Nations unies. On notera par ailleurs l'originalité de sa participation au sein du Commonwealth, puisque cette institution, où Mackenzie King et Saint-Laurent ont compté, ne peut naturellement pas admettre les Américains.

Chapitre XIII

Les années 1970 : la période des turbulences

Les profonds changements que la société canadienne a connus pendant l'après-guerre et une certaine prospérité des années 1960 ont permis pendant les années 1970 une forme de libération vis-à-vis des anciens modèles contraignants, qu'il s'agisse de la montée de l'indépendantisme et d'un nationalisme québécois nouveau, affranchi d'un nationalisme clérical suranné, de mouvements artistiques ou de productions culturelles fécondes et soutenues financièrement, d'une façon de vivre de la classe moyenne qui a les moyens de ne pas se soucier de l'avenir, de la contestation étudiante issue de milieux aisés, qui éclate dans des universités en plein développement ou enfin du réveil autochtone et de la revendication d'un pouvoir rouge.

La décennie 1970 place sur le devant de la scène une jeunesse qui veut « changer la vie » et croit aux droits civiques, à la lutte contre la guerre du Vietnam, à la musique rock, à la contre-culture, à la libération des mœurs, à la protection de l'environnement, aux paradis artificiels ou à l'affranchissement du carcan de la religion.

Le tournant de 1968 : le début du duel Trudeau-Lévesque

Tout comme l'illusion de la prospérité qui a suivi les années 1920, l'illusion de la libération va caractériser la fin des années 1960 et les années 1970.

L'année 1968 est une date charnière. Sur le plan politique, elle est marquée par l'élection d'une des figures politiques canadiennes les plus imposantes. Pierre Elliott Trudeau (1919-2000) se fait élire en avril et succède à Pearson dont il prolonge le mandat libéral. Au Québec, l'Union nationale est au pouvoir et la mort de Johnson en septembre 1968 conduit à l'élection de Jean-Jacques Bertrand en juin 1969, alors que la personnalité politique montante est René Lévesque, qui fonde le PQ en octobre.

Trudeau est relativement nouveau en politique. Il commence par recevoir une formation de haut niveau en science politique à l'université de Montréal puis à l'étranger, dans les institutions les plus prestigieuses : Harvard, École des sciences politiques de Paris et *London School of Economics* où il est l'élève de Harold Laski qui l'influence fortement en lui transmettant des idées socialistes. Trudeau, qui a vécu à l'étranger pendant six années, ne revient au Québec qu'en 1949, à l'âge de 30 ans. Il rejoint alors Gérard Pelletier à l'occasion de la grève de l'amiante à Asbestos, collabore au *Devoir* puis participe à la fondation de *Cité libre* en 1950. En 1960, il est professeur de droit constitutionnel à l'université de Montréal. Il n'est élu député qu'en 1965 et devient secrétaire parlementaire de Pearson, puis ministre de la Justice en avril 1967. On lui doit le *Bill omnibus* déposé en décembre 1967 qui légalise le divorce et dépénalise l'avortement et l'homosexualité. Il accompagne cette réforme sociétale d'avant-garde d'un commentaire devenu célèbre : « L'État n'a rien à faire dans les chambres à coucher de la nation. »

Alors qu'en avril 1968, le Parti libéral se cherche un chef parmi dix candidats, Trudeau accède à la chefferie d'extrême justesse. Déjà bien engagé, le projet politique de Trudeau va marquer profondément le Canada[1].

L'élection fédérale de 1968 donne au Parti libéral une très nette majorité avec 155 sièges contre 72 pour les progressistes-conservateurs de Robert Stanfield. L'annonce de nouveaux programmes sociaux lui a permis de mordre sur l'électorat du NPD. Les partis tiers sont toujours modestement présents : 22 sièges pour le NPD de Tommy Douglas et 14 pour le Ralliement créditiste de Réal Caouette. Si le populisme du Ralliement plaît dans les zones rurales isolées et pauvres, l'idée des deux nations qu'il défend lui aliène le soutien des Canadiens anglais et même d'une partie de sa formation. Anecdotique mais toujours présent, on retrouve le Parti rhinocéros avec 2 candidats, qui remportent 5 802 voix.

Trudeau a une forte personnalité, avec un côté iconoclaste et provocateur, voire arrogant. Il le prouve en répondant avec flegme et courage aux injures de ses détracteurs. Célibataire élégant, son côté dandy ou playboy et son caractère flamboyant déclenchent une vague de trudeaumania. Avec sa rose ou son œillet rouge à la boutonnière et sa cape en loden autour des épaules, il conquiert le cœur de ses électrices. Un cliché célèbre le montre avec un collier de fleurs autour du cou lors d'une

1. D'autant plus qu'à l'exception d'une brève parenthèse de neuf mois, il reste 16 années au pouvoir (avril 1968-juin 1979 et mars 1980-juin 1984).

visite en Polynésie. Mais René Lévesque, qui ne l'aimait pas, se moque de son aspect « roi nègre en veston sport ». Trudeau se pavane, stars de cinéma au bras. De famille bourgeoise aisée, il est biculturel avec une double origine, canadienne-française et écossaise, mais c'est avant tout un « Québécois canadien », pour reprendre la formule de G. Pelletier. Parfaitement bilingue, il succède à deux Premiers ministres unilingues successifs. C'est un intellectuel charismatique qui a une pensée politique structurée pour le Canada qu'il met en œuvre avec fermeté et détermination. Trudeau craint la dislocation du pays et défend l'idée d'un Canada uni et indivisible. Sa conception rigide du fédéralisme lui vaut, la veille du scrutin de juin 1968, lors du défilé de la Saint-Jean-Baptiste, d'être attaqué aux cris de « Trudeau au poteau ! ». Calme et stoïque, il brave les provocations des militants séparatistes. Opposé au nationalisme québécois et aux droits collectifs, il regrette que le Québec n'ait pas accepté la formule d'amendement Fulton-Favreau et se montre moins conciliant que Pearson. Le Canada n'est pas un pacte entre deux nations et le rôle de l'État est de protéger les droits individuels de chaque citoyen. Plus préoccupé de liberté et de démocratie que de nationalisme, il est aussi plus soucieux de *moderniser* les institutions canadiennes-françaises que de les *défendre*.

Alors que le statut du Québec n'est pas clarifié en raison des relations de proximité ambiguës entre Pearson et Lesage, le retour aux affaires inattendu de l'Union nationale laisse craindre un certain conservatisme social. Plus encore que Lesage, Johnson se révèle combatif en affirmant la personnalité du Québec et en renforçant les liens avec la France et les pays francophones. La visite de de Gaulle laisse des traces et Trudeau considère que la politique étrangère est de compétence fédérale.

Même s'il ne dure que quelques mois, l'affrontement entre Johnson et Trudeau, notamment lors de la conférence fédérale-provinciale de février 1968, est plutôt vif concernant l'avenir constitutionnel de la Belle Province. Tous deux Canadiens français, ils défendent deux points de vue radicalement opposés. Trudeau accepte le principe de l'équilibre linguistique mais refuse un Canada à deux qui signifierait un statut particulier, celui d'un État associé et, à terme, l'éclatement du pays. L'idée est bien que les Canadiens français soient « maîtres chez eux », pas seulement dans leur province mais dans l'ensemble du pays. L'ambition est de « bâtir un pays dont le tissu est fait d'un océan à l'autre de personnes sûres de leurs droits individuels partout où elles vivent ».

La personnalité falote de Jean-Jacques Bertrand, qui succède à Johnson, laisse le champ libre à Trudeau qui fait alors prévaloir sa vision du Canada. Mais, avec son flair politique, René Lévesque va très vite opposer à la vision de Trudeau le concept de souveraineté-association. L'objectif est que le Québec devienne souverain pour pouvoir ensuite négocier sur un pied d'égalité une association économique avec le reste du Canada[1].

L'inquiétude est forte de voir le poids des francophones diminuer, d'autant que le taux de natalité ne garantit plus le renouvellement des générations[2]. Une autre difficulté émerge assez vite quand le Québec est perçu comme le territoire national susceptible d'accueillir la nation canadienne-française, au mépris des francophones hors Québec et notamment de l'Ontario.

1. Présenté au congrès libéral en octobre 1967, le projet de Lévesque n'avait pas emporté l'adhésion et c'est ce qui avait incité Lévesque à quitter le Parti libéral et à fonder en novembre le Mouvement souveraineté-association (MSA).

2. 1,62 à la fin des années 1970.

On pourrait aussi évoquer les relations tendues entre le Québec et l'Acadie. La francophonie au Canada semble devoir, au moins pour un temps, se limiter à la Belle Province. Lévesque condamne les violences du RIN et ne partage pas le désir de son chef, Pierre Bourgault, de promouvoir un unilinguisme total. Plus nuancé, il pense nécessaire d'accorder quelques droits à la minorité anglophone mais finalement, le MSA et le RIN convergent en octobre 1968 pour former le PQ.

Les immigrants et la question linguistique

Après une longue période où l'enjeu principal des revendications était déterminé par le facteur religieux, c'est la question linguistique qui prend le dessus.

La situation s'enflamme à propos des nouveaux arrivants qui inscrivent leurs enfants dans des écoles anglophones dès l'école primaire. Les partis se divisent : l'Union nationale et le Parti libéral pensent que les immigrants ont le droit de choisir la langue d'enseignement pour leurs enfants, tandis que le PQ s'y oppose. À partir des années 1970, le visage de l'immigration change et cesse d'être majoritairement européenne et chrétienne. L'arrivée de migrants non francophones ne joue pas en faveur du Québec. Pour favoriser leur intégration, le Québec crée en 1968 un ministère de l'Immigration et met en service des centres d'orientation et de formation des immigrants (COFIs) pour développer l'apprentissage de la langue française et mieux diffuser les valeurs culturelles de la société québécoise. La communauté grecque passe de près de 20 000 membres à plus de 40 000 pendant les années 1960 mais c'est surtout la communauté italienne, essentiellement regroupée à Saint-Léonard, une petite municipalité de l'île de Montréal, qui passe de 108 552 à 169 655 personnes entre 1961 et 1971, ce qui émeut la société d'accueil : la quasi-totalité des italophones font le choix d'écoles du réseau anglophone. Face au danger de l'anglicisation, la réaction est immédiate. Les élus de la commission scolaire de Saint-Léonard décident en juin 1968 que le français sera la seule langue enseignée au primaire. Le conflit éclate, les affrontements sont violents car les nouveaux venus ont fait le choix du Canada en raison du bilinguisme, convaincus que l'anglais est plus favorable pour l'intégration et garantit davantage l'ascension sociale.

Le gouvernement fédéral a naturellement son mot à dire sur la question linguistique. Suite aux conclusions de la « commission BB », Trudeau fait adopter en 1969 la Loi sur les langues officielles du Canada qui met en place le bilinguisme. L'anglais et le français auront désormais un statut d'égalité pour tous les services du Parlement et du gouvernement. En attendant les conclusions de la Commission Gendron (dont le rapport ne sortira qu'en 1972), chargée de faire le point sur la situation du français, le gouvernement Bertrand dépose une loi en octobre 1969, adoptée en novembre, qui confirme la politique fédérale puisqu'elle laisse aux parents le choix de la langue de scolarisation de leurs enfants. Cette décision, insatisfaisante pour les nationalistes, calme la crise de Saint-Léonard, au moins provisoirement. Même si la commission Gendron recommande que le français soit la langue commune de tous les Québécois, elle ne se prononce pas sur la langue d'enseignement.

Aux élections d'avril 1970, la question linguistique conduit à la chute de l'Union nationale qui ne conserve que 17 députés. Le grand gagnant est le Parti libéral de Robert Bourassa qui remporte une écrasante majorité avec

72 des 108 sièges et la promesse de créer 100 000 emplois. Même s'il ne gagne que sept sièges et si Lévesque est battu dans sa circonscription, le PQ obtient plus de suffrages que l'Union nationale (23,1 % contre 19,6 %).

La radicalisation de l'action politique

Premier ministre à 36 ans, Robert Bourassa est le plus jeune Premier ministre que le Québec ait jamais eu. Issu d'un milieu francophone modeste, éduqué chez les jésuites après des études classiques au collège Jean-de-Brébeuf de Montréal, diplômé d'Oxford et de Harvard en droit fiscal, il a la vocation de la politique. Pragmatique, froid, réservé, épris de rigueur, plus sérieux qu'enjoué, ce centriste est le champion du compromis. Il s'intéresse plus au développement économique qu'au débat constitutionnel mais la question nationale redevient brûlante avec les événements d'octobre 1970 : les révolutionnaires du Front de libération du Québec défrayent la chronique en kidnappant à une semaine d'intervalle un attaché commercial britannique du nom de James Richard Cross (cellule Libération), puis le vice-Premier ministre, ministre du Travail, Pierre Laporte (cellule Chénier) en pleine rue, à Montréal. Les revendications portent sur la libération de prisonniers politiques et « l'indépendance totale des Québécois, réunis dans une société libre et purgée à jamais de sa clique de requins voraces, les *big boss* patronneux et leurs valets qui ont fait du Québec leur chasse gardée du *cheap labor* et de l'exploitation sans scrupule ». L'ouvrage de Pierre Vallières, *Nègres blancs d'Amérique*, publié en 1968, est la référence des ravisseurs et Robert Lemieux, l'avocat des felquistes, lance son célèbre « Nous vaincrons ». Les autorités sont littéralement dépassées par les événements. Le gouvernement fédéral hésite à adopter la loi d'exception qui suspend droits et libertés et autorise perquisitions et arrestations sans mandat préalable du juge mais, à la demande du Premier ministre québécois, Trudeau décrète la Loi des mesures de guerre qui permet à l'armée d'assurer la sécurité et aux policiers de procéder à des arrestations de façon discrétionnaire. Pierre Laporte est retrouvé étranglé dans un coffre de voiture et les actes terroristes sont unanimement condamnés. Les ravisseurs de James Richard Cross, libéré, se réfugient à Cuba tandis que les assassins de Pierre Laporte sont pris et condamnés.

Si la violence d'octobre s'arrête, la radicalisation de l'opposition politique, et notamment syndicale, s'intensifie et les rapports sociaux se durcissent. Les syndicats, qui recrutent davantage d'adhérents, s'engagent dans la dénonciation des injustices sociales et croient à la transformation radicale de la société. C'est notamment le sens du combat mené par le président de la CSN, Marcel Pépin, qui défend un projet de société socialiste. Les postures anticapitalistes visent à mettre à bas l'idéologie bourgeoise et dénoncent la mainmise des Américains sur le pays. En avril 1972, les trois principales centrales syndicales, la CSN, la Centrale de l'enseignement du Québec (CEQ) et la FTQ s'unissent pour déclencher une grève générale illimitée qui paralyse le pays. Le droit de grève est suspendu et les trois chefs syndicaux sont condamnés à un an de prison.

Les femmes ne sont pas absentes de cette radicalisation et leur mouvement se structure. Il est bien question pour elles de cesser d'être les esclaves de leur mari et de leurs enfants. Elles revendiquent un salaire égal pour un travail équivalent à celui des hommes ainsi que le droit à l'avortement libre et gratuit au nom de la liberté de disposer de leur corps. Créé en 1969, le Front de libération des femmes, qui devient le Centre des femmes en 1971, considère qu'il ne peut y avoir de libération du Québec sans la libération des femmes. Sur le plan des réformes sociales, un système d'assurance maladie garantissant la gratuité des soins de santé est mis en place en 1970 et, en 1972, sont créés des centres locaux de services communautaires (CLSC) qui offrent des services médicaux et sociaux sur une base locale.

Mais ces mouvements de radicalisation vont provoquer une scission de l'opposition. Tandis que les modérés parlent de souveraineté du Québec, les plus extrémistes, inspirés par la Chine de Mao, s'avèrent être des opposants du PQ qu'ils considèrent comme un parti bourgeois.

Une nouvelle tentative pour sortir de l'impasse constitutionnelle est engagée à la conférence de Victoria qui réunit tous les Premiers ministres en juin 1971. Trudeau propose une charte rassemblant une série d'amendements à la Constitution, à laquelle il souhaite ajouter une Charte des droits et libertés. Il était prévu d'accorder un droit de veto aux provinces comptant 25 % de la population canadienne (Québec et Ontario), à condition d'obtenir l'accord d'au moins deux provinces maritimes et de deux provinces de l'Ouest. Le gouvernement fédéral était également prêt à restreindre son pouvoir dans la nomination des juges ainsi que le pouvoir du gouverneur général de désavouer une loi. Mais Trudeau ne réussira pas l'unité nationale et ne gagnera son pari qu'en 1982 – et encore, sans l'accord de toutes les provinces.

Cette Charte vise à protéger plusieurs catégories de droits : les droits *politiques* (la liberté d'expression, la liberté de conscience et de religion, la liberté de réunion et d'association), les droits *juridiques* (le droit à la sécurité de la vie, le droit à la liberté et à la propriété, le droit à la présomption d'innocence, la protection contre la discrimination dans l'emploi, dans l'utilisation des services publics, en raison du sexe, de la race, de l'origine nationale, de la couleur, de la religion), les droits *linguistiques* (c'est-à-dire la garantie pour les Canadiens du droit de communiquer avec les institutions d'État, et du droit à l'enseignement, dans l'une des deux langues, anglaise ou française, de leur choix). L'intention finale est de protéger effectivement tous les droits de *tout* le peuple.

Cette nouvelle présentation des droits n'est due en rien à l'improvisation. Suite à la crise d'octobre 1970 où l'État fédéral a prêté main-forte au Québec, Ottawa a la mainmise sur la Belle Province avec un PQ qui a du plomb dans l'aile. L'idée d'une charte est celle d'un *package deal* qui remonte à Pearson dès février 1968 et auquel Trudeau a déjà participé. Le schéma fédéral semble devoir s'imposer à Victoria avec l'assentiment de Bourassa qui relègue au second plan la question du partage des pouvoirs. Il est même question qu'en contrepartie, Ottawa laisse au Québec les allocations familiales mais Bourassa n'accepte pas la proposition de Victoria. Avec une subtilité ambiguë, il veut prouver aux nationalistes qu'il a refusé la charte et aux fédéralistes qu'elle était acceptable pour peu qu'on l'améliore. Même si l'histoire n'a retenu que le rejet de Bourassa, dont elle a tiré la leçon qu'il faut désormais se méfier du Québec, le Premier ministre soutient qu'il n'a pas accepté l'amendement, mais seulement le principe d'en discuter. Bourassa démontre ensuite que l'échec du fédéralisme que défend le Parti libéral n'est dû qu'à ses prédécesseurs qui n'ont pas su négocier. Le concept de « fédéralisme rentable » revient à constater que le Québec ne retire aucun profit d'un système où les versements fédéraux sont inférieurs aux taxes versées par le Québec. On peut dire que Bourassa n'a pas la même sensibilité que ses prédécesseurs sur les questions constitutionnelles et sur le statut du Québec, qui est au second rang de ses préoccupations. Quelques semaines après la conférence de Victoria, les conservateurs de Peter Lougheed remportent les élections sur les créditistes en Alberta et le nouveau Premier ministre rejette la formule d'amendement sous prétexte que le droit de veto n'est réservé qu'au Québec et à l'Ontario. Le débat constitutionnel doit repartir de zéro.

Pour combattre la montée du séparatisme au Québec, Robert Bourassa déclenche des élections anticipées en octobre 1973 qui lui redonnent une impressionnante majorité avec 102 des 108 sièges que compte l'Assemblée nationale. L'Union nationale est laminée et le PQ, qui recueille un peu plus de 30 % des suffrages, devient l'opposition officielle avec six députés. Bourassa croit pouvoir régler la question linguistique en faisant adopter la loi 22 en juillet 1974. Le français est proclamé langue officielle du Québec. Il devra être la langue de travail dans les entreprises mais si le libre choix de la langue disparaît, la loi stipule que les enfants d'immigrants devront passer des tests en vue de leur admission dans une école de langue française ou de langue anglaise. Cette dernière mesure, trop timide, mécontente tout le monde et la crédibilité de Bourassa s'émousse, d'autant plus qu'il est critiqué en raison d'indélicatesses dans l'octroi de contrats gouvernementaux.

En réalité, la priorité pour Bourassa est l'économie et, dès 1971, il lance le Québec dans le « projet du siècle », un projet de développement grandiose qui consacre le retour en force des milieux d'affaires. Les syndicats voient en Bourassa un porte-parole des « grands patrons ». Alors que sévit le premier choc pétrolier de 1973-1974, Bourassa refuse le choix du nucléaire au profit de l'hydroélectricité. Un projet colossal de barrage est implanté par Hydro-Québec à Grande-Rivière, en plein cœur de la baie James. Le barrage LG2, inauguré en 1979, crée des emplois mais ne sera terminé qu'en 1982. La réussite technique indéniable s'accompagne d'agressions écologiques et se heurte aux revendications des autochtones. La Cour suprême du Québec valide en novembre 1973 les revendications des Cris et des Inuit qui ont fait valoir leurs droits ancestraux. En échange de la cession des droits territoriaux, la convention de la baie James, signée en 1975, est une grande première depuis les traités numérotés du XIXe siècle. Les autochtones pourront poursuivre les activités de chasse, de pêche et de piégeage de toutes les espèces de gibier ou de poisson au nord du Québec, tout en recevant une indemnité de 225 millions de dollars sur 25 ans. Marché de dupes ? Cette convention sera suivie d'une entente semblable en 1978 avec les Naskapis du Nord-Est.

Pour rassurer l'électorat, le PQ décide en 1974 de mettre de l'eau dans son vin en inventant l'« étapisme » qui consiste à permettre l'élection du PQ au niveau provincial puis d'organiser un référendum et d'obtenir un mandat clair pour négocier avec l'État fédéral. Lorsque Bourassa déclenche de nouvelles élections en novembre 1976, le PQ, qui s'appuie sur une armée de militants bénévoles, axe sa campagne sur sa capacité à former un « bon gouvernement » dans un contexte de détérioration de la situation économique. La victoire inattendue du PQ est nette, avec 71 sièges et 41 % des suffrages populaires. Les libéraux se contentent de 26 députés avec 34 % des voix. Mais le choix d'un nouveau chef ne veut pas dire le choix d'un nouveau pays. Le gouvernement souverainiste comporte plusieurs courants mais est de grande qualité avec quelques poids lourds comme Jacques Parizeau qui réussit à trouver des financements à l'étranger. Quelques anglophones quittent la province et les milieux financiers américains s'interrogent pour savoir si le Québec est devenu le Cuba du Nord. Même si ses détracteurs pensent que la souveraineté-association comporte des risques et a un coût, l'affirmation nationale demeure un projet qui fait rêver.

Si les États-Unis marquent peu d'enthousiasme pour le PQ, la France en revanche se réjouit et accueille René Lévesque, en novembre 1977, comme un chef d'État, sans pour autant soutenir ouvertement la souveraineté du Québec et en adoptant une formule ambiguë : « non-ingérence mais non-indifférence ».

Une autre forte personnalité du gouvernement Lévesque est le ministre d'État au Développement culturel, le Dr Camille Laurin, le père de la loi 101, dite Charte de la langue française. Persuadé qu'une psychothérapie collective doit permettre au peuple de sortir de son complexe de pays colonisé, Laurin fait de la langue le fondement d'un peuple et pas seulement un instrument de communication. La loi 101 d'août 1977 fait du français la langue unique de la législation et de la justice mais aussi, malgré les réticences de René Lévesque, de l'affichage commercial public.

Les enfants seront scolarisés dans le réseau francophone à la seule exception des enfants dont les parents auront été scolarisés en anglais. La mesure va garantir que les enfants d'immigrants ne feront pas le choix des écoles anglaises. Elle fonde une politique volontariste d'unilinguisme qui, malgré les hésitations des souverainistes modérés, le rejet des anglophones et les critiques virulentes des immigrants, demeure en vigueur jusqu'à notre époque. Par définition, on saisit clairement qu'aucune mesure linguistique ne fait l'unanimité mais la loi 101 aura contribué à préserver la langue française au Québec. Trudeau, quant à lui, dénonce une loi « ethnique » qui fait courir le risque de créer une « société monolithique ».

Par ailleurs, le gouvernement Lévesque poursuit activement les réformes dès le début de son mandat. Repoussant l'idée d'organiser un référendum sur l'indépendance, le PQ s'avère avant tout un parti de gouvernement social-démocrate. Il met fin aux caisses électorales occultes. L'assainissement définitif des mœurs électorales se concrétise avec la loi d'août 1977 sur le financement des partis politiques. Le dialogue social s'améliore grâce à des procédures de concertation avec les partenaires sociaux.

Les enjeux de l'immigration

Plus spectaculaire encore est l'attention portée aux enjeux, économiques mais aussi culturels, de l'immigration. On revient à l'interventionnisme étatique dans un contexte économique qui se dégrade[1], malgré l'illusion que créent les grands travaux publics d'infrastructures comme Expo 67, les centrales hydroélectriques sur la côte Nord et dans la baie James ou les JO de Montréal de 1976 obtenus grâce au volontarisme du maire, Jean Drapeau.

1. Le chômage atteint 10 % à la fin des années 1970.

Même si l'article 95 de la Loi constitutionnelle de 1867 avait fait de l'immigration un domaine de compétence partagé entre les niveaux fédéral et provincial, sans préciser les attributions respectives des deux niveaux de gouvernement, dès 1883, le Québec cessa d'exercer ses pouvoirs dans le domaine de l'immigration. Il faut attendre 1968 et la création du ministère de l'Immigration du Québec (MIQ), avec la mise en place des COFIs, pour que cette responsabilité cesse d'être exclusivement assurée par le gouvernement fédéral. Les années 1970 sont caractérisées par la signature d'ententes fédérales-provinciales, symbole de la volonté accrue du gouvernement québécois de participer au processus de sélection, d'admission et d'accueil des immigrés. Le 18 mai 1971, l'entente Lang-Cloutier autorise la présence d'agents d'orientation à l'étranger et permet de fournir des informations sur la société québécoise aux candidats qui souhaiteraient en obtenir. Il ne s'agit encore que d'un rôle modeste d'information et, à cet égard, le paragraphe b de l'article 10 de l'entente stipule nettement que « l'agent d'orientation au Québec ne fera pas fonction d'agent recruteur ». L'entente Bienvenue-Andras, signée en 1975, élargit les pouvoirs du Québec en obligeant le niveau fédéral à tenir compte de son avis concernant tout candidat à l'immigration qui envisage de s'installer au Québec, même si cet avis n'est pas déterminant. Ce n'est qu'à partir de l'entrée en vigueur en 1979 de l'entente Cullen-Couture (signée en février 1978) que le Québec retrouve des pouvoirs en matière de sélection des immigrants[1]. Désormais, nul

1. Elle ne concerne pas les réfugiés politiques ou les *boat-people* par ailleurs parrainés, mais seulement les travailleurs « indépendants ». Outre qu'elle permet de fixer le nombre chaque année le nombre d'immigrants, elle vise à puiser dans les pays francophones.

ne peut être admis sans l'accord du Québec. En 1981, le ministère de l'Immigration devient le ministère des Communautés culturelles et de l'Immigration.

Le Québec reprend la main sur la gestion des flux migratoires au cours des années 1970 mais déjà la commission Laurendeau-Dunton, dite « commission BB », mise en place en 1963 au niveau fédéral, avait conduit à l'adoption du bilinguisme officiel en 1969. La réflexion des commissaires porte sur les liens entre la langue et la culture que certains sociolinguistes considèrent comme indissociables. Mais l'enjeu de l'immigration est tel que Trudeau décide de dissocier les deux paramètres pour promouvoir le multiculturalisme. La Loi sur le multiculturalisme adoptée en 1971 polarise tout un débat sur les fondements et les enjeux d'une société plurielle. La publication des premiers volumes du Rapport de la « commission BB » en 1967-1969 suscite la crainte chez certains membres du tiers groupe d'être relégués au rang de citoyens de seconde classe et, notamment sous la pression des Ukrainiens, les commissaires poursuivent leur tâche et publient, en 1969, le volume IV qui vise à évaluer l'importance de la contribution culturelle des « autres » groupes ethniques. Ainsi est proclamé le multiculturalisme dans le cadre d'un bilinguisme renouvelé. Même si la loi fait l'objet d'un consensus assez large au sein de la classe politique au moment de son adoption, ce programme est très vite critiqué par de nombreux groupes, qu'il s'agisse des Québécois qui y voient la dilution de lourdes revendications, des autochtones et même des membres du tiers groupe. On a pu dire aussi que l'une des raisons du multiculturalisme était la stratégie électorale du Parti libéral au pouvoir. Au-delà de ces considérations relevant de la politique intérieure, l'idéologie multiculturelle, qui sous-tend le programme officiel du gouvernement fédéral, est liée à l'échec relatif au Canada des tentatives d'assimilation. Mais il convient de distinguer assimilation culturelle et assimilation linguistique. Le nombre des bilingues qui progresse légèrement – passant de 13,4 % en 1971 à 15,3 % en 1981 – montre à l'évidence que le Canada est davantage le pays de deux langues qu'un pays bilingue. Quant à l'anglophonie, qui démontre la réussite de l'assimilation linguistique, elle demeure une réalité qui recouvre une multiplicité de cultures différentes. Par ailleurs, c'est bien la dualité linguistique et culturelle fondatrice du Canada qui a permis l'implantation des autres communautés culturelles et rendu possible l'adoption de la formule multiculturelle.

Le fédéralisme et les relations État central-provinces

Pour revenir à la scène politique fédérale, le poids de Trudeau est tel que le projet québécois trouve à Ottawa un opposant sérieux. Le débat constitutionnel patine. Dans la lignée de Lesage, Lévesque soutient le principe de la souveraineté des provinces dans leur champ de compétences ainsi que le transfert de certains pouvoirs. L'excès de centralisation est également dénoncé par plusieurs provinces et des réunions régulières des Premiers ministres, des ministres et de leurs équipes sont censées permettre une coordination fédérale-provinciale. C'est le principe du fédéralisme coopératif, avec des financements conjoints 50/50, mis en place au milieu des années 1960 et qui, selon Lesage[1], devait

1. Dans un discours de mai 1964.

respecter l'autonomie des provinces : « Le fédéralisme coopératif n'est pas simplement d'obtenir le concours des provinces à des politiques centralisatrices. Pour le Québec, il signifie plutôt le début d'une nouvelle ère dans les relations fédérales-provinciales et l'adaptation dynamique du fédéralisme canadien. » Il implique donc la coopération régulière, la consultation constante et l'octroi des ressources financières adéquates. La coopération intergouvernementale est le moyen privilégié pour améliorer le fonctionnement de la fédération canadienne. Le fédéralisme, c'est la souveraineté partagée entre deux paliers de gouvernement, l'État central et les provinces. Mais il n'a de sens que s'il garantit, dans le respect des compétences respectives attribuées, un certain degré d'autonomie, au risque d'introduire une forme de subordination d'un ordre de gouvernement par rapport à l'autre, le tout nécessitant, pour être viable, un financement adéquat. De surcroît, il est nécessaire de représenter la diversité des entités fédérées tout en conservant un principe d'unité, symbolisé par l'adhésion à un certain nombre de règles et de valeurs communes. Pour préserver l'autonomie tout en évitant la dépendance, il faut idéalement garantir un minimum de coordination entre les deux paliers – sinon on court le risque de la concurrence, voire de décisions parallèles. Le fédéralisme coopératif s'appuie sur des relations intergouvernementales. Le système paraît complexe et lourd car les réunions peuvent prendre des formes très différentes puisque, au-delà des rencontres fédérales-provinciales, on note des réunions fédérales-provinciales-territoriales, provinciales-territoriales ou encore interprovinciales. À ces dispositifs, il faut ajouter les conférences annuelles des Premiers ministres provinciaux. Malheureusement, force est de constater que cette situation idéale ne s'est pas incarnée dans la pratique, le conflit se substituant souvent à la coopération harmonieuse. Des décisions prises unilatéralement par le niveau fédéral sans consultation ou accord du Québec posent problème. C'est le risque de la politique de Trudeau, que l'on peut qualifier de fédéralisme asymétrique. D'autre part, on ne saurait oublier que la volonté de signer des ententes acceptables dépend aussi de la flexibilité plus ou moins grande du gouvernement et du Premier ministre. Assurément, Trudeau aura été l'un des Premiers ministres du Canada les plus centralisateurs. Les dés sont pipés et la relation est déséquilibrée puisqu'elle intervient entre des acteurs politiques inégaux.

Après l'échec de la conférence de Victoria, alors que des élections sont prévues pour l'automne 1972, Trudeau centre sa campagne sur le thème de l'intégrité nationale. Il est réélu mais de justesse avec un gouvernement minoritaire. Les libéraux, avec 109 sièges, devancent à peine les conservateurs qui en remportent 107. Les 31 néodémocrates de David Lewis deviennent alors les arbitres d'une situation qui ne peut guère durer et de nouvelles élections sont programmées à l'été 1974. Les libéraux sont alors majoritaires avec 141 sièges face aux 95 députés progressistes-conservateurs tandis que le NPD ne conserve que 16 sièges (David Lewis n'est pas élu) et les créditistes 11.

La politique étrangère et économique de Trudeau

Au cours de ses deuxième et troisième mandats, Trudeau ne se concentre pas seulement sur le débat constitutionnel. Les années 1970 sont aussi marquées par les questions économiques et la définition d'une politique étrangère susceptible de promouvoir l'influence canadienne. En un sens, Trudeau semble insensible au ralentissement économique qui a démarré vers 1966. Le premier choc pétrolier de 1973-1974 n'est pas sans impact et l'année 1973 annonce la fin de la prospérité économique des Trente Glorieuses. À la fin des années 1970, le chômage atteint 10 %. L'économie canadienne est en pleine mutation du fait de la libéralisation des échanges internationaux. L'industrie manufacturière est particulièrement touchée, n'étant plus protégée par les droits de douane. Les importations en provenance des pays du tiers-monde mettent à pied les travailleurs peu qualifiés et les usines ferment. Une carte maîtresse demeure, celle de l'exportation de matières premières. L'État-providence a entraîné la croissance du secteur tertiaire auquel participent les femmes en fournissant 40 % de la main-d'œuvre. Si les revenus des ménages augmentent, ce n'est que parce que les deux conjoints travaillent.

En août 1971, Richard Nixon prend des mesures protectionnistes en imposant sans consultation une surtaxe de 10 % sur toutes les importations en provenance du monde entier, incluant le Canada. La politique du Président américain ne fait que renforcer au Canada le sentiment nationaliste. La scène culturelle est colorée par un anti-américanisme fort et les tentatives des dirigeants politiques, des artistes et des intellectuels se multiplient pour définir une identité canadienne distincte. C'est la période que l'on a qualifiée de « contemplation du nombril » (*navel gazing*). Le Canada doit résoudre le problème d'une économie américaine dominante en essayant d'empêcher l'entrée des capitaux étrangers ou en les orientant de façon qu'ils soient profitables au pays et compatibles avec la souveraineté politique canadienne.

Tout en maintenant des relations étroites et spéciales avec les États-Unis, Trudeau veut s'engager dans une plus grande diversification, notamment en développant ses liens avec l'Europe et le Japon. « Les Canadiens éprouveraient une irritation parfaitement justifiée si les États-Unis allaient nous empêcher de commercer avec Cuba ou avec la Chine. Nous prétendons, en effet, au droit de faire ce qui nous plaît. » Dès le début des années 1970, Trudeau établit les grandes lignes d'une nouvelle politique étrangère. Il révise profondément l'héritage pearsonien, fait d'idéalisme, et rejette le rôle d'intermédiaire et de gardien de la paix[1]. À sa demande, Mitchell Sharp, ministre des Affaires extérieures, définit en septembre 1971 trois scénarios possibles, dont le contenu est publié deux semaines avant les élections de 1972. La première option est le *statu quo*. La deuxième consiste à rechercher une plus grande intégration avec les États-Unis. La troisième option est une stratégie de diversification. C'est donc en 1972 que Trudeau annonce une politique établissant que « le Canada peut adopter une stratégie générale, à long terme, visant à développer et à raffermir son économie et les autres aspects de sa vie nationale et, ce faisant, à réduire la vulnérabilité actuelle du Canada ». Cette politique marque le passage du multilatéralisme au bilatéralisme comme moyen privilégié d'affranchissement de l'influence américaine. Mais elle ne correspond pas aux intérêts des milieux d'affaires et s'éteindra vers 1975, malgré la révision des pays ciblés puisque le marché du Japon

1. En 1970, il fait publier un livre intitulé *Politique étrangère au service des Canadiens* qui résume sa position.

semble hermétique. Si la troisième option ne réussit pas la diversification économique, elle s'avère très efficace et novatrice en matière de diplomatie culturelle. En 1970, le Canada a créé le premier centre culturel à Paris pour encadrer les activités du Québec à l'étranger mais il lance surtout, en 1975, un programme quadriennal d'action culturelle qui est un modèle du genre. Le rapport Symons, intitulé *Se connaître* et publié en mars 1975, fait le constat que les Canadiens méconnaissent, quand ils ne l'ignorent pas, leur propre histoire et leur propre littérature. La Commission d'études canadiennes, présidée par le professeur Symons, a été instituée en septembre 1972 par l'Association des universités et collèges au Canada sur une idée originale de l'auteur Graeme Gibson. Cette prise de conscience qu'il fallait développer au Canada des programmes d'enseignement à contenu canadien sert de déclencheur en impliquant la création de chaires, de centres et d'associations d'études canadiennes en Écosse, en Angleterre, aux États-Unis, en Allemagne, au Mexique, au Japon, en France. Le soutien aux programmes d'enseignement, de recherche, de formation et de documentation permet d'augmenter la connaissance du Canada à l'étranger et contribue à inscrire ce pays injustement méconnu sur la carte du monde.

Le sentiment d'aliénation des provinces de l'Ouest et la fin de la première ère Trudeau

Intellectuel un peu éloigné des réalités, Trudeau ne mesure pas assez l'importance de la crise économique et ses effets sur le ressentiment politique d'une partie du Canada. La stagflation, c'est-à-dire la hausse conjuguée de l'inflation et du chômage, remet en cause les thèses keynésiennes. Les accords de Bretton Woods, qui avaient mis en place en 1944 une organisation monétaire mondiale afin de permettre la reconstruction des pays touchés par la guerre, consacrent le rôle de pivot du dollar américain avec un rattachement nominal à l'or en faisant de la devise américaine l'étalon pour les autres monnaies. Ces accords fonctionnent bien de 1945 à 1974. Mais les dépenses colossales de la guerre du Vietnam et la course à l'espace créent une inflation de dollars. Les pays qui exportent le plus vers les États-Unis (c'est le cas du Canada) accumulent d'énormes réserves en dollars qui donnent lieu à autant d'émissions de leur propre monnaie, alimentant ainsi une inflation de plus en plus importante. 27 ans après la conférence de l'ONU à Bretton Woods, les États-Unis suspendent la convertibilité du dollar en 1971 et le système des taux de change s'effondre en mars 1973 avec l'adoption du régime de changes flottants qui dépendent des forces du marché. C'est la fin du système monétaire international organisé, désormais soumis aux variations de valeur du dollar américain. Le premier choc pétrolier de 1973-1974 est provoqué par la réaction disproportionnée à la baisse du dollar de l'Organisation des pays exportateurs de pétrole (Opep) qui quadruple le prix du baril de pétrole brut.

C'est au cours des années 1970, alors que le Canada est en plein boom énergétique, que la richesse se déplace vers l'Ouest. L'attention ne se porte plus exclusivement sur l'Ontario et le Québec. L'Alberta produit en pétrole tout ce qui est nécessaire à la consommation canadienne. Suite à la découverte, en février 1947, de bitume et de pétrole à Leduc, au sud d'Edmonton, l'Alberta fait peu à peu basculer l'équilibre du pouvoir entre l'Est et l'Ouest, entre Ottawa et les provinces. Mais cette industrie continentale exporte vers les États-Unis en raison de l'axe nord-sud qui conditionne l'acheminement. Les autres provinces de l'Ouest se spécialisent, la Saskatchewan avec la potasse à Saskatoon ou la sidérurgie à Regina ou bien encore le Manitoba avec ses mines de nickel. La seule ombre au tableau est que ces productions primaires sont vulnérables. C'est dans ce contexte que Trudeau décide de subventionner les importations de pétrole et de gaz de l'Est en imposant une taxe sur les exportations de ces ressources de l'Ouest vers les États-Unis. Pour ce faire, il crée Petro-Canada, une société pétrolière nationale gérée par l'État, il soutient les approvisionnements en pétrole de l'Ouest du marché québécois. Ce volontarisme économique, qui va à l'encontre des réalités géographiques, déclenche un fort mécontentement de la part des provinces de l'Ouest qui voudraient contrôler leurs ressources naturelles et ont le sentiment d'être aliénées.

L'agriculture n'a pas disparu pour autant et le blé demeure la ressource principale, malgré un effort de diversification, notamment avec la culture du lin et du colza. Mais pour être rentables, les exploitations doivent se concentrer. On assiste à la fin de la vie rurale traditionnelle sous l'effet de l'urbanisation[1].

Le sentiment d'aliénation de l'Ouest s'exprime aussi dans les provinces de l'Atlantique. L'hostilité face au gouvernement central se révèle notamment à l'occasion de la découverte des gisements pétroliers sous-marins en Nouvelle-Écosse et à Terre-Neuve : ces régions vou-

1. Les années 1970 sont marquées par le développement de villes comme Regina ou Saskatoon, mais surtout Calgary et Edmonton, dont la population dépasse désormais celle de Winnipeg.

draient aussi avoir plus d'influence dans la gestion de leurs affaires.

Toutes ces manifestations d'hostilité s'accompagnent d'un contexte social dégradé. Le plus fort conflit social de toute l'histoire du Canada se déroule en 1972 avec la grève du secteur public au Québec qui se solde par l'incarcération des présidents des centrales syndicales.

Ce sentiment d'abandon, que ressent une partie du Canada, se traduit également sur le plan politique. Si Trudeau est bien élu en 1968 avec une représentation nationale bien équilibrée dans l'ensemble des provinces et avec une majorité de sièges à l'ouest du lac Supérieur, ce n'est plus le cas à partir de 1971. Les libéraux sont en difficulté dans les Prairies. Au Manitoba, c'est le NPD qui est majoritaire avec Ed Schreyer, député fédéral de 1965 à 1969 puis Premier ministre de la province de 1969 à 1977 avant de devenir gouverneur général de 1979 à 1984. En Saskatchewan, le libéral Ross Thatcher, qui a délogé la CCF en 1964, devient Premier ministre de 1964 à 1971 mais il est battu en 1971 par le NPD Allan Blakeney. En Colombie-Britannique, c'est le NPD Dave Barrett qui l'emporte en 1972 et qui sera Premier ministre jusqu'en 1975. Si, pendant une dizaine, voire une quinzaine d'années, le NPD connaît son heure de gloire dans l'Ouest, il faut constater que la plus forte opposition à Ottawa vient du conservateur Peter Lougheed qui renverse le Crédit social en 1971, après trente-six années au pouvoir. Lougheed demeure Premier ministre de 1971 jusqu'à 1985 et le Parti libéral est littéralement rayé de la carte.

À l'inverse de Laurier ou de Saint-Laurent, qui s'étaient entourés de ministres anglophones, Trudeau ne fait appel qu'à des francophones dont il assure la promotion et les Canadiens anglais ne se privent pas de dénoncer le *French power* à Ottawa, tout comme ils critiquent vertement le bilinguisme, qu'ils considèrent comme du gaspillage de l'argent des contribuables. Il est vrai que le poids du Québec et de l'Ontario est tel qu'il suffit d'obtenir l'appui de ces deux provinces pour être élu. Aux élections d'octobre 1972, les libéraux remportent une très courte victoire avec 109 sièges contre 107 pour les progressistes-conservateurs. Autant les libéraux ont le soutien massif du Québec avec 56 des 74 sièges (2 sièges seulement pour les conservateurs), autant le résultat est très serré en Ontario où les conservateurs gagnent 40 des 88 sièges, devançant les libéraux qui n'en obtiennent que 36. À l'Ouest, les libéraux ne remportent que 7 sièges, 4 en Colombie-Britannique, 2 au Manitoba, 1 en Saskatchewan et aucun en Alberta. Dans cette dernière province, les conservateurs font carton plein avec 19 sièges sur 19. Dans les autres, ils font jeu quasi égal avec le NPD. Aux élections de juillet 1974, les libéraux forment un gouvernement majoritaire avec 141 sièges contre 95 aux progressistes-conservateurs. Cette fois-là, le succès est net au Québec, avec 60 des 74 sièges, mais aussi dans l'Ontario, avec 55 des 88 sièges, sans compter le soutien du Nouveau-Brunswick et de Terre-Neuve. À nouveau, les conservateurs raflent la mise en Alberta avec la totalité des 19 sièges. Le Parti libéral ne compte que 8 députés en Colombie-Britannique, 3 en Saskatchewan et 2 au Manitoba.

En 1976, de nouveaux chefs apparaissent, Ed Broadbent pour le NPD et l'Albertain Joe Clark pour succéder à Robert Stanfield à la tête du Parti progressiste-conservateur.

Trudeau tente d'enrayer l'inflation avec une politique nationale mais il navigue un peu à vue : après avoir annoncé un programme de restrictions en 1975, il revient en 1978 à un monétarisme à l'ancienne : taux d'intérêt élevés (entre 15 et 20 %) et limitation drastique des dépenses publiques.

L'élection de mai 1979 voit la victoire des conservateurs avec 136 sièges, 8 de moins que la majorité absolue, avec moins de suffrages populaires que les libéraux (35,89 % contre 40,11 %). Même s'il obtient le soutien massif du Québec (67 des 95 sièges), Trudeau est battu, lâché par l'Ontario (avec 32 des 95 sièges contre 57 pour les conservateurs). Les libéraux ne remportent qu'1 siège en Colombie-Britannique, 3 au Manitoba, aucun en Saskatchewan et aucun en Alberta où le Parti progressiste-conservateur gagne la totalité des 21 sièges. Joe Clark forme un gouvernement qui ne va durer que neuf mois car, même s'il est sympathique, il paraît mou et lent à prendre des décisions, paralysé qu'il est par la crise du pétrole iranien et l'échéance du référendum québécois. Élu pour la première fois au fédéral en 1972, il remporte l'élection à la chefferie du Parti conservateur en 1976 et représente le courant *red tory*. Quasiment inconnu quand il devient à 40 ans le plus jeune Premier ministre du Canada, il est vite l'objet de railleries et a du mal à se défaire de son surnom « Joe qui ? » (*Joe Who?*). Bien que conservateur lui aussi, Bill Davis, le Premier ministre de l'Ontario de 1971 à 1985, ne partage pas les vues de Clark – qui cherche à plaire aux milieux pétroliers albertains plus qu'aux consommateurs ontariens – et notamment sa décision – malgré ses promesses électorales – d'introduire dans son budget d'austérité une taxe sur l'essence, prétendument pour réduire le déficit budgétaire. Les libéraux et les néodémocrates s'associent pour défier le gouvernement dans une motion de censure. Trudeau annonce alors son retour en novembre 1979. Il sera réélu en février 1980, avec le soutien du Québec, de l'Ontario et des provinces de l'Atlantique.

Chapitre XIV

Les années 1980 : la décennie des occasions manquées (1979-1995)

Le court mandat de Joe Clark permet aux libéraux de revenir aux affaires. Il est rare, dans les pays de tradition britannique ou américaine, qu'un chef battu revienne au pouvoir. C'est pourtant le cas de Pierre Elliott Trudeau qui remporte l'élection de février 1980 et forme un gouvernement majoritaire avec 147 sièges contre 103 aux progressistes-conservateurs de Joe Clark et 32 pour le NPD d'Ed Broadbent. Malgré l'échec des négociations constitutionnelles, le Québec apporte un soutien massif à Trudeau[1] mais, l'histoire se répétant, la représentation libérale fait singulièrement défaut dans l'Ouest puisqu'il n'y a aucun député libéral à l'ouest du Manitoba qui n'envoie que deux députés. Le tiers du gouvernement est composé de francophones de l'Ontario et du Nouveau-Brunswick.

1. 68 % des suffrages et 74 des 75 sièges.

LE DÉBAT CONSTITUTIONNEL

Sur la question du Québec, le débat oppose Trudeau à René Lévesque qui porte le projet de souveraineté-association et organise un référendum le 20 mai 1980, comme il s'y était engagé en 1976. L'idée est de permettre au Québec d'assurer le contrôle de son destin et de maintenir une association économique d'« égal à égal » avec le Canada. Décidément, avec la Révolution tranquille, le Québec aime les oxymores.

La rédaction de la question soumise aux électeurs fait l'objet, dès la fin 1979, de discussions intarissables et le résultat est peu convaincant car la formule retenue est longue et peu claire. La mobilisation est forte avec près de 86 % de participation électorale mais le résultat est sans appel : le « non » l'emporte, avec 59,6 % des voix. Comme on pouvait s'y attendre, les anglophones et les allophones rejettent la souveraineté-association. Malgré l'enthousiasme des séparatistes, les francophones sont partagés sur la question et une petite majorité seulement se prononce pour le « oui ». La division est claire au Québec entre Montréal et le reste de la province. Le camp du « non » est dirigé par le nationaliste Claude Ryan, qui a été le directeur du *Devoir* de 1964 à 1978 avant d'être élu chef du Parti libéral en 1978. Ryan soutient le lien fédéral et prône un fédéralisme plus décentralisé, tout en dénonçant les risques économiques de la rupture, d'autant que rien ne garantit que le Canada acceptera l'association en cas de séparation du Québec. À l'annonce du résultat, P. E. Trudeau se montre moins triomphaliste que Ryan et, même si la question du Québec demeure entière, le référendum aura au moins consacré le droit à l'autodétermination. Trudeau considère que le Canada appartient aux Canadiens français qui n'ont pas à renier l'héritage de leurs ancêtres fondateurs. Il déclare : « Mon nom est québécois. » Pour autant, il redit son attachement à l'égalité des provinces et réaffirme la primauté des droits individuels sur les droits collectifs.

Même si la déception est grande chez les souverainistes, Lévesque est prêt à prendre rendez-vous avec l'histoire. Toujours très populaire, il est réélu confortablement en avril 1981 mais, cette fois, dans un contexte économique difficile. Avec 49,26 % des suffrages, le PQ remporte 80 sièges tandis que les libéraux de Claude Ryan se contentent de 42 sièges, malgré le soutien de 46,08 % des électeurs.

L'initiative sur la réforme de la constitution est dans le camp du fédéral. Une réunion des Premiers ministres provinciaux a lieu en août 1980 et, dès octobre, Trudeau fait savoir qu'il agira unilatéralement s'il n'y a pas d'accord des provinces, fort de l'appui qu'il trouve auprès du Premier ministre de l'Ontario Bill Davis et du Premier ministre du Nouveau-Brunswick, Richard Hatfield. Sept provinces, dont le Québec, condamnent le procédé. Les cours d'appel du Manitoba, de Terre-Neuve et du Québec sont consultées sur la légalité d'un rapatriement unilatéral et deux d'entre elles, dont celle du Québec, condamnent la démarche. En septembre 1981, la Cour suprême du Canada se prononce à son tour en concluant que la démarche est légale mais illégitime et qu'il s'agit simplement d'une tradition politique.

En novembre 1981, une nouvelle réunion fédérale-provinciale, la conférence de « la dernière chance », permet la conclusion, dans la nuit du 4 au 5 novembre[1], d'un accord surprise, alors que René Lévesque est pro-

1. Baptisée la « nuit des longs couteaux ».

fondément endormi dans sa chambre d'hôtel. Même si le Québec est isolé et n'obtient ni statut particulier ni droit de veto, Trudeau et la reine Élisabeth II signent, le 17 avril 1982, la Loi constitutionnelle de 1982. Désormais, le Canada est totalement indépendant.

La Charte des droits et libertés reconnaît le droit à l'instruction dans sa langue (art. 23), ce qui est un acquis pour les francophones hors Québec, mais elle invalide une partie de la loi 101 qui interdit l'accès aux écoles anglaises pour les anglophones des autres provinces et soutient la politique officielle de multiculturalisme.

Trudeau laisse ainsi sa marque, grâce à la loi de 1982 qui parachève l'indépendance politique de la Confédération par la souveraineté constitutionnelle jusque-là exercée, en partie, pour sa révision, par le Parlement britannique de Westminster. Controversé, Trudeau demeure sans doute, avec ses convictions et son côté sûr de lui, l'homme qu'attendait le Canada à la recherche de son identité.

La politique économique

Même si la question du Québec n'est pas réglée, le bilan de Trudeau peut être considéré comme positif. On ne saurait en dire autant de sa politique économique. Depuis 1973, le Canada est sévèrement touché par une dépression qui se prolonge pendant pratiquement toutes les années 1980 et qui est la plus forte depuis celle des années 1930. Le pays traverse une longue période de stagflation. Les banques centrales augmentent leurs taux d'intérêt (plus de 20 %) et le taux de chômage avoisine 13 % (avec des pics pouvant atteindre 16 %). Bien avant l'Ontario, le Québec est durement affecté, particulièrement avec deux récessions en 1980-1982 et 1990-1992. Contrairement à la politique menée pendant son premier mandat, le gouvernement péquiste devient néolibéral et, au premier trimestre 1983, il prend des mesures d'austérité en diminuant de 20 % les salaires du secteur public et parapublic. Les relations avec les syndicats évoluent grâce à plus de concertation et de dialogue. Certaines centrales syndicales s'orientent vers un changement de stratégie et mettent un terme à leur radicalisme en cessant de dénoncer le capitalisme. La FTQ de Louis Laberge est prête à négocier pour réformer le système économique de l'intérieur. Elle a l'idée d'un fonds de solidarité, alimenté par les cotisations des travailleurs, pour aider les entreprises en difficulté moyennant des déductions fiscales. La CSN, très présente dans le secteur public, est plus méfiante mais reprend l'idée de la FTQ en créant Fondaction en 1996. Parizeau met en place le Régime d'épargne actions (REA) et les investissements en bourse, pour soutenir les entreprises, sont déductibles des impôts. La seule vraie grève des enseignants, dont la charge de travail est accrue par Bourassa, remonte à 1983. Néanmoins, la morosité affecte les jeunes générations sacrifiées après celle des *baby-boomers*. Les femmes se font moins bruyantes, sans abandonner pour autant leurs revendications, mais l'assassinat en décembre 1989 de 14 étudiantes de l'École polytechnique de Montréal par Marc Lépine est un véritable choc. La période se caractérise par un repli sur une consommation égocentrique.

Trudeau laisse filer le déficit des finances publiques. La baisse des recettes, conjuguée à la hausse du coût de l'assurance maladie et du chômage entraîne une hausse de la dette nationale qui passe de 12 milliards de dollars dans les années 1970 à 24 milliards en 1982 et à 36 milliards en 1984. Le dollar canadien, qui équivalait à 93 cents américains en 1981, ne vaut plus que 70 cents fin 1985.

Les années 1970 auront été la dernière décennie du contrôle économique gouvernemental. Les maîtres mots deviennent la déréglementation et la privatisation. Dans un contexte de forte récession qui frappe le Canada et tout le reste de l'Occident, la Grande-Bretagne de Margaret Thatcher et l'Amérique de Ronald Reagan privatisent les entreprises publiques et développent le libre marché. La remise en question de l'État-providence et du rôle de l'État cède la place au néolibéralisme. On est loin de l'esprit réformiste du *New Deal* et l'écart entre les riches et les pauvres se creuse.

Trudeau, quant à lui, engage le Canada dans une politique énergétique autarcique dans les années 1980-1981. Le Programme énergétique national (PEN) vise à garantir la possession canadienne de l'industrie de l'énergie et l'autosuffisance pétrolière du Canada. Avant la mise en place de ce programme, il y avait transfert de la richesse à partir des provinces de l'Est (Ontario et Québec), très dépendantes du pétrole, vers les provinces de l'Ouest. Le PEN est très impopulaire dans l'Ouest, dans l'Alberta, en Saskatchewan et en Colombie-Britannique, où est produite la plus grande partie du pétrole. Cette politique y est perçue comme une intrusion du fédéral dans un champ de compétences provincial. Au-delà du sentiment que le PEN dérobe la richesse naturelle aux provinces de l'Ouest, les prix du pétrole sont maintenus en dessous du marché mondial, ce qui revient à subventionner les provinces de l'Est dont on sait qu'elles constituent la base électorale de Trudeau. Cette politique énergétique se heurte à la très vive opposition du Premier ministre progressiste-conservateur de l'Alberta, Peter Lougheed[1]. Il freine plusieurs projets de conversion des sables bitumineux et va jusqu'à bloquer par deux fois les expéditions de pétrole vers l'Est. Le ressentiment est fort à l'encontre de Petro-Canada, la compagnie pétrolière nationalisée dont le siège social est à Calgary et qui était censée être le fer de lance de l'autosuffisance, si l'on en juge par le slogan que relaient les autocollants sur les pare-chocs des voitures de l'Ouest : « *Let the Eastern Bastards Freeze in the Dark* / Laissez les bâtards de l'Est geler dans le noir. » Au terme d'un compromis signé à l'automne 1982, le PEN est révisé pour que le prix du pétrole s'approche des cours mondiaux. Même s'il va être abandonné, il est rendu responsable de la récession de l'Ouest et provoque la colère des Albertains. Les dirigeants des sociétés pétrolières réduisent leurs investissements et réorientent leurs capitaux vers les États-Unis. Ce changement de cap est dramatique pour la main-d'œuvre venue de l'Est, qui doit repartir. Trudeau a voulu donner au Canada une politique étrangère fondée sur l'intérêt national, et donc restreindre l'influence américaine.

La forte récession du début des années 1980 a pour effet de relancer les discussions sur le projet de libre-échange avec les États-Unis. Le rapprochement avec le voisin américain est d'autant plus souhaité que le Canada recherche son soutien pour l'unité nationale depuis la victoire du PQ en 1976. Une étude sur la politique commerciale envisage le libre commerce, mais limité ou sectoriel, et la commission Macdonald publiera un rapport en 1985 indiquant clairement que la continentalisation semble incontournable. En février 1984, Trudeau annonce son départ et, en juin, John Turner

1. À la tête de la province de 1971 à 1985.

l'emporte sur le populiste Jean Chrétien dans la course à la chefferie.

La décennie de Mulroney (1984-1993) et de Bourassa (1985-1996)

La sanction des urnes intervient en septembre 1984 avec l'élection fédérale triomphale des progressistes-conservateurs de Brian Mulroney, qui remporte 211 sièges avec 50 % des suffrages contre 40 aux libéraux et 30 au NPD. En général acquis aux libéraux, le Québec vote conservateur en leur attribuant 58 sièges contre 17 seulement aux libéraux. Mulroney s'entoure de Québécois, même s'ils ont voté « oui » au référendum. C'est le cas de Lucien Bouchard, un ancien de Laval et avocat à Chicoutimi. Le changement politique intervient également au niveau provincial puisque le gouvernement péquiste de René Lévesque est battu aux élections de décembre 1985. C'est le retour de Bourassa. Alors qu'il est redevenu chef du Parti libéral en octobre 1983, il remporte 99 sièges avec 56 % des suffrages contre 23 au Parti québécois de Pierre Marc Johnson. Le Parti libéral a repris des couleurs sous l'impulsion de Bourassa et l'échec du PQ est surtout dû à la scission opérée dans le parti car Lévesque, contre l'avis de la plus grande partie de ses troupes, se déclare prêt à courir le « beau risque » du fédéralisme. La critique est sévère de la part de Jacques Parizeau ou de Camille Laurin qui quittent le PQ en novembre 1984 et Lévesque donne sa démission en juin 1985. Il mourra, en novembre 1987, meurtri, détruit par l'alcool et par son rêve inachevé. Il quitte la scène mais il aura été l'un des plus grands Premiers ministres du Québec.

Bourassa est largement réélu pour un quatrième mandat en septembre 1989, avec 92 sièges et 50 % des suffrages contre le PQ de Parizeau qui obtient 29 sièges mais 40 % de soutien populaire. Bourassa annonce qu'il prend sa retraite pour raisons de santé en septembre 1993. Le Parti libéral élit alors un nouveau chef en janvier 1994, Daniel Johnson fils, qui termine le mandat de Bourassa jusqu'à la fin de l'année. En octobre, Mulroney quitte la politique après avoir été brillamment réélu en novembre 1988 avec 169 sièges, dont 63 des 75 au Québec contre le libéral Turner (83 sièges) et le NPD (43 sièges).

Issu d'une famille catholique modeste de Baie-Comeau, Brian Mulroney n'a rien d'un patricien. D'origine irlandaise, il est parfaitement bilingue. Après des études de droit à l'université Laval en pleine Révolution tranquille, il est spécialiste en relations de travail et c'est un négociateur. Sans dire que le Premier ministre fédéral et le Premier ministre québécois sont complices, l'ambiguïté de Bourassa et la volonté de compromis de Mulroney permettent de reprendre le débat constitutionnel.

Après avoir encouragé les militants libéraux à adopter un programme à saveur souverainiste, Bourassa s'empresse de déclarer que le fédéralisme reste son « premier choix ». Fédéraliste et nationaliste tout à la fois, ce « prince de l'ambiguïté » est persuadé que le Québec peut affirmer toutes ses différences dans le cadre fédéral canadien.

En mai 1986, Bourassa expose les 5 conditions minimales du Québec pour réintégrer le giron constitutionnel, adoptées en avril 1987, afin de réactiver la négociation. Le Québec veut un statut de société distincte, la reconnaissance de ses pouvoirs en matière d'immigration[1], la limitation pour le pouvoir fédéral d'engager des dépenses dans les domaines relevant des compétences des provinces[2], le droit de veto pour toute modification constitutionnelle ultérieure et la consultation du Québec pour la nomination des juges à la Cour suprême[3]. Ces exigences sont moins audacieuses que celles de Lesage et de Johnson et la seule véritable mesure relative au partage des pouvoirs est celle qui concerne la maîtrise des flux migratoires.

Un nouveau texte, contenant les cinq conditions minimales du Québec, est signé au lac Meech près d'Ottawa par les Premiers ministres du Canada le 3 juin 1987. Il est décidé de se donner trois ans – un délai bien long en politique – pour faire ratifier cette entente au sein du Parlement fédéral et des parlements provinciaux.

L'entente est soutenue par plus de 60 % des Québécois mais les changements de gouvernements qui interviennent entre 1987 et 1990 font naître des oppositions à cet accord dans tous les rangs. C'est le cas du libéral McKenna, élu en 1987 au Nouveau-Brunswick, ou plus encore de Clyde Wells, élu Premier ministre de Terre-Neuve en 1989. Le chef du PQ, P. M. Johnson, qui a succédé à René Lévesque, et Jacques-Yvan Morin, constitutionnaliste et ancien ministre de René Lévesque, veulent des vrais pouvoirs et refusent d'être « verrouillés » en dernier ressort par l'interprétation des juges nommés par le niveau fédéral. Johnson est battu en

1. Et notamment que le nombre d'immigrants admis soit proportionnel à son poids dans la population canadienne.

2. Droit de retrait avec compensation financière dans le cas où une province se retirerait d'un programme fédéral.

3. 3 des 9 juges sont du Québec.

1985 par les libéraux de Bourassa mais la tendance dure du PQ se fait entendre en mars 1988 avec Jacques Parizeau qui a repris la tête du PQ. Issu d'une famille riche, diplômé d'Oxford, économiste distingué un brin arrogant, ce dernier ne veut entendre parler que de souveraineté et pas d'affirmation nationale. L'inquiétude est forte aussi chez les anglophones qui rejettent l'idée d'une société distincte et dénoncent la politique linguistique du Québec qui brime la minorité anglophone. La critique de l'accord de Meech vient aussi de façon inattendue de l'ancien Premier ministre P. E. Trudeau qui sort de sa réserve en mai 1987 pour dénoncer un « gâchis total ». Trudeau considère que l'accord est une injure faite aux Canadiens français qui « n'ont pas besoin de béquilles pour marcher » et réitère sa crainte de la division du Canada et d'un affaiblissement du gouvernement central au lieu de promouvoir un Canada unique, « d'un océan à l'autre », bilingue et multiculturel.

La question linguistique

On ne saurait dissocier l'imbroglio constitutionnel du débat linguistique au Québec. Le 15 décembre 1988, la Cour suprême du Canada invalide les dispositions de la loi 101 imposant depuis 11 ans l'affichage commercial uniquement en français, considéré comme discriminatoire. Le Québec a le droit d'imposer l'usage du français dans le discours commercial mais on ne peut interdire l'anglais, au nom de la liberté d'expression. Cette décision déclenche une véritable ferveur nationaliste chez les Québécois.

Pour défier la Cour suprême sur ce point, il fallait recourir à une clause dérogatoire, la « clause nonobstant », contenue dans la Charte des droits et des libertés de la Loi constitutionnelle de 1982, pour finalement proposer un compromis. Le 22 décembre 1988, un projet de loi sur l'affichage est adopté dans son principe par l'Assemblée du Québec avec 61 voix pour et 54 contre. L'idée est de maintenir l'affichage en français à l'extérieur des établissements commerciaux mais de permettre un affichage bilingue à l'intérieur. C'est le sens de la loi 178.

Les anglophones, qui représentent 10 % de la population de la province, sont hostiles à cette demi-mesure et quelques députés ainsi que trois ministres anglophones du gouvernement libéral québécois démissionnent[1] et créent le parti Égalité. Ce nouveau parti, qui défend les droits linguistiques des anglophones, remporte quatre sièges à l'élection de septembre 1989 qui reconduit les libéraux.

La clause dérogatoire oblige la province à renouveler, tous les cinq ans, sa dissidence en revotant la loi litigieuse. Pour ce qui est de la loi 178, l'échéance était donc fixée au 22 décembre 1993. Elle ne sera pas reconduite et remplacée par la loi 86. Dès le mois de mai, Claude Ryan avait proposé un projet de loi qui autorisait l'affichage commercial bilingue, permettant ainsi l'usage de l'anglais, banni depuis seize ans. Il bilinguise l'appareil de l'État dans ses relations avec les citoyens et abolit la Commission de la protection de la langue, perçue par les anglophones comme une police linguistique. Malgré la controverse, la loi est adoptée en juin 1993. L'intention de Bourassa était de trouver un équilibre précaire entre le rayonnement du français et le respect des libertés individuelles. Son talent pour

1. Clifford Lincoln, Richard French et Herbert Marx.

l'ambiguïté le pousse à nuancer l'effet du texte en parlant d'une « nette prédominance » du français, mais sans la définir. Le débat est houleux à l'Assemblée et des manifestations de soutien à la loi 101 se déroulent à Montréal. Lucien Bouchard, Jacques Parizeau et Pierre Bourgault dénoncent ce sérieux recul par rapport à la loi de 1977. Malgré le sentiment de sécurité que la loi 101 avait engendré, le Québec commence à percevoir la fragilité de la francisation. En 1990, l'entente de Meech est finalement rejetée par Terre-Neuve où les conservateurs de Brian Peckford ont été remplacés par les libéraux de Clyde Wells en 1989 ainsi que par le Manitoba de Gary Filmon, le progressiste-conservateur qui a succédé au néodémocrate Howard Powley en 1988, mais surtout sur l'intervention enflammée du député autochtone cri Elijah Harper. Alors que l'idée d'indépendance renaissait au Québec, les Québécois se sentent désormais humiliés et rejetés. On ne peut que regretter l'échec de Meech qui était une occasion unique de régler la question de l'unité nationale. « Quoi qu'on en dise et quoi qu'on fasse, le Québec est aujourd'hui et pour toujours une société distincte, libre et capable d'assumer son destin et son développement. »

Pour Bourassa, la politique est une dimension de l'économie et son intérêt pour les affaires est mieux perçu au Québec qu'au cours de ses premiers mandats. Il est vrai qu'après l'échec du référendum en 1980 et le rapatriement de la constitution en 1982, le Québec est plus enclin à se tourner vers le secteur privé, d'autant que la récession s'atténue et que la guerre froide s'apaise. Après quatorze ans de pouvoir – l'un des règnes les plus longs de l'histoire du Québec –, sa principale contribution aura été le libre-échange avec les États-Unis, d'autant que si l'Ontario y est hostile, le Québec en revanche accepte l'idée pour s'accrocher à l'économie internationale tout en passant par-dessus le Canada anglais.

Le débat du libre-échange

Malgré les tendances protectionnistes de certains politiciens américains, le Canada veut les convertir au libre-échange. Les conservateurs resserrent les liens avec les États-Unis de Reagan et il y a une conscience partagée de l'importance de la déréglementation et du libre marché entre les conservateurs canadiens et les républicains américains. Les résistances sont nombreuses au début. Les Canadiens anglais sont divisés. Les hommes d'affaires sont pour, tandis que les syndicats, par crainte de voir les programmes sociaux réduits, sont contre. Le Parti libéral de Turner et le NPD d'Ed Broadbent sont hostiles au libre-échange, tout comme les intellectuels, universitaires et éditeurs de gauche qui défendent la souveraineté du Canada menacé de perdre son identité. Ils accusent Mulroney de vouloir brader le Canada et le traité de libre-échange constitue à leurs yeux l'acte de vente du pays. La même opposition se retrouve au Québec, sauf que les souverainistes ne veulent pas d'accord avec les États-Unis sans le Québec, afin de moins dépendre du marché canadien[1].

Le débat sur la ratification d'un traité de libre-échange constitue l'enjeu de la consultation électorale de novembre 1988. Mulroney est reconduit avec une majorité plus ample qu'en 1984 (169 sièges), remportant notamment 63 des 75 sièges au Québec, avec 52,7 %

1. Les faits confirment que l'ouverture au commerce des frontières américaines a profité à l'économie québécoise.

des voix. C'est un exploit que d'obtenir deux majorités successives. Tant les libéraux de John Turner qui remportent 83 sièges que le NPD d'Ed Broadbent, qui gagne 43 sièges, sont hostiles au libre-échange. Une nouvelle donne politique est en train de se mettre en place. Turner, battu, démissionne en 1990 et se voit remplacé par Jean Chrétien. Le NPD, avec un peu plus de 20 % des suffrages, bat un record historique pour un parti social-démocrate. Il domine nettement en Colombie-Britannique et en Saskatchewan tout en récoltant un appui important en Ontario. L'élection de 1988 consacre la fin du Crédit social qui n'a plus aucun représentant au fédéral et voit l'émergence d'un nouveau parti qui va jouer un rôle important, le Parti réformiste, qui récolte 2 % des voix.

Même s'il est moins massif qu'au Québec, le soutien électoral demeure clairement, dans le reste du Canada, en faveur d'un accord de libre-échange (ALE) qui entre en vigueur le 1er janvier 1989. Les négociations en vue de l'ALE avaient commencé en 1986 et, au terme d'un débat long et délicat, le traité est signé par Mulroney et Reagan en 1988. Cet accord commercial, qui élimine les droits de douane et réduit de nombreuses barrières non tarifaires, est à l'avant-garde de la libération du commerce. Il ne concerne pas la mobilité des personnes, mais inclut les échanges de services et prévoit un mécanisme de règlement des différends. Les débats parfois virulents autour de l'ALE ont confronté deux idéologies opposées, l'une qui est une vision continentale fondée sur l'économie de marché et sur l'intégration au reste du continent américain et l'autre, une vision nationaliste, indissociable d'un attachement à l'intervention de l'État et à une société plus égalitaire symbolisée par la protection sociale. L'américanité n'est pas l'américanisation et, de façon révélatrice d'ailleurs, c'est en 1989 que le Canada devient membre de l'Organisation des États américains (OEA).

L'ALE reflète une maturation psychologique de la part d'un Canada plus indépendant économiquement mais surtout plus assuré de sa capacité à négocier un partenariat avec le voisin du sud et plus confiant aussi dans son potentiel. Il s'est dégagé des contraintes mercantilistes qui le limitaient au rôle de producteur de matières premières et de produits agricoles à la recherche d'un marché métropolitain. La perte d'influence de l'Angleterre entre les deux guerres mondiales a favorisé l'emprise américaine en termes d'investissements et de flux commerciaux. À la fin des années 1980, les trois quarts du commerce international du Canada se font avec les États-Unis. La diminution de la capacité de résistance consacre en fait la disparition de son identité britannique. Tout en demeurant très attachés à leur spécificité face aux États-Unis, les Canadiens se sont définitivement éloignés de l'anti-américanisme viscéral de leur héritage loyaliste. La Grande-Bretagne ne sert plus de contrepoids à la domination de l'économie américaine, et ce, d'autant moins que son entrée dans le Marché commun a détruit le rêve d'un marché du Commonwealth. L'ALE représente plus qu'une réalité commerciale et économique, il consacre le rapport politique du Canada au continent nord-américain, voire américain (au sens continental) dans son ensemble et redéfinit de façon libératoire le rapport des Canadiens à eux-mêmes. L'Accord ne signifie plus la destruction du Canada mais, au contraire, la construction d'un « autre » Canada, pour reprendre la formule de Brian Mulroney.

La suite du feuilleton constitutionnel

Le feuilleton constitutionnel repart de plus belle après l'échec de Meech pour essayer de sortir de l'impasse. Le 28 juillet 1991 est publié le rapport Allaire du comité constitutionnel du Parti libéral du Québec, qui constitue une charge féroce contre le système fédéral canadien et affirme que « le Québec est libre de ses choix ». Son contenu est plus radical que les cinq conditions minimales initialement définies, en allant dans le sens d'un rapatriement massif des pouvoirs vers le Québec. Durant la deuxième phase du processus de ratification de Meech, le Parti libéral avait réaffirmé son adhésion à l'Accord et établi un comité interne qui se prononce pour une autorité législative exclusive du Québec dans 22 domaines (culture, communications, agriculture, industrie entre autres). Ce dernier recommande la tenue, avant la fin de l'automne de 1992, d'un référendum donnant le choix entre la volonté de réformer la relation Québec-Canada et celle d'accéder à la souveraineté. Il s'agit là d'une tentative pour faire contrepoids à la montée du sentiment nationaliste après l'échec de Meech et qui semble devoir séduire plus largement que les seuls cercles séparatistes. Mais le rapport est rejeté par le Parti libéral du Québec (PLQ) et Jean Allaire crée alors avec Mario Dumont un nouveau parti politique, l'Action démocratique du Québec (ADQ).

En mars 1991, la commission Bélanger-Campeau (qui comprend Lucien Bouchard), établie par l'Assemblée nationale du Québec à l'initiative du Premier ministre Bourassa, est chargée « d'étudier l'avenir politique et constitutionnel du Québec » de façon non partisane. Elle dépose son rapport après une série de consultations dans toutes les régions du Québec. L'indépendance apparaît alors comme la meilleure solution. Le soutien à la souveraineté frise les 60 % dans les sondages et on espère que Bourassa va se convertir au souverainisme. Ce n'est pas le cas et le risque, aux yeux des syndicats, est d'assoupir les forces vives du Québec. Le fédéral ne manque pas de réagir en instituant la commission Spicer, dite Forum des citoyens, en novembre 1990, la commission Beaudoin-Edwards en 1991 et la commission Beaudoin-Dobbie en 1992 pour calmer l'inquiétude du Canada anglais et c'est l'ancien Premier ministre Joe Clark qui est chargé de faire des propositions. On envisage la création d'un « État multinational » comprenant trois piliers, les francophones, les anglophones et les autochtones, sans véritablement donner de précisions sur leurs attributions respectives. Il est question d'autonomie gouvernementale pour les autochtones et on parle de réformer le Sénat qui serait élu au suffrage universel pour garantir une meilleure représentation de l'Ouest. Le Premier ministre du Manitoba, Gary Filmon, qui propose une réforme du Sénat, le *Triple E Senate* (*Equal, Elected, and Effective*), adoucit son exigence face à l'opposition du Premier ministre de l'Ontario Bob Rae à l'idée d'une représentation égale des provinces au Sénat.

C'est ainsi qu'est proposée, au début de l'été 1992, une nouvelle entente dite de Charlottetown qui fait l'objet de concertations diverses et semble recueillir le soutien de Bourassa. Soumis à la population canadienne le 26 octobre 1992, ce nouveau projet de réforme constitutionnelle pan-canadien, qui aurait pu donner au Québec le statut de « société distincte », avorte à nouveau suite au rejet de l'accord par une majorité de Canadiens. Le taux de participation est très élevé puisqu'il avoisine 72 % mais le « non » l'emporte avec 54,3 %.

Le « non » est majoritaire surtout au Québec, qui prend une revanche sur le référendum de 1980, mais aussi en Alberta, en Colombie-Britannique, au Manitoba, en Nouvelle-Écosse, en Saskatchewan et au Yukon. Parizeau exulte : « Cette fois, on a dit ce qu'on ne voulait pas. La prochaine fois, on dira ce qu'on veut. Ce soir, nous sommes un peuple, une nation. Demain, bientôt, nous serons un pays. » L'Ouest exprime sa détestation des politiciens d'Ottawa et de Mulroney en particulier. L'étoile montante est Preston Manning, originaire de l'Alberta et chef fondateur du *Reform Party* (droite populiste), qui s'est battu farouchement pour le « non ».

Alors que le pays est face à une nouvelle impasse constitutionnelle, Mulroney s'engage sur plan économique dans un Accord de libre-échange nord-américain (Alena) signé le 17 décembre 1992 par le Président américain George H. W. Bush, le Premier ministre canadien Mulroney et le Président mexicain Salinas. Il entre en vigueur le 1er janvier 1994 et la zone concernée comprend les États-Unis, le Canada et le Mexique. Il s'agit bien d'une extension de l'ALE dont il reprend les principes.

Comme le dit très justement Guy Laforest en 1992, « au Québec, le débat constitutionnel est un sport national depuis plus de vingt ans ».

Après le « miracle » de sa réélection en 1988, Mulroney, le « mal-aimé », paie cher la « gifle de Charlottetown » et son bilan économique, d'autant que le Canada traverse depuis 1990 une longue période de récession. Tombé à 14 % dans les sondages, il est le plus impopulaire des Premiers ministres de la seconde moitié du XXe siècle. Sur l'ensemble du Canada, le chômage est de 11,3 % en 1992, le même chiffre qu'en 1984, avec des pointes à 12,7 % au Québec. L'inflation est de 1,9 % en 1993 pour une croissance de 3,3 %. Mulroney peine à réduire le déficit budgétaire. De 32 milliards de dollars en 1984, il est passé à 35 milliards en 1993. La réforme de la fiscalité, avec la création très controversée, en 1991, d'une taxe de 7 % de type TVA, la taxe sur les produits et services (TPS)[1], n'est pas faite pour gagner la sympathie du citoyen canadien. C'est dans ce contexte que Mulroney annonce, en février 1993, son intention de démissionner, après plus de huit ans au pouvoir, sans doute la décennie la pire depuis la Seconde Guerre mondiale.

En juin, c'est dans un climat d'euphorie que Kim Campbell, ministre de la Défense, est élue à la direction du Parti conservateur, damant ainsi le pion au ministre de l'Environnement québécois Jean Charest. Elle succède à Mulroney et devient la première femme à diriger le gouvernement fédéral. Son programme est un mélange de conservatisme *tory* et de libéralisme économique. L'objectif est d'éliminer le déficit et de réduire les dépenses publiques sans augmenter les impôts, mais sans toutefois démolir l'État-providence. Originaire de la Colombie-Britannique et réputée pour son franc-parler, elle fait une carrière politique fulgurante. Son règne ne va durer que 19 semaines, du 25 juin au 25 octobre – l'équivalent d'un job d'été.

Le premier mandat de Jean Chrétien (1993-1997)

L'élection fédérale d'octobre 1993 introduit un élément de nouveauté paradoxal dans la vie politique canadienne. En général, les Québécois ne mettent pas tous leurs œufs dans le même panier. Ils envoient des députés

1. Ou bien, en anglais, la GST : *goods and services tax*.

indépendantistes au Parlement de Québec mais peuvent soutenir des partisans du fédéralisme aux Communes d'Ottawa. Le plus souvent, deux partis profédéralistes, le Parti libéral et le Parti conservateur, sont en lice mais, en 1993, le Bloc québécois de Lucien Bouchard propose aux électeurs du Québec des candidats favorables à la souveraineté. Ambassadeur du Canada à Paris de 1985 à 1988, il rejoint le cabinet de Mulroney dont il démissionne le 22 mai 1990 car il a la conviction que le fédéralisme « ne marche pas ». Le résultat de la consultation électorale de 1993 est surprenant à plusieurs titres. Le Parti libéral de Jean Chrétien est triomphalement élu avec 177 sièges et 41,24 % des voix. Le raz-de-marée libéral est impressionnant en Ontario où il remporte 98 des 99 sièges alors qu'il ne convainc qu'un tiers des électeurs québécois. Le Parti conservateur éclaté connaît la pire défaite de l'histoire canadienne. Kim Campbell ne remporte que deux sièges et les réformistes de P. Manning, la nouvelle formation émergente à droite qui n'avait obtenu que 2 % des voix en 1988, deviennent le courant majoritaire chez les conservateurs. C'est dans ces conditions, en décembre, que Jean Charest accepte les fonctions de chef du Parti conservateur à titre intérimaire. La surprise vient aussi de la réussite exceptionnelle du Bloc québécois de Lucien Bouchard qui gagne 54 sièges, avec 49,3 % des voix au Québec, là où le Parti libéral ne remporte que 19 sièges. À deux sièges près – ironie du sort –, le Bloc devient l'opposition officielle et son chef prête serment d'allégeance à la reine ! Après avoir obtenu 43 sièges en 1988, le NPD doit se contenter de neuf députés.

Jean Chrétien devient le troisième Premier ministre québécois après Trudeau et Mulroney. Après neuf ans passés dans l'opposition, le chef du Parti libéral, fils d'ouvrier, le « p'tit gars de Shawinigan », est un pragmatique. Il incarne le retour au passé et aux années Trudeau. Son programme est axé sur les questions économiques et la politique étrangère. Il s'engage à réduire le déficit budgétaire en trois ans pour le faire passer de 6 % à 3 % du PNB ainsi que la dette, qui se monte à 550 milliards de dollars. Il prévoit une croissance de 4 %, annonce des coupes budgétaires, relance un programme de travaux publics, compte abolir la taxe TPS, impopulaire, pour la remplacer par une taxe « plus équitable » et affirme vouloir régler les revendications des Amérindiens et des Inuit.

En matière de politique étrangère, il doit gérer la situation dans l'ex-Yougoslavie où le Canada a envoyé quelque 2 000 Casques bleus constituant une véritable Croix-Rouge armée, dont 55 sont retenus en otage par les Serbes en Bosnie centrale. On veut maintenir la paix mais c'est la guerre. Dans le cadre de l'aide au tiers-monde, les relations commerciales avec la Chine et le Vietnam s'intensifient et le commerce est moins lié au respect des droits de l'homme. L'aide à Cuba reprend avec plus d'ampleur, même si les relations n'ont jamais été interrompues depuis la révolution castriste de 1959. Chrétien considère que Mulroney était un peu trop inféodé aux États-Unis et, tout en entretenant de bonnes relations avec le Président Clinton, il est soucieux de défendre les intérêts canadiens. Le Canada est un membre actif du G7 dont il accueille la réunion de juin 1995 à Halifax. Sur le plan constitutionnel, Jean Chrétien est persuadé qu'aucun autre régime fédéral au monde n'accorde aux provinces autant de pouvoirs que le Canada. En l'espace de trente ans, la part du total des impôts prélevés dans le pays est passée de 60 % à 40 %. Surtout, il a la conviction que ce ne sont pas les constitutions qui changent les sociétés.

Jacques Parizeau et Lucien Bouchard : le référendum de 1995

Le dernier épisode du psychodrame intervient avec l'élection provinciale du Québec en septembre 1994 qui, malgré un très faible écart de 3 000 voix, porte au pouvoir le PQ de Jacques Parizeau avec 77 sièges pour 44,7 % des suffrages contre 47 sièges au Parti libéral de Daniel Johnson fils qui obtient pas moins de 44,3 % du vote populaire tandis que l'ADQ de Mario Dumont, peu satisfait du *statu quo* du fédéralisme sans adhérer pour autant à la ligne dure du PQ, arrache un siège avec un peu plus de 6 % des voix[1]. C'est, en un sens, ce qui rassure les fédéralistes, que ce soit le Premier ministre Jean Chrétien ou le chef du Parti libéral au Québec Daniel Johnson[2].

Alors que Bourassa et Mulroney, les deux perdants de Charlottetown, quittent la scène politique en 1993 et que le Parti progressiste-conservateur a été sèchement balayé par un raz-de-marée libéral sous la houlette de Jean Chrétien aux élections d'octobre de cette même année, le PQ s'engage à organiser, dans l'année qui suit son retour au pouvoir, un nouveau référendum sur la

1. Malgré l'usure des libéraux après neuf ans passés au pouvoir, la victoire du PQ est remportée d'une courte tête mais elle soulage un parti déçu par rapport à ses espérances car un score de 45 % est insuffisant pour gagner un référendum. En 1976, avec un vote populaire de 41 % en faveur du PQ, le « oui » n'avait obtenu que 40 % au référendum de 1980.

2. Le fils d'un ancien Premier ministre Daniel Johnson père et le frère d'un autre Premier ministre, Pierre Marc Johnson.

souveraineté qui a effectivement lieu le 30 octobre 1995. Avant la tenue de ce référendum, un avant-projet de loi est déposé en décembre 1994. Cette démarche est contestée dans sa légalité voire dans sa légitimité compte tenu de la très faible majorité remportée par le PQ en septembre 1994. L'avant-projet est tout de même soutenu par le PQ mais aussi par le Bloc québécois[1] ainsi que par l'ADQ, un peu plus tardivement. Le soutien du Bloc est nuancé et, le 9 avril 1995, Lucien Bouchard fait une sortie qui défie la stratégie de Parizeau et divise le gouvernement québécois. Le « virage » proposé par le chef du Bloc met davantage l'accent sur un « nouveau partenariat » et sur un projet d'union politique et économique de type européen entre le Québec souverain et le Canada anglais, insistant sur le trait d'union entre souveraineté et association. La boutade de l'humoriste Yvon Deschamps résume bien cette position : « Un Québec indépendant dans un Canada uni. » Bouchard donne ainsi une nouvelle orientation à la campagne souverainiste en suggérant de repousser la date du référendum pour avoir plus de soutiens. Bouchard revient au projet de 1980 et joue de sa popularité, qui est plus grande que celle de Parizeau. Mais après un mandat d'ambassadeur du Canada à Paris, il fait figure de nouveau venu à côté de Parizeau qui porte le projet souverainiste depuis trente ans. Il y a bien lutte de pouvoir entre les deux chefs souverainistes.

Le projet de Parizeau bénéficie par ailleurs du soutien sans réserve de la Société Saint-Jean-Baptiste et des centrales syndicales, du président de la CSN, Gérald Larose,

1. Devenu l'opposition officielle au niveau fédéral et que dirige Lucien Bouchard qui n'entend pas participer à une campagne référendaire qui serait perdue d'avance.

du président de la FTQ, Clément Godbout, et de la présidente de la CEQ, Lorraine Pagé.

Les électeurs sont donc invités à « accepter que le Québec devienne souverain après avoir offert formellement au Canada un nouveau partenariat politique et économique ». Comme la Déclaration d'indépendance américaine, la déclaration de souveraineté « énoncera les valeurs fondamentales et les objectifs que veut se donner la nation québécoise ». Lorsqu'en 1980 on parlait de souveraineté-association, cela signifiait que sans association, le Québec ne pouvait pas se déclarer souverain. Ce n'est plus le cas en 1995. Il ne s'agit plus de négociation mais seulement de maintenir un espace économique ouvert. Pour apaiser les peurs, des garanties seront accordées aux nations autochtones ainsi qu'à la minorité anglophone[1]. Le Québec conservera le dollar canadien comme devise et demandera son adhésion aux Nations unies tout en restant membre de la Francophonie, du Commonwealth, de l'OTAN, de NORAD, de l'ALENA et du GATT.

La participation électorale est massive : 93,5 % des inscrits se déplacent au bureau de vote, mais le « non » de l'ancien Premier ministre Daniel Johnson père recueille 50,6 % des suffrages. Le résultat est serré puisque l'écart n'est que de 42 000 voix environ. La désillusion est grande. Sans doute l'échec est-il dû à la crainte de voir le revenu annuel moyen diminuer : des estimations font en effet état d'une baisse prévisible du PIB de 1,5 à 4 %. C'est aussi la victoire du Québec rural sur une métropole multiculturelle qui continue de faire peur. Parizeau, dans son discours commentant la défaite, commet un

1. L'accès à l'école anglaise continuera notamment d'être garanti aux anglophones.

lapsus fort maladroit interprété comme stigmatisant le tiers groupe et rendant les immigrants responsables de l'échec : « C'est vrai qu'on a été battus, au fond, par quoi ? Par l'argent, puis des votes ethniques, essentiellement[1]. » Dès le lendemain, Parizeau annonce son retrait de la vie politique et Lucien Bouchard, « saint Lucien », lui succède comme chef du PQ et Premier ministre le 27 janvier 1996[2]. La rancœur est profonde et aura du mal à s'atténuer pour Parizeau qui déclarait encore en 2009 : « Rester dans le Canada, c'est cela qui est un repli

1. Une typologie plus fine de l'électorat permet d'expliquer ce vote en fonction de divers paramètres sociologiques et non ontologiques tels que l'âge, l'activité professionnelle, la langue maternelle et le revenu. La première nuance à établir concerne les immigrants. La formule de Parizeau a été mal interprétée. En réalité, il ne stigmatise pas les nouveaux venus puisqu'il parle *des* votes ethniques et non *du* vote ethnique qui serait exclusivement centré sur le tiers groupe. On comprend que les immigrants, qui ont immigré d'abord au Canada pour y trouver la démocratie et un travail, et ont prêté un serment d'allégeance à la reine, ne se soient pas sentis concernés par le référendum. La victoire du « non » à Montréal s'explique aussi par la forte concentration d'anglophones. Les francophones sont eux-mêmes divisés. Mais l'élément le plus déterminant est sans doute l'âge. La désaffection d'une partie de la population francophone âgée de plus de 55 ans a causé l'échec du référendum par crainte de voir menacées les pensions vieillesse payées par le niveau fédéral. La moindre adhésion de la région de Québec s'explique donc par son nombre important de retraités. De plus, la barrière des 55 ans correspond à « l'effet génération » : la socialisation des électeurs s'est faite dans un contexte politique différent. L'électorat s'est renouvelé entre 1980 et 1995 et une génération de séparatistes a disparu, sans être compensée par l'arrivée des nouveaux venus, qui se sentent moins concernés par le problème constitutionnel. L'adhésion la plus forte se retrouve en fait chez les jeunes, ceux qui ont été socialisés depuis le début des années 1960 et se réfèrent à l'identité québécoise et non plus à l'identité canadienne-française, et qui ont donc plus de facilités à se projeter dans l'avenir.

2. On notera le parcours caméléonesque de Bouchard. Auréolé de gloire avec sa jambe amputée suite à une infection bactérienne, d'abord fédéraliste, puis souverainiste activiste, ministre conservateur de Mulroney, il devient enfin chef des séparatistes conduisant l'opposition officielle à Ottawa et Premier ministre du Québec en janvier 1996.

sur soi-même. C'est renoncer à participer à l'élaboration de son propre destin. »

Lucien Bouchard, le charismatique chef de file du « oui », qui a su raviver le sentiment nationaliste québécois, accepte de s'incliner « dans la dignité » devant un vote démocratique en déclarant que « la prochaine fois, ce sera la bonne ».

Matthew Coon Come, le grand chef des Cris qui ont voté « non » à 96 %, craint d'être oublié dans les discussions sur une prochaine réforme constitutionnelle tout comme Rosemarie Kuptana qui préside l'Inuit Tapirisat du Canada. Les autochtones se sentent mieux protégés par le Canada que par un Québec séparé.

La courte victoire du « non » ébranle la fédération canadienne et, affaibli pour avoir minimisé l'importance du scrutin, Jean Chrétien reconnaît qu'Ottawa doit en tirer la leçon. Il envisage « des solutions innovatrices » pour sauver l'unité du pays tout en rappelant « la nature distincte de la société québécoise ». Le 11 décembre 1995, la Chambre des communes adopte une résolution reconnaissant que « le peuple québécois » forme une « société distincte ». Lucien Bouchard vote contre, tout comme Preston Manning (Parti réformiste) qui estime que le principe d'égalité des provinces est rompu. Une conférence constitutionnelle est prévue en 1997, la date du 15 février 1997 étant fixée pour une révision de la Constitution, quinze ans après le rapatriement de 1982. L'idée serait d'accorder un droit de veto sur tout changement constitutionnel à quatre ensembles régionaux (voire à cinq après négociation), le Québec, l'Ontario, les provinces de l'Atlantique et les provinces de l'Ouest (ou aux provinces du Centre-Ouest et à la Colombie-Britannique). Il est aussi envisagé que le niveau fédéral se désengage dans certains domaines à compétence partagée et Chrétien se montre prêt à empêcher la tenue d'un nouveau référendum au Québec « si la question n'était pas claire[1] ». Il est intéressant de voir dans quelle mesure le programme électoral annoncé se traduit dans les faits. Le projet de budget pour 1996-1997, le troisième déposé par le ministre des Finances du Canada Paul Martin, maintient le cap sur la réduction du déficit budgétaire et l'assainissement des finances publiques sans hausse des impôts et sans mesures majeures de compressions de dépenses avant un an. Le déficit prévu est inférieur aux 32,7 milliards initialement annoncés et très en dessous des 37,9 milliards de 1994-1995. L'objectif est de le ramener à 24,3 milliards en 1997-1998. Ce budget, au caractère électoral, prévoit de réduire davantage les dépenses de l'État, de privatiser certaines sociétés et d'introduire un système plus équitable des pensions vieillesse, qui pénaliserait les retraités ayant des revenus élevés.

Démographie et diversité culturelle

La croissance démographique dépend en partie de la croissance naturelle et, en particulier, du taux de fécondité puisque le taux de mortalité est demeuré plus ou moins constant depuis plusieurs décennies.

La chute de la fécondité, qui affecte la plupart des sociétés occidentales, touche l'ensemble du Canada, avec des chiffres très en dessous du taux de remplacement des générations qui est de 2,1. En 1997, le taux est de

1. Le seul souci est que le concept de clarté n'est pas évident à définir – sans compter qu'on peut s'interroger pour savoir au nom de quel pouvoir le Premier ministre pourrait s'y opposer.

1,55 pour l'ensemble du Canada[1]. La situation est particulièrement préoccupante au Québec, longtemps connu pour sa fertilité et le phénomène dit de la « revanche des berceaux ». Après avoir atteint son point le plus bas en 1987, l'indice synthétique de fécondité, c'est-à-dire le nombre de naissances vivantes pour les femmes âgées de 13 à 49 ans, augmente jusqu'en 1992 pour diminuer à nouveau depuis[2].

Lorsque la population ne peut plus compter sur sa fécondité pour s'accroître, elle devient encore plus tributaire de l'apport de l'immigration, perçu comme une nécessité. C'est notamment l'objectif du Québec qui cherche à maintenir son poids démographique à 25 % de l'ensemble canadien et qui, par conséquent, cherche à attirer 25 % des immigrants admis au Canada. Il ne réussit pas à y parvenir avec des admissions qui atteignent 17 % en moyenne de 1980 à 1990 et 18 % de 1990 à 1994. Même s'il demeure encore un pays jeune, le Canada marque son inquiétude par rapport au vieillissement de la population et on est loin de l'euphorie créée par la jeunesse libérée des années 1960. Les personnes âgées de plus de 65 ans sont passées de 9,3 % de la population en 1980 à 12,4 % en 1995.

On doit aussi considérer l'importance des migrations interprovinciales. Pendant les années 1980 et 1990, alors que le solde migratoire est globalement positif au Canada, entre 1981 et 1996, il est négatif au Québec (de 29 636 en 1980 et de 7 125 en 1990) avec l'essentiel des sortants qui se dirigent vers l'Ontario (62 % en 1980 et

1. Il est de 2,03 pour les États-Unis, de 1,71 pour la France, 1,39 pour le Japon, 1,36 pour l'Allemagne, 1,23 pour la Russie et 1,22 pour l'Italie.

2. Il s'établit à 2 en 1971, à 1,63 en 1980, baisse régulièrement jusqu'en 1987 où il atteint son point le plus bas (1,36) et reprogresse chaque année jusqu'au milieu des années 1990 où il se situe entre 1,61 et 1,67.

67 % en 1990), le reste se répartissant à peu près également entre les provinces de l'Atlantique, les Prairies et Territoires du Nord-Ouest et la Colombie-Britannique. La Belle Province peine à conserver ses immigrants passées cinq années d'installation.

En matière d'immigration, les années 1980 et le début des années 1990 permettent néanmoins au Québec d'affirmer sa politique. Le contexte général n'est pas très favorable, surtout entre 1982 et 1985, où on passe de 121 000 admis à 84 000. La baisse démographique engagée de 1976 à 1986 semble un peu enrayée dans les années 1990. Les admissions repartent à partir de 1986 (99 000) et ne cessent de progresser, jusqu'à atteindre le chiffre record de 256 000 en 1993. Dix ans après que le ministère de l'Immigration québécois est devenu le ministère des Communautés culturelles et de l'Immigration, les progrès sont spectaculaires. En décembre 1990, la ministre Monique Gagnon-Tremblay publie un document présentant la politique en matière d'immigration et d'intégration intitulé *Au Québec pour bâtir ensemble*. Alors que le débat constitutionnel est tendu entre le Québec et le reste du Canada, le gouvernement fédéral confie au Québec, à partir d'avril 1991, tous les programmes d'intégration linguistique, culturelle et économique offerts aux immigrants, aux termes de l'accord Canada-Québec relatif à l'immigration et à l'admission temporaire des aubains. Cette entente est connue sous le nom d'entente Gagnon-Tremblay-MacDougall. Les pouvoirs de sélection du Québec sont renforcés. Désormais le Québec est le maître d'œuvre exclusif de l'accueil des immigrants qu'il reçoit sur son territoire ainsi que de leur intégration.

La transformation du Canada qui s'opère pendant ces quinze années comporte un volet démographique important. La population passe de 21,568 millions en 1971 à 24,820 millions en 1981 puis à 28,031 millions en 1991 et enfin, en 1996, à 28,528 millions. La répartition régionale est inégale : 38 % dans l'Ontario, 24 % au Québec, 17,5 % dans les Prairies, 13 % en Colombie-Britannique, 7 % dans les provinces de l'Atlantique et 0,5 % au Yukon, dans les Territoires du Nord-Ouest et au Nunavut. On constate les progrès spectaculaires de l'urbanisation avec le tiers des habitants qui vivent dans les trois principales métropoles canadiennes, Toronto (3,988 millions), légèrement en avance sur Montréal (3,269 millions) et nettement devant Vancouver (1,608 million). Plus de 75 % des Canadiens résident dans des zones urbaines. On compte aussi six villes de plus de 500 000 habitants[1], sans compter une trentaine de villes de 100 000 et plus. L'exode rural, l'immigration et les migrations internes ont favorisé la croissance des métropoles régionales. C'est le trio de tête des métropoles qui accueillent le plus d'immigrants.

La population est plus ou moins homogène selon les régions mais, dans l'ensemble, on peut dire que l'évolution des pays sources a eu un impact sur la répartition ethnique. Les Canadiens qui se déclarent d'origine française ou anglaise, les descendants des deux peuples fondateurs, sont passés de 74 % en 1961 à 69 % en 1991, l'espace d'une génération, tandis que « les autres origines », qui représentent 26 % en 1961, sont 31 % en 1991. Le terme « tiers groupe » ou « troisième force » est parfaitement justifié pour caractériser

1. Dans l'ordre décroissant : Ottawa-Hull, Edmonton, Calgary, Winnipeg, Québec et Hamilton.

la mosaïque ethnique. Ce chiffre doit cependant être nuancé car le nombre d'immigrants qui sont nés hors du Canada ne représente que 17,4 % de l'ensemble de la population au milieu des années 1990. De surcroît, le tiers groupe n'est pas homogène puisqu'il est constitué d'une multiplicité de groupes dont les intérêts ne convergent le plus souvent pas[1]. L'ouverture à la diversité culturelle est une réalité qui touche les différentes régions de façon inégale. Si l'Ontario est de loin la province la plus multiculturelle, Terre-Neuve est la plus homogène en n'ayant que 3 % d'« autres » Canadiens.

L'efflorescence des différents groupes tient à l'échec relatif des tentatives d'assimilation culturelle. Aucune société n'est par nature plus tolérante qu'une autre, mais les données historiques et sociopolitiques ont voulu qu'aucun des deux peuples fondateurs de la société dominante au Canada n'ait réussi à imposer ses valeurs comme aux États-Unis, même si on constate d'innombrables exemples d'assimilation linguistique par le groupe anglophone. Le Canada a toujours éprouvé de la difficulté à fixer durablement ses nouveaux arrivants et le nombre des départs de Canadiens attirés par les États-Unis a certainement affaibli l'impact d'une société d'accueil qui n'a pas imposé ses normes de façon aussi contraignante. L'absence d'une population ayant une seule origine nationale et imposant sans contestation un projet idéologique fort suffit à expliquer le demi-succès ou le demi-échec de l'*anglo-conformity* sur le plan culturel.

---

1. Les groupes ethniques les plus nombreux sont, par ordre décroissant, les Allemands (4,7 %), les Italiens (3,1 %) et les Ukrainiens (2,2 %).

Le réveil autochtone

Les années 1990 sont également marquées par le réveil autochtone. L'année 1992 célèbre le cinq centième anniversaire de la découverte (ou de la recouverte) de l'Amérique par Christophe Colomb et c'est aussi l'année où la Guatémaltèque Rigoberta Menchu se voit décerner le prix Nobel de la Paix. L'année 1993 est déclarée « Année internationale des populations autochtones » par l'Unesco.

Au Canada, depuis le XIXe siècle, les autochtones sont sous la tutelle du gouvernement fédéral qui prend en charge tout ce qui a trait à l'éducation et à la santé mais qui conduit une politique d'assimilation. La dépendance crée le désœuvrement, qui entraîne un chômage de 80 %, l'alcoolisme, de nombreux suicides et la fuite vers les villes. Pour ne citer qu'un exemple, on rappellera le drame de la communauté des Innus de Davis Inlet sur une île désolée de la côte nord du Labrador qui a défrayé la chronique en 1993. Le quart de ses 500 habitants a tenté de se suicider, dont six enfants de 2 à 14 ans qui se sont intoxiqués avec l'essence de leurs motoneiges.

Malgré des points communs avec les États-Unis, le Canada peut revendiquer des éléments de distinction dans sa gestion des Premières Nations. La *Proclamation royale* de 1763 réserve des territoires aux Indiens mais n'en précise pas les limites, pas plus qu'elle ne définit les droits qui leur sont reconnus. Missionnaires catholiques et protestants engagent l'effort de « civilisation » et se livrent à l'entreprise de conversion. Comme aux États-Unis, la première moitié du XIXe siècle est caractérisée par la délocalisation forcée et la dépossession. À partir de 1867, la gestion des affaires indiennes cesse d'être assurée par le gouvernement impérial et dépend d'un secrétariat d'État. Les Amérindiens sont le seul « groupe ethnique » dont il est fait mention dans l'Acte de l'Amérique du Nord britannique de 1867 et la nouvelle fédération poursuit la politique impériale en continuant de signer 11 traités, entre 1871 et 1923, avec divers groupes indiens. L'article 91 (24), fondement de la juridiction fédérale, donne au Parlement le pouvoir de légiférer sur les Indiens en tant que personnes et sur les terres qui leur sont réservées sans définir pour autant ni le concept d'« Indien » ni celui de « terres réservées ». La base de l'administration des Affaires indiennes demeure la loi sur les Indiens de 1876. Elle donne un statut juridique aux autochtones en distinguant les Indiens inscrits des Indiens non inscrits mais elle repose sur la mise sous tutelle des Amérindiens et de leurs terres. La loi de 1876 fait passer les Indiens de l'état de sujets de la Couronne à celui de « pupilles de la nation ». Émancipation rime avec assimilation. Le fait de substituer un système de gestion local à l'organisation clanique accélère le processus d'assimilation, qu'il s'agisse de réinstallations forcées dans des communautés agricoles sédentaires, d'écoles et de pensionnats où les enfants sont enlevés à leurs parents, mis en place en 1849, ou de l'interdiction de pratiques culturelles. La clause 25, qui implique que le gouvernement est « *the guardian of Indian lands* », garantit une certaine protection mais on ne peut pas parler de gouvernement autonome ni de participation indienne car il s'agit d'une gestion coloniale. Pendant des décennies, telle est la situation qui perdure malgré quelques assouplissements mineurs. Il faut attendre par exemple 1951 pour que la cérémonie du potlatch des Indiens de la côte Ouest, interdite en 1884, soit à nouveau autorisée. En 1939, la Cour suprême décide que le terme « Indien » de l'AANB comprend désormais les Inuit. Le *Livre Blanc* du gouvernement Trudeau – alors que Jean Chrétien est ministre des Affaires indiennes –, publié en 1969, propose d'en « terminer » avec la responsabilité du gouvernement, d'abolir la loi sur les Indiens et de mettre un terme à leur statut spécial. Le gouvernement doit finalement renoncer à son projet étant donné le tollé que sa décision provoque. Harold Cardinal publie son *Unjust Society* en réponse à la « société juste » de Trudeau.

À partir des années 1970, on assiste à la renaissance des mouvements de revendication organisés par l'Assemblée des Premières Nations pour les Indiens inscrits, le Conseil national des autochtones pour les Indiens sans statut, l'Inuit Tapirisat du Nunavut pour les Inuit et le Ralliement national des Métis pour les Métis.

Les autochtones ont longtemps été ignorés au Québec par le gouvernement provincial qui partait du principe qu'il s'agissait d'une responsabilité exclusive du fédéral mais un changement d'attitude se dessine en 1963 avec la création d'une Direction générale du Nouveau Québec au sein du ministère des Richesses naturelles. Théoriquement associés mais exclus dans les faits, les autochtones s'engagent dans une période de conflits et de malentendus.

Au milieu des années 1970 émerge une opposition des Cris et des Inuit du Nord-Ouest québécois à la construction du complexe hydro-électrique de la baie James qui se solde par la signature de la convention de la baie James et du Nord québécois en 1975. C'est la première revendication globale qui est réglée en retour de la cession de droits ancestraux, malgré le versement de 225 millions de dollars échelonné sur vingt ans et le maintien de droits de chasse et de piégeage. L'année 1977 marque une victoire symbolique pour les autochtones suite au rapport du juge Thomas Berger, *Northern Frontier, Northern Homeland.* Le « grand chef » qui préside la commission royale d'enquête sur le pipeline de gaz naturel dans la vallée du Mackenzie parcourt les Territoires du Nord-Ouest et le Yukon pour recueillir les doléances des Indiens et des Métis menacés par le projet. Accédant à leurs demandes, le juge, qui se veut le protecteur des terres vierges du Nord, déconseille la construction du gazoduc dans le Yukon et demande un moratoire de dix ans pour permettre aux autochtones de se doter « d'institutions qui garantiront une solide base politique, sociale et économique ». C'est le même Thomas Berger qui déclarera en 1993 que « si notre but n'a pas été d'exterminer les Indiens par la force meurtrière, nous avons néanmoins toujours cherché à les transformer, à les remodeler à notre image ». Une autre entente est signée en 1978 avec les Naskapis du Nord-Est québécois. On peut dire que les mouvements de revendication sont le plus souvent gérés par l'Assemblée des Premières Nations et, hormis quelques escarmouches violentes, c'est la négociation qui finit par l'emporter.

La Charte des droits et libertés de 1982 marque un progrès dans la reconnaissance du caractère distinct des Premières Nations et la question qui prévaut désormais est celle des droits territoriaux, au Québec mais aussi, par exemple, en Colombie-Britannique. Plus de pouvoirs sont également transférés dans la gestion des réserves. Au Québec, le gouvernement de René Lévesque adopte, en février 1983, quinze résolutions pour reconnaître l'existence des dix nations autochtones qui sont sur le territoire québécois, incluant notamment leurs droits en matière de culture, de langue et de traditions mais une résolution plus rigide de 1985 rappelle la suprématie des lois du Québec. Depuis 1987, un secrétariat québécois aux Affaires autochtones s'efforce de rompre la démarche tutélaire.

On se souvient aussi du rôle joué par le député amérindien du Manitoba Elijah Harper dans l'échec de l'accord du lac Meech en 1990. C'est alors que survient la crise d'Oka dans la réserve de Kanesatake. Les « guerriers » mohawks (Iroquois) érigent des barricades dans ce village situé à 30 kilomètres à l'ouest de Montréal en réaction à la décision de la municipalité d'aménager un terrain de golf et de construire un ensemble immobilier sur des terres leur appartenant. Un affrontement armé violent fait un mort, un policier, et ce drame, qui se termine après 78 jours de négociations âpres, réveille la mauvaise conscience des Québécois vis-à-vis de leurs autochtones. Le référendum de 1980 a sans doute servi de déclencheur mais il faut aussi prendre en compte les incursions de la police et de l'armée pour essayer d'enrayer la contrebande de cigarettes et le trafic de drogue.

Les Amérindiens remportent une nouvelle victoire juridique en août 1991 avec la décision d'un tribunal fédéral de reporter d'un an la construction de trois centrales hydroélectriques à Grande-Baleine. Puis, à l'automne 1994, c'est le projet de la baie James II qui est arrêté à cause des Cris et de l'action décisive de leur chef, Matthew Coon Come. Les années 1980 et 1990 sont dominées par des négociations au coup par coup avec des demandes de compensations financières. En 1989, les Algonquins de Kitigonzibi obtiennent une compensation de 2,5 millions de dollars pour les terres que s'étaient appropriées les oblats-de-Marie-Immaculée, une communauté missionnaire implantée sur leur territoire. Ils veulent même récupérer 40 % du territoire du Québec et un bout de l'Ontario. Les Atikameks-Montagnais revendiquent le tiers du Québec

(500 000 kilomètres carrés), les Micmacs et les Malécites réclament une bonne partie des provinces maritimes, tout comme les autochtones qui réclament des étendues aussi vastes dans l'Ouest et dans le Nord. Depuis que la Charte de 1982 a reconnu « les droits existants, ancestraux, ou issus de traités autochtones », les demandes fleurissent. Certaines sont satisfaites, comme celle des Indiens Gwich'in des Territoires du Nord-Ouest qui deviennent propriétaires de 15 000 kilomètres carrés. Les Dénés et les Métis se montrent plus exigeants tout comme Ovide Mercredi, un Indien cri du Manitoba, président de 1991 à 1997 de l'Assemblée des Premières Nations, qui ne représente que les Indiens et pas les Métis ou les Inuit mais qui pesa de tout son poids dans les discussions constitutionnelles.

Alors que les chefs autochtones ont été associés aux discussions, le rejet de l'accord de Charlottetown qui prévoyait un troisième ordre de gouvernement pour les autochtones les prive d'une chance unique de voir reconnu leur « droit inhérent à l'autonomie gouvernementale » et ils doivent donc se contenter des lois et traités vieux de 125 ans. Le débat sur le Québec comme « société distincte » éclipse les revendications autochtones, d'où leur rancœur. Si la souveraineté-association est une formule jugée valable par les Québécois, pourquoi ne le serait-elle pas aussi pour les nations autochtones ?

En dépit de cette situation un peu sombre et difficile, la population autochtone se maintient, voire progresse, 1 138 295 personnes (2,8 % de la population) selon le mini-recensement de 2006 qui dénombre 698 025 Premières Nations, 389 785 Métis et 50 485 Inuit. 296 000 Indiens inscrits en vertu de la loi sur les Indiens de 1876 relèvent directement du ministère des Affaires indiennes et du Nord.

Plus originale est la création du nouveau territoire du Nunavut (« Notre terre » en inuktitut), l'Arctique oriental, qui se traduit par le transfert de 2,2 millions de kilomètres carrés des Territoires du Nord-Ouest. Bordé à l'ouest par les Territoires du Nord-Ouest et au sud par le Manitoba, il s'étend sur 2 000 kilomètres d'ouest en est et sur 1 800 kilomètres du nord au sud. Le Nunavut représente le cinquième du territoire canadien, plus grand que le Québec et huit fois le Royaume-Uni. Il compte un peu moins de 25 000 habitants, dont 17 500 Inuit (80 % de la population).

John Amagoalik, le père du Nunavut, se bat depuis 1974 pour la création d'un vaste territoire arctique. Dès 1976, l'Inuit Tapirisat du Canada (ITC), un organisme national inuit dont John Amagoalik est le président de 1981 à 1985 et de 1988 à 1991, propose la création d'un nouveau territoire dans le nord du Canada comprenant la partie est et centrale des Territoires du Nord-Ouest peuplée par des Inuit. Il s'agit des anciens Territoires du Nord-Ouest qui sont une partie du territoire appelé Terre de Rupert et Territoires du Nord-Ouest. Les TNO sont administrés par le gouvernement fédéral jusque vers le milieu des années 1950 puis, progressivement, certains programmes fédéraux sont transférés au gouvernement territorial. Un plébiscite est organisé en 1982 dans l'ensemble des TNO pour savoir si le principe de la division recueille un certain soutien. L'accord d'Iqaluit en 1987 est finalement mort-né en raison des divergences entre les différents groupes d'autochtones. Les discussions sont vives pour ce qui est du territoire ouest entre les Inuit, d'une part, et les Métis et les

Dénés d'autre part. L'arbitrage du fédéral est nécessaire et on parvient en décembre 1989 à une entente tripartite entre le gouvernement fédéral représenté par le ministre Tom Siddon, celui des Territoires du Nord-Ouest et la Fédération tungavik du Nunavut (FTN), créée en 1989 par l'ITC, qui représente les Inuit de l'Arctique de l'Est. Un nouveau plébiscite est organisé en mai 1992. En plus des revendications territoriales, des négociations s'engagent pour l'organisation politique du Nunavut. L'accord, signé en octobre 1992, est ratifié par 69 % d'Inuit en novembre 1992. La loi sur le Nunavut est enfin adoptée par le Parlement fédéral en juin 1993.

L'établissement du Nunavut, la « mythique Hyperborée », est prévu pour le 1er avril 1999. Jouissant du même niveau de souveraineté que le Yukon et les TNO, il se voit doté d'un gouvernement public avec une Assemblée législative élue, un cabinet, un tribunal territorial et une fonction publique nunavut. Pour régler les problèmes de chômage élevé, les niveaux de scolarité bas, les faibles revenus moyens, le coût des marchandises et des services publics, il est prévu d'associer les Inuit aux décisions du ministère des Affaires indiennes et du Nord canadien et, en particulier, du commissaire des TNO, John Parker.

Le Nunavut est le premier territoire à adhérer à la fédération canadienne depuis Terre-Neuve en 1949. Il est représenté à Ottawa par un député et un sénateur. Il a trois langues officielles, l'inuktitut, l'anglais et le français et Iqaluit en est la capitale. Les Inuit deviennent propriétaires de 355 000 kilomètres carrés, assortis de droits miniers sur 37 992 kilomètres carrés mais ils renoncent au reste du territoire moyennant une compensation financière de 1,15 milliard de dollars répartie sur 14 années. Le Nunavut demeure tributaire des paiements de transferts fédéraux, soit 90 % de son budget, car il ne touche qu'une partie infime de l'exploitation des ressources pétrolières, gazières et minérales, les régions riches en gaz et en pétrole étant surtout situées dans l'ouest de l'Arctique (delta du Mackenzie).

Le Nord arctique est perçu par la plupart des Occidentaux comme un espace vide, un désert blanc occupé par quelques Inuit nomades. L'inconscient collectif a tort d'en avoir l'image d'un peuple hors du temps et hors du monde. En réalité, il est confronté depuis plusieurs siècles aux cultures occidentales et aux Qallunaat (Blancs) avec le passage des baleiniers, l'arrivée des missions, l'installation des membres de la Compagnie de la baie d'Hudson présente dans l'Arctique depuis 1670, puis l'arrivée de la Police montée fédérale. Les Inuit s'inscrivent entre traditions et transitions de façon harmonieuse et ils croient en la puissance de la parole qui a valeur d'acte. La création de ce nouveau territoire a nécessité que, tout en gardant leur identité « bien construite », pour reprendre la formule de Michèle Therrien, ils s'adaptent au concept de territoire politique, délimité par des frontières et approprié juridiquement. On est loin d'une conception de la territorialité qui serait celle du quotidien et de la proximité. Le retour à l'harmonie du groupe, cela passe par le dialogue, le conseil, le pardon, le contact avec la nature. En aucun cas la coercition. Après le Québec, le Nunavut devient une autre « société distincte ».

Le Nunavut, qui dépend de l'initiative fédérale, trouve son pendant au niveau provincial avec le Nunavik. Nommé autrefois le Nouveau-Québec et baptisé Nunavik (la « grande terre ») en 1986, ce territoire de 507 000 kilomètres carrés au nord du 55e parallèle comprend 11 000 habitants, dont 90 % d'Inuit[1].

La Société Makivik, qui représente les Inuit, gère les indemnités versées par le gouvernement du Québec dans le cadre de la Convention de la baie James et du Nord-Est québécois de 1975. Elle milite pour une plus grande autonomie du Nunavik mais le projet de gouvernement régional a été rejeté en avril 2011 par les Inuit.

Plus ambitieux encore est le projet de développer un mouvement pan-inuit et des conférences circumpolaires réunissant les Inuit de la Sibérie, de l'Alaska, du Canada et du Groenland, rattachés à quatre États, l'Union soviétique, les États-Unis, le Canada et le Danemark. L'idée d'une nation inuit supranationale est surtout défendue par les Groenlandais qui ont obtenu en 1979 leur autonomie interne en s'affranchissant de la tutelle du Danemark. Il est même envisagé de créer une zone de libre-échange avec circulation des personnes sans visa et suppression des barrières commerciales, même si l'exploitation des phoques et des rennes est limitée par des mesures restrictives prises par des pays partenaires qui veulent protéger leurs animaux. Le Canada est le premier État à avoir reconnu certains droits autochtones même si l'enjeu géopolitique n'est pas désintéressé. Il cherche à accroître son pouvoir sur le passage du Nord-Ouest, contesté par les États-Unis qui soutiennent l'internationalisation.

1. En 1895, les Territoires du Nord-Ouest sont divisés en quatre districts, dont celui de l'Ungava qui correspond *grosso modo* au Nunavik. L'Ungava est transféré à la province de Québec en 1912 mais il faut attendre les années 1960 pour que le Québec en prenne véritablement le contrôle (notamment avec la création en 1963 de la Direction générale du Nouveau-Québec).

Le débat passionné sur l'avenir de la Confédération canadienne, avec le rejet de l'Accord du lac Meech et l'affrontement, pendant l'été 1990, entre les Mohawks et les forces de l'État canadien à Oka, inspirèrent sans doute la création, en août 1991, d'une commission royale ayant pour mandat d'examiner la situation économique, sociale et culturelle des peuples autochtones et « d'analyser l'évolution de la relation entre les autochtones et l'ensemble de la société canadienne ». Elle est présidée par René Dussault, juge à la Cour d'appel du Québec, et par George Erasmus, un Indien déné des TNO et ancien chef de l'Assemblée des Premières Nations. Trois autres autochtones siègent dans la commission, un Métis, une Indienne micmac et un Inuit du Labrador. Au terme de larges consultations publiques, le rapport final est déposé à la Chambre des communes en novembre 1996 par le ministre des Affaires indiennes et du Nord canadien Ronald Irwin. Le rapport contient 440 recommandations relatives au droit inhérent à l'autonomie gouvernementale, aux revendications territoriales et à l'amélioration des conditions de vie, notamment en matière de logement, d'approvisionnement en eau et de traitement des eaux usées. Il propose des « avenues de réconciliation » pour redéfinir la relation et met en place une reconnaissance qui est autant de l'ordre des représentations de l'Autre que de celle du droit.

On doit distinguer les revendications territoriales globales exercées par des nations autochtones dont les droits n'ont pas été éteints par les traités, notamment au Québec et en Colombie-Britannique, et les revendications spécifiques ou « particulières », au nombre de 275, qui portent sur l'application des traités et découlent de leur non-respect. Ces revendications visent toutes l'autonomie gouvernementale mais elles sont éclatées et fragmentées. Certaines ont trait aux problèmes administratifs et placent la revendication politique au second plan. D'autres sont liées aux réalités économiques puisque, longtemps marginalisés par rapport à l'économie marchande, les autochtones se sont soudainement trouvés immergés dans la société de consommation. Certains groupes plus radicaux comme les Mohawks réclament des droits collectifs intangibles rattachés à l'affiliation ethnique. Mais si les autochtones bénéficient de la sympathie générale de l'opinion publique – sans doute en raison d'une réaction de culpabilisation –, ce sentiment ne se traduit pas par une reconnaissance constitutionnelle. Par-delà leur réaction au pouvoir dominant, les Premières Nations cherchent surtout à maîtriser leur avenir.

Personne n'est coupable des crimes de ses ancêtres mais chacun a la responsabilité de l'héritage reçu. Il faut reconnaître les erreurs du passé et les autochtones, qui ont été des acteurs majeurs de la situation coloniale, doivent assumer leur destin.

Chapitre XV

Les grands défis du XXIe siècle : le Canada face à la mondialisation (1995-...)

Au début du XXe siècle, Wilfrid Laurier, plein d'optimisme, déclarait que le XXe siècle appartiendrait au Canada. Or, le XXe siècle fut américain.

À l'aube du XXIe siècle, Jean Chrétien annonce la tenue d'une élection générale en avril 1997 et, prudent sur ce que le nouveau millénaire réserve à son pays, déclare : « Nous sommes à la croisée des chemins et il faut préparer le Canada pour le XXIe siècle. Le temps est venu d'offrir aux Canadiens des choix quant à la société que nous voulons dans le futur. »

Le Canada est devenu une puissance économique qui tient son rang dans le classement mondial. C'est aussi une puissance internationale qui participe à toutes sortes d'organisations multinationales, s'engage dans des politiques libérales et défend ses intérêts tout en construisant son image autour de principes de gouvernance éthiques. C'est aussi une société qui s'est diversifiée au point de s'interroger sur ce qui fait que le pays « tient ensemble ».

LE LONG RÈGNE LIBÉRAL DE JEAN CHRÉTIEN (1993-2003)

Sur plan de la vie politique, le Parti libéral a gouverné pendant la majeure partie du XXe siècle. Il n'aura été dans l'opposition que pendant 22 ans, entre 1896 et 1984. Après un court règne conservateur, et fidèle à la tradition de l'alternance, la première décennie du XXIe siècle est libérale avec Jean Chrétien, de 1993 à 2003, auquel succède Paul Martin jusqu'en 2006, année qui ouvre une nouvelle décennie, conservatrice, celle de Stephen Harper, Premier ministre de 2006 à 2015. À nouveau, les libéraux reviennent au pouvoir avec Justin Trudeau suite à l'élection fédérale d'octobre 2015.

Comme beaucoup de pays développés, le Canada est confronté à une double révolution, une transformation majeure qui se traduit par le passage d'une société industrielle à une société postindustrielle et par le développement du numérique qui s'impose comme un nouveau mode de production, tout comme l'électricité et le chemin de fer avaient bouleversé le XIXe et le XXe siècle. Les villes ont supplanté les campagnes, l'idéal laïc a remplacé l'idéal religieux. Sans disparaître totalement, la société verticale, hiérarchique, a donné naissance à une société de consommation qui annule ce que crée la production de masse. En entretenant un idéal d'égalité, la société est devenue horizontale et la société de consommation d'objets tend à être remplacée par une société de connaissances, une société postmatérialiste dans laquelle le souci de soi tend à l'emporter sur le désir d'acquisition. La mondialisation coïncide aussi avec des grands bouleversements politiques, l'explosion des frontières issues de la colonisation, la chute de l'Union soviétique, l'échec de l'utopie marxiste et l'internationalisation de la finance et de l'économie.

L'élection fédérale anticipée de juin 1997 est caractérisée par un véritable éclatement de la représentation politique. Chacun des trois grands partis (le Parti libéral, le Bloc québécois et le Parti réformiste) n'est soutenu que par une fraction de la Fédération, reflétant une régionalisation de plus en plus marquée de la vie politique canadienne.

Le Parti libéral est reconduit de justesse et entame un deuxième mandat majoritaire (155 des 301 sièges) mais Chrétien perd le soutien du Canada atlantique qui se tourne vers le NPD. La réélection est garantie par l'Ontario où les libéraux remportent 101 des 103 sièges. Le Bloc de Gilles Duceppe, qui n'est présent qu'au Québec, envoie 44 députés à Ottawa. Le Parti réformiste, qui représente la droite populiste ultralibérale, défend la baisse des impôts et la réduction de l'État mais la radicalisation du discours de son chef, Preston Manning, se polarise sur un rejet du Québec. La formule « Le Québec, une fois encore » exprime clairement l'agacement à l'encontre des Québécois. Avec 60 sièges, le Parti réformiste constitue l'opposition officielle mais n'a aucun élu hors des provinces de l'Ouest et n'est pas parvenu à séduire l'électorat de l'Ontario. Le NPD obtient 21 sièges et le Parti conservateur de Jean Charest, 20.

Toute l'énergie de Jean Chrétien est consacrée à l'assainissement des finances publiques et à la réduction drastique du déficit public[1]. Cette politique de rigueur

1. L'objectif est de passer de 38,5 milliards de dollars en 1993 à 19 milliards à l'horizon de 1998 ou 1999.

s'est faite au prix d'une réduction du nombre des fonctionnaires et de fortes coupures dans les transferts de paiement aux provinces, notamment en matière de santé ou d'éducation. La modification du système de transfert en 1996 entraîne des récriminations de la part des provinces. L'accès aux soins est public et gratuit mais les médicaments ne sont pas remboursés. Des hôpitaux ferment et les provinces riches ont l'intention d'autoriser la création d'hôpitaux privés payés sur le budget de l'État, ce qui remet en cause le principe d'égalité de l'accès aux soins prévue par la constitution canadienne.

Mais, malgré la suppression des déficits budgétaires, la reprise se fait attendre. Chrétien poursuit sa politique d'austérité bien qu'une aile de son parti lui demande d'infléchir ses orientations en investissant notamment dans des programmes publics. Quelques partisans de ce « virage à gauche » rejoignent le NPD mais Chrétien peut s'appuyer sur d'excellents ministres, Paul Martin aux Finances, John Manley à l'Industrie et Marcel Masse aux Conseil du Trésor et aux Infrastructures. Pour la première fois depuis vingt-huit ans, le ministre des Finances Paul Martin peut présenter un projet de budget excédentaire pour 1997-1998 et la dette, qui représente 75 % du PIB en 1992, est réduite à 61 % en 1999 avec l'espoir de tomber sous le seuil des 50 % en 2004. C'est le signe de l'efficacité de cinq années d'une politique d'assainissement conduite de 1993 à 1998. L'inflation est jugulée, les investissements sont en hausse et la croissance dépasse 3 % en 1997, même si le chômage atteint 9 %, voire 10 %, et si la reprise de l'emploi est timide. En 2000, Martin peut même annoncer une diminution des impôts de l'ordre de 15 % en moyenne ainsi que la réindexation des seuils d'imposition supprimée en 1986 par un gouvernement conservateur.

Au-delà des préoccupations économiques, la question centrale de la campagne de 1997 a tourné autour de l'unité nationale. Responsable, avec Trudeau, du rapatriement de la constitution de 1982, il n'est à la tête du gouvernement fédéral que grâce au Canada anglais. L'arrivée dans son gouvernement au poste de ministre des Affaires intergouvernementales, en janvier 1996, de Stéphane Dion, professeur de droit constitutionnel et farouche partisan du *statu quo* constitutionnel, ne pouvait que durcir l'attitude d'Ottawa. Dion a pour mission de barrer la route aux indépendantistes avant les élections générales du Québec en 1998.

Après l'échec du référendum québécois, Jean Chrétien avait accepté, en décembre 1995, de reconnaître que « le Québec forme au sein du Canada une société distincte », mais la motion soumise à la Chambre des communes n'a aucune valeur constitutionnelle. Ce que l'on appelle le plan A marque une certaine ouverture et prend la forme, en septembre 1997, de la déclaration de Calgary. En l'absence du Québec, les Premiers ministres des neuf autres provinces sont prêts à affirmer « le caractère *unique* de la société québécoise » mais ils déclarent que « malgré les caractéristiques propres à chacune, toutes les provinces sont égales ». À l'évidence, « unique » ne veut pas dire « distinct ».

Le plan B concocté par Dion vise à rendre illégale la sécession du Québec. À la suite d'une demande du gouvernement fédéral, en septembre 1996, la Cour suprême du Canada, dans son avis rendu le 20 août 1998, estime illégale, à la surprise générale, toute déclaration unilatérale d'indépendance du Québec, tout en précisant qu'« une majorité claire en faveur de la sécession, en réponse à une question claire, conférerait au projet de sécession une légitimité démocratique ». Dans ce cas il faudrait engager des négociations en bonne foi, en cas de vote favorable à la souveraineté. À la plus grande satisfaction du Québec, les juges consacrent le caractère légitime du projet souverainiste, la divisibilité du Canada et l'obligation de négocier, mais la seule idée de souveraineté est vue au Canada anglais comme une trahison. Il faut aussi pouvoir déterminer en quoi consiste « une majorité claire en réponse à une question claire ». Par ailleurs, la conciliation des divers intérêts constitutionnels légitimes relève nécessairement du domaine politique plutôt que du domaine judiciaire, la conciliation ne pouvant être réalisée que par le jeu de concessions réciproques. Deux thèses s'affrontent alors au sein du gouvernement fédéral. Les uns, comme Paul Martin, veulent calmer le jeu. En revanche, Stéphane Dion adopte une ligne dure. L'obligation de négocier l'inquiète. Il met donc en place un dispositif législatif pour bloquer le chemin de la souveraineté, quel que soit le résultat d'un référendum. Dion va jusqu'à envisager la partition du Québec : « Si le Canada est divisible, pourquoi le Québec serait-il sacré ? » L'impopularité de Chrétien[1] et l'effritement au Québec du soutien à la souveraineté, qui n'est plus que de 40 à 41 %, n'arrêtent pas la démarche engagée. En dépit des réticences du Sénat qui se sent mis à l'écart, le gouvernement fédéral fait adopter en juin 2000 la Loi sur la clarté du processus référendaire. Ce texte est immédiatement rejeté par le Québec, qui réaffirme la liberté de choisir son destin.

1. Deux tiers des électeurs souhaitent son départ.

Le « virage ambulatoire » de Lucien Bouchard (1998-2001) et le début de la décennie libérale de Jean Charest (2003-2006)

Alors que le débat constitutionnel mobilise les énergies, l'évolution politique du Québec s'est parallèlement compliquée. Alors que Lucien Bouchard avait succédé à Jacques Parizeau en janvier 1996 après le référendum, le Premier ministre, qui avait promis que le Québec entrerait dans le troisième millénaire en pays indépendant, revient devant ses électeurs en novembre 1998. Malgré un écart de voix de 0,7 %, le PQ conquiert 76 sièges, avec 42,87 % des suffrages populaires. En raison du système électoral, le Parti libéral de Charest se contente de 48 sièges, malgré 43,55 % des voix, concentrés dans un nombre restreint de circonscriptions. L'ADQ de Mario Dumont, créée en 1994, qui prône un « souverainisme mou », demande une plus grande autonomie sans aller jusqu'à la séparation. Il double ses appuis en récoltant 12 % des voix. Bouchard défend toujours la souveraineté mais sans fixer de date pour organiser un nouveau référendum car « les conditions gagnantes ne sont pas réunies » et sa priorité est d'ordre économique. Il cherche à convaincre les milieux d'affaires américains et s'attelle au déficit budgétaire qu'il veut réduire à zéro avant 2000. Bouchard baisse le coût de la main-d'œuvre, fait des coupes claires dans la fonction publique, notamment dans le secteur sensible de la santé, avec un véritable « virage ambulatoire », et conduit avec réalisme une politique d'austérité, au grand dam des syndicats souverainistes. Il répond à la demande d'un « bon gouvernement » et réaménage les relations avec le niveau fédéral en satisfaisant les revendications de décentralisation de programmes dans le domaine social, avec pleine compensation financière.

C'est alors qu'en 2001, à la surprise générale, Bouchard annonce sa démission, cédant la place au ministre des Finances Bernard Landry, à la tête du PQ. Malgré son côté visionnaire, il n'aura pas sorti de l'impasse le projet souverainiste qui divise le parti. La question est de savoir si ce projet doit être inclusif, ouvert à la diversité culturelle, ou bien s'il demeure une demande d'émancipation des Franco-Québécois d'héritage canadien-français. Il paraît important de passer d'un nationalisme ethnique circonscrit à un groupe à un nationalisme civique concernant tous les Québécois. Les déclarations sur le vote ethnique d'Yves Michaud, un nationaliste de l'aile dure du PQ, en décembre 2000, montrent que le pari n'est pas tout à fait gagné.

Le bilan de Lucien Bouchard n'en demeure pas moins impressionnant. En cinq ans, il a pu mener un ensemble de réformes, depuis les commissions scolaires qui cessent d'être confessionnelles pour devenir linguistiques jusqu'à la réforme municipale en passant par la réforme de la santé, de la politique familiale, la création de garderies à cinq dollars la journée, la mise en place de l'équité salariale et la réforme de l'éducation. Ces changements se font en atteignant un déficit zéro et en réduisant le chômage, certes au prix de réductions salariales de 6 % et dans un climat hostile voire, ce qui est pire, indifférent à cette politique courageuse. Attaché à la solidarité sociale, le « modèle québécois », qui préfère l'État aux forces du marché et prolonge l'esprit de la Révolution tranquille, est parfois remis en cause mais Bernard Landry s'emploie à le maintenir, malgré les critiques de l'ADQ qui a le vent en poupe et remporte quatre élections partielles au printemps 2002. Mario Dumont dénonce la bureaucratie de l'État, la rigidité syndicale, le gaspillage des deniers publics et va jusqu'à proposer qu'on instaure une taxe d'imposition unique et que le financement des écoles soit lié à l'appréciation que les parents auraient des enseignants. Mais, suite à des déclarations indiquant que la question constitutionnelle n'est pas sa priorité et à des prises de position jugées trop libérales, la popularité de l'ADQ décroît. Ceci fait le jeu du Parti libéral de Jean Charest qui organise une opposition plus modérée. L'élection provinciale d'avril 2003 permet aux libéraux de revenir au pouvoir avec 76 sièges et 45,9 % des suffrages. Un écart important de plus de 12 points sépare les libéraux du PQ, battu avec 45 sièges et 33,2 % des voix. Après deux mandats successifs, le PQ est victime de l'usure au pouvoir. L'ADQ est réduite à quatre sièges. En 2003-2004, Charest mène des politiques publiques qui visent la rationalisation de l'État et font davantage appel au secteur privé, avec des partenariats public-privé, sauf dans les domaines de la santé et de l'éducation. Au terme d'une conférence fédérale-provinciale-territoriale en septembre 2004, la conclusion d'une entente sur la santé, qui reconnaît la compétence exclusive du Québec, est saluée comme une avancée significative, symbolique d'un fédéralisme asymétrique qui est capable d'introduire plus de flexibilité et de souplesse dans la formule fédérale. Charest a forcé la main à Paul Martin qui se montre plus conciliant que Chrétien ou, *a fortiori*, que Trudeau. Le ministre délégué aux affaires intergouvernementales canadiennes, Benoît Pelletier, considère cette entente comme historique et salue la ferme détermination dont a fait preuve son Premier ministre. On se doit de moduler cet enthousiasme en soulignant que cette asymétrie n'est qu'administrative. Rien en effet ne garantit que cet accord puisse ne pas être remis en question ou qu'il puisse servir d'exemple par la suite. Une authentique asymétrie ne peut être que celle qui serait inscrite dans la Constitution. Par ailleurs, le Premier ministre québécois opère, dès 2004, des coupes sévères dans l'aide sociale, diminue les prêts et les bourses accordés aux étudiants, pratique la sous-traitance dans la fonction publique et ne baisse pas les impôts, comme il l'avait annoncé pendant sa campagne électorale.

Très vite, l'inquiétude gagne le Québec et les manifestations se multiplient à la fin de 2004 et pendant toute l'année 2005. La cote de popularité de Charest est au plus bas, avec un taux d'insatisfaction record de 77 % à l'été 2005.

La fin du règne libéral au fédéral : Paul Martin (2003-2006)

Parmi les multiples raisons qui expliquent le retrait de Bouchard de la vie politique, il y a sans doute celle de la réélection, pour la troisième fois consécutive, de Jean Chrétien à l'élection fédérale de novembre 2000. Non seulement les libéraux obtiennent 172 sièges et 41 % des suffrages grâce à leur bilan économique solide avec le soutien massif de l'Ontario (100 des 103 sièges), mais ils conquièrent aussi la moitié des sièges au Québec. Chrétien profite d'un niveau de popularité rarement égalé au Québec. Le Parti réformiste (devenu l'Alliance en 2001), dirigé par Stockwell Day, ne remporte que 66 sièges tandis que le Bloc de Gilles Duceppe régresse, avec 38 sièges et un peu moins de 11 % de suffrages, la moitié seulement des sièges du Québec. Le NPD d'Alexa McDonough se contente de 13 députés, tout comme le Parti progressiste-conservateur de Joe Clark qui remporte 12 sièges, mais en étant confiné aux provinces maritimes et à Terre-Neuve.

Le retrait de la vie politique de Jean Chrétien en novembre 2003 conduit Paul Martin à terminer le mandat du gouvernement libéral. Le scandale des commandites, lié à la mise en place par le niveau fédéral d'événements culturels et sportifs au Québec, éclate en février 2004. Le rapport de la commission Gomery révèle que les agences de publicité ont bel et bien surfacturé leurs prestations. À l'élection de juin 2004, Paul Martin perd sa majorité et compose un gouvernement minoritaire avec ses 135 députés.

Depuis l'élection de 2000, plusieurs partis politiques changent de chef. Jack Layton prend la direction du NPD. L'Alliance canadienne s'impose comme opposition officielle de 2000 à 2003. Cette nouvelle formation abandonne le populisme pour prendre une direction plus conservatrice, préconisant des baisses d'impôts et la réduction des dépenses en matière de programmes sociaux. En décembre 2003, l'Alliance et le Parti progressiste-conservateur de Joe Clark, longtemps réticent pour l'union des droites, fusionnent pour former le Parti conservateur dont Stephen Harper devient le chef en mars 2004. À l'élection de juin, il conquiert 99 sièges et forme l'opposition officielle tandis que le « nouveau » Parti conservateur abandonne l'adjectif « progressiste ». L'impopularité de Charest au Québec est telle en 2003 que le sentiment indépendantiste monte à 49 % et permet ainsi au Bloc de Duceppe de remporter 54 sièges, son meilleur score depuis 1993. Le NPD de Jack Layton, quant à lui, stagne avec 19 sièges.

Cette nouvelle dynamique annonce la décennie Harper qui va débuter en janvier 2006. Harper essaie d'adoucir son image d'idéologue de droite qui a effrayé l'électorat modéré en 2004.

La décennie Harper et le conservatisme (2006-2015)

Une motion de censure votée fin novembre 2005 met les libéraux en difficulté et une élection se tient de façon inhabituelle en hiver, en janvier 2006, qui permet au Parti conservateur de former un gouvernement minoritaire[1] avec 124 sièges sur 308 et 36,3 % des suffrages. Paul Martin conduit l'opposition officielle avec 103 députés et 30,2 % des voix. La victoire de Harper met fin à plus de douze années de pouvoir libéral et son parti a tout de même progressé par rapport à 2004 en ayant 25 sièges de plus et une progression de 6,7 % en matière de soutien populaire. Le Bloc québécois de Duceppe obtient 51 sièges, un score presque équivalent à celui de 2004, et le NPD de Layton réussit une percée avec 29 élus. Les conservateurs ont bénéficié de l'effet des commandites et des conclusions de la commission Gomery qui a confirmé les accusations de malversations financières et les allégations de corruption des libéraux. Mais le parti de Harper séduit peu l'électorat du Québec et très modérément celui des régions urbaines de l'Ontario.

Politicien pragmatique et rassembleur, fin stratège, Harper a su convaincre en créant un climat de confiance. Lui-même avait déclaré, à l'annonce de sa victoire, que « le changement de ce soir est un changement de gouvernement et pas un changement de pays ». Mais, en réalité, le bouleversement introduit par Harper dans la

1. Le plus petit gouvernement minoritaire dans l'histoire du Canada.

vie politique canadienne va s'avérer profond. On peut d'ailleurs se demander si c'est Harper qui crée une rupture idéologique ou si c'est le changement économique et social qui impacte sa politique.

C'est en tout cas le dirigeant le plus conservateur que le Canada ait jamais connu. Issu de la classe moyenne, torontois d'origine et albertain d'adoption, il a l'allure d'un premier de la classe passionné par la politique, attaché à la religion et aux valeurs familiales. Secret, voire introverti, il aime gouverner seul mais il est loyal et sait s'entourer. Déterminé à réduire le rôle de l'État dans l'économie et la société, il s'inscrit dans la continuité économique de Paul Martin. Il poursuit le programme de baisse d'impôts puis annonce un allégement des taxes sur la consommation. Au risque d'affaiblir la visibilité de son pays, il sabre les crédits de la recherche ainsi que des programmes majeurs de rayonnement culturel à l'étranger. La fonction publique est muselée et l'accès à l'information est sous contrôle. L'image du Canada est radicalement modifiée. Partisan de la loi et de l'ordre, Harper renforce l'action militaire en renouvelant les armements et soutient les États-Unis sur la question de l'Irak ou sur le bouclier antimissiles nord-américain. Il revendique la souveraineté canadienne en Arctique tout en élaborant un plan pour sa militarisation et apporte un soutien indéfectible à Israël ainsi qu'à l'Ukraine.

La célébration de la monarchie réactive l'allégeance à la couronne britannique et conforte les milieux anglophones. Le portrait de la reine remplace un tableau de Pellan au siège du ministère des Affaires extérieures et du Commerce international à Sussex Drive. Au nom des intérêts économiques, la défense des sables bitumineux de l'Ouest, en réduisant la portée des études d'impact, fait peu de cas des préoccupations écologiques et renforce la mauvaise image d'un pays qui sort, en 2011, du protocole de Kyoto auquel Paul Martin avait souscrit.

Sur les questions de société, Harper, pour qui la famille est sacro-sainte, est hostile à la dépénalisation de la marijuana, partisan du rétablissement de la définition traditionnelle du mariage et proche des mouvements anti-avortement.

Soucieux de conforter le score de 2006, Harper se présente à nouveau devant les électeurs en octobre 2008. Les libéraux ont beau tenter de le diaboliser en l'associant à la droite américaine de George Bush, personne ne peut contester son bon bilan économique. Au terme de huit exercices budgétaires excédentaires, le chômage est au plus bas depuis trente ans (6,5 %) et la croissance annuelle est de 5 %.

Les conservateurs progressent de 19 sièges mais sans parvenir à former un gouvernement majoritaire. Le Parti libéral de Stéphane Dion essuie la pire des défaites de son histoire avec 26,3 % des suffrages et 77 députés. Gilles Duceppe réussit à conserver 49 sièges et le NPD de Layton progresse avec 37 sièges. Cette consultation voit la première élection du libéral Justin Trudeau qui défait la sortante bloquiste dans la circonscription de Papineau, un quartier populaire de Montréal, véritable fief indépendantiste. C'est aussi la première élection d'un député NPD au Québec, Thomas Mulcair, élu à Outremont. Le Parti vert d'Elizabeth May n'obtient pas de siège mais remporte près de 7 % des suffrages. Longtemps le Parti libéral a profité des rivalités entre conservateurs et réformistes alliancistes. Désormais Harper bénéficie de la rivalité entre néodémocrates et libéraux.

Une motion de défiance contraint Harper à revenir devant les électeurs en mai 2011 et ce dernier finit par obtenir de s'appuyer sur un gouvernement majoritaire.

Avec 39,6 %, le Parti conservateur remporte 166 sièges. Les libéraux, dirigés par Michael Ignatieff, défait dans sa circonscription, battent un nouveau record par rapport à la consultation précédente avec seulement 19 % des voix et 34 sièges. C'est une énorme défaite qui les prive du statut d'opposition officielle. La grande nouveauté est l'exploit du NPD qui conquiert 103 sièges avec 30,6 % des suffrages. La « vague orange » inattendue est due au charisme incontestable d'un chef, malade de surcroît[1], et qui bénéficie d'une certaine compassion de la part des électeurs. Le Bloc s'effondre littéralement en ne conservant que quatre sièges tandis que son chef Gilles Duceppe est battu et que le parti cesse d'être reconnu. Le Parti vert réussit à remporter un siège. Toujours absents de la grande région de Montréal, les conservateurs ont fait quelques gains à Toronto mais ils reculent au Québec (cinq sièges seulement) où le NPD remporte 59 des 75 sièges.

Le conservatisme et la tradition *tory*

Les adversaires politiques de Harper, le « G. W. Bush du Canada », ont tout fait pour discréditer le Premier ministre taxé de néoconservateur à partir de l'élection de 2003 et surtout de 2006. Mais c'est à partir de 2011, quand ils sont majoritaires, que les conservateurs révèlent leurs vraies couleurs et qu'ils sont perçus comme proches de la droite américaine. Il convient de s'interroger sur la nature de ce conservatisme et d'évaluer son impact sur la société canadienne. La question est complexe car on retrouve au sein de ce courant une

1. Il meurt trois mois après l'élection.

pluralité idéologique qui peut associer au conservatisme traditionnel des tendances néolibérales, individualistes, voire populistes.

La culture canadienne a une spécificité distinctive en raison de ses fondements historiques. Longtemps le conservatisme à la canadienne est de type *tory*, à l'image du torysme britannique inspiré des idées de Burke. Au moins jusqu'aux années 1960, ce conservatisme paternaliste, qui prend appui sur les Églises, repose sur l'idéal d'une société organique et communautaire reconnaissant le rôle de l'État pour favoriser la cohésion sociale selon les principes de « la paix, de l'ordre et du bon gouvernement ». Il s'agit d'une idéologie qui s'appuie sur la tradition et sur un ordre naturel et hiérarchique.

Certes, le nouveau conservatisme et, en particulier, celui de Stephen Harper, a pris ses distances avec cette tradition, notamment en raison de la sécularisation de la société et de la montée de l'individualisme. On a souvent souligné l'influence de l'école de Calgary sur le Premier ministre de la part d'auteurs comme David Bercuson ou Tom Flanagan[1]. Le nouveau conservatisme libéral apparaît comme plus antiétatique que religieux. On constate un effacement graduel de l'élément *tory*, même s'il n'a pas tout à fait disparu. On pourrait parler d'une sorte d'hybridation. Dans le droit-fil des idées de Friedrich Hayek, le libéralisme économique a conduit à resserrer les liens avec le secteur privé – le marché devenant le garant de l'intérêt collectif –, à lutter contre le déficit et à réduire l'État-providence. Mais si la gouvernance politique tend vers la droite en matière économique, elle pencherait plutôt vers la gauche en matière d'en-

1. Qui fut son directeur de campagne en 2004 et son principal conseiller à partir de 2006.

jeux moraux. Le néolibéralisme canadien n'est pas le néoconservatisme américain, ne serait-ce que parce que le fondamentalisme des États-Unis donne une couleur religieuse que les Églises canadiennes – catholique, anglicane ou Église unie – n'ont pas en raison de la sécularisation de la société.

Le Québec et la question des « accommodements raisonnables » (2006-2008)

Pendant les années Harper, la vie politique au Québec est dominée par un endormissement de la question nationale. Les conservateurs n'ont jamais été bien représentés au Québec et, dès la campagne de 2005-2006, Harper avait annoncé la fin du fédéralisme asymétrique et le début d'un fédéralisme d'ouverture. En novembre 2006, il fait adopter une motion reconnaissant la nation québécoise dans un Canada uni. L'affrontement avec la Belle Province est moins fort que pendant les années Chrétien et cette formule mitoyenne, entre souveraineté et *statu quo*, calme le jeu.

Le retour aux affaires des libéraux au Québec en 2003 est vite marqué par l'impopularité de Charest tandis que le PQ est affaibli par ses divisions, sous l'impulsion de Landry qui donne un coup de barre à gauche. L'année 2005 est dominée par le manifeste de Bouchard qui sort de sa réserve et plaide pour un « Québec lucide » tandis que Landry démissionne mais continue ses critiques à l'encontre d'André Boisclair, son remplaçant à la tête du PQ.

En 2006, le contexte économique est plutôt favorable, le chômage n'est que de 7,7 %, le taux le plus bas depuis trente ans, et Charest, toujours impopulaire, accroît l'endettement public.

Sans attendre la fin normale d'une mandature, des élections sont organisées en mars 2007. Les libéraux sont reconduits mais avec un gouvernement minoritaire. Le PQ de Boisclair est même défait dans son rôle d'opposition officielle et remplacé par l'ADQ qui bénéficie de ses positions sur les « accommodements raisonnables ». André Boisclair est contraint de céder la place à Pauline Marois, la ministre de la Citoyenneté québécoise, qui a fait preuve d'expérience dans les gouvernements Lévesque, Parizeau et Bouchard et représente l'aile modérée.

Au début des années 2000, l'accroissement démographique du Québec tient davantage à l'apport de l'immigration qu'à la croissance naturelle. Sans être totalement atteint, l'objectif d'admettre un pourcentage de nouveaux venus équivalent au poids démographique du reste du Canada (soit 25 %) se situe entre 17 et 18 %. L'arrivée des immigrants change la donne en contraignant la société d'accueil à les intégrer et à réfléchir à son propre modèle d'intégration socioculturelle. L'installation, en décembre 2001, du traditionnel sapin de Noël devant l'hôtel de ville de Montréal, symbole occidental et chrétien, renommé « arbre de vie », fait débat.

En décembre 2004, l'émoi est grand en Ontario lorsque le gouvernement autorise l'arbitrage religieux (charia) de « tribunaux islamiques » en rupture totale avec le droit des femmes. En janvier 2005, l'ancienne procureure générale Marion Boyd avait recommandé que cet arbitrage religieux soit pratiqué dans des causes du droit de la famille et que la loi islamique de la charia remplace le code civil qui garantit l'égalité des femmes. Il s'agissait sans doute d'une compensation accordée aux musulmans à cause de l'islamophobie apparue en Amérique du Nord à la suite des attentats du 11 septembre 2001. Le tollé provoqué par cette proposition conduit l'Assemblée de l'Ontario à condamner l'instauration de ces tribunaux en mai 2005. Le débat sur les « accommodements raisonnables » incite les Québécois à s'interroger sur les valeurs profondes de leur identité.

Mais la crise est relancée en mars 2006 par la décision de la Cour suprême du Canada, la plus haute juridiction du pays, d'autoriser un jeune Sikh à porter le kirpan dans une école de Montréal qui vient ainsi annuler la décision de la commission scolaire et de la Cour d'appel du Québec qui avaient considéré cet accommodement comme déraisonnable. Une telle décision est prise au nom de la liberté religieuse et du multiculturalisme.

Les occasions pour aviver les polémiques ne manquent pas, qu'il s'agisse, en avril 2006, des vitres teintées d'un centre sportif d'un YMCA de Montréal, givrées pour ne pas distraire les hommes de cette communauté juive orthodoxe qui verraient des femmes en tee-shirt et en short, ou bien encore de la décision, toujours en 2006, d'instaurer des bains séparés en exigeant que les hommes quittent la piscine lorsque les femmes musulmanes passent un examen de natation en maillot de bain. En janvier 2007, le Conseil d'arrondissement d'Outremont décide de prolonger la levée de l'interdiction de stationnement dans certaines rues, lors de fêtes religieuses juives, afin d'accommoder les membres de la communauté hassidique. En février 2007, une jeune musulmane ontarienne de 11 ans est expulsée d'un match de soccer pour avoir refusé d'enlever son hijab. C'est enfin, en mars 2007, le fait d'avoir donné raison à un père de confession musulmane qui avait exigé que ses deux enfants ne consomment pas de viande hallal dans une garderie du centre de la petite enfance Gros Bec. Face à la multiplication de ces accommodements raisonnables, la municipalité d'Hérouville, une petite ville de la Mauricie, édicte un code de conduite pour les immigrants en définissant ses propres règles pour préserver ses valeurs et ne pas intégrer les immigrants à n'importe quel prix. La situation s'enflamme et bénéficie d'une importante couverture médiatique.

En dehors de l'ADQ qui s'élève clairement contre ces accommodements « déraisonnables », la classe politique est embarrassée. Le chef du PQ, André Boisclair, va même jusqu'à se conformer aux décisions des tribunaux et propose d'enlever le crucifix installé par Duplessis en 1936 dans le salon bleu de l'Assemblée nationale. Face à ces situations de tension et de xénophobie, le Premier ministre Jean Charest met en place, en février 2007, une commission *ad hoc* présidée par le philosophe Charles Taylor et le sociologue Gérard Bouchard. Des forums de citoyens sont organisés dans toute la province et sont suivis avec beaucoup d'intérêt. Le rapport de la commission, publié en mai 2008, essaie de calmer le jeu en critiquant la surenchère médiatique et les réactions frileuses de la majorité francophone, tout en suggérant d'engager une réflexion de fond sur la laïcité.

Le Québec libéral (2008-2018) avec une parenthèse péquiste (2012-2014)

La situation politique demeure précaire en raison de la crise économique de 2008 et le gouvernement libéral doit revenir devant les électeurs dès décembre. Charest demande la dissolution de l'Assemblée au lendemain de l'élection présidentielle américaine et est reconduit après cinq années et demie au pouvoir avec un gouvernement majoritaire avec 66 sièges tandis que le PQ de P. Marois retrouve son statut d'opposition officielle avec 51 sièges. L'ADQ ne conserve que 7 sièges et Dumont quitte la scène. L'ADQ rejoint la Coalition avenir Québec (CAQ) fondée en 2011 par un ancien ministre péquiste, François Legault. Ce parti met au second plan la question nationale et s'engage dans le développement économique et la lutte contre la corruption dont Charest est accusé. Les conclusions de la commission Charbonneau déposées en 2011 révèlent des malversations financières dans les centres de la petite enfance, dans la nomination des juges, dans le financement du parti et dans les travaux publics. Plus encore que le Parti libéral, la CAQ défend des positions néolibérales, prône un nationalisme économique qui permet d'exploiter les ressources naturelles au bénéfice des Québécois et dénonce la lourdeur de la bureaucratie et le blocage des syndicats. Il est prêt à réduire les effectifs dans les services publics et à congédier les enseignants les moins performants.

Une nouvelle formation de gauche, voire d'extrême gauche, fondée en 2006, Québec solidaire, parvient à obtenir un siège. Amir Khadir est élu dans la circonscription de Mercier en plein cœur du plateau Mont-Royal. Ce nouveau parti rassemble des progressistes du PQ et des militantes de la Fédération des femmes du Québec comme Françoise David.

La campagne électorale a fait porter la priorité sur les questions sociales et économiques (« L'économie d'abord »). Le « plan Nord » vise le développement des ressources naturelles au nord du 49e parallèle. Les libéraux augmentent de 10 % les investissements dans les infrastructures ainsi que le salaire minimum pour préserver le pouvoir d'achat.

Après 3 mandats et 15 mois avant son terme, le gouvernement libéral revient devant les électeurs en septembre 2012. Avec un taux d'insatisfaction de 70 %, l'impopularité de Charest est accrue par la pression d'une révolte étudiante. Décidée en mars 2011, la hausse des droits de scolarité universitaires provoque une grève générale des étudiants. Cette grève, qualifiée de « printemps érable », a mobilisé, durant le printemps et l'été 2012, la jeunesse québécoise qui manifeste, soutenue par une partie de la société civile. Le Premier ministre résiste à la rue et la loi 78 de mai 2012 limite le droit de manifestation et impose le retour en classe.

Les élections de septembre 2012 portent Pauline Marois au pouvoir et c'est la première fois au Québec qu'une femme exerce la fonction de Premier ministre. Elle forme un gouvernement minoritaire avec 54 sièges au coude à coude avec les libéraux qui obtiennent 50 députés. Battu dans sa circonscription, Charest quitte la vie politique. Quant à la CAQ, elle obtient 19 élus et 27 % des voix.

Le PQ se présente comme le parti de l'honnêteté et annonce que la priorité est de gouverner. Marois commence par annuler la hausse des frais de scolarité puis elle promet un livre blanc sur l'avenir du Québec qui laisse la base indépendantiste du PQ sur sa faim. Mais elle aura réussi à surmonter les turbulences qui agitent son parti. Un projet de loi 60 sur la laïcité et la neutralité religieuse de l'État (une charte des valeurs québécoises) est également déposé à l'automne 2013. Cette intention est vite combattue. L'interdiction pour les employés du secteur public de porter des signes religieux visibles est fortement dénoncée par un groupe d'intellectuels éminents car elle est en rupture avec l'expérience québécoise et sa tradition d'ouverture.

L'élection d'avril 2014 met fin à son mandat. Marois démissionne le soir de l'élection alors que le PQ ne remporte que 30 sièges avec 25,4 % des voix. Les libéraux de Philippe Couillard disposent d'un gouvernement majoritaire (70 sièges pour 41 % des suffrages) et la CAQ de Legault remporte 22 sièges. Toujours dans la logique du réalisme et du libéralisme économiques, Couillard met l'accent sur les « vraies affaires ». Il est partisan du développement économique et de l'assainissement des finances publiques. La rigueur budgétaire et la politique d'austérité remettent en question des pans entiers du « modèle québécois ». La réforme de la santé et des services sociaux est engagée, mais sans dialogue social. Couillard brandit le spectre de la séparation en s'opposant aux propositions du PQ qui souhaite réfléchir à l'avenir du Québec vingt ans après 1995. Mais la génération montante actuelle est moins souverainiste. Le projet de charte des valeurs québécoises visant à exclure tout signe religieux dans la fonction publique, en réponse provisoire aux enjeux identitaires, est finalement reporté *sine die*. Le bilan et la personnalité de Couillard permettent de penser que le Parti libéral ne sera pas réélu en octobre 2018, victime de l'usure du pouvoir. Un tiers parti, la CAQ de François Legault, pourrait venir troubler l'alternance entre libéraux et péquistes et le bipartisme traditionnel. Ce sera la première fois que l'élection provinciale aura lieu à une date fixe suite à une décision de 2013.

La politique étrangère

Puissance moyenne et discrète, moyenne et médiatrice, le Canada n'a rien à voir avec l'impérialisme de l'hyperpuissance américaine. Il se distingue par moins de patriotisme et une plus grande facilité à établir des compromis. Aux ambitions hégémoniques états-uniennes s'oppose le discours pacifique canadien. Le Canada est aux côtés des États-Unis (OTAN et NORAD) et sa marge de manœuvre est étroite en raison de son alignement en matière de défense, à l'exception notable de son refus de s'engager dans la guerre du Golfe en 2003 et du maintien de ses relations commerciales et financières avec Cuba depuis 1959, malgré l'embargo des États-Unis.

En matière de relations internationales, le Canada affirme son multilatéralisme, prône le consensus et la stratégie d'alliances face à l'unilatéralisme de l'administration américaine, même si l'administration Harper a introduit un changement de culture stratégique en passant de l'internationalisme au néocontinentalisme. L'impérialisme n'a rien de fondamentalement canadien, même si les Canadiens ont parfois la naïveté de penser qu'ils peuvent éclairer le monde par une vision morale, voire moralisante, héritée de leur culture presbytérienne.

Le changement introduit par les conservateurs dans le domaine de la politique étrangère est perçu comme radical. En rupture avec l'héritage pearsonien, poursuivi par Diefenbaker, Chrétien et Mulroney, Harper n'est pas tant soucieux de s'engager dans des missions de paix et d'aide au développement international que de soutenir la lutte des États-Unis contre les « forces du mal ». Harper accepte sans coup férir la demande d'Obama de rejoindre une coalition mobilisée pour combattre l'État islamique mais aussi pour conforter son influence auprès des alliés de l'OTAN. À partir de 2009 d'ailleurs, Harper revoit à la baisse les objectifs en Afghanistan et accepte de ne jouer qu'un rôle civil après 2011.

La préoccupation première est d'assurer la sécurité nationale, une autre raison de renforcer la coopération avec le voisin du sud et d'augmenter les budgets consacrés à l'armée. Cette militarisation relègue au second plan l'idéal de bien commun et sape l'image d'un pays pacifique perçu comme médiateur sur la scène internationale.

Pendant les mandats de Harper, le Canada aura été presque continuellement en guerre. Les militaires canadiens sont présents en Afghanistan, en Libye et en Irak mais il faut reconnaître que cet engagement militaire a commencé avant Harper.

Les valeurs éthiques en matière de gouvernance, qu'il s'agisse de la reconstruction de la démocratie, de la primauté du droit, de la défense des droits de la personne, de l'égalité des sexes, de la lutte contre les armes nucléaires et chimiques, le narco-trafic et la corruption qui font partie du discours politique officiel canadien, méritent d'être confrontées à la réalité des pratiques. L'image du pacifisme et du *soft power*, qui a longtemps prévalu avec les libéraux, s'est considérablement atténuée et pas seulement à cause des conservateurs. Les Casques bleus, véritables promoteurs de la paix, qui ont longtemps symbolisé la présence canadienne dans les grands conflits internationaux[1], ont quasiment disparu. Alors que 10 % des Casques bleus, sous les auspices des Nations unies et

1. Interventions en Somalie (Opérations des Nations unies en Somalie – Onusom) ou dans l'ex-Yougoslavie (Force de protection des Nations unies – Forpronu).

avec l'autorisation de Conseil de sécurité, sont canadiens dans les années 1990, ils ne représentent plus que 0,1 % des effectifs vingt ans plus tard. La participation aux opérations militaires en Afghanistan peut être perçue comme l'abandon d'un pilier historique de la politique canadienne et comme l'archétype d'une nouvelle orientation politique.

Le refus de Jean Chrétien, en 2003, d'engager le Canada aux côtés des États-Unis dans la guerre en Irak, très exploité médiatiquement pour affirmer une certaine indépendance canadienne, peut être considéré comme une compensation au fait d'avoir accepté de prendre la direction de la Force internationale d'assistance à la sécurité (Fias), créée en 2001 et dirigée par l'Alliance atlantique et non par les Nations unies. L'avantage était d'opérer de manière multilatérale plutôt que sous commandement américain. Il est vrai aussi que l'ONU montre depuis quelque temps son incapacité à intervenir rapidement et efficacement dans des contextes précaires, qu'il s'agisse des migrations massives, du trafic des stupéfiants ou du sida. Mais délaisser l'ONU au profit de l'OTAN renforce l'hégémonie américaine dans l'ère post-guerre froide.

Harper soutient la diplomatie économique au prix de quelques contradictions par rapport au discours sur la gouvernance éthique, comme l'essor de l'industrie pétrolière dans l'Ouest – peu compatible avec une politique environnementale – ou la signature d'accords bilatéraux en Amérique latine et ailleurs en refusant de voir la violation des droits de la personne. À des fins électorales et compte tenu de l'importance de la communauté ukrainienne des Prairies – là où se situe l'essentiel de l'électorat conservateur –, Harper soutient la souveraineté de l'Ukraine et dénonce les agissements du Président Poutine. Mais les sanctions annoncées par le ministre des Affaires étrangères John Baird contre des personnalités russes ne visent pas le PDG de Rostec, un conglomérat militaro-industriel qui a des relations d'affaires avec Bombardier dans le domaine du rail, ni le patron du géant pétrolier Rosneft, qui a des intérêts dans les sables bitumineux puisqu'il détient 30 % d'un gros gisement pétrolier en Alberta. À côté de la dénonciation de l'occupation illégale de la Crimée par la Russie, on relève le silence du gouvernement sur l'occupation de la Cisjordanie et de Gaza par Israël. Sans doute le fait de s'affirmer comme le plus proche allié d'Israël, plus proche encore que les États-Unis, a-t-il entraîné le refus des Nations unies d'accorder au Canada un siège de membre non permanent au Conseil de sécurité.

D'une façon générale, on note une absence de vision claire et ciblée ainsi qu'un déficit de transparence dans la définition d'une analyse globale de la politique étrangère. Mais le fil rouge de cette politique est la priorité accordée aux réalités économiques. De façon révélatrice, le ministère des Affaires étrangères est aussi le ministère du Commerce international et du Développement.

Le discours officiel continue pourtant de valoriser le multilatéralisme renouvelé. Cette évolution sémantique est au cœur de l'*Énoncé de politique internationale du Canada* élaboré en 2005 à la fin du mandat des libéraux de Paul Martin, avec pour sous-titre *Fierté et influence : notre rôle dans le monde*, qui reprend les quatre priorités que sont la diplomatie, la défense, le développement et le commerce.

On note la participation active du Canada à de multiples instances internationales. Fidèle à ses origines fondatrices, il est membre du Commonwealth et engagé dans la Francophonie. Il rejoint le G7 sur demande germano-américaine en 1976. Le Canada est le moins peuplé des sept mais il tient sa place et prend régulièrement son tour dans l'organisation des réunions annuelles[1].

Puis c'est l'adhésion au G20 et Harper accueille à Toronto en juin 2010 la quatrième rencontre mondiale, juste après le G7 à Huntsville. Le but de ce groupe élargi, où siègent désormais notamment l'Argentine et le Brésil, est de réduire les déficits budgétaires mais il ne sort de ces réunions aucune réforme majeure, même si le Canada peut marquer des points en montrant qu'il a traversé la crise de 2008 plus aisément que ses partenaires.

Depuis l'arrivée au pouvoir de Stephen Harper en 2006, le visage du Canada change radicalement en accentuant plus que jamais l'importance d'une stratégie commerciale mondiale renouvelée sous couvert de contribuer à la prospérité, si l'on en croit les priorités affichées pour 2013-2014. Fidèle à son Premier ministre, l'ambassadeur du Canada à Paris Lawrence Cannon insiste sur l'ambition de la prospérité dans un discours prononcé en avril 2013 à la Chambre de commerce France-Canada, mettant en relief les progrès de l'Accord économique et commercial global (AECG) ou *Comprehensive Economic and Trade Agreement* (Ceta). Cet accord de libre-échange Canada-UE, signé en septembre 2014 par Harper et Barroso, attend une ratification par les parlements canadien et européen, qui tarde à venir. Sans juger la portée de cet accord, on remarquera qu'il en a été peu question dans les médias, alors que l'opinion publique commence à se mobiliser en Europe contre le traité transatlantique[2]

1. Trudeau en 1981, Mulroney à Toronto en 1988, Chrétien à Halifax en 1995 et en Alberta en 2002 et Harper à Huntsville (Ontario) en 2010.

2. *Trans-Atlantic Free Trade Agreement* (Tafta) ou Partenariat transatlantique de commerce et d'investissement (TTIP).

en cours de négociation avec les États-Unis depuis 2013. Les États-Unis sont réticents à ouvrir plus largement leurs marchés publics aux entreprises européennes et refusent encore de reconnaître les appellations d'origine européennes. Le manque de transparence fait couler beaucoup d'encre mais le point d'achoppement le plus sérieux est la question des tribunaux d'arbitrage, censés être des instances indépendantes auxquelles les multinationales peuvent en réalité recourir pour attaquer les États.

La discrétion canadienne et la crainte moindre que les Européens peuvent éprouver vis-à-vis du partenaire canadien ne diminuent en rien le risque que peut comporter pour certains la généralisation du libre-échange et qui permettrait au Canada d'être une porte d'entrée sur l'Europe pour les produits nord-américains et mexicains.

Il ne s'agit pas d'évaluer la politique étrangère canadienne mais plus simplement d'analyser le décalage entre le discours officiel, qui vise à construire une image, et la réalité des faits. La médiatisation de la voix canadienne souffre de sa modération et de sa modestie. Sans doute l'actualité s'intéresse-t-elle davantage aux pays violents, déchirés par des guerres civiles, aux poids lourds de la planète, aux États-Unis, à la Russie mais aussi à la Chine et aux pays émergents. En réalité, le Canada se définit par son mélange de bonnes intentions et de pragmatisme. Bien sûr, il n'y a aucune contradiction entre un Canada qui réussit bien et un Canada qui fait le bien. L'ambition affichée est d'apparaître comme une démocratie libérale, à la destinée régionale et aux responsabilités mondiales.

Le retour des libéraux à Ottawa depuis 2015

La dernière élection fédérale a lieu en octobre 2015. Au terme d'une campagne particulièrement longue (78 jours) où les sondages prévoyaient un résultat très serré et où le NPD semblait devoir l'emporter en étant au coude à coude avec les conservateurs et les libéraux, le résultat crée la surprise avec la victoire des libéraux de Justin Trudeau.

Les conservateurs ont traversé la crise économique de 2008 en atténuant les effets de la crise américaine des *subprimes* grâce à un système bancaire plus concentré et plus prudent. Après une courte période de croissance, une nouvelle contraction intervient en 2014-2015 avec la chute du prix du pétrole qui génère une crise des sables bitumineux dans l'Ouest, mais ils réussissent à maintenir l'équilibre budgétaire. On doit aussi mettre à leur actif qu'ils réagissent sur les questions de sécurité suite à la fusillade d'octobre 2014 au Parlement d'Ottawa en adoptant en mai 2015 une loi antiterroriste (C51) qui renforce les services de renseignements mais introduit des restrictions à l'accueil des immigrants et des réfugiés.

Parmi leurs promesses de campagne, les conservateurs annoncent leur intention d'interdire le port du voile intégral, ce qui semble conforter les chances de Harper d'être réélu pour un quatrième mandat consécutif, d'autant que le soutien du Québec au NPD s'effrite lorsqu'il accepte le port du niqab aux cérémonies de naturalisation. Le NPD a axé sa campagne sur le changement en tablant sur l'usure du pouvoir des conservateurs mais ce sont les libéraux qui gagnent haut la main grâce à des propositions audacieuses mais, somme toute, modérées. Trudeau bénéficie des effets d'une campagne brillante en termes de communication et qui colle à l'air du temps. Rassembleur, c'est un homme de terrain.

Au risque d'accroître le déficit, il annonce un financement public massif dans les infrastructures et les technologies vertes à hauteur de plus de 10 milliards de dollars canadiens. C'est l'abandon de l'austérité et le retour à une politique keynésienne d'augmentation des dépenses publiques pour relancer la croissance, avec l'espoir de la faire passer de 1,5 % en 2015 à 2,2 % en 2017[1]. La promesse de redonner du pouvoir d'achat aux classes moyennes grâce à des allégements fiscaux, l'intention d'annuler des commandes d'avions de chasse, d'arrêter d'engager des soldats canadiens pour des missions de combat et de renoncer aux frappes en Syrie et en Irak au profit de programmes de formation convainquent indiscutablement. De la même façon, la promesse d'engager une enquête sur les meurtres des femmes autochtones[2], de revenir sur la politique engagée sur les sables bitumineux et de valoriser la diversité culturelle a un effet décisif.

L'élection de 2015 s'est traduite par un vote pour ou contre Harper, certains électeurs NPD s'étant reportés sur les libéraux pour faire barrage au Premier ministre sortant.

Le raz-de-marée libéral inattendu permet alors de former un gouvernement majoritaire (184 sièges et 39,4 % de voix). Trudeau bénéficie d'un fort soutien du Québec (40 sièges) et surtout de l'Ontario (80 sièges) tandis que Harper doit se contenter de 99 sièges avec 31,9 % des

1. Au risque de faire évoluer la dette publique fédérale de 31,2 % à 32,5 % du PIB entre 2015 et 2017 et de faire passer le déficit public de 0,3 % en 2015-2016 à 1,5 % en 2016-2017.

2. Depuis les années 1980, 1 200 ont disparu.

voix. Le NPD de Mulcair ne gagne que 44 sièges et le Bloc de Duceppe est réduit à 10 sièges en raison du recul du sentiment indépendantiste au Québec. Redevenu le chef du Bloc en juin 2015, Duceppe est battu et démissionne de la chefferie. Les verts conservent 1 siège.

La séduction de ce jeune premier, nouveau Kennedy à la canadienne, rappelle le fort pouvoir de conviction de Pierre Elliott Trudeau. C'est un héritier, même s'il ne reprend pas à son compte toutes les idées de son père.

Les premières annonces sont prometteuses. La composition d'un gouvernement paritaire, jeune et majoritairement composé de nouveaux venus issus de la société civile, envoie un signe clair en faveur de la diversité culturelle. On note la présence de deux autochtones qui occupent des postes régaliens (la Justice et l'Intérieur), de quatre membres de la communauté sikh dont le ministre de la Défense, d'un Inuit au ministère des Océans et d'un musulman d'origine afghane. En trois mois, le Canada a accueilli 25 000 réfugiés syriens et s'apprête à en accepter 10 000 de plus qui seront sélectionnés sur place dans les camps de réfugiés par 600 fonctionnaires canadiens.

Un changement radical s'annonce en ce qui concerne les Premières Nations. Même si, en 2008, Harper présente des excuses publiques aux autochtones pour les exactions commises dans les pensionnats au XIXe siècle, il n'en est pas moins convaincu, influencé par Flanagan, des bienfaits de l'assimilation avec le projet d'abolir la propriété collective dans les réserves et d'introduire la propriété privée. Justin Trudeau revient sur la politique de Harper qui avait aussi renoncé, dès 2006, au versement des cinq milliards de dollars sur une période de cinq ans pour le développement économique prévu dans l'accord de Kelowna signé par Paul Martin en 2005, et s'engage à financer des programmes sociaux ou de logement et à régler les problèmes de santé publique dans les réserves.

Le changement de cap est également fort sur le réchauffement climatique dont le danger est reconnu à la conférence de Paris sur le climat (COP 21). L'objectif affiché est d'arrêter de subventionner l'exploitation des énergies fossiles et de lutter contre l'évolution climatique, génératrice d'inégalités sociales mais les engagements de Paris sont contredits dans les faits par une exploitation renforcée des sables bitumineux de l'Alberta.

Expert en matière de communication, Trudeau séduit mais passe pour superficiel chez ses détracteurs. Parfaitement bilingue, il affiche sans ambages qu'il est un vrai pan-Canadien : « Je suis un Québécois né à Ottawa et qui a enseigné le français à Vancouver d'où vient ma mère. » Il rejette le clivage droite-gauche et suscite l'enthousiasme des jeunes, des femmes et des minorités en redonnant espoir au Canada plutôt qu'en misant sur la peur. Il veut un Canada « généreux, altruiste, ouvert aux autres et optimiste ».

Le retour au pouvoir des libéraux permet sans doute de revenir sur certains dogmes conservateurs incarnés, à la suite de Harper, par le député de la Saskatchewan Andrew Scheer, le nouveau chef du Parti conservateur élu en mai 2017. Seul l'avenir dira si l'espoir suscité par Justin Trudeau en début de mandat se confirme et la consultation électorale de 2019 permettra de savoir si les actes auront confirmé les promesses.

En guise d'épilogue

Dans les années qui viennent, le Canada sera confronté à plusieurs défis majeurs : tout d'abord, l'enjeu de l'immigration face à la faiblesse démographique, avec son impact sur la diversité culturelle, ensuite celui d'une économie dépendante qui réactualise le débat sur l'intégration et le libre-échange, et enfin celui du chantier toujours en cours de la construction nationale autour d'un État multinational qui doit encore régler la question du Québec et de la reconnaissance des Premières Nations.

L'IMMIGRATION, LA DÉMOGRAPHIE ET LA DIVERSITÉ CULTURELLE

Eu égard à sa superficie, le Canada a toujours eu, au cours de son histoire, à gérer la faiblesse de sa population, notamment par rapport aux États-Unis où le rapport est de 1 à 10.

Avec pratiquement 36 millions d'habitants en 2016, le Canada se situe au 31e rang mondial et l'espace habité ne représente que 11 % de la superficie totale. Le regroupement des 9 dixièmes des habitants sur une bande de 100 à 150 kilomètres de large le long du ruban frontalier qui sépare le Canada des États-Unis et le long de l'axe laurentien aggrave l'effet de proximité du grand voisin.

L'impression de vide est accentuée par la répartition spatiale puisque 76,4 % des Canadiens vivent dans les villes, dont un tiers dans les trois plus grandes métropoles (Toronto, Montréal et Vancouver) qui accueillent 70 % des immigrants. L'image d'un Canada rural relève du stéréotype puisque le pays est à majorité urbaine depuis 1924.

Bien qu'étant encore un pays jeune, le vieillissement de la population est une autre préoccupation majeure. Le phénomène va s'accentuer entre 2010 et 2031, période au cours de laquelle tous les *baby-boomers* auront 65 ans et plus. Le pourcentage des personnes âgées de plus de 65 ans est passé de 8 % en 1951 à 12,5 % en 2001 et pourrait atteindre 20 % en 2021 et 25 % en 2036.

Depuis 1991, la croissance de la population, qui s'établit à 1,4 % par an, est supérieure à la moyenne mondiale (1,2 %) et à celle des États-Unis (0,7 %). À compter des années 1970, le faible taux de fécondité, toujours inférieur à 2 enfants par femme[1], est donc compensé par l'apport de l'immigration et des soldes migratoires régulièrement positifs depuis 1996.

Cet essor démographique repose sur une immigration en pleine mutation compte tenu de la diversification des pays d'origine. Déjà, depuis le choc pétrolier de 1973-1974, les Européens ont cessé de fournir l'essentiel du contingent au profit des Asiatiques. Depuis 2001, le pourcentage d'admis venant d'Asie et du Moyen-Orient se situe entre 58 et 59 % avec, dans l'ordre décroissant, les Philippines (en première position depuis 2010), l'Inde, la Chine, l'Iran et le Pakistan. L'Europe et le Royaume-Uni

1. En dessous du taux de remplacement des générations, qui est de 2,1.

fournissent un peu plus de 13 % des admis, l'Amérique centrale et du Sud (surtout la Colombie et le Mexique) près de 11 % et l'Afrique près de 14 %.

Dès la fin des années 1990, les plans d'immigration augmentent sensiblement le nombre des admis en fixant des volumes annuels entre 220 000 et 250 000. Depuis 2007, la fourchette cible varie entre 240 000 et 260 000 (avec un pic de 280 700 en 2010), et sans doute entre 280 000 et 305 000 en 2016.

Depuis juin 2002, le programme d'immigration est régi par la Loi sur l'immigration et la protection des réfugiés (LIPR) qui remplace la loi de 1976 entrée en vigueur en 1978. La volonté est clairement affirmée de mieux contrôler la capacité des nouveaux venus à trouver du travail rapidement, d'admettre moins de personnes au titre du regroupement familial et surtout moins de réfugiés au profit des immigrants indépendants, des travailleurs qualifiés et des gens d'affaires. L'accent est clairement mis sur la composante économique. Entre 2006 et 2014, les réfugiés sont passés de 12,91 % à 8,9 %, les bénéficiaires du regroupement familial ne représentant plus que 25,6 %, tandis que les immigrants économiques sont 65,5 % au lieu de 55 % en 2006.

Si l'on considère la répartition de la population en fonction des compétences linguistiques, l'anglais, majoritaire, est parlé par 57 % de la population. Même s'il a tendance à diminuer légèrement, le français demeure la langue maternelle de 21,8 % de la population canadienne. Il demeure largement dominant au Québec malgré son effritement. 32 % de la population du Nouveau-Brunswick, seule province officiellement bilingue, sont francophones. L'Ontario compte un peu plus de 610 000 locuteurs, soit près de 5 % de la population et les autres provinces ont des pourcentages de francophones semblables, de l'ordre de 3 à 4 %. Un cinquième de la population a donc comme langue maternelle une langue non officielle soit, par ordre décroissant, le chinois, l'italien, le pendjabi et l'espagnol.

En 2006, 70 % des personnes nées à l'étranger ont une langue maternelle autre que le français ou l'anglais. Depuis quinze ans, la province de Québec reçoit une part de la population née à l'étranger qui est inférieure à son poids démographique, 17 à 18 %, alors que 23,8 % de la population canadienne vit au Québec. L'enjeu de l'intégration linguistique est fort, surtout pour les francophones.

La plupart des immigrants récents (85 %) ont la citoyenneté canadienne, obtenue à condition de connaître une des deux langues officielles et d'avoir résidé trois ans au pays. Depuis 1977, le Canada reconnaît les citoyennetés multiples et 865 000 personnes s'en prévalent, soit 2,8 % de la population totale.

La loi renforçant la citoyenneté canadienne, qui a reçu la sanction royale en juin 2014, modifie la loi sur la citoyenneté de 1977. Un nouveau processus est mis en place en août 2014, avec mise en vigueur en 2015. Aux termes des nouvelles dispositions, il est exigé d'avoir vécu à titre de résident permanent pendant au moins 1 460 jours au cours des six ans précédant la date de la demande et d'avoir été effectivement présent pendant au moins 183 jours par année civile de quatre des six ans qui précèdent la date de la demande de la nationalité canadienne.

La question *in fine* est de savoir si la politique d'ouverture maîtrisée va durer, et jusqu'où ira la tolérance en matière de laïcité alors qu'une partie de l'opinion peut être tentée par des sentiments de rejet par rapport à des accommodements jugés déraisonnables.

L'intégration économique : vers l'américanité ou l'américanisation ?

L'intégration économique entre le Canada – 10e puissance économique du monde – et les États-Unis – premiers du palmarès des pays les plus riches du monde mais seconds après la Chine si on considère le PIB exprimé en parité de pouvoir d'achat – remonte à la Seconde Guerre mondiale, alors que les deux gouvernements ont tenté de gérer l'impact du conflit sur leurs économies.

Le processus d'intégration a été officialisé en janvier 1988, avec la signature de l'ALE complété ensuite par l'ALENA, entré en vigueur en 1994 et qui étend cette intégration à l'ensemble de l'Amérique du Nord. Les effets de ces accords ont été bénéfiques pour le Canada en termes de croissance économique et de retour à la prospérité, mais ils n'ont réduit ni les inégalités ni l'immigration illégale, et le Canada s'est sans doute contenté du « confort » que lui apporte sa relation étroite mais trop exclusive avec les États-Unis. La fragilité de l'économie canadienne tient à sa dépendance et on constate les limites d'un « ménage à trois ».

Dans le contexte actuel de recomposition de l'économie mondiale, on peut s'interroger sur l'avenir même de cette intégration nord-américaine à trois. La montée en puissance des pays émergents, et notamment de la Chine, modifie la donne car le marché états-unien délaisse un peu le marché canadien pour s'ouvrir à des tiers, surtout depuis 2004. Les échanges commerciaux entre Canada et États-Unis ont progressé mais la concurrence des produits chinois accroît la difficulté à développer des nouveaux marchés d'exportation.

On constate la volatilité des marchés sans pour autant que ce soit un retour à la récession mondiale, même si la crise actuelle est la plus sérieuse depuis 2008. Le ralentissement de la croissance en Chine (6,9 % en 2015), la forte baisse du prix du pétrole et des matières premières, qui touche particulièrement le Canada, sont source d'inquiétude, d'autant que les stratégies monétaires ont trouvé leur limite. Il est donc nécessaire de mettre en place des politiques budgétaires et fiscales pour relancer l'économie. Le monde est peut-être au bord d'un changement de cap et un fort mouvement de défiance émerge face à la mondialisation et à la porosité des frontières. La hausse des inégalités et la stagnation des revenus moyens remettent en cause l'orthodoxie libérale des vingt-cinq dernières années au point de s'interroger sur l'avenir du libre-échange. Sans doute va-t-il falloir réinventer un nouvel État-providence adapté aux nouvelles fragilités sociales.

Par ailleurs, le partenariat économique renforcé avec les États-Unis se justifie par l'importance accrue des questions de sécurité mais, sur ce point aussi, la situation a bien évolué depuis l'entrée en vigueur en 1958 de l'accord NORAD. L'augmentation des flux commerciaux n'est pas sans effet sur la sécurité, surtout depuis le 11 septembre 2001, avec une forte pression de Washington pour définir un périmètre de sécurité. On constate une baisse du commerce bilatéral, notamment entre 2004 et 2008. La politique américaine dite de la « frontière intelligente » a un coût.

L'interdépendance s'est accrue entre les deux États et, au cours des vingt ou vingt-cinq dernières années, le Canada a renforcé son intégration économique et politique avec les États-Unis. Indéniable est l'importance extrême des relations bilatérales car les importations en provenance des États-Unis se montent à 72 %, tandis que près de 80 % des exportations canadiennes dirigées vers les États-Unis représentent plus de la moitié du PIB canadien. Les investissements étrangers au Canada sont en grande partie américains mais diminuent depuis dix ans car les investissements vont là où sont les marchés. Sans doute, la relation particulière entre les deux partenaires est stable et sécuritaire, mais elle est un peu moins stratégique.

Le contexte économique des années 1980 a obligé le Canada à abandonner une politique quasi centenaire de refus de l'intégration continentale. Tiraillé entre sa vocation atlantique, pacifique, arctique, nord-américaine et américaine au niveau de sa politique étrangère, le Canada cherche à construire, depuis près de trente ans, une identité régionale ancrée dans les Amériques. À partir des années 1990, en effet, l'impulsion de construire une communauté hémisphérique est donnée par Mulroney. Le Canada adhère à l'Organisation des États américains (OEA) en 1990, adopte la Charte démocratique interaméricaine et participe régulièrement aux sommets des Amériques avec son objectif des « 4D » (démocratie, dette, développement durable et drogue). Chrétien poursuit dans la même direction au sommet des chefs d'État à Miami en 1994 sous l'égide des Nations unies. Il donne à ses partenaires de l'Alena le titre d'« amis » (*amigos*) et se déclare partisan de l'entrée du Chili dans l'Accord. L'engagement est renforcé à Santiago en 1998, où il est question de « grande famille », avec la référence à des valeurs communes permettant de développer l'interdépendance dans les Amériques. Le sommet de Québec, en 2011, qualifié de sommet de la démocratie, poursuit la même ligne.

Lors de sa première élection en 2006, Harper doit faire face aux turbulences des relations hémisphériques suite au fiasco de la réunion de Mar del Plata en 2005 et à l'interruption des négociations de la Zone de libre-échange des Amériques (ZLEA). Ce projet, proposé en 2003 par le Président George W. Bush, est vite rejeté car il est perçu en Amérique latine comme le désir de renforcer le leadership américain. Il est désormais plus difficile pour le Canada d'affirmer sa différence et de se démarquer de ces initiatives avortées. Au cours d'une visite officielle surprise en Amérique du Sud en 2007, Harper annonce une politique de réengagement à l'égard des Amériques. Il rappelle les trois piliers de l'interdépendance (la gouvernance démocratique, la prospérité et la sécurité) mais le terme « famille » est remplacé par « partenaires » ou « voisins ». Démocratie et libre-échange peuvent-ils aller de pair ? La libéralisation économique n'exclut pas, bien sûr, la justice sociale, mais cette dernière passe tout de même au second plan.

De surcroît, la tendance est à renforcer les relations bilatérales après une longue tradition diplomatique fondée sur un solide appui au multilatéralisme et aux institutions internationales. Des accords bilatéraux (*free trade agreements*) sont signés avec le Chili en 1997, avec le Pérou et la Colombie en 2008 puis avec le Panama en 2010, mais l'argument de la proximité s'affaiblit dans la nouvelle donne mondiale et l'affirmation d'une plus grande présence dans le contexte hémisphérique ne change pas radicalement l'image du Canada qui aurait pu jouer davantage la carte d'un médiateur entre l'Amérique du Nord et l'Amérique du Sud. L'opinion publique a encore du mal à revendiquer pleinement son américanité pour éviter son américanisation.

Dans un souci de diversification, le Canada est davantage tourné vers les grandes puissances économiques mondiales, les États-Unis et les pays émergents, notamment la Chine et l'Inde, ainsi que le Moyen-Orient. Il participe à l'Association des nations de l'Asie du Sud-Est (ANASE) et au régionalisme asiatique suite à la création d'une zone de libre-échange en 1992. Dans la continuité de l'Accord général sur les tarifs douaniers et le commerce (GATT) adopté en 1948 pour établir les règles du système commercial mondial, les laborieuses discussions du cycle d'Uruguay engagées en 1986 ont abouti aux accords de Marrakech en 1994 et donné naissance à l'Organisation mondiale du commerce (OMC) en 1995. Depuis, face au risque de voir se former des blocs économiques, la réorientation de la politique étrangère canadienne est une nécessité. Ce rééquilibrage en direction de l'Asie intensifie le partenariat économique. Au cours de la dernière décennie, le commerce du Canada avec la Chine a explosé et ce pays est le 2e fournisseur du Canada (ce qui représente 11 % du total) ainsi que son 4e marché d'exportation (ce qui représente seulement 3 % du total), derrière les États-Unis, le Royaume-Uni et le Japon. Ce sont surtout des produits manufacturés qui sont importés de Chine et des ressources naturelles qui sont exportées. Mais, une fois encore, le Canada est dans le sillage des États-Unis qui ont signé en février 2016 l'Accord transpacifique avec l'Asie mais sans la Chine (*Trans Pacific Partnership* – TTP). Le nouveau gouvernement canadien de Trudeau veut lancer un débat avant d'engager le processus de ratification mais, quoi qu'il en soit, il devra compter avec le poids du grand voisin qui intervient dans la région Asie-Pacifique, porte assistance aux Philippines pour s'interposer entre la Chine et le Japon et apparaître comme le protecteur de l'Australie afin de montrer qu'il est toujours la première puissance du monde.

La construction d'un État multinational : quel avenir pour le fédéralisme ?

La question des relations entre le centre et la périphérie, entre l'État central et le pouvoir régional, véritable quadrature du cercle, demeure sensible. Les avis sont très divers sur les vertus du fédéralisme pour accommoder les différences et atténuer les divergences.

La première difficulté de la gouvernance politique est l'incompatibilité entre la reconnaissance de degrés différents d'autonomie par des dérogations aux règles constitutionnelles et le sacro-saint principe de l'égalité entre les provinces.

Depuis l'adoption de l'Acte de l'Amérique du Nord britannique en 1867, le fédéralisme a considérablement évolué. La Confédération est perçue à l'époque comme un compromis entre les partisans d'une forte centralisation des pouvoirs et les défenseurs de la décentralisation pour satisfaire les intérêts des régions. Les articles 91 et 92 de la loi de 1867 définissent les compétences exclusives tant pour le niveau fédéral que pour le niveau provincial. Mais la répartition des compétences entre les deux ordres de gouvernement a établi un État central fort. Le fédéralisme centralisé et tutélaire de John A. Macdonald, qui entraîne la subordination des provinces, s'exerce notamment dans le domaine judiciaire avec le pouvoir de nommer les juges des cours les plus élevées, y compris de la Cour suprême, ainsi que les sénateurs fédéraux censés représenter les régions. Le fédéralisme demeure rigide *de jure* même si, par la suite, l'asymétrie introduit *de facto* plus de souplesse et de flexibilité grâce à des ententes intergouvernementales qui tiennent compte de la diversité canadienne et, notamment, de la situation particulière du Québec.

L'échec des projets de révision constitutionnelle en 1990 et en 1992 n'a pas permis de régler la question du statut spécial du Québec ni de garantir le droit à l'autonomie gouvernementale pour les peuples autochtones. Faute de mieux, il faut donc se contenter d'une asymétrie qui dépend des négociations entre gouvernements et d'accords sectoriels mais toujours provisoires, même s'ils sont renouvelables. Les singularités des partenaires fédérés ne sont pas comparables. Si elles sont d'ordre linguistique et national pour la province de Québec, elles sont davantage liées à la géographie et à l'économie pour ce qui est des provinces de l'Ouest canadien.

L'histoire du Canada est marquée par l'alternance des périodes de centralisation et de décentralisation. Ce dernier terme est d'ailleurs impropre car il y a plutôt des périodes de moindre centralisation, la véritable décentralisation impliquant un réel transfert de compétences vers les provinces.

De 1896 à 1930, la subordination des provinces évolue vers une plus grande coopération et un meilleur équilibre entre les deux ordres de gouvernement (sauf pendant la Première Guerre mondiale). À partir des années 1930, l'intervention de l'État qui s'accroît est justifiée par la crise de 1930-1939, par la guerre de 1939-1945 et par l'après-guerre de 1945 à 1957. La construction keynésienne d'un État-providence avec la création de programmes sociaux permet au gouvernement fédéral de s'imposer comme le niveau de gouvernement le plus important en matière de dépenses publiques.

De 1957 à 1984, le rêve de la dualité canadienne s'efface avec John Diefenbaker puis avec Pierre Elliott Trudeau, soucieux de préserver l'unité nationale, mais cette volonté de centralisation entraîne de fortes réactions dans les années 1960 de la part de certaines provinces, avec Jean Lesage puis René Lévesque au Québec pendant la Révolution tranquille ou avec John Robarts en Ontario. Dans les années 1970, le ressentiment de l'Ouest se manifeste aussi contre la politique énergétique de Trudeau.

Depuis les années 1960, le Québec n'est pas satisfait, même s'il a son propre système de taxation, ses propres fonds de pension, son régime de rentes, sa police provinciale, une caisse de dépôt et de placement, une Bourse, un pouvoir retrouvé en matière d'immigration, une capacité d'intervention dans le domaine des relations internationales ou dans le secteur de l'éducation postsecondaire. Ces acquis lui donnent un statut particulier mais qui n'est pas inscrit formellement dans la Constitution. La symétrie rigide de la Constitution est atténuée par l'asymétrie complexe des ententes, une asymétrie administrative réelle mais limitée. Le droit et la pratique ne sont pas encore réconciliés.

Ces rencontres fédérales-provinciales sont des institutions informelles qui réunissent soit les Premiers ministres, soit les ministres spécialisés ou les hauts fonctionnaires relevant de ces ministères. Les ententes les plus importantes sont les programmes conjoints à frais partagés qui engagent les deux ordres de gouvernement en permettant une coordination de leurs politiques publiques respectives et en favorisant la mise en place d'un État-providence plus protecteur qu'aux États-Unis. Cet attachement canadien à la protection sociale est actuellement fragilisé par les restrictions budgétaires qui contraignent le niveau fédéral à réduire ses subventions aux provinces. L'intervention étatique est en effet en partie remise en question par la déréglementation et la privatisation. Depuis une trentaine d'années, la vague néolibérale entraîne un désengagement du fédéral, mais peut favoriser la décentralisation.

Au nom du « pouvoir de dépenser », c'est-à-dire le pouvoir d'utiliser comme il l'entend les revenus perçus, l'État central essaie d'empiéter sur des domaines de compétence provinciale. Les programmes dits à frais partagés lui permettent de définir les objectifs et d'imposer aux provinces d'assurer 50 % des coûts. Le Québec jouit depuis 1964 du droit de retrait (*opting out*) qui lui permet de refuser un programme à frais partagés en obtenant une compensation financière.

Quand on parle d'asymétrie, il convient de distinguer l'asymétrie administrative et l'asymétrie constitutionnelle. Le Canada doit faire face à la fois à la diversité territoriale et à la diversité culturelle. Le fédéralisme territorial repose sur l'égalité des provinces mais l'égalité n'est pas l'uniformité et l'asymétrie administrative ne répond pas totalement à la situation du Québec comme minorité nationale, ou nation minoritaire. Il est difficile de combiner unité et diversité et peut-être n'y a-t-il qu'un pouvoir concentré qui puisse reconnaître les formes multiples du pluralisme et la présence de minorités. Le fédéralisme territorial repose sur une vision commune de la nationalité, sur le partage d'une langue et d'une culture commune. Par ailleurs, on ne peut pas traiter les Québécois ou les Premières Nations comme les groupes ethno-culturels issus de l'immigration.

Le fédéralisme permet de prendre acte de la complexité des identités plurielles et il est susceptible d'accommoder les identités multiples qui coexistent pacifiquement dans un même espace politique. Il peut peut-être aider à reconfigurer les rapports entre autochtones et allochtones. La Constitution de 1867 a asservi les peuples autochtones et leur a dénié la souveraineté, associée à l'idée d'État, car on a longtemps cru qu'ils n'avaient pas de structures étatiques. Reconnus de façon précise dans la loi de 1982 (articles 25 et 35), les revendications territoriales ou les droits ancestraux ne sont pas pour autant réglés mais, au terme d'un processus de réconciliation qui est engagé, il devrait être possible d'aménager une autonomie politique autochtone au sein de l'État canadien. Sans prétendre résoudre tous les conflits, le fédéralisme doit pouvoir considérer les autochtones comme des acteurs constituants.

Quant à la question du Québec, comment considérer qu'il s'agit d'une nation dans la nation ? Le terme même « nation » a des extensions de sens différentes en anglais et en français, mais il y a surtout plusieurs définitions possibles. La conception civique identifie la nation à un État souverain et, dans ce cas, la nationalité est pratiquement identique à la citoyenneté. La conception ethnique repose sur l'attachement à une origine ancestrale commune. Il y a aussi une conception culturelle qui implique une homogénéité de langue, de culture et d'histoire entre des personnes pouvant avoir une origine ethnique différente. Enfin, la conception sociopolitique identifie la nation à une sorte de communauté politique sans que ce soit pour autant un État souverain. Dans le cas du Québec, il s'agit d'une communauté politique composée d'une majorité nationale, de minorités nationales et de personnes ayant d'autres origines nationales.

Le Québec aspire à se voir reconnaître une identité politique nationale au sein de la fédération, mais la situation est pour l'instant au point mort. Le dialogue de sourds s'est fossilisé. L'atonie du Québec caractérise-t-elle une forme d'acceptation du *statu quo* ? Il est vrai aussi que Paul Martin et Stephen Harper ont tout fait pour éviter l'affrontement. N'oublions pas de rappeler que, même au plus fort des revendications, la « guerre de l'indépendance » s'est toujours déroulée sur le terrain démocratique. « À l'échelle du malheur des peuples », comme le disait Robert Bourassa, « le Canada n'est pas le goulag », aurait pu ajouter René Lévesque.

Même si les Canadiens se satisfont de l'organisation politique actuelle, peut-on indéfiniment faire l'impasse sur le statut du Québec et des autochtones ? Il reste encore des éléments à assembler dans le puzzle canadien.

Peut-on renouveler le fédéralisme ? Pour reprendre la formule de Churchill à propos de la démocratie, le fédéralisme est peut-être encore la moins mauvaise formule pour l'organisation politique du Canada. Un minimum de centralisation est sans doute nécessaire pour ne pas courir le risque de la dispersion, de la confusion voire de la dilution de l'image nationale. Un Canada des régions, dont la solidarité ne s'imposerait pas, ne serait guère plus convaincant. L'idéal est la formule de gouvernements régionaux forts associés dans une Confédération décentralisée.

L'avenir du Canada repose sur sa capacité à accepter l'autre et à faire les concessions nécessaires pour garantir le vouloir vivre ensemble.

Chronologie

Environ 16500 à 13000 avant notre ère : Premières migrations de populations d'origine asiatique à travers le détroit de Béring

982 : Erik le Rouge atteint le Groenland

1000-1002 : Le Viking Leif Erikson explore les côtes américaines du Maine, de Terre-Neuve et du Labrador

1492 : « Découverte » de l'Amérique par Christophe Colomb

1494 : Traité de Tordesillas (le Portugal et l'Espagne se partagent le Nouveau Monde)

1497-1498 : John Cabot explore la côte Est, du Labrador jusqu'au Delaware

1520-1540 : Les pêcheurs normands, bretons et basques commencent à fréquenter Terre-Neuve

1524 : Giovanni da Verrazzano explore la côte orientale de l'Amérique du Nord, de la Floride à Terre-Neuve

1534 et 1535-1536 : Les deux premiers voyages de Jacques Cartier lui permettent de pénétrer dans le golfe du Saint-Laurent, d'atteindre Hochelaga et de prendre possession du Canada au nom du roi de France

1541-1543 : Troisième voyage de Cartier sous l'autorité de Roberval (première tentative de colonisation)
1580 : Début du commerce des fourrures dans le Saint-Laurent
1604 : Pierre du Gua de Monts établit la première colonie en Acadie
1605 : Fondation de Port-Royal
1608 : Champlain fonde Québec
1613 : Port-Royal en Acadie est détruit par les Anglais
1615 : Arrivée des premiers récollets
1617 : Louis Hébert est le premier colon canadien qui s'installe à Québec
1619-1621 : Construction du couvent des récollets à Québec
1625 : Arrivée des jésuites à Québec
1627 : Introduction du régime seigneurial
Création de la Compagnie des Cent-Associés par Richelieu
1629-1632 : Occupation de Québec par les Anglais
1632 : Traité de Saint-Germain : la Nouvelle-France est redonnée à la France
1632-1635 : Colonisation en Acadie par Isaac de Razilly
1634 : Fondation de Trois-Rivières
1635 : Fondation du Collège des jésuites à Québec
1639 : Arrivée des ursulines et des hospitalières de Dieppe
Marie Guyart, dite Marie de l'Incarnation, fonde le couvent des ursulines à Québec
1641-1666 : Première guerre iroquoise
1642 : Paul de Chomedey de Maisonneuve fonde Ville-Marie (Montréal) avec Jeanne Mance
1645 : Création de la Communauté des habitants avec le monopole de la traite de fourrures
1648-1649 : Les Iroquois ravagent la Huronie

1654-1656 et 1659 : Explorations des « coureurs de bois » des Groseilliers et Radisson

1657 : Arrivée des sulpiciens à Montréal

1659 : Mgr de Laval, vicaire apostolique de Québec

1663 : Le Canada devient colonie royale

1665 : Premier recensement : 3 215 habitants
Arrivée du régiment de Carignan-Salières

1665-1672 : Intendance de Jean Talon et politique volontariste d'immigration (les « filles du roi »). Courcelle est gouverneur

1667 : Retour de l'Acadie à la France

1667-1685 : Trêve avec les Iroquois

1670 : Création de la Compagnie de la baie d'Hudson

1672-1682 : Premier mandat du gouverneur Frontenac qui édifie le fort Frontenac en 1673

1672-1673 : Louis Jolliet et Jacques Marquette parcourent le Mississippi du Wisconsin à l'Arkansas

1682 : Cavelier de La Salle prend possession de la Louisiane au nom du roi de France

1689 : Massacre des habitants de Lachine par les Iroquois

1689-1701 : Deuxième guerre iroquoise

1689-1698 : Deuxième mandat de Frontenac

1689-1697 : Guerre de la Ligue d'Augsbourg

1697 : Traité de Ryswick

1699-1702 : Le Moyne d'Iberville fonde la Louisiane

1701 : Signature par le gouverneur Callières de la « Grande Paix de Montréal » qui met fin aux guerres iroquoises

1701-1713 : Guerre de Succession d'Espagne

1710 : Prise de Port-Royal par les Anglais

1713 : Traité d'Utrecht : la France cède à l'Angleterre Terre-Neuve, l'Acadie et les territoires de la baie d'Hudson

Établissement de la forteresse de Louisbourg, symbole de la résistance française
1713-1744 : Paix de Trente Ans
1718 : Fondation de la Nouvelle-Orléans par Jean-Baptiste Le Moyne
1725 : Construction du fort Niagara
1729-1748 : Intendance de Gilles Hocquart
1736 : Les Forges de Saint-Maurice commencent la production de fer
1739 : Début de la construction navale royale à Québec
1740-1748 : Guerre de Succession d'Autriche
1745 : Siège de Louisbourg
1748 : Traité d'Aix-la-Chapelle (l'île Royale est restituée à la France)
1749 : Fondation d'Halifax
1754 : Construction du fort Duquesne
La Nouvelle-France compte 55 000 habitants
1755-1758 : Déportation des Acadiens par les Anglais (le « Grand Dérangement »)
1756-1763 : Guerre de Sept Ans dite de la Conquête
1758 : Victoire française à Carillon
Prise de Louisbourg par les Anglais et perte du fort Duquesne et du fort Niagara
1759 : Siège et reddition de Québec (bataille des plaines d'Abraham)
1760 : Capitulation de Montréal par le marquis de Vaudreuil, dernier gouverneur français de la Nouvelle-France
1760-1763 : La colonie est sous occupation d'un régime militaire britannique
1763 : Proclamation royale qui « réserve des territoires pour les Indiens »
Traité de Paris : la France cède le Canada (qui devient la Province de Québec) à l'Angleterre

et la Louisiane à l'Espagne. Fin de la Nouvelle-France

1764-1774 : Administration civile de la province de Québec

1774 : Acte de Québec : l'Angleterre reconnaît aux colons français l'usage de leur langue et de leur religion ainsi que le droit civil français
Début de la Révolution américaine

1775 : Occupation de Montréal pendant plusieurs semaines

1776 : Proclamation de l'indépendance par les 13 colonies américaines (déclaration de Jefferson)

1779 : Création de la Compagnie du Nord-Ouest (CNO)

1783 : Fin de la guerre d'Indépendance américaine et arrivée au Canada des Loyalistes dans les années 1780
Traité de Versailles. L'Angleterre reconnaît l'indépendance des États-Unis d'Amérique mais les Britanniques conservent le Canada

1791 : Acte constitutionnel (création du Haut-Canada et du Bas-Canada)

1799 : L'anglais est déclaré langue officielle du Bas-Canada

1800 : Rétrocession de la Louisiane

1803 : Vente de la Louisiane aux États-Unis

1804-1806 : Expédition de Lewis et Clark de Saint-Louis à fort Clatsop sur la côte Pacifique

1811 : Rébellion autochtone menée par le chef shawnee Tecumseh

1812-1814 : Guerre anglo-américaine et résistance des Canadiens

1814 : Traité de Gand

1815 : Papineau devient le chef du Parti canadien et le président de l'Assemblée législative

1817 : Accord Rush-Bagot

1821 : Fusion de la Compagnie du Nord-Ouest et de la Compagnie de la baie d'Hudson

1822 : Projet d'union des deux Canadas

1834 : Les « Quatre-Vingt-Douze Résolutions » sont adoptées par le Parlement du Bas-Canada mais rejetées par le secrétaire d'État aux colonies

1837-1838 : Rébellion des Patriotes conduits par Papineau dans le Bas-Canada

1838 : Nomination de lord Durham comme gouverneur

1839 : Publication du rapport Durham

1840 : Acte d'union qui crée le Canada-Uni

1845-1848 : *Histoire du Canada français* de François-Xavier Garneau

1846 : La Grande-Bretagne cède la partie sud de l'Oregon aux États-Unis

1848 : Obtention de la responsabilité ministérielle au Canada et en Nouvelle-Écosse

1849 : L'île de Vancouver devient colonie britannique
Les Montréalais anglophones incendient le Parlement, suite à la ratification par la reine Victoria de la loi sur les pertes dues aux rébellions

1852 : Fondation de l'université Laval, première université francophone et catholique en Amérique

1854 : Traité de réciprocité (libre-échange) avec les États-Unis
Abolition de la tenure seigneuriale

1858 : La Colombie-Britannique devient colonie britannique
Ruée vers l'or dans le bassin du fleuve Fraser

1864 : Conférences de Charlottetown et de Québec (projet d'union fédérale)

1866 : Union de l'île de Vancouver et de la Colombie-Britannique

Fin du traité de réciprocité

1867 : Acte de l'Amérique du Nord britannique
Achat de l'Alaska par les États-Unis

1869 : La Compagnie de la baie d'Hudson cède ses terres au Canada
Soulèvement des Métis de la rivière Rouge avec Louis Riel

1870 : Le Manitoba rejoint la Confédération

1871 : La Colombie-Britannique devient province canadienne

1871-1921 : Onze traités « numérotés » avec les nations autochtones de la Terre de Rupert

1872 : Scandale du Pacifique
Loi qui légalise les syndicats et reconnaît le droit de grève

1873 : L'île du Prince-Édouard devient province canadienne
Création de la Police montée du Nord-Ouest

1876 : Loi sur les Indiens ou « Acte des Sauvages »

1883 : Création du Congrès du travail du Canada qui devient le Congrès des métiers et du travail du Canada (CMTC) en 1886

1885 : Deuxième mouvement de résistance des Métis : rébellion du Nord-Ouest avec Gabriel Dumont
Pendaison de Louis Riel
Première mesure restrictive à l'encontre des travailleurs chinois (taxe de 50 dollars)

1889 : Loi sur la langue officielle au Manitoba (l'anglais est la seule langue du gouvernement)

1891 : Responsabilité ministérielle pour les Territoires du Nord-Ouest

1893 : Création du Conseil national des femmes

1895 : Nouvelle mesure augmentant la taxe individuelle pour les Asiatiques

1896 : Ruée vers l'or dans le Klondike
Compromis Laurier-Greenway en faveur des francophones catholiques du Manitoba

1896-1905 : Politique d'immigration de Clifford Sifton pour la mise en valeur de l'Ouest

1898 : Guerre hispano-américaine

1899 : Seconde guerre des Boers

1900 : Création d'un ministère du Travail

1903 : La taxe individuelle pour les immigrants chinois est portée à 500 dollars

1905 : Entrée de l'Alberta et de la Saskatchewan dans la Confédération

1907 : Émeutes anti-asiatiques à Vancouver
Loi sur les conflits de travail

1909 : Création des *United Farmers of Alberta*

1910 : Fondation du *Devoir* par Henri Bourassa

1911 : Traité de réciprocité avec les États-Unis (libre-échange)

1912 : Le règlement 17 limite l'usage du français dans l'Ontario

1914 : Création des *United Farmers of Ontario*
Loi sur les mesures de guerre

1914-1918 : Première Guerre mondiale

1915 : L'abbé Lionel Groulx inaugure la première chaire d'enseignement de l'histoire à l'université Laval de Montréal

1917 : Loi concernant le service militaire obligatoire (crise de la conscription) et émeutes anticonscription à Québec en 1918

1918 : Droit de vote accordé à toutes les Canadiennes au niveau fédéral

1919 : Le Canada participe à la création de la SDN
Grève générale de Winnipeg

1920 : Première exposition du Groupe des Sept au musée des Beaux-Arts de Toronto
1921 : Fondation du Parti communiste
1922 : Affaire Chanak
1923 : Arrêt de l'immigration chinoise
1926 : Conférence impériale et déclaration Balfour
1929 : Thérèse Casgrain fonde la Ligue des droits de la femme
Préconisations de la commission Aird sur la radiodiffusion
1929-1932 : Grande Dépression (suite au krach boursier de Wall Street)
1930 : Création de la *Workers' Unity League*
Nomination au Sénat de la première femme (Cairine Wilson)
1931 : Statut de Westminster (le Canada devient dominion indépendant)
1932 : Création de la *Cooperative Commonwealth Federation*
1936 : Création de la Société Radio-Canada
1936-1939 : Premier mandat de Maurice Duplessis
1936-1939 et 1944-1957 : Période de la « grande noirceur »
1937 : Loi du cadenas
1938 : Georges-Henri Lévesque crée la Faculté des sciences sociales de l'université Laval
1939 : Création de l'Office national du film (ONF)
1939-1945 : Seconde Guerre mondiale
1939-1944 : Adélard Godbout, Premier ministre libéral du Québec
1940 : Création du Congrès canadien du travail (CCT)
Les femmes obtiennent le droit de vote au Québec
Rapport Rowell-Sirois
1942 : Référendum sur la conscription

Camps d'internement des Japonais

1943 : Rapport de Leonard Charles Marsh suite à son ouvrage, *Canadians In and Out of Work*, publié en 1940

1944 : Retour de Duplessis

Programme fédéral d'allocations familiales

Le droit de la syndicalisation est accordé au niveau fédéral

Loi des relations ouvrières

Création d'Hydro-Québec

1945 : Conférence de San Francisco qui conduit à la fondation de l'ONU

1946 : Fondation de l'Institut de l'Amérique française

1947 : Fondation de la *Revue d'histoire de l'Amérique française*

Abrogation de la loi discriminatoire à l'encontre des Chinois

Participation à l'OCDE

Création d'une citoyenneté canadienne distincte

1948 : Le Québec adopte son drapeau officiel

Manifeste des automatistes du *Refus global*

1949 : Terre-Neuve rejoint la Confédération

Signature d'un traité de défense mutuelle (OTAN)

Commission Massey-Lévesque

Deux amendements modifient la Loi constitutionnelle de 1867

Loi sur la Route transcanadienne (inaugurée en 1962)

Grève de l'amiante

1950 : Fondation de la revue *Cité libre*

1950-1953 : Guerre de Corée

1952 : Grève du textile

Création d'un réseau d'État de télévision

1953 : Création de la Bibliothèque du Canada

1954 : Mise en chantier de la voie maritime du Saint-Laurent

1956 : Formation du Congrès du travail du Canada (CTC)
Crise du canal de Suez

1957 : Pearson reçoit le prix Nobel de la Paix
Création du Conseil des arts

1958 : Traité NORAD
Georges-Émile Lapalme publie *Pour une politique*

1960 : Adoption de la Déclaration canadienne des droits
Fondation du Rassemblement pour l'indépendance nationale (RIN)
Instauration au Québec d'un régime d'assurance hospitalisation
Jean-Paul Desbiens publie *Les Insolences du frère Untel*

1960-1966 : Révolution tranquille

1961 : La CCF devient le NPD (Nouveau Parti démocratique)
Commission Parent sur l'enseignement
Création de l'Office québécois de la langue française
Création de la Maison du Québec qui devient la Délégation générale du Québec à Paris en 1964

1962 : Nationalisation de l'électricité au Québec

1963-1964 : Attentats revendiqués par le Front de libération du Québec (FLQ)

1963 : Formule Fulton-Favreau
Création de *Parti pris*
Commission Laurendeau-Dunton sur le bilinguisme et le biculturalisme

1964 : Code du travail au Québec
Émeute à Québec (samedi de la matraque) à l'occasion de la visite de la reine Élisabeth II
Adoption du drapeau canadien

Projet de loi créant le ministère de l'Éducation au Québec
1965 : Loi de la fonction publique au Québec
Entente de coopération franco-québécoise dans le domaine de l'éducation
Mise en place de la Régie des rentes, de la Caisse de dépôt et placement au Québec ainsi que d'un régime des pensions au fédéral
Accord automobile canado-américain
1966 : Création du Ralliement national (RN)
1967 : Exposition universelle de Montréal et discours du général de Gaulle
René Lévesque fonde le Mouvement souveraineté association (MSA)
Loi sur l'immigration et la protection des réfugiés
Mise en place de la Commission d'enquête sur la situation de la femme canadienne
1967-1969 : Premiers rapports de la « commission BB »
1968 : Création du Parti québécois (PQ)
Création au Québec d'un ministère de l'Immigration
Création de France Québec et de l'Office franco-québécois pour la jeunesse (OFQJ)
Pierre Vallières publie *Nègres blancs d'Amérique*
1969 : Publication du volume IV de la « commission BB »
Loi sur les langues officielles
Livre blanc du gouvernement Trudeau visant à abolir la loi sur les Indiens
1970 : Crise d'octobre (actions terroristes du FLQ) et loi martiale
1971 : Loi sur le multiculturalisme
Conférence de Victoria
Entente Lang-Cloutier
1972 : La « troisième option » de Trudeau

Rapport de la commission Gendron
1974 : Le français devient la langue officielle du Québec (loi 22)
1975 : Convention de la baie James et du Nord québécois
Charte québécoise des droits et libertés de la personne
Entente Bienvenue-Andras
1976 : JO de Montréal
Arrivée au pouvoir au Québec du PQ de René Lévesque
1977 : Loi 101 adoptée par le Parlement québécois (charte du français)
1978 : Entente avec les Naskapis du Nord-Est québécois
1979 : Entente Cullen-Couture
1980 : Référendum sur la souveraineté-association
1980-1981 : Programme énergétique national (PEN)
1981 : La « nuit des longs couteaux »
1982 : Rapatriement de la Constitution et Charte des droits et libertés
1987 : Les « 5 conditions minimales » du Québec
Acccord du lac Meech
1988 : Accord de libre-échange entre le Canada et les États-Unis (ALE/FTA)
Loi 178 (affichage en anglais dans les magasins du Québec seulement à l'intérieur)
1989 : Le Canada devient membre de l'OEA
1990 : Crise d'Oka
Échec de l'accord du lac Meech (réforme constitutionnelle)
Commission Spicer (Forum des citoyens) qui dépose son rapport en juin 1991
1991 : Accord Canada-Québec (entente Gagnon-Tremblay-MacDougall)
Rapport Allaire

Commission Bélanger-Campeau
Commission Beaudoin-Edwards
Création d'une commission royale sur les peuples autochtones qui dépose son rapport en 1996
1992 : Commission Beaudoin-Dobbie
Accord de Charlottetown
Échec du deuxième référendum (projet d'amendements constitutionnels)
Rejet par référendum de l'accord de Charlottetown
Ratification de l'ALENA en décembre (accord de libre-échange nord-américain)
1993 : Loi sur le Nunavut (établi en 1999)
1994 : Entrée en vigueur de l'ALENA au 1er janvier
1995 : Accueil du G7 à Halifax
Échec du deuxième référendum québécois
1998 : Décision de la Cour suprême sur le droit du Québec à faire sécession en réponse à une question claire
2000 : Loi sur la clarté
2002 : Loi sur l'immigration et la protection des réfugiés (LIPR)
2004 : Commission Gomery et affaire des commandites
Entente fédérale-provinciale sur la santé (fédéralisme asymétrique)
Le gouvernement ontarien autorise la charia
2005 : Accord de Kelowna signé par Paul Martin avec les autochtones, abandonné par Harper en 2006
Grève étudiante au Québec contre la réduction des bourses
2006 : La Cour suprême autorise un jeune Sikh à porter le kirpan dans une école de Montréal
2007 : Création de la commission Bouchard-Taylor avec la publication de son rapport en 2008 sur les « accommodements raisonnables »

Le Québec est reconnu comme nation à la Chambre des communes du Canada

2012 : Le « printemps érable »

2013 : Projet de Charte des valeurs québécoises

2014 : Fusillade au Parlement d'Ottawa

2015 : Loi antiterroriste C51

Annonce d'un financement massif dans les infrastructures par le gouvernement Trudeau

2016 : L'Accord économique et commercial global entre l'Union européenne et le Canada (CETA), négocié depuis 2009, est signé le 30 octobre

2017 : Attentat le 29 janvier contre la grande mosquée de Québec

Projet de loi sur la légalisation de l'usage récréatif du cannabis adopté en 2018

Élection de Valérie Plante, première maire de Montréal

2017-2018 : Renégociation de l'ALENA avec les États-Unis

2018 : Élections législatives au Québec

2019 : Élections fédérales

Bibliographie

Ouvrages généraux sur l'histoire du Québec et du Canada

Bédard, Éric, *L'Histoire du Québec pour les nuls*, Paris, First-Gründ, 2012.

Bothwell, Robert, *Une histoire du Canada*, Québec, Presses de l'université Laval, 2009.

Brown, Craig (dir.), *Histoire générale du Canada* (édition française sous la direction de P.-A. Linteau), Montréal, Boréal, 1988, rééd. 1993.

– (dir.), *The Illustrated History of Canada*, Montréal & Kingston, McGill-Queen's University Press, 2012.

Cardin, Jean-François et Couture, Claude, *Histoire du Canada*, Québec, Presses de l'université Laval, 1996.

Dickinson, John Alexander et Young, Brian, *Brève histoire socio-économique du Québec* (traduit par Hélène Fillon), Sillery, Septentrion, 2003.

Durand, Marc, *Histoire du Québec*, Paris, Imago, 1999, 3e éd., 2011.

Frenette, Yves, *Brève histoire des Canadiens français*, Montréal, Boréal, 1998.

Hamelin, Jean (dir.), *Histoire du Québec*, Toulouse, Privat, 1976.

HAMELIN, Louis-Edmond, *Le Canada*, Paris, Puf, 1969.

HARTER, Hélène et JAUMAIN, Serge (dir.), *Le Canada : un pays divers. La diversité culturelle au Canada vue par J.-M. Lacroix*, Bruxelles, P. Lang, 2016.

LACOUR-GAYET, Robert, *Histoire du Canada*, Paris, Fayard, 1966.

LACROIX, Jean-Michel (avec Pierre GUILLAUME et Pierre SPRIET), *Canada et Canadiens*, Talence, Presses universitaires de Bordeaux, 1984, 3e éd. revue, 1994.

LINTEAU, Paul-André, *Histoire du Canada*, Paris, Puf, « Que sais-je ? », n° 232, 1994, éd. mise à jour, 2014.

LINTEAU, Paul-André *et al.*, *Histoire du Québec contemporain*, vol. 1 : *De la Confédération à la crise (1867-1929)*, Montréal, Boréal ; vol. 2 : *Le Québec depuis 1930*, Montréal, Boréal, 1986, rééd. 1993.

LINTEAU, Paul-André *et al.*, *Nouvelle Histoire du Québec et du Canada*, Montréal, CEC, 1985.

MORTON, Desmond, *A Short History of Canada*, Toronto, Hurtig, 1983, 2e éd. révisée, 1994.

MORTON, W. L. et CREIGHTON, D. G. (dir.), *The Canadian Centenary Series*, 19 vol., Toronto, McClelland & Stewart, 1963-1986.

PROVENCHER, Jean et HAMELIN, Jean, *Brève histoire du Québec*, Montréal, Boréal, 1997.

OUVRAGES DE RÉFÉRENCE ET INSTRUMENTS DE TRAVAIL

Atlas historique du Canada, t. 1 : *Des origines à 1800*, Montréal, PUM, 1987 ; t. 2 : *La Transformation du territoire, 1800-1891*, Montréal, PUM, 1993 ; t. 3, *Jusqu'au cœur du XXe siècle, 1891-1961*, Montréal, PUM, 1990.

Atlas historique du Québec, Québec, Presses de l'université Laval, 1997.

Dictionnaire biographique du Canada, 14 vol., Sainte Foy/ Toronto, Presses de l'université Laval/University of Toronto Press, 1966-2005.

Dictionnaire de l'Amérique française, Ottawa, Presses de l'université d'Ottawa, 1988.

L'Encyclopédie du Canada, 3 vol., Edmonton, Hurtig, 1985, éd. révisée, 1988.

Ressources numérisées

Bibliothèque et Archives nationales du Québec : www.banq.qc.ca (accès à un riche patrimoine documentaire ou archivistique produit au Québec depuis le XVIIe siècle)

Bibliothèque numérique de la Bibliothèque nationale de France : www.gallica.bnf.fr (le portail Gallica donne accès gratuitement à une collection qui contient livres numérisés, cartulaires, revues et photos)

Erudit : www.erudit.org (ce consortium québécois interuniversitaire sans but lucratif – composé de l'université de Montréal, de l'université Laval et de l'université du Québec à Montréal – est un portail canadien de revues, de dépôt d'articles et d'ouvrages scientifiques)

Pour plus de références sur les relations des voyages de découverte, sur les autochtones, sur la Nouvelle-France, sur les relations Québec-Canada, sur le Canada contemporain, consulter ma bibliographie sur le site de l'Institut des Amériques ou sur le site de l'Association française d'études canadiennes :

http://www.institutdesameriques.fr/fr/content/bibliographie-jean-michel-lacroix

www.afec33.asso

Index des noms de personnes

N

O

P

Q

R

W

Y

Table des cartes

Table

Du même auteur (suite)

(avec Jacques Leclaire et Jack Warwick), *"The Handmaid's Tale", roman protéen*, Rouen, Publications de l'université de Rouen, n° 253, 1999.

Reconstructing the Fragments of Michael Ondaatje's Works/La Diversité déconstruite et reconstruite de l'œuvre de Michael Ondaatje, Paris, Presses de la Sorbonne Nouvelle, 1999.

(avec M. Azuelos et M. E. Cosio), *Intégration dans les Amériques. Dix ans d'Alena*, Paris, Presses de la Sorbonne Nouvelle, 2004.

(avec P.-A. Linteau), *Vers la construction d'une citoyenneté canadienne ? Multiculturalisme, religion et éducation au Canada*, Paris, Presses de la Sorbonne Nouvelle, 2006.

(avec G. Boismenu), *Les Enjeux de la politique étrangère canadienne. Marges de manœuvre et éléments de distinction*, Paris, Presses de la Sorbonne Nouvelle, 2008.

(avec L. Cardinal), *Le Conservatisme. Le Canada et le Québec en contexte*, Paris, Presses de la Sorbonne Nouvelle, 2009.

(avec G. Mace), *Politique étrangère comparée : Canada – États-Unis*, Bruxelles, Peter Lang, 2012.

(avec P. Hamel), *Les Relations Québec-Canada. Arrêter le dialogue de sourds ?*, Bruxelles, Peter Lang, coll. « Études canadiennes », n° 26, 2013.

Réalisation : Nord Compo à Villeneuve-d'Ascq
Achevé d'imprimer en janvier 2019
par Normandie Roto Impression s.a.s. à Lonrai
Numéro d'imprimeur : 1805266
Dépôt légal : février 2019
ISBN : 979-10-210-3691-8
Numéro d'édition : 4188
Imprimé en France